U0512017

"十四五"时期国家重点出版物出版专项规划项目
智能汽车关键技术丛书

智能汽车 C－V2X 网联技术

温福喜　沈　渊　曾　勇　著

机械工业出版社

本书从网联协同的角度出发，结合具体应用深入探讨了智能网联汽车的 C－V2X 网联技术。本书主要内容包括讨论单车智能基本架构并比较优缺点，介绍单车在传感器融合、场景感知与定位、决策与运动规划中的现状与不足，指出智能网联汽车对于解决这些问题的重要意义；介绍网联协同驾驶的基本概念，以及多种安全理论与多源信息融合理论；详细分析智能网联汽车的协同感知，结合实际案例探讨了协同感知的基本架构、协同机制以及不同级别的数据融合策略；深入介绍了智能网联汽车的协同定位技术，包括系统模型、理论分析、协同定位算法与实验结果分析；讨论了智能网联汽车在信息共享、共识寻求和系统协作条件下的协同决策与规划技术，以及这些技术在不同交通场景下的应用和挑战；详细介绍了智能网联汽车中的 C－V2X 通信技术，包括通信类型、单天线到多天线系统的演进，以及国内外 V2X 标准研究进展；介绍了智能网联汽车车辆通信信道模型的建立，并在各种场景条件下进行分析；介绍了感知辅助的 V2X 通信技术，包括后向回波和多径回波的感知辅助通信方法，以及这些方法在仿真环境中的表现。

本书的读者对象主要是对智能网联技术感兴趣的学生、科研人员、工程师以及相关从业者。

图书在版编目（CIP）数据

智能汽车 C－V2X 网联技术 / 温福喜，沈渊，曾勇著. 北京 ：机械工业出版社，2024. 12. －－（智能汽车关键技术丛书）. －－ ISBN 978－7－111－77405－1

Ⅰ. U463.67

中国国家版本馆 CIP 数据核字第 2025BH1575 号

机械工业出版社（北京市百万庄大街 22 号　邮政编码 100037）

策划编辑：孙　鹏　　　　责任编辑：孙　鹏　丁　锋

责任校对：王文凭　李可意　景　飞　　封面设计：鞠　杨

责任印制：刘　媛

北京富资园科技发展有限公司印刷

2025 年 7 月第 1 版第 1 次印刷

169mm×239mm · 15.25 印张 · 261 千字

标准书号：ISBN 978－7－111－77405－1

定价：129.00 元

电话服务　　　　网络服务

客服电话：010-88361066　　机　工　官　网：www. cmpbook. com

010-88379833　　机　工　官　博：weibo. com/cmp1952

010-68326294　　金　书　网：www. golden-book. com

封底无防伪标均为盗版　　机工教育服务网：www. cmpedu. com

前 言

汽车产业的发展与不断重塑是人类工业化进程和社会进步的缩影。如今，在新一轮科技革命的背景下，汽车产业站在了诸多技术变革的交汇点，涉及移动通信、人工智能、云计算等诸多新一代电子信息技术，全球汽车产业正在发生深刻变革，成为培育新质生产力的重要引擎。与此同时，中国汽车产业从无到有、由弱到强，在当下智能化、网联化、电动化、共享化的新四化趋势下，中国汽车产业主动拥抱转型升级，抓住产业发展与技术升级的历史机遇，中国正在成为汽车产业新一轮重塑的主阵地。

随着智能网联技术的迅猛发展，智能网联汽车在新一轮的产业变革中为汽车产业带来了新的发展机遇，也代表着汽车产业的前沿发展方向，智能网联汽车是诸多新兴技术融合创新的重要载体，也是智能汽车发展到新阶段的完整体现。传统的智能汽车是通过自动驾驶等智能化技术，通过传感器等各项装置实现对人类驾驶行为的部分或完全替代，但其仍然局限在自身范围内，而智能网联汽车能够在行驶的过程中，实现车和车、车和基础设施、车和云平台，以及车和其他移动端的联网，最终形成涵盖各个交通要素的密集网络，能够实现各要素之间信息的快速传输。智能网联汽车从安全、高效、节能、环保等多个角度为解决社会广泛关注的问题提供了创新解决方案，如保证交通安全、处理交通事故、防止道路拥堵、减少环境污染等。此外，智能网联汽车能够进一步促进实现产业融合升级，拓展传统汽车生态，孵化新兴商业模式，变革未来出行方式，对社会发展产生深远影响。

在汽车产业发展变革的浪潮中，智能网联汽车从概念走向实际应用的过程中将面临诸多的科学问题与关键挑战，例如人－车－路复杂交互下的交通场景、通信中断与延迟、智能网联汽车与普通车辆混行、恶劣天气影响、复杂道路条件等都为智能网联技术的进一步发展提出了一系列亟待解决的难题。其中一部分是智能汽车本身面临的问题，还有很大一部分是智能网联技术发展带来的新问题，由于智能网联技术发展迅猛，这些问题往往跨学科且更综合、更复杂。当下，只有对智能网联汽车有了更加全面、细致的认知，才能够从容面对各式各样的新问题进而将其解决。

本书从网联协同的角度切入，具象化地从网联协同在车辆各个层级的具体应用出发，由浅入深地针对什么是车联网、智能网联汽车为什么需要网联协同、如何进行网联协同以及网联协同的未来发展方向等核心问题进行阐述与解答，旨在帮助读者较为清晰地快速把握智能网联汽车整体脉络与主要的技术原理。

第 1 章从单车智能出发，在对单车智能架构与相关技术的梳理总结过程中，逐渐引出单车智能的局限性，突出由单车智能向智能网联汽车发展的必要性。第 2 章对智能网联汽车的网联协同驾驶进行概述，从自动驾驶的安全理论出发对网联协同理论支撑进行详细介绍。第 3 ~5 章分别从感知、定位、决策与规划三个方面结合实际例子对网联协同在其中的主要应用方式进行详细介绍，对当前网联协同在其中起到的作用进行定性与定量分析，突出协同在驾驶各层级中的显著效果。第 6 章进一步对 C – V2X 通信技术与标准的研究进展进行介绍，结合前文提到的协同驾驶的应用对 C – V2X 车联网消息集的定义与具体内容进行梳理，并对车联网的通信机制进行总结。第 7、8 章分别介绍前沿的车辆通信信道模型与感知辅助下的车联网通信方法，其中包括细致的理论推导与详实的实验分析。在本书写作过程中，谢腾辉、罗悦晨、宋致应、张海梁、施笑寒、赵永康做了大量的资料收集整理和校对工作，在此对他们的辛勤工作表示衷心的感谢！清华大学车辆与运载学院李骏院士一直鼓励和支持本书的编写，并提出了许多有价值的修改意见，我们对此深表感谢。同时也向所有关心本书出版的各位专家学者表示感谢。

智能网联技术如今仍然处于研究探索阶段，还需要不断深入完善，由于作者研究水平与涉猎范围有限，难以在本书中将所有技术问题完全涵盖，书中难免存在不足之处，敬请各位学者、专家批评指正，一同拓展技术边界、推动智能网联汽车进一步发展完善。

目 录

前 言

第1章 单车智能介绍

1.1 自动驾驶系统架构 / 001
1.1.1 模块化架构 / 002
1.1.2 端到端架构 / 003
1.1.3 两种架构的比较 / 004

1.2 传感系统与融合 / 006
1.2.1 传感系统 / 006
1.2.2 多传感器融合 / 008

1.3 场景感知与定位 / 010
1.3.1 目标检测 / 010
1.3.2 语义分割 / 015
1.3.3 目标跟踪 / 018
1.3.4 轨迹预测 / 020
1.3.5 占用栅格预测 / 022
1.3.6 开放词汇感知 / 024
1.3.7 定位与建图 / 026

1.4 决策与运动规划 / 028
1.4.1 决策方法 / 029
1.4.2 规划方法 / 032
1.4.3 端到端规划方法 / 034

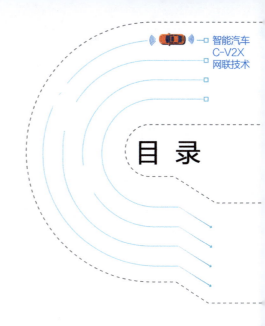

第 2 章 网联协同驾驶

2.1 运行设计域简介 / 039
2.2 基于物理原理的分析方法 / 041
2.3 网联协同驾驶与安全理论 / 042
2.3.1 预期功能安全理论 / 043
2.3.2 具有可预见性和可防止性的安全方法 / 044
2.4 多源信息融合理论 / 044
2.5 协方差交叉融合方法 / 046
2.5.1 相关程度已知的最优融合 / 047
2.5.2 相关程度未知的最优融合 / 048

第 3 章 网联协同感知

3.1 从单车智能感知到协同感知 / 051
3.2 协同感知基本架构 / 053
3.2.1 V2X 协同感知架构 / 053
3.2.2 协同机制 / 056
3.2.3 数据级融合 / 056
3.2.4 特征级融合 / 056
3.2.5 目标级融合 / 058
3.3 典型应用：车路云协同感知 / 059
3.3.1 背景需求 / 059
3.3.2 基础应用：信号灯状态感知 / 060
3.3.3 高阶应用：智慧路口 / 060
3.4 协同感知关键挑战 / 063
3.4.1 V2X 通信问题 / 063
3.4.2 标准化问题 / 066
3.4.3 时空异步问题 / 067

第 4 章 协同定位

4.1 研究背景 / 071
4.1.1 协作定位技术 / 071
4.1.2 车联网定位技术 / 073
4.2 系统模型 / 077
4.2.1 协同定位系统建模 / 078
4.2.2 定位指标与函数性质 / 079

4.3 理论分析 / 080
4.3.1 相对误差的线性子空间近似 / 081
4.3.2 相对定位的性能极限 / 083
4.4 协同定位算法 / 084
4.4.1 空间协作相对定位 / 084
4.4.2 空时协作与多源融合定位 / 090
4.5 实验结果分析 / 095
4.5.1 空间协作相对定位仿真分析 / 095
4.5.2 空时协作与多源融合定位仿真分析 / 098
4.5.3 协同平台实测结果 / 100
4.6 本章小结 / 102

第 5 章 协同决策与规划

5.1 背景介绍 / 103
5.1.1 协同驾驶对车辆安全的意义 / 103
5.1.2 车辆智能网联技术简介 / 103
5.2 信息共享条件下决策规划技术 / 104
5.2.1 研究领域简介 / 104
5.2.2 状态共享阶段技术研究现状 / 105
5.2.3 意图共享阶段技术研究现状 / 107
5.2.4 相关决策规划方法评价方式汇总 / 108
5.2.5 信息共享决策规划实车验证与应用 / 109
5.2.6 小结 / 111
5.3 共识寻求条件下决策规划技术 / 111
5.3.1 研究领域简介 / 111
5.3.2 通信机制设计 / 112
5.3.3 多车共识形式 / 113
5.3.4 共识寻求决策规划方法示范项目简介 / 114
5.3.5 小结 / 114
5.4 系统协作条件下决策规划技术 / 115
5.4.1 研究领域简介 / 115
5.4.2 换道与汇入场景协同决策规划方法 / 116
5.4.3 路口场景协同决策规划方法 / 119
5.4.4 小结 / 121
5.5 本章小结 / 121

第 6 章 V2X 通信与标准研究进展

6.1 C－V2X 通信技术 / 124
6.1.1 通信类型：广播、组播和单播 / 125
6.1.2 单天线到多天线系统 / 126
6.2 国内外标准研究进展 / 127
6.3 V2X 消息集定义 / 128
6.4 V2X 协议栈网络层设计及应用层开发 / 130

第 7 章 车辆通信信道模型

7.1 背景介绍 / 133
7.2 城市环境 A2G 通信中基于几何方法的直通通路概率分析 / 134
7.3 城市环境 A2G 通信中基于几何方法的 LoS 和 NLoS 概率分析 / 137
7.4 毫米波 V2V 通信中车辆遮挡建模及性能分析 / 142
7.5 混合交通场景下毫米波 V2V 通信的 NLoS 概率分析 / 146
7.6 V2X 通信信道特性 / 152
7.7 路径损失模型 / 153
7.8 本章小结 / 156

第 8 章 感知辅助 V2X 通信

8.1 背景介绍 / 159
8.1.1 高移动性场景中的波束跟踪与预测 / 160
8.1.2 基于感知辅助的波束跟踪与预测 / 161
8.2 基于后向回波的感知辅助 V2X 通信 / 164
8.2.1 系统模型 / 165
8.2.2 NLoS 场景中基于 EKF 的目标跟踪 / 170
8.2.3 基于 NLoS 识别的预波束成形设计 / 174
8.3 基于多径回波的感知辅助 V2X 通信 / 177
8.3.1 系统模型 / 178

8.3.2 基于多径回波的预波束成形设计 / 184
8.3.3 粒子滤波 / 185
8.3.4 基于多径回波的 PF 设计 / 187

8.4 数值仿真结果 / 190
8.4.1 基于后向回波的感知辅助 V2I 预波束成形 / 190
8.4.2 基于多径回波的感知辅助 V2I 预波束成形 / 196

8.5 本章小结 / 200

附 录 / 201

参考文献 / 203

第 1 章
单车智能介绍

在过去的几十年间，自动驾驶技术受到了工业界与学术界的广泛关注，尤其得益于人工智能的迅速发展，机器学习与深度学习等方法已经逐渐渗透到自动驾驶的各个技术环节并取得显著成效，在此基础上，单车智能技术取得了跨越式进步。对于智能网联汽车而言，单车智能是最基本的前提条件，本章将对单车自动驾驶架构进行简要介绍，并对单车智能主要技术以及对应领域的发展现状进行梳理与总结。

1.1 自动驾驶系统架构

对于自动驾驶这样复杂的系统而言，合理的系统架构是支撑系统实现各项功能的基本前提，而随着自动驾驶技术的逐渐成熟，单车自动驾驶系统架构也在此发展过程中逐步成型。当前学术界与工业界公认的两种主要系统架构分别是模块化架构与端到端架构，不同的系统架构之间在数据处理、算法逻辑、训练方式等各方面会带来显著差异。

端到端方法目前备受关注，但目前对于端到端的定义并不明确。端到端方法简单来讲是指通过向深度神经网络输入原始信息，直接输出最终结果，而传统学习方法输入的往往是提取后的特征，端到端方法将特征提取的任务也同样交给网络来实现，通过端到端可以自动学习到最佳的特征表示，这是端到端方法与传统学习方法之间最本质的区别。在自动驾驶领域，根据结构的不同，可以将其分为全流程端到端、模块化端到端以及部分端到端。全流程端到端是指输入感知信息后直接输出车辆控制信息，是最理想也是最接近人类驾驶行为的方式，但仅通过一个模型实现全流程端到端较为困难，可以通过模块化端到端在不同的模块内分别实现端到端，然后在模块之间通过人为设计信息传输形式将其进行组合，部分端到端是指某一个或几个模块是端到端方法，而其余模块是传统方法。

当前效果最好且被广泛使用的是模块化端到端，而模块化端到端其最终目标也是实现全流程端到端的构想，对于较为宏观的自动驾驶系统架构而言，为便于读者快速理解两种系统架构的区别，下文中提到的端到端架构泛指全流程端到端架构。由此可见，技术的发展并不是一蹴而就，像端到端这样的新技术的应用，仍然蕴含着大量原有模块化方法的经验，同样地，由单车智能向智能网联方向发展的过程中也存在大量类似的情况，在接下来的其他章节内也将会有所涉及。

1.1.1 模块化架构

模块化架构是指对于复杂系统进行模块化分解的架构设计，如何处理这些模块之间的复杂依赖关系一直是泛机器人领域公认的问题，随着机器人操作系统（ROS）[1]等技术的不断发展成熟，这一问题逐渐被解决。在自动驾驶领域，Stanley 自动驾驶车辆取得了 2005 年的 DARPA 挑战赛的胜利，其采用的正是模块化架构，主要包括传感器接口、感知、控制、用户界面等大小模块共计 30 余个[2]，在此之后，模块化架构在不断的优化中得到了进一步的发展。

如今模块化架构作为传统范式已经被广泛应用，如图 1-1 所示。模块化架构模仿人类驾驶过程中的思考流程，直观地将自动驾驶系统任务分解为多个独立的子任务，由各自独立的模块负责特定的功能，典型的模块化架构通常包含三个核心模块，即环境感知、决策规划与运动控制。

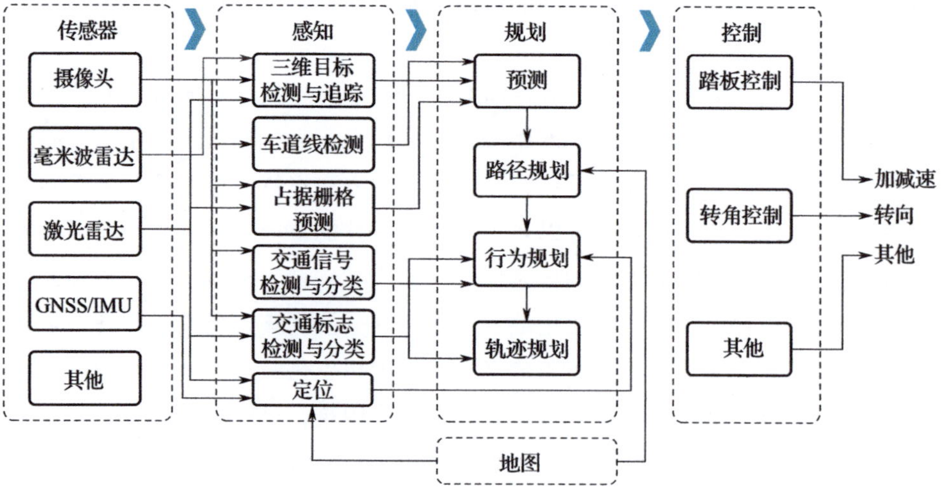

图 1-1 典型的自动驾驶系统模块化架构示意图

具体来说，环境感知模块负责从多源、高维的原始数据中理解车辆状态和周围环境，并将其提取为结构化信息[3]。实现环境感知的前提是车辆自身配备的一系列传感器，例如激光雷达、摄像头、GPS、惯性测量单元等，基于车载传感器采集到的数据，通过感知算法对车辆一定范围内的动态目标与静态环境进行识别与理解。决策规划模块基于环境感知对车辆自身在接下来一段时间内的轨迹进行规划，在决策过程中对车辆的实时状态、外界环境影响、交通规则以及乘客的安全性和舒适性等多种因素进行综合考量。运动控制模块接收决策规划模块的规划输出，计算相应的方向盘角度、驱动力、制动力等信号，向执行器发送指令，通过控制车辆底盘，使车辆按预定轨迹行驶，尽可能确保车辆安全的同时高效准确地实现相应规划结果[4]。

1.1.2　端到端架构

模块化架构虽然能够有效地对自动驾驶系统中的复杂任务进行分解，对各模块进行独立开发并改进从而实现整个系统的正常运行与不断迭代，但在不同模块之间人为设定的信息传输结构不可避免地存在着信息损失，这种损失会对整个自动驾驶系统的安全性与鲁棒性产生显著影响，一旦前一个模块中信息损失过大或出现错误，将会影响后续模块的正常运行甚至直接导致其失效，例如感知模块如果对前方的障碍物漏检，后续的决策控制模块可能受到影响导致车辆直接与前方的障碍物相撞。在实际应用中，模块化架构往往需要人为设计大量规则防止这样的问题出现，但随着应用场景的逐渐增多，人为设计规则的效率很低且后期的维护成本陡增。

相比于传统模块化架构的诸多缺点，如图1-2所示，端到端架构通过将原始传感器的信息作为输入直接映射到控制信号的输出以提高效率与鲁棒性，相

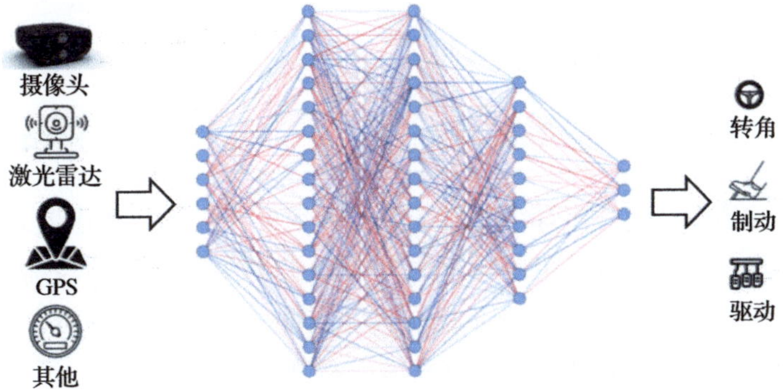

图1-2　典型的自动驾驶系统端到端架构示意图

比于分模块的独立优化，端到端架构直接对整个驾驶系统进行整体优化，它通过对人类驾驶员的驾驶行为进行学习，或是通过强化学习从头探索并改进驾驶策略。通常来说，端到端架构会比模块化架构更简洁，内部组件会明显减少。

1.1.3 两种架构的比较

作为当前自动驾驶领域主流的两种系统架构，模块化架构与端到端架构各有优劣，见表1-1。模块化架构能够化整为零，对于每个模块有着明确的任务定义与性能指标，能够相对独立地对其进行持续改进，只要保证模块正常的信息输出，即可满足系统运行的要求。但是，感知、决策、控制模块中各自还包含着众多的子模块，例如感知模块中还包括目标检测、语义分割、目标跟踪等一系列更加细化的子模块，设计这些子模块之间最优的输入输出结构是强烈依赖于人的先验知识的任务，最终的自动驾驶效果便是这些子模块之间相互配合的结果。

表1-1 模块化架构与端到端架构的比较

系统架构	模块化架构	端到端架构
优势	模块化设计便于系统快速开发与后续持续更新 将系统整体的调试与测试工作简化到各模块中 对于每个模块能够单独进行优化以提升性能 各模块具有相对明确的功能范围，可解释性强 与各种传感器兼容，扩展性强	简化的架构有效地降低了系统的复杂性 减少了数据处理与信息传递过程中的信息损失 通过充分的训练能够不需要规则即可适应环境变化 在得到充分训练后，能够实现更好的性能表现
挑战	模块间信息传输中会造成较多的信息损耗 面对复杂多样的应用场景，需要人为定义大量规则	需要大量高质量数据集才能够进行有效训练 整体可解释性差，调试与测试工作具有挑战性
展望	优化模块与传输信息的设计，减少信息损耗提高效率 提升系统自身的整体适应性与响应能力	开发更有效的方法以提升训练效率与性能指标 提升系统整体的可解释性

人为设计的模块划分面对纷繁复杂的驾驶场景往往还需要借助人为定义的大量确定性规则[5-6]。鉴于不同模块之间明确定义的信息传输与确定性规则，使得基于模块化架构的自动驾驶系统在其既定能力范围内能够可预测地运行，具有较强的可解释性，尤其是在发生故障或意外行为的情况下，可以迅速定位错误来源。

但在不同场景下，对于单一模块而言的最优输出从整体驾驶任务的角度来看可能并不是最优的[7]，这恰恰是由于人为定义模块间信息传输而造成的信息损失，不同的道路和交通状况可能需要从环境中获得不同的信息，因此，很难列出一份详细的信息列表涵盖所有驾驶情况。

例如，对于感知模块，常见的做法是将动态目标表示为三维边界框，除了边界框之外的其他信息并未用到后续的任务中。然而，往往在决策过程中需要用到道路与环境信息，假设车辆在居民区道路行驶，此时道路中间检测到滚落的球，此时很可能会有一个孩子来捡球，放慢速度是合理的决策，而在高速公路上，面对同样的情形，紧急制动可能比撞在球上的后果更严重，采取紧急变道等方式也许更加合理。模块化架构解决这一问题需要从感知模块开始对球的各种属性进行定义，后续模块根据实际情况分析相应的属性从而得到合理的驾驶行为。但这一解决方案面对真实世界的长尾问题力不从心，如道路施工、交通事故、临时管制等情况所需要的工作量是巨大的，这造成了大量资源浪费。

端到端架构不受人为定义的信息瓶颈约束，能够在更高维的层次中，将大量传感信息利用起来，基于传感信息与驾驶行为之间的隐含关系实现间接推理。尤其是考虑到对于大部分驾驶任务来说，即便驾驶员疲劳、分心或是行驶在未知道路仍然能够顺利完成驾驶，这从侧面印证了驾驶任务相对而言更偏向于一种下意识的行为，其中的推理过程相对而言并不复杂，在驾驶员理解场景的同时即可完成对于决策行为的简单推理，整个过程与端到端架构十分类似。对于单车自动驾驶而言，端到端架构虽然仍处于起步阶段，但其未来发展潜力巨大，当前也是学术界与工业界共同关注的热点领域。

但是，端到端架构由于需要数据对整个系统进行整体训练，其对于高质量数据有较大需求，且由于缺少人为约束，也带来了可解释性差的问题，很难追踪错误行为的最初来源，同样难以解释合理行为的输出机制[8]。同时，由于神经网络容易受到对抗性攻击[9]，通过对输入进行微小的改动，可能会导致模型的失效，尤其是对于端到端架构而言，测试与验证过程较为困难且难以做到十分全面，恰恰自动驾驶属于高风险应用，一旦出现失效等情况，很可能面临着严重的安全问题。

值得注意的是，模块化架构与端到端架构之间并不是非此即彼的，正如本节开头所述，当前直接实现全流程端到端是较为困难的，而模块化架构能够有效对任务进行分解，端到端架构能够减少信息损失提升效果，从而使得模块化端到端是实现全流程端到端目标最现实的途径。

综上所述，模块化架构与端到端架构在单车自动驾驶中有着各自的优势与面临的挑战，模块化架构是当前最为常见的方法，在未来一段时间可能仍然是自动驾驶车辆的主要架构，当下对于自动驾驶的大部分研究仍然以模块化架构为主，网联协同驾驶也主要基于模块化架构。端到端架构则有着更大的潜力，随着其相关问题的逐步解决，尤其是模块化端到端方法的快速发展，将会对自动驾驶有着更大的提升与更广泛的应用。现有的协同方法也大多都是针对较为成熟且主流的模块化架构或模块化端到端架构，在单车智能迈向智能网联的过程中，通过网联协同赋能单车驾驶。

1.2 传感系统与融合

1.2.1 传感系统

自动驾驶车辆的传感系统是车辆感知场景的媒介，当前自动驾驶车辆通常会配备多种传感器，通过传感器之间的优势互补保证对目标的准确检测和对环境的完备感知[10-11]。如图 1-3 所示，主流的车辆传感系统包括摄像头、超声波传感器、激光雷达、毫米波雷达，不同传感器各有所长，自动驾驶车辆中多种传感器构成的传感系统能够弥补单一传感器的不足，提高整体感知能力和可靠性，实现对车辆周围空间的全面覆盖。

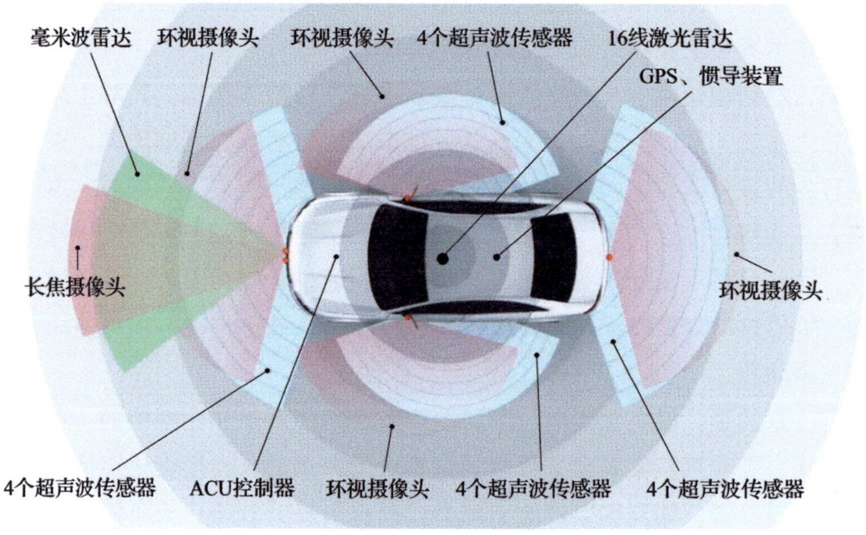

图1-3 智能汽车传感器配置及覆盖范围示意图

1. 摄像头

自动驾驶车辆中用到的摄像头种类较为丰富，主要包括单目、双目、长焦以及环视摄像头，它们能够快速捕捉到车道线、交通标志、交通灯以及其他车辆和行人的视觉信息。具体来说，单目摄像头用途最为广泛，双目摄像头通过视差提供相对可靠的深度信息，长焦摄像头通常用于远距离目标的识别和追踪，而环视摄像头则为车辆提供了全方位的视野，有助于近距离障碍物的检测和定位[12]。摄像头能够以低成本获取具有颜色信息的较高分辨率图像，但其对光线的依赖性强，同时易受天气影响。

2. 超声波传感器

超声波传感器通过发射和接收超声波脉冲得到近距离物体位置。超声波传感器的频率一般在 20 ~ 200kHz 之间，常用频率为 40kHz，频率越高灵敏度越高，但水平与垂直方向的探测角度也就越小。如今超声波传感器已经广泛应用在泊车辅助中，避免车辆与近距离障碍物发生碰撞。超声波传感器成本低且不受天气影响，但有效检测距离较短，分辨率低，不能识别物体的详细特征。

3. 激光雷达

激光雷达利用激光脉冲获取较大范围的场景信息，具备高精度的空间分辨率，且能够获取周围环境的三维信息（如三维位置、轮廓、深度等）。它通过发射激光脉冲并测量反射回来的光线，能够精确地检测物体的位置和形状，对于复杂场景下的障碍物识别和导航至关重要[13]。这些传感器已经逐渐成为今天自动驾驶车辆与带有辅助驾驶功能车辆的标准配置，出现在华为、Tesla、小马智行、Waymo 等公司的汽车产品中。其虽然不受光线条件影响，但整体成本较高且仍然受到天气条件的影响。

4. 毫米波雷达

毫米波雷达以其在恶劣天气条件下的稳定性和对物体速度的测量能力而受到青睐[14]。它能够在不同距离范围内检测和跟踪多个目标，为智能汽车提供了重要的距离和速度信息。超声波传感器主要用于近距离的物体检测，尤其是在停车和低速行驶时，能够提供精确的障碍物距离信息，帮助避免碰撞[15]。而毫米波雷达能够全天候工作，具备较强的穿透能力与中长距离检测能力，但其成本同样较高，分辨率相对较低。

多传感器融合方案虽然显著提升了车辆对周围环境的感知能力，但在处理遮挡问题和长距离感知方面仍面临挑战。这些挑战主要源于车载传感器的物理特性和工作原理的局限性，通过多车间的网联协同技术有望跳出单车智能的局限性，实现更安全可靠的环境感知。

1.2.2 多传感器融合

多传感器融合可以实现不同类型数据信息的互补优势，从而解决单一模态数据的局限性导致的感知精度不足的问题，多传感器融合方法根据融合阶段不同主要分为数据级、特征级与决策级融合。

1. 数据级融合

数据级融合是对底层数据的直接融合，如图 1-4 所示，其原理是将多个传感器的原始观测数据直接进行融合，然后再从融合后的数据中提取特征，进行判断识别。数据级融合可以利用各传感器的全部信息，但是由于数据量大导致计算复杂度高，对系统通信带宽、同步性等要求较高，对于异构传感器还需要对传感信息进行处理，从而采取统一的格式表示。

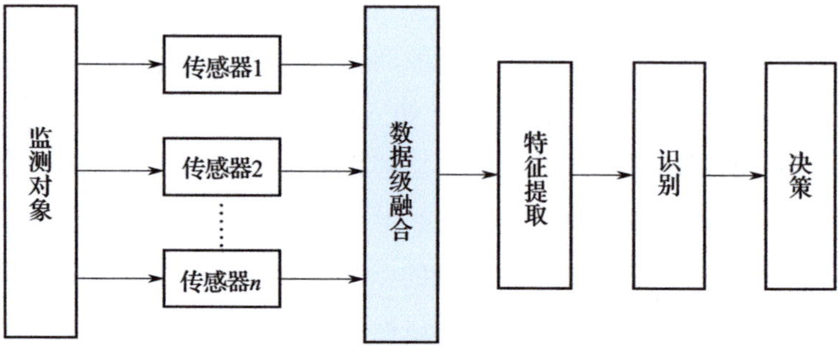

图1-4　多传感器数据级融合流程

2. 特征级融合

特征级融合是对从数据中提取的特征进行融合。如图 1-5 所示，首先从每个传感器的原始观测数据中提取出代表性强的特征，然后将这些特征整合成一个统一的特征矢量，以便进行后续的处理和分析。特征的选择和提取是这一过程中的关键环节，直接影响融合的效果和准确性。特征级融合的技术发展较为成熟，算法更为完善，数据量相对较小，计算复杂度降低，同时仍能保持较高的准确性，但由于特征提取过程可能会丢失部分信息，影响融合效果。

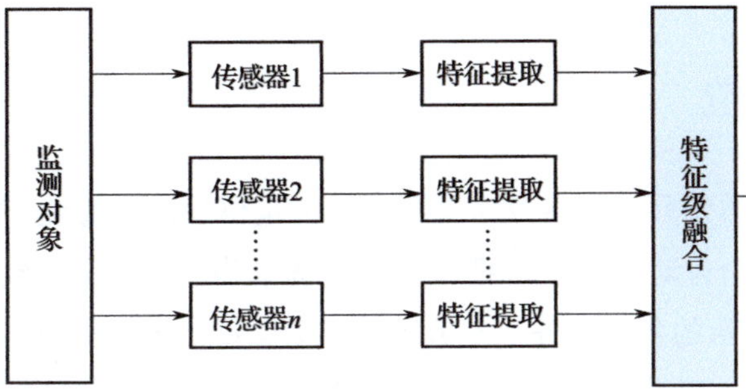

图1-5 多传感器特征级融合流程

3. 决策级融合

决策级融合也称为结果级融合，是对数据高层次级的抽象与融合。如图1-6所示，对每个传感器单独进行处理，得到各自的检测或识别结果，再将这些结果进行融合，输出的是对应任务的融合决策结果。决策层融合具有很高的灵活性，不受传感器异构的限制，能有效地融合反映环境或目标各个侧面的不同类型信息，而且可以处理非同步信息，同时决策级融合的计算复杂度最低，不需要对原始数据或特征数据进行复杂处理，但融合效果受单个传感器决策结果的准确性影响较大，效果相对较差。

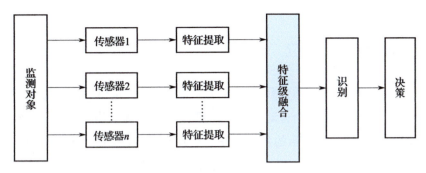

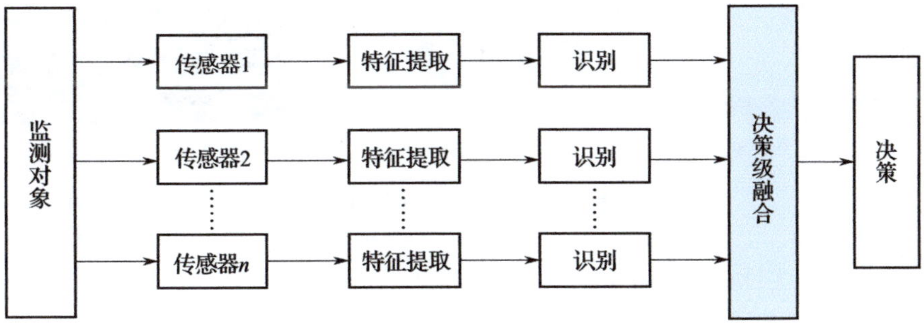

图1-6 多传感器决策级融合流程

目前最常见的多传感器融合是摄像头和激光雷达之间的融合，其分别获得的2D图像和3D点云是最常用的传感信息，图像具有较高精度的二维纹理信息，其缺失的深度信息可以用点云的三维信息来补充，这也弥补了点云的判别能力弱和数据稀疏的不足。尤其是在场景感知与定位中，以图像点云融合为主的多传感器融合有着广泛的应用，在接下来的内容中，会结合特定任务对相应的多传感器融合方法进行介绍。

1.3 场景感知与定位

自动驾驶车辆对环境的充分感知以及对自身的精准定位是自动驾驶车辆自主运行的先决条件，是整个自动驾驶系统的基础[16]。场景感知与定位中包含多个子模块，完成图 1-7 所示的各种任务。本节概述了场景感知与定位的主要方法，主要考虑了目标检测、语义分割、目标跟踪、轨迹预测、占用栅格预测、开放词汇感知以及定位与建图。

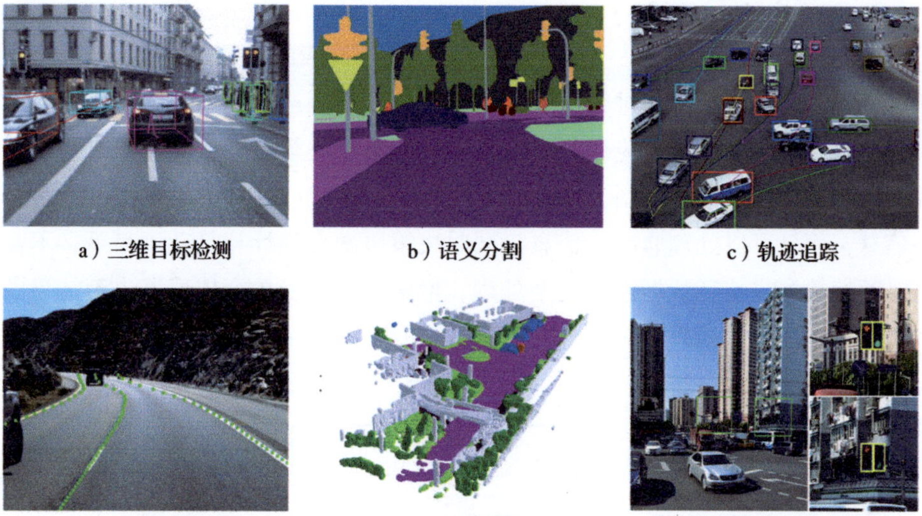

a）三维目标检测　b）语义分割　c）轨迹追踪

d）车道线检测　e）占据栅格预测　f）交通信号灯检测

图1-7　场景感知常见任务

1.3.1　目标检测

目标检测是自动驾驶感知模块的核心，其基本原理是通过计算机视觉从输入的感知信息中识别并定位特定的物体。如图 1-8 所示，输入感知信息的具体格式包括单帧图像或者连续的多帧视频、激光雷达采集的点云等，输出结果通过目标的边界框与航向角表示物体位置与行进方向，边界框通常为二维的矩形框或者三维的长方体，对于每个边界框都会包含该目标对应的类别以及相应的置信度，类别包括车辆、行人等，置信度表示算法对于检测结果的确定程度，通常在 0～1 之间，置信度的值越大，确定性越强。

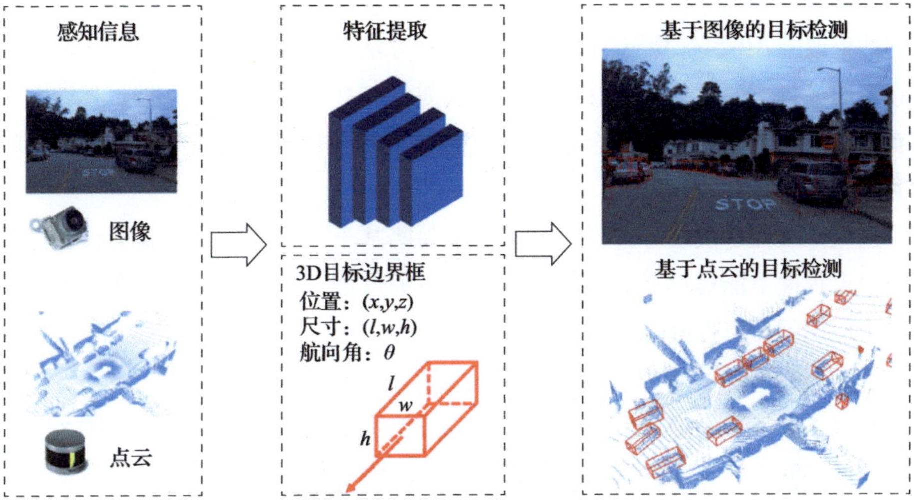

图1-8 自动驾驶中的目标检测

由于驾驶场景的空间特性，自动驾驶领域的目标检测大多数均为3D目标检测，通过3D目标检测能够赋予自动驾驶车辆对环境中重点关注类别物体的敏锐感知能力。目标检测很早便引起了研究者的关注，如今3D目标检测的研究与实际部署都取得了较大进步，显著提升了自动驾驶系统在现实世界与动态变化环境中的性能表现，常用的3D目标检测主要是分别基于图像与点云以及两者融合的方法。

1. 基于图像的方法

基于图像的3D目标检测方法最大的困难是深度估计中的不确定性，深度信息的估计是基于图像方法与点云方法之间性能差距的核心因素，按照深度估计中维度提升的不同方式，可将3D目标检测方法分为目标级与特征级维度提升。

（1）目标级维度提升　目标级维度提升是将3D目标检测任务分解为2D目标检测与深度估计，基本原理是单独对图像进行2D目标检测，之后再通过目标的外观等特征推断其空间位置，结合目标的几何属性与相关约束将这些估计结果提升到3D空间。

针对这一研究方向，Mono3D[17]假设目标都与地面接触，通过最小化能量函数的方式对目标检测多个候选框的位置、物体形状、语义等维度进行评分，Deep3DBox[18]利用几何属性，假设3D角的透视投影应紧密接触2D边界框的至少一侧，GS3D[19]则假设3D边界框的顶部中心在投影到图像平面时应接近2D

边界框的顶部中点。此外，一些研究人员充分利用单目图像中的语义信息以及几何约束改善 3D 目标检测精度[20-22]。这些方法都依赖于特征工程，从而导致其在不同场景下的鲁棒性不佳，一些方法需要额外的外部数据进行训练[23-24]，还有一些方法中的约束设计会带来其他的问题，例如行人、自行车等小目标的检测不准确[20,22]。

这些方法在算法设计过程中都加入了一些基于人类知识的先验假设，这些假设一定程度上能够提高算法在特定情况下的性能，但同样会使其在更大规模场景中应用的可行性降低。

(2) 特征级维度提升　特征级维度提升是通过将图像转化为伪点云[25-29]或者直接学习各类别的深度分布[30-31]，将 2D 的图像特征直接提升到 3D 空间。

一些研究人员首先使用独立的深度估计网络获得视差图，然后将图像平面中每个像素的 2D 坐标反投影到 3D 空间得到伪点云，最后通过独立的基于点云的检测器进行目标检测[25-26]。Pseudo-LiDAR++[28]使用稀疏但精确的激光雷达点云信息对伪点云进行监督校正以消除深度误差，Pseudo-LiDAR E2E[29]更进一步，从原来的单独训练模块提升到整个系统的端到端训练。

但将图像转化为伪点云的过程中，深度估计误差会引入很大的噪声，一方面由于伪点云相比于真实激光雷达的点云而言有一定的偏移，存在局部的错位；另一方面目标附近区域在转化过程中会出现多个伪影，单独的深度估计网络会在将 2D 转化为 3D 的这一过程中出现信息损失，从而影响最终效果[30-31]。因此，更进一步地直接学习各类别的深度分布的方法希望在目标检测的基础网络中加入 3D 信息编码，通过端到端的方式显式或隐式地学习潜在深度分布[30-33]。DSGN[30]和 CaDNN[31]将视觉外观编码到 3D 特征中，共同优化深度和语义信息以进行 3D 检测。相比于目标级维度提升方法，特征级方法效果更好，且泛化性有一定提高，是目前对于图像 3D 目标检测而言较为可行的方法。

2. 基于点云的方法

激光雷达获取的点云能够提供丰富的场景信息，尤其是相比于图像拥有较为可靠的深度信息，但点云分布稀疏，结构不规则，几何形状本质上是无序的。因此，直接对点云进行在计算机视觉中常用的卷积操作将导致特征提取的严重失真[34]。根据对点云处理方式的不同，可以将基于点云的目标检测方法分为基于点、基于网格、基于点体素三种。

(1) 基于点的方法　基于点的方法直接对原始点云进行检测，一些研究者提出了多种方法，其总体流程是通过基于点的骨干网络对点云中的点进行采样并学习特征[35-36]，根据下采样的点及其特征预测3D边界框。基于点的方法有两个基本模块：点云采样和特征提取。

点云采样中使用最广泛的是最远点采样[35]，而有研究者基于此将最远点采样逐步下采样，从而输出点云并从下采样点中生成3D候选框[37]，类似的设计在不断改进优化中被沿用下来。

特征提取一般通过球查询在预定义的半径内收集上下文点，然后通过多层感知层和最大池化聚合上下文点和特征，得到新的特征[35]。此外。还有一些研究者采用不同的方式聚合特征，如注意力算子[38]、Transformer[39]等。

对于大部分方法而言，由于点云分布不均匀导致点云采样往往非常耗时，点云采样是推理时间的瓶颈。特征提取中上下文区域半径大小与点的数量也需要权衡，增加上下文数量能够获得更强的表示能力，但也会增加大量的内存消耗。

（2）基于网格的方法　基于网格的方法首先将点云栅格化为离散网格表示，然后利用传统的2D卷积神经网络（Convolutional Neural Networks，CNN）或3D稀疏神经网络从网格中提取特征，最后进行目标检测。网格表示主要有三种类型：体素、支柱与鸟瞰图（Bird's-Eye-View，BEV）特征。

如果将检测空间栅格化为规则的3D网格，最小的网格单元就是体素。由于点云分布稀疏，3D空间中的大多数体素都是空的，不包含任何点，只有非空体素被存储并用于特征提取。VoxelNet[40]是体素的开创性工作，利用体素的稀疏性提出了一种体素特征编码层，从体素单元内的点中提取特征，后续的相关研究都采用了这一编码方法。此外还有研究者试图通过多视图体素融合[41]与多尺度体素方法[42]进一步改进体素表示。

支柱可以看作是特殊的体素，其体素大小在垂直方向是无限的，支柱特征可以通过PointNet[43]从其包含的点中聚合，然后通过映射到2D平面构建用于特征提取的BEV图像。PointPillars[44]是支柱的开创性工作，随后有研究者进一步进行改进[45]。

BEV特征图是一种密集的2D表示，其中每个像素对应一个特定区域，并对该区域中的点信息进行编码。BEV特征图可以通过将3D特征投影到鸟瞰图中从体素、支柱中获取，也可以通过汇总像素区域内的点统计信息直接从原始点云中获取[46-47]。

体素包含更多结构化的3D信息，可以通过3D稀疏网络学习深度体素特征。然而，3D 神经网络会带来额外的时间和内存成本。BEV 特征图是最有效的网格表示，可将点云直接投影到2D 图像中，而不需要专门的稀疏卷积或柱状编码。2D 检测技术也可以无缝应用于 BEV 特征图，无须进行太多修改。因此，基于 BEV 的检测方法虽然相比体素与支柱而言存在一定的空间信息损失，但是由于一方面 BEV 特征图本身包含的语义信息最丰富，算法的不断迭代提高会将整体性能指标大幅提高，另一方面 BEV 是一种高效的多模态融合介质，可以将图像与点云中包含的信息较好地融合[48]。基于 BEV 特征图的目标检测方法成为当前性能最强的方法[49]，同时能获得较高的效率和实时的推理速度。

（3）基于点体素的方法　基于点体素的方法将点与体素两者的优点进行整合，基于体素及其变体支柱的方法[40,44]计算效率高，基于点的方法[37,50]完全保留了点云的不规则性和局部性。单阶段点体素方法尝试通过主干网络中的点对体素和体素到点变换来融合点和体素的特征[51]。两阶段点体素方法针对不同的检测阶段采用不同的表示，在第一阶段，采用基于体素的检测框架来生成一组 3D 目标候选框，在第二阶段，首先从输入点云中对关键点进行采样，然后通过新颖的点算子从关键点进一步细化[52]。

3. 基于多模态融合的方法

无论是图像还是点云，单一模态本身有其自身缺陷，多模态融合具备结合两者优点的巨大潜力。多模态方法通常性能有一定提高，但引入了额外的推理时间，高效的融合方式仍在探索中[53]。

现有的图像与点云的模态融合主要以并行融合为主，即数据流在网络中具有多个独立路径，根据融合时间点可分为早期融合[54]、中期融合[55-56]、后期融合[57]。早期融合在数据预处理点融合了不同的模态，鉴于低级语义的特征对齐噪声很大，并不常用。中期融合主要是对两种模态的特征进行融合，MV3D[55]将 BEV 和多视角图像作为输入，在第二阶段融合卷积特征，3D-CVF[56]采用注意力机制自适应地融合来自点云和图像的语义特征。后期融合在结果输出阶段融合了不同模态的输出结果，CLOC[57]通过利用几何和语义的一致性，融合了 2D 和 3D 检测的输出结果。

尽管多模态融合的研究已经有很多，但图像和点云的数据异构，很难找到逐点对应关系，且图像排列在密集网格中，而点云分布稀疏，通过强制这两种模态具有相同的形式以实现融合，最终的融合效果可能不及预期，这仍然是限制多模态融合方法发展的难点所在[57]。正如先前所述，基于网格的方法中的

BEV 特征图是目前较好的融合形式，尤其是基于 BEV 的中期融合方法取得了较大提升，是当下多模态融合目标检测的主流方法。

4. 挑战与展望

目标检测对自动驾驶车辆的感知具有重要意义，但现实世界驾驶场景的动态变化以及驾驶行为与环境之间的复杂交互也为其带来了挑战。表 1-2 简要列出了自动驾驶中的目标检测技术的挑战与未来展望，随着技术和理论的不断发展，尤其是新兴的智能汽车网联技术的快速发展，作为当下自动驾驶技术基础的目标检测领域研究正在继续深入，为自动驾驶技术的进一步发展铺平了道路。

表 1-2　自动驾驶目标检测技术的挑战与展望

挑战	展望
物体形状、颜色等物理属性的不同，以及在不同光照、视角情况下的变化	迁移学习与小样本学习增强模型对优先数据的利用效率
物体之间的遮挡重叠增大了检测难度	硬件技术的进步提高自动驾驶车辆的数据处理能力
需要更快的处理速度提升实时检测能力	通过充分理解环境的上下文信息更准确地检测
收集并标注大量数据集，尤其对于极端场景而言较为困难	传感器种类与数量的提升有助于车辆检测能力的提高
传感器的物理限制导致视野受限与远处目标特征稀疏	网联赋能下的多车协同能够大幅提高单车的检测能力

1.3.2　语义分割

语义分割在目标检测的基础上进一步对环境进行更加细致的感知理解，如图 1-9 所示。大多数语义分割方法都是编码器解码器结构，其基本原理是利用计算机视觉从输入的图像或点云数据，对每一个像素或点分配特定的类别，例如道路、车辆、交通标志等，最终得到与原始图像或者点云尺寸相同的语义标签。相比于目标检测中的边界框，显然语义分割的像素级分类结果更加精准，在处理重叠的物体时具有优势，且语义分割生成的标签更具连续性，有助于对同一对象或者同一区域保持更加一致的分类结果，在视频输入中更加稳定。

在自动驾驶中，语义分割能够为自动驾驶车辆提供更加丰富的场景信息。与目标检测类似，在自动驾驶任务中主要关注的仍然是 3D 空间中的语义分割，主要方法分为基于点云的方法与基于多模态的方法。

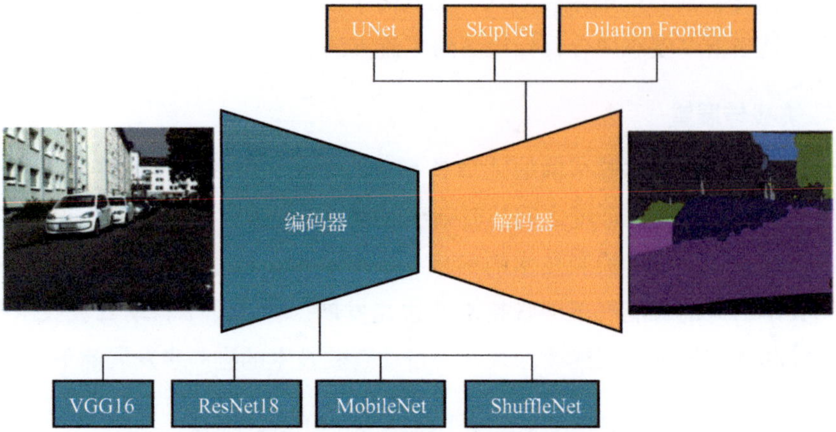

图1-9　自动驾驶中语义分割的编码器解码器结构[58]

1. 基于点云的方法

当前基于点云的语义分割方法根据对点云处理方式的不同，可以分为基于体素的方法与基于投影的方法。

(1) 基于体素的方法　基于体素的语义分割与目标检测方法类似，通过将点云处理为体素的形式直接在3D空间中主要利用3D卷积方法实现语义分割[59-60]。虽然基于体素的方法考虑了3D空间的几何特性，但计算成本高昂。

此外，对于室内场景点云分割，有许多方法[61-62]受到PointNet的启发[43]，直接对点云进行处理，对输入点云中的每一个点，学习其对应的空间编码，之后再利用所有点的特征得到一个全局的点云特征。但是这些方法主要应用在室内的点云语义分割中，而在室外场景中点云与室内的稠密点云不同，点更加稀疏且数量较大，导致算法难以提取特征且计算量较大。

(2) 基于投影的方法　语义分割在图像处理上已经取得了很大的进步，最早是通过全卷积网络将原本的全连接层替换为卷积层实现像素级分类的语义分割方法[63]。随后一些研究者进一步利用不同卷积核得到的不同特征信息进行融合，例如基于编码器解码器的多层卷积核特征融合[64]、基于膨胀卷积的多尺度信息融合[65]。在注意力机制提出后，研究者利用注意力机制对图像中各区域间的相互关系进行建模，同时获取全局特征信息与局部特征信息并实现信息聚合[66]。除了基于卷积的方法外，近年来基于Transformer及Vision Transformer地方法由于其出色的性能受到关注，逐渐成为语义分割的主流方法，其通过将图像分块，将图像块的线性嵌入序列作为输入，利用多个自注意力层更好地获取全局特征以及长距离依赖关系[67]。

这些针对图像的2D语义分割方法为3D空间中的语义分割提供了良好的基础，研究者通过深度图像、BEV、球面投影等方式将3D点云投影到2D空间中，使用2D中的常用方法处理投影图像。例如，PolarNet通过将点云投影到极坐标系，利用卷积网络处理特征，Lite-HDSeg[68]和SqueezeSegV3[69]将点云投影为深度图像，然后使用类似U-Net的架构处理输入图像。这些方法借鉴图像语义分割方法，对点云进行投影获取2D输入，进而采取基于类似图像的方法取得了较好的效果。

2. 基于多模态融合的方法

基于体素的方法能够保留3D信息，但是计算效率与实际效果不满足要求，而基于投影的方法计算效率高，但在3D向2D投影的过程中存在3D信息损失，基于多模态的方法在理想情况下能够结合二者的优点实现性能的进一步提高。但实际上，基于激光雷达与摄像头的多模态3D语义分割的性能表现并未达到预期，甚至不如单模态方法。主要难点与多模态融合目标检测类似，核心因素都是各模态之间差异较大，单模态技术的快速发展也加剧了这一问题，而为各模态设计类似的模态特征提取方式以缓解异构差异但性能不佳[70-71]。同时在语义分割中，摄像头的感知范围与激光雷达之间的交集较小，大部分方法仅考虑重叠部分的融合，从而导致整体分割效果不佳[72-73]。例如PMF[74]方法将点云投影到图像平面上以便与图像数据融合，仅考虑重叠区域而忽视了其他点，尽管范围内的分割性能有所提高，但其他区域并没有利用到融合信息。如何减少模态间特征差异，更加充分地利用多模态信息，仍然是多模态融合需要解决的关键问题。

3. 挑战与展望

语义分割在自动驾驶领域中是进一步理解环境的重要途径，如上文所述，现在仍有较多挑战有待解决。表1-3简要列出了自动驾驶中语义分割技术的挑战与未来展望，主要的挑战与目标检测中的类似，但由于语义分割对数据集的需求较高，且数据集标注成本也更高，算法对计算资源的需求更大，整体难度较目标检测更大。

表1-3 自动驾驶语义分割技术的挑战与展望

挑战	展望
高质量标注数据集较少，标注难度大且成本高昂	迁移学习与小样本学习增强模型对优先数据的利用效率
算法需要在各种环境条件下稳定运行	硬件技术的进步提高自动驾驶车辆的数据处理能力
算法需要更快的处理速度提升实时检测能力	半监督、无监督学习利用未标记的数据减少对数据集标注的需求
训练数据中可能存在的比例失衡导致实际分割效果受限	多模态融合充分利用各模态优势提高算法的鲁棒性与精度

1.3.3 目标跟踪

目标跟踪相比于目标检测增加了时间维度的信息输入，通过在连续的驾驶环境中持续跟踪各个目标的位置，最终得到目标的运动轨迹。目标跟踪与目标检测相比最核心的区别在于其不仅需要检测目标，还需要在连续帧中关联目标，以确保同一目标的ID在整个轨迹序列中保持一致。

整个系统的输入是连续时刻的感知信息，输出是各目标的ID、目标在各帧中的位置以及目标在时间序列上的轨迹。基本流程是首先对第一帧进行目标检测并为目标分配ID，然后对两帧中的检测目标进行关联，为同一目标给定相同的ID，最终进行系统更新，包括现有目标的状态更新、进入感知范围的目标创建、离开感知范围的目标销毁。

在自动驾驶中最常用的是3D多目标跟踪，其在目标检测的基础上进一步提供了对于驾驶场景尤为重要的时间信息，现有的主要方法分别是基于点云的方法与基于多模态融合的方法。

1. 基于点云的方法

根据对帧间目标关联方法的不同，基于点云的方法可以分为基于卡尔曼滤波的方法与基于深度学习的方法。

(1) 基于卡尔曼滤波的方法　AB3DMOT[75]是最经典的基于卡尔曼滤波的点云3D多目标跟踪方法，其基本奠定了卡尔曼滤波在3D多目标跟踪中的应用范式。如图1-10所示，鉴于卡尔曼滤波在2D空间中性能优异且算法高效的特点，该方法通过将目标的状态空间拓展到3D空间，即3D空间中的位置、大小、速度及航向角。基于卡尔曼滤波的方法主要是使用现有的3D目标检测器从点云中获取检测结果，利用卡尔曼滤波对当前帧的目标运动轨迹进行估计，在轨迹信息的基础上利用匈牙利匹配将两帧中的目标进行关联，整体架构简单清晰且有效。

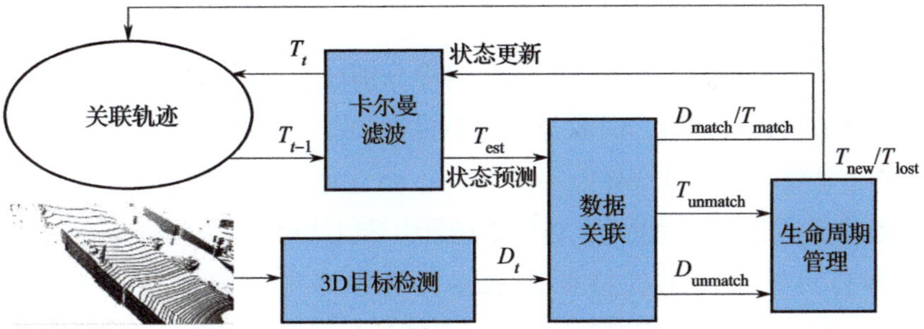

图1-10 自动驾驶中多目标跟踪的典型方法[75]

后续研究主要对滤波方法与关联方法进行改进，例如，有研究者将随机有限集方法用于多目标跟踪，提出PMBM滤波方法[76]，Poly-MOT[77]利用不同的运动模型来准确表征各种对象类别的不同类型运动，Probabilistic[78]利用贪心算法代替匈牙利匹配进行目标关联，还有研究者提出了两阶段的目标关联方法[79]。但由于卡尔曼滤波方法本身已足够高效，这些改进方法并未有本质改变，反映在最终的跟踪效果上未取得显著提升。

（2）基于深度学习的方法　与基于卡尔曼滤波的方法不同，基于深度学习的方法主要是通过提取当前帧中目标的外观特征、运动特征等信息，将这些特征用于两帧之间目标的相似度计算，基于相似度进行目标关联。基于深度学习的方法能够提取目标更多的深层特征，通过对特征的匹配关联提高了目标跟踪过程中的准确性与鲁棒性。

特征提取部分基本上沿用3D目标检测中的特征提取方法，而最关键的部分在于对特征的关联方法，PTP[80]通过图神经网络聚合特征提高节点相似度的区分度，还有研究者利用消息传递图神经网络实现目标关联[81]。此外，也有研究者利用深度适配网络（Deep Adaptation Network，DAN）进行特征关联，DAN原本用于不同域间的迁移学习，主要解决的是两个数据分布不同的域间的差异[82]，由于DAN对于域间的差异较为敏感，以PC-DAN[83]为代表的方法利用DAN通过端到端的方式实现了特征提取与目标关联，SimTrack[84]进一步移除了目标检测中规则化的启发式方法，这种端到端的3D多目标跟踪方法相比于手动设计的外观、运动等特征，更加深刻地刻画了目标，并且端到端的跟踪信息损失更少，整体结构也更加简单。还有利用注意力机制的多目标跟踪，将两帧的特征图作为Transformer输入的键和查询[85-87]，结合长期运动特征和短期外观特征并建模空间关系，通过注意力机制提升目标关联效果。

2. 基于多模态融合的方法

最简单的多模态融合是将多模态数据中分别提取的目标状态信息一同通过卡尔曼滤波方法进行更新，图像与点云中目标状态的提取一般沿用目标检测方法，这类方法结构简单且计算效率高[88-89]。但这种基于卡尔曼滤波方法的多模态融合依赖于状态信息的设计，在密集场景中难以处理复杂的多模态信息。利用多模态融合目标检测中的特征表示在目标跟踪中能够取得不错的效果，SDVTracker[90]结合交互式多模型滤波方法，通过深度学习网络实现轻量化的目标跟踪，JointMOT[91]设计了一个多模态的端到端目标跟踪网络，MotionTrack[92]更进一步地实现基于Transformer的端到端目标跟踪，实现了更加优异的跟踪效果。

3. 挑战与展望

目标跟踪对于自动驾驶车辆而言拓展了时间维度的环境感知，如上文所述，现在仍有较多挑战有待解决。表1-4简要列出了自动驾驶中目标跟踪技术的挑战与未来展望。帧间与多模态间的目标关联对目标跟踪来说仍然是最主要的困难，此外由于目标跟踪与目标检测联系较为紧密，目标检测面临的问题在跟踪中同样存在。相较于单车智能而言，智能网联技术为自动驾驶车辆带来了不同视角的场景信息，充分利用这些信息有助于拓展感知范围，提高帧间目标关联效果，进而提高目标跟踪效果。

表1-4　自动驾驶目标跟踪技术的挑战与展望

挑战	展望
帧间与多模态间目标关联具有较大难度	针对目标关联的新兴方法实现效果提升
密集场景下存在大量的遮挡情况对目标的跟踪造成阻碍	硬件技术的进步提高自动驾驶车辆的数据处理能力
算法需要更快的处理速度提升实时检测能力	提高算法对环境变化、不同种类目标的跟踪可靠性
行人、自行车等小目标物体的跟踪难度大	网联赋能单车提高目标跟踪精度与跟踪范围

1.3.4　轨迹预测

在自动驾驶中，目标检测与语义分割都是着眼于当前环境的感知，目标跟踪则是利用历史信息着眼于环境中目标的变化，如图1-11所示，轨迹预测则更进一步，通过对环境中各目标未来变化的预测为驾驶提供未来环境的感知信息，针对目标检测等上游任务进一步理解环境从而为下游的决策规划提供支撑，这对于自动驾驶车辆而言是非常有价值的。

轨迹预测的输入包括车辆当前的感知信息以及各目标的历史轨迹信息，输出为目标未来时刻的序列轨迹与状态，一些轨迹预测方法还会输出预测轨迹结果的置信度或者目标未来位置的概率分布，一般可将轨迹预测方法分为基于物理模型的方法与基于深度学习的方法。

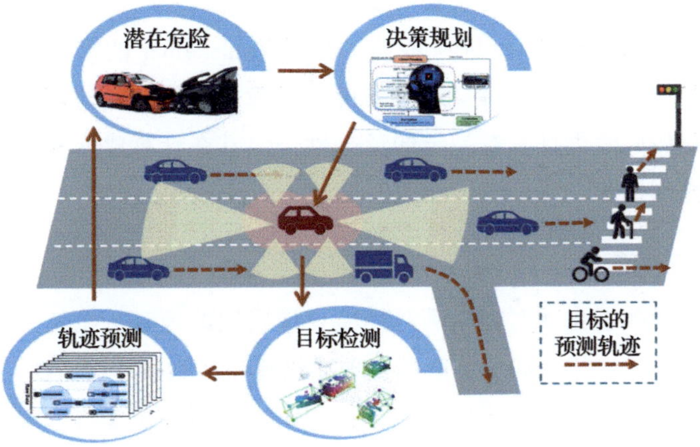

图 1-11　自动驾驶中轨迹预测的作用[93]

1. 基于物理模型的方法

基于物理模型的轨迹预测根据运动学与动力学模型生成轨迹，例如恒定速度模型与恒定加速度模型[94]、恒定转向角与加速度模型[95]等。大部分基于物理模型的方法都是利用卡尔曼滤波对车辆状态进行更新[96]，或者利用蒙特卡洛方法对状态分布进行模拟[97]。但无论如何，基于物理模型的方法都仅适用于 1s 以内的短期预测，目标的动态特性决定了无法通过一个物理模型完全描述，多个模型进行切换又会带来明显的误差。仅使用物理模型的轨迹预测性能较差，但将其与基于深度学习的方法相结合能够取得较好的效果[98]。

2. 基于深度学习的方法

基于深度学习的轨迹预测不仅可以考虑物理因素与道路因素，还能够考虑环境中的交互因素，适应更复杂的场景。由于轨迹预测旨在获取目标未来的位置信息，循环神经网络（Recurrent Neural Networks，RNN）凭借其对于时间信息的处理能力受到了关注[99]，尤其是长短期记忆网络（Long Short-Term Memory，LSTM）被广泛使用[100]。RNN 能够提取时间特征，非常适合处理时间序列信息，而 CNN 能够提取空间特征，包括交通参与者之间的交互[101]，有研究者将两者组合起来以实现对于时间、空间信息的高效处理，例如 TraPHic[102]将车辆的状态和周围物体输入 CNN-LSTM 网络以获取其特征，然后将这些特征与 LSTM 解码器连接起来，得到车辆的预测轨迹。

随着注意力机制的广泛应用，其对全局特征与局部特征的提取能力应用在轨迹预测上能够大幅提高预测性能，通过多头注意力车辆特征与典型环境特征，以输出未来轨迹的分布[103]。进一步地，基于 Transformer 的模型对处理时间序列数据方面具有优势，由于对交通参与者与环境之间的交互建模能力强，在长期预测中取得较好效果且具有一定的泛化性，但其在计算成本和时间上相较之前的方法急剧增加[104－105]。

3. 挑战与展望

轨迹预测反映了自动驾驶车辆对环境更深层次的理解，尤其是对各目标之间交互行为的预测，但正如上文所述，现在仍有较多挑战有待解决。表 1－5 简要列出了自动驾驶中轨迹预测技术的挑战与未来展望。单车自动驾驶可以通过轨迹预测获取其他车辆的未来状态与意图，而智能网联车辆能够直接发送自身的状态与意图，相较预测得到的结果无疑是更加准确的。不仅如此，网联赋能下的车辆之间同样能够传输其对于周围目标的轨迹预测，拓展车辆感知范围，进一步促进车辆对完整驾驶环境的充分理解。

表 1－5　自动驾驶轨迹预测技术的挑战与展望

挑战	展望
交通参与者运动的复杂性与不确定性	充分理解目标间相互运动背后的背景与意图
短期预测误差相叠加导致长期预测的难度较大	硬件技术的进步提高自动驾驶车辆的数据处理能力
复杂道路环境尤其是人车混行路口等场景对轨迹预测较难处理	提升其他目标与自身的相对轨迹预测能力
算法需要更快的处理速度提升实时检测能力	网联赋能单车拓展轨迹预测范围与准确性

1.3.5　占用栅格预测

当前对于自动驾驶的感知主要集中在目标这一层级，无论是目标检测、跟踪，还是轨迹预测，都是对于目标而言的，但在开放世界的驾驶环境中，仅通过边界框代表的目标忽略了物体的几何特性，对于数据集中没有标注的类别无能为力，不规则形状的物体与未知类别的障碍物都产生了严重的长尾问题。

占用栅格预测是对于轨迹预测的延伸和补充，通过输入传感器感知信息，估计出自动驾驶车辆周围的占用情况，具体输出形式是3D体素网格的占用状态与语义标签，占用状态分为空闲、占用或未被观测，对于占用的体素会给定一个语义标签，语义类别源自预定义类别，如果该区域语义不在预定义类别中会将其标记为通用目标。

最开始的占用栅格预测研究是基于体素的，3D体素保留了大量的空间信息，能够直接利用以减少信息损失，更精确地实现占用栅格预测[106]，但密集的体素特征引入了巨大的存储开销，即便L-CONet[107]引入由粗到细的监督策略以减少计算负担，但仍然无法彻底解决这一问题。随着目标检测等任务中BEV方法取得了较大进步，尤其是图像特征投影到BEV特征表示的转化逐渐成熟，现有的大部分占用栅格预测方法都基于BEV特征，FB-BEV[108]、FB-OCC[109]等方法都对BEV特征提取进一步改进，Occformer[110]通过数据增强、改进模型泛化能力以更好地捕捉空间信息，实现了较好的效果。

尽管BEV方法取得了不错的效果，但其本质上是3D空间的2D投影表示，用一个平面的信息描述空间关系的能力有限，因此研究者进一步通过基于三视图（Tri-perspective view，TPV）的方法利用三个正交的投影平面构建3D环境[111]，将三个投影面的特征提取后得到3D空间中每个区域的3D特征表示，最终实现占据栅格预测。TPVformer[111]首次引入TPV表示并与Transformer编码器相结合，实现3D空间中的交叉注意力以提高性能，S2TPVFormer[112]提出了时空交叉注意力机制，进一步引入了时间信息。TPV表示的复杂度介于BEV与体素之间，在提高计算效率的同时尽可能保留了空间信息。PointOcc[113]考虑了点云数据的特殊性，在柱坐标系中构建TPV，更加适用于环形的点云数据，在预测准确性上取得了较大提升。此外还有研究者正在探索多模态融合的占用栅格预测[114]，但其仍旧面临着多模态间的特征差异问题。

占用栅格预测对于自动驾驶车辆而言是对环境的进一步细化理解，尽管近年来占据栅格预测取得了显著进展，但在特征表示、实际应用和标注成本方面仍然面临一些限制。表1-6简要列出了自动驾驶中占用栅格预测技术面临的挑战与未来展望。多车协同感知方法开辟了一个新的维度，通过不同来源的多视角信息获得对周围环境的整体感知。多车协同的3D占用栅格预测方法基于协同感知实现占用栅格预测，通过在网联车辆之间共享特征，实现对3D道路环境的更深入理解[115]。

表 1-6　自动驾驶占用栅格预测技术的挑战与展望

挑战	展望
从 2D 图像中难以获得完美的 3D 特征，多模态间的差异较大	通过逐渐成熟的数据生成技术，低成本生成大量标注数据
3D 空间表示增大计算负载与内存开销，阻碍实际部署	高效利用空间信息并实现算法精度、鲁棒性等各方面提升
需要对数据集中的每个体素标注语义标签，成本较高	进一步考虑时间信息，对未来场景状态进行预测

1.3.6　开放词汇感知

尽管当前自动驾驶车辆的感知能力已经有很大提升，但由于数据集标注不充分、物体类别人为定义的局限、高昂的标注成本等原因，车辆在面对存在未知物体的新场景时，自动驾驶的场景感知仍然存在较大挑战。先前针对这一问题的解决方案是采用零样本学习[116]，零样本学习使用编码器来代替原有的分类器，通过语义嵌入特征的方式表示类别，例如 Word2Vec[117]、BERT[118] 等，但其在训练过程中使用的都是已知类别，推理过程中使用预定义的语义嵌入特征来识别未知物体，这种方式并没有对未知物体的特点进行深入理解，难以建立视觉特征与文本标签之间的关系，在对未知物体的目标检测中表现较差。

由此，开放词汇感知进一步将其进行拓展，主要包括开放词汇目标检测与语义分割。开放词汇感知方法在训练过程中并没有像零样本学习那样仅使用已知类别进行训练，而是尽可能将多样数据全部输入以提升泛化性。具体而言，开放词汇方法将图像相关的文字作为弱监督信号，例如标题、图像内容的文本描述等，这些数据来源广泛且成本较低，并提供了更多的词汇量，拓展性与通用性都更强，例如字幕中的词汇可能不仅仅是关于目标的类别，还包含了其外观属性、运动特征等。同时，得益于视觉语言模型（Vision-Language Model，VLM）在大规模图像文本对上的预训练[120]，如图 1-12 所示，开放词汇感知方式基于 VLM 预训练能够将图像与词汇文本对齐到相同的特征空间中，弥补了视觉与文本之间的差距，而无需额外的标注，从而有效地在未知场景中应用。

1. 开放词汇目标检测

开放词汇目标检测主要基于 2D 图像，由于具体方法很多，这里对主要的几种进行简要介绍。首先是知识蒸馏，由于 VLM 预训练模型中包含的知识远超传统检测器，知识蒸馏旨在直接将视觉知识蒸馏提取到目标检测器中，这样能有

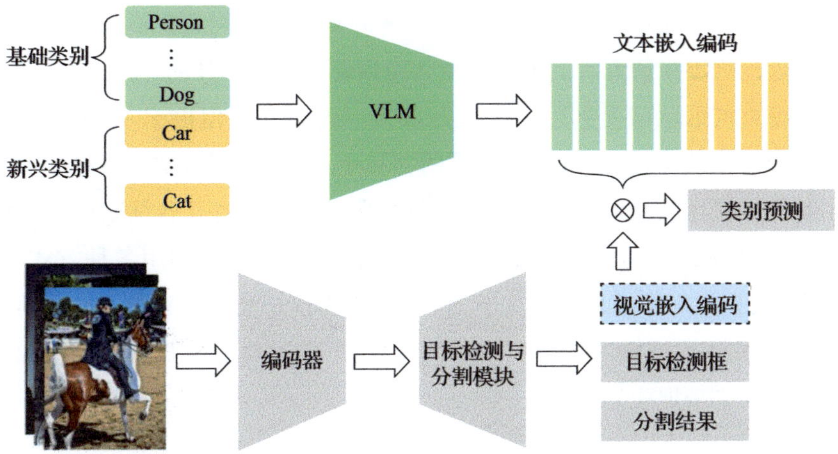

图 1-12　自动驾驶中开放词汇检测的典型方法[119]

效地利用这些知识，但目标检测能力仍在 VLM 的范围内[121]。其次是引入更多大量图像文本对以及其他种类的数据进行训练，将数据中的视觉特征和文本特征的类别映射到特征空间中进行对齐，对齐后对新类别自然产生泛化性，但需要额外大量的计算成本支撑额外的数据训练[122-123]。此外，提示工程能够有效地引导 VLM 在具体任务上的应用，但这种引导只能更快速地将 VLM 的知识提取出来，并不能从本质上提高性能[124]。最后，区域文本对齐方法是将语言代替边界框从而作为监督信号，与引入大量数据预训练相比，区域文本对齐能够更好地在训练期间实现视觉特征与文本特征的对齐，无需引入额外的数据，这种方法较为理想，是当下核心的研究方向，但实际上获得充足的对物体有文本注释的数据是很困难的，仍然有较大的发展空间[125]。

2. 开放词汇语义分割

开放词汇语义分割可以看作是更加密集的分类任务，自然地可以将 VLM 扩展到语义分割当中，但与开放词汇目标检测相同，在利用 VLM 的过程中仍有一些改进空间[126]。通过生成伪标签的方法能够提供更多类别信息从而提升分割效果，但由于数据标注类别有限，掩码区域和相应标注都很难收集，效果提升有限[127]。进一步地，可以通过弱监督方法减少对于标注数据的依赖，利用没有像素级标注的数据辅助训练，如图像文本对，但这种方法最终的效果一般，很难实际应用[128]。如今有很多方法通过一个模型实现多个任务的输出，例如 POMP[129]能够实现检测与分割，从多种类型的数据集中进行学习，同时实现多任务的效果提升。通过多种数据集训练带来的知识能够使其在不同任务间触类旁通，当前受到不少研究者的关注，但其也因此带来了额外的计算成本[130]。

虽然开放词汇感知受到巨大关注并取得一定进步，但由于 VLM 本身的特性，大部分方法都是针对 2D 图像而言的，对于 3D 场景来说缺乏海量数据大大限制了其发展，尤其是点云数据并不像图像那样能够通过互联网获取大量的数据[131]。现有面向 3D 场景的开放词汇感知方法大部分都是利用各种方式将 3D 特征投影到 2D 空间中，再利用基于 2D 的方法实现开放词汇感知。在自动驾驶中，3D 信息是不可或缺的，表 1-7 简要列出了自动驾驶中开放词汇感知技术面临的挑战与未来展望。

表 1-7　自动驾驶开放词汇感知技术的挑战与展望

挑战	展望
大部分方法以基础类别的数据为基础进行训练，对基础类别易过拟合	将 2D 开放词汇感知对齐到 3D 空间中，实现 3D 开放词汇感知
大部分方法需要大量数据预训练，成本较高	更有效地与大模型相结合，将大模型包含的大量知识赋能感知
针对开放词汇感知需要设计更合适的评价指标以衡量感知结果	考虑时间信息，探索在跟踪预测上开放词汇感知方法的潜力

1.3.7　定位与建图

目前，基于通信信号的定位方法应用最广泛，如全球导航卫星系统（Global Navigation Satellite System，GNSS）[132]和车联网（Vehicle-to-everything，V2X）[133]。在高层建筑、地下车库、室内或山区等条件下，GNSS 信号会被阻挡或产生多径效应，导致定位精度下降。由于本章主要介绍单车智能，V2X 的内容将在接下来的章节进行详细介绍。对于单车自动驾驶而言，GNSS 易受电磁波、大气等因素干扰，传输时延长且更新频率低，仅依靠 GNSS 无法满足要求，同步定位与地图构建（Simultaneous localization and mapping，SLAM）是当前主流的定位方法，主要可根据传感器类型分为视觉 SLAM、激光雷达 SLAM 与融合 SLAM。此外，基于 V2X 的网联协同定位更进一步为车辆提供更加精确和可靠的定位服务，V2X 的相关内容将在其余章节进行介绍。

1. 视觉 SLAM

视觉 SLAM 是利用视觉信息获取车辆位姿以及对周围环境进行地图构建的

方法，主要由前端、后端与闭环检测构成。前端首先对图像信息进行特征提取、帧间匹配以及初步的位姿估计，后端进一步通过优化算法为前端提供的特征与位姿进行全局优化，最后闭环检测对位姿的累积误差与地图构建进行修正。

图像中提取的特征大多是图像中的点与线特征，根据匹配关系求解位姿，优化目标往往是重投影误差。特征提取方法有较长的发展历史，从最开始的 SIFT、SUFT，再到后来的 FAST、ORB 等[134]，方法的迭代更新提升了特征提取的速度与鲁棒性，与之相对应的优化方法也随之进步。ORB-SLAM[135] 由于采用了 ORB 特征提取，图像帧之间的特征匹配较为容易，减少了特征点丢失和错配的现象，图像特征提取的速度大大提高。尽管现有的特征提取方法取得了不错的效果，但其依赖于人工设计，CubeSLAM[136] 证明了神经网络也能够用于 SLAM 任务中的特征提取，DROID-SLAM[137] 利用神经网络提取特征，以提高特征点定位的准确性，神经网络特征提取可以利用目标检测、语义分割中的先进方法，将其与 SLAM 相结合以获得性能提升。

2. 激光雷达 SLAM

激光雷达获取到的距离信息更加准确，受到光照等因素的干扰较小，点云可以视作视觉 SLAM 中的特征点，但由于点云过于密集，直接进行匹配耗费较多计算资源[138]。直接匹配点云的经典方法是迭代最近点（Iterative Closest Point，ICP）以及之后产生的诸多衍生方法[139]，衍生的 ICP 方法较原方法而言在效率与准确性等方面取得了一定提升，但相比之下，基于点云特征提取的匹配方法效率更高。LeGO-LOAM[140] 改变了特征点的提取形式，通过 LOAM 提取边特征与平面特征，并增加了对于后端的优化。同样，近年来利用神经网络提取特征的方法对于点云数据也适用，通过对三维点云进行分割，将不同的环境对象划分为不同的分段，从而提出了新的地图表示方法[141]，这种数据驱动的方法可以有效提取语义特征信息，大大减少了计算量。

3. 融合 SLAM

自动驾驶车辆配备的多种传感器为车辆定位带来了更加多元的信息，有助于定位精度的进一步提高。LIC-Fusion[142] 将惯性测量单元与激光雷达提取的特征融合在一起，尤其是在快速运动的情况下，通过多模态传感器融合显著提高了准确性和鲁棒性。DM-VIO[143] 通过单目与惯性里程计进行导航定位，除了对特征提取与优化方法的改进，还将单目提取到的信息用于惯性里程计的初始化，性能取得了很大提升。ORB-SLAM3[144]进一步集成了鱼眼摄像头，能够获取更广的视野，在空间狭窄或障碍物较多的环境中更有价值。各种传感器的集成融合以及相应算法的不断发展，对于提高自动驾驶车辆 SLAM 系统的精度和鲁棒性都至关重要。

除了定位之外，建图也是 SLAM 在自动驾驶车辆中的一项重要应用。在自动驾驶技术的起步阶段，高精地图能够为自动驾驶车辆提供丰富的参考信息[145]。通过 SLAM 能够实现对高清地图的构建，但道路环境经常由于施工等因素发生变化，数据更新困难，且实时性难以满足，另外随着车辆自身感知能力的进步以及各项技术的发展，高精地图对于自动驾驶车辆而言不再是必要的[146]。尽管自动驾驶技术逐渐减少对高精地图的依赖，但在复杂的城市路口、地下停车场、港口与工业园区等特定区域和特殊环境中，高精地图仍然具有不可替代的显著优势。

4. 挑战与展望

在自动驾驶中定位与建图技术取得了快速发展，尤其是将神经网络等新兴技术与传统 SLAM 相结合，取得了不错的效果，但当前在一些动态环境、复杂场景中仍有一些困难，尤其是定位与建图的实时性以及长时间误差累计的定位漂移问题等为其发展带来了挑战，而随着车联网技术的发展，直接共享自身位姿与感知信息有助于多车实现位姿迅速校准与同步更新，表 1－8 简要列出了自动驾驶中定位与建图技术面临的挑战与未来展望。

表 1－8　自动驾驶定位与建图技术的挑战与展望

挑战	展望
动态环境的快速变化影响定位与建图精度	更先进的多传感器融合定位建图技术提高定位精度并适应动态环境
实时定位与建图对计算性能的要求较高，可能无法满足实时性要求	通过边缘计算、云计算等技术实现更快的处理速度降低时延
传感器噪声与定位漂移等问题影响定位精度与建图质量	通过 V2X 实现多车间的信息共享，协同定位实现快速校准与同步更新

1.4 决策与运动规划

对于自动驾驶车辆而言，在对环境的准确感知以及对自身的精准定位后，类似人类驾驶员在驾驶过程中需要不断做决定并规划自身的行驶路线一样，自动驾驶车辆同样需要进一步地在复杂的驾驶环境中，对于自身接下来的运动做出决策与运动规划，确保决策与规划的安全性、鲁棒性对于自动驾驶来说至关重要。

其中决策是指较高层级的策略选择，例如是否超车、变道等，这些决策源自于车辆对于环境的全面理解以及对其中风险的评估，而运动规划是基于决策结果，为车辆生成具体可行的轨迹。决策模块为运动规划提供目标与约束条件，而运动规划将生成的轨迹反馈给决策模块，当周围环境发生变化，决策模块及时进行策略调整，重新进行轨迹规划。如图 1－13 所示，除了传统决策规划的模块化方法之外，交互行为感知规划进一步将决策与规划结合，这也是如今传统规划方法的主要发展方向之一，端到端规划方法如今备受关注，其更进一步地将感知与控制均容纳在内，本节将对上述内容进行详细介绍。

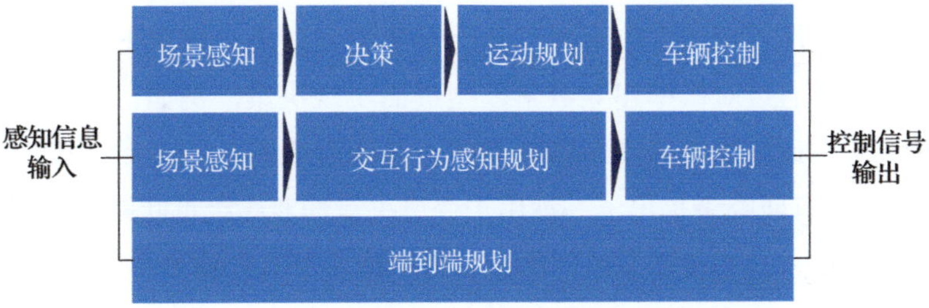

图 1－13　自动驾驶中决策与运动规划方法分类

1.4.1　决策方法

对于自动驾驶车辆的决策而言，对环境的充分感知是很重要的，尤其是对场景中各目标的运动预测，先前提到的轨迹预测、占用栅格预测等任务能够为决策提供有价值的场景信息。作为场景感知与运动规划之间的过渡，输入信息一般是车辆的感知信息与自身状态，输出是高级驾驶行为或驾驶策略，根据决策过程中使用方法的不同，可以将其分为基于规则、概率、博弈以及基于学习的方法。

1. 基于规则的方法

自动驾驶最早的决策方法是基于规则的方法，将人类对驾驶行为的理解结构化为规则信息，以便于自动驾驶车辆能够高效执行，常见的方法包括逻辑约束与状态机。逻辑约束可以理解为符号主义的方法，系统利用符号化的知识表示与推理方法从而对规则进行推理，模拟人类推理逻辑解决复杂任务。这些逻辑约束可以用于选择车辆下一步执行的动作，例如对是否变道的决策[147]。但逻辑约束方法需要人为定义大量规则，随着场景复杂度的提升，规则制定的难度极大，容易出现维护困难、规则冲突等问题。

针对逻辑约束中的种种问题，有限状态机通过用动作或条件表示系统状态来模拟系统的行为，避免了对大量规则的直接定义。例如，结合了有限状态机和可达集尝试实现安全超车[148]、基于状态机与模型预测控制方法进行车道与速度选择[149]以及通过状态机实现高速公路汇入、通过路口、紧急避让等不同场景下的决策[150]。基于规则的方法可解释性强，简单直观且可以保证实时性，但难以适应复杂环境且缺乏拓展性，强烈依赖于人类定义的先验知识。

2. 基于概率的方法

与基于确定性规则的方法不同，基于概率的方法是一种在不确定环境中进行决策的方法，通过对概率建立数学模型进而实现决策。例如，有研究者通过概率图模型来估计场景中周围车辆的意图，并通过现有的距离保持模型生成运动指令[151]。还有研究者提出了一种用于变道决策的双序级贝叶斯决策网络，通过扩展碰撞时间与动态预测车距以确保实现更加安全且鲁棒的决策[152]，此外还有研究者将其与拓展卡尔曼滤波等方法相结合，试图提高决策的安全性[153]。基于概率的方法能够处理环境中的不确定性信息，具有较强的灵活性，但对概率模型的准确建模提出要求，计算复杂度较高且缺乏可解释性。

3. 基于博弈的方法

基于博弈的方法将交通参与者视为节点，每个节点不同的分支代表不同的行为动作，对整个树状结构通过构建目标函数进行优化，找到多个交通参与者相互影响下的最佳决策策略，通常利用博弈论方法进行求解。

例如，有研究者提出了一种基于博弈的车辆并线决策方法，能够利用多层推理进行决策建模，通过预测周围车辆的动作以及这些车辆对自车动作的反应，在高密度车流中考虑车辆间的不确定性关系[154]。还有研究者提出一种模拟人类决策的博弈决策方法，将纳什均衡与斯塔克尔伯格博弈应用在交叉路口的非合作决策中[155]。基于博弈的方法能够考虑复杂场景下其他目标决策策略，博弈论也为其提供了丰富的理论支撑与解决方法，但求解往往较为困难，且由于假设较为理想，实际驾驶场景中难以完全获取相关信息，这些限制了其进一步应用。

4. 基于学习的方法

基于学习的方法是指利用人工智能技术实现自动驾驶汽车的决策。通常需要先建立大量的驾驶数据样本，通过调整不同的学习方法或网络结构，实现车辆的自主学习，根据不同的环境信息生成合理的决策结果。基于学习的方法主要可分为基于深度学习与基于强化学习的方法。其中基于深度学习的方法利用神经网络结构来学习数据的特征，当前往往直接用于端到端驾驶，即跳过决策规划，直接将感知信息作为输入直接输出控制命令，这部分内容将会在接下来的端到端方法中进行详细介绍。

基于强化学习的方法是目前最常用的决策方法，强化学习的目标是通过尝试各种行为，从而通过最大化收益学习到最优策略，由于不同条件下的奖励函数会有区别，车辆在不同情况下能做出相应最优的行为，而现有数据以及通过探索环境获得的新数据可用于模型的迭代更新。

基于强化学习的方法通常依赖于马尔可夫决策过程来描述智能体和环境的交互状态，考虑到状态可能无法实时观测，部分可观察马尔可夫决策过程（Partially Observable Markov Decision Process，POMDP）对状态空间的描述更加有效，能够处理不确定信息与隐藏信息，相关应用也最为广泛。基于强化学习进行决策的关键是有效地求解 POMDP，在利用 POMDP 进行决策的同时，对交通环境的不确定性进行建模也至关重要。有研究者使用离散贝叶斯网络进行不确定性建模估计周围交通参与者的行为，通过 POMDP 求解以解决在不确定的动态条件下的车辆纵向决策问题[156]，能够在决策过程中考虑被遮挡车辆可能出现的行为。不少研究者在求解方法与不确定性建模方法上进行研究，并应用于交叉路口、高速公路的决策中[157-158]。

随着深度学习的发展，深度强化学习将神经网络融合到强化学习的框架中，在决策问题中展现出较大的潜力，典型方法包括深度 Q 网络、深度确定策略梯度与 A3C。深度强化学习能够有效提高 POMDP 求解速度以增强实时性，不少研究者基于深度强化学习进一步优化改进求解效率[159-160]。同时，利用深度强化学习做出更加安全的决策也是当下的研究重点，有研究者将深度强化学习与在线风险评估模块相结合以实现安全决策[161]，有研究者设计一种通用的风险感知深度 Q 网络作为奖励函数以解决复杂路口的决策问题[162]，还有研究者通过组合多种网络结构以优化深度 Q 网络在不确定性场景下的表现[163]。此外，建立各种场景下的评价基准也十分重要，有研究者开始探索构建主要用于车辆与行人碰撞事故场景中决策方法的评价基准[164]。

当下，基于网联协同的多车协同决策受到广泛关注，通过多车协同能够减少周围环境变化的不确定性，从而减少多车决策之间的冲突问题，提高决策效率，增强鲁棒性并确保安全。

1.4.2 规划方法

自动驾驶车辆的运动规划在决策的基础上进一步对车辆在接下来一段时间的位姿进行规划，具体来说，运动规划中包括路径规划与速度规划，路径规划是指输出车辆将执行的运动轨迹，速度规划是指对路径中各部分的速度进行指定。运动规划使车辆能够在不确定的动态环境中考虑环境及时间的约束，实时响应并生成安全高效的规划结果。除此之外，运动规划结果需要尽量平滑，以便于车辆的跟踪控制，提高乘客的舒适度。根据具体规划方法的不同，主要可将其分为基于曲线插值、基于采样、基于优化以及基于学习的方法。

1. 基于曲线插值的方法

基于曲线插值的方法首先通过算法生成路径规划中的几个关键参考点，然后根据这几个参考点通过插值生成初步的路径曲线，主要的插值方法包括多项式插值、贝塞尔曲线、样条曲线以及参数曲线等。在生成初步路径后，通常需要对路径进行优化和调整，以满足车辆动力学约束与避障等安全要求，进一步调整关键点的位置或曲线形状，以确保路径的可行性和安全性。在得到可行的路径规划后，还需要根据路径的曲率、车辆动力学限制和环境信息进行速度规划，确保车辆能够平稳行驶。针对曲线插值规划方法的研究集中在路径规划中，例如有研究者利用算法生成多组路径参考点，然后插值生成多条贝塞尔曲线，进而对候选轨迹进行评估[165]，还有研究者关注城市场景中车辆连续转弯的路径生成[166]。虽然基于曲线插值的方法简单高效，但受限于参考点的选取以及插值方法的局限，其在一些复杂场景中表现较差。

2. 基于采样的方法

基于采样的方法首先将车辆可能的位姿状态与环境约束信息构成状态空间，通过采样的方式在状态空间中生成采样点以获取相应的路径规划，常用方法包括概率路线图与快速遍历随机树。同时，基于采样的方法也能够与曲线插值方法相结合，通过采样方法得到初步路径或者关键参考点后通过曲线插值对路径进行进一步优化。例如，有研究者将车辆状态空间离散化为状态晶格，通过快速遍历随机树方法在生成的状态晶格中估计路径，实现车辆在未知场景中的实时运动规划[167-168]。基于采样的方法能够较为灵活地适用于复杂场景，但采样过程效率较低，计算时间长，对于动态场景需要不断进行采样与规划，采样效率限制了其进一步应用。

3. 基于优化的方法

基于优化的方法是通过定义目标函数，并确定车辆运动学约束、安全约束等，将运动规划问题转化为优化问题，可以通过成熟的优化求解器进行求解。例如，有研究者通过迭代求解二次规划问题得到路径规划[169]，还有研究者考虑时间效率、速度偏差与轨迹平滑度作为约束，利用凸优化方法在动态驾驶环境中基于路径规划结果进一步生成最佳速度规划[170]。基于优化的方法能够利用成熟的优化求解器，计算效率较高，但其约束依赖人工进行建模，泛化性有限，且在求解过程中可能会陷入局部最优。

4. 基于学习的方法

与基于学习的决策方法类似，在运动规划中基于学习的方法主要包括强化学习与深度强化学习。虽然决策与运动规划之间具体的任务有所区别，基于学习的决策方法偏向于学习高层级的决策策略，而运动规划方法着眼于具体的路径规划与速度规划，但本质上这两种任务对于强化学习或深度强化学习而言并没有明显的区别，因此诸多强化学习与深度强化学习方法在这两种任务上均能够使用。但是，基于学习的运动规划方法相较于决策方法而言其输出的规划结果更加具体，自然地在变化条件下的运动规划对动态场景的实时响应要求更高。例如，诸多研究者将深度强化学习应用在跟车[171]、汇入[172]等场景的运动规划中，这些任务较为简单，进一步有研究者利用深度强化学习实现自动驾驶车辆在城市道路、高速公路以及十字路口等驾驶场景中的运动规划[173-174]。

当前针对决策与运动规划的主要研究都集中在基于学习的方法上，尤其是通过深度强化学习利用大量数据学习人类驾驶策略，能够在变化的环境中实现对策略的自动调整，无需显式地设计规则即可实现较好的决策与运动规划能力。但同时，随着基于学习的方法不断发展，决策与运动规划两者之间的界限越来越模糊，这两者本身是面向过去的自动驾驶结构而言的，分别负责高层次决策与低层次具体的运动规划，如今这两者在深度强化网络的大量数据学习中往往同时被隐式地考虑在内，直接输出具体的规划结果，从而逐渐向着端到端方法发展。

1.4.3 端到端规划方法

1. 输入模态

（1）图像　摄像头与人眼的感知方式最为接近，这也就意味着摄像头采集的图像是端到端自动驾驶方法中最自然的输入模态，基于图像的端到端方法已经被广泛研究并取得了阶段性成果[175-180]。虽然当下大多数自动驾驶数据集都包含足够多的图像数据，可以从头开始训练端到端网络，但是使用预训练的目标检测网络作为特征提取器的效率更高，通常基于在 ImageNet 数据集上训练的各自版本的 ResNet[181]的基础上，进一步针对当前任务进行微调[182]。

（2）点云　激光雷达能够在不同照明条件下采集点云信息以提供准确的距离估计，相比于图像，点云能够得到更加丰富全面的空间信息[183]。激光雷达的输出是稀疏点云，需要对其进行处理以提取有用的特征。如今的主流方法是将点云投影到鸟瞰图中的二维栅格[55]，每个二维栅格中包含着三维信息的映射，一方面降低了内存占用并提高效率，另一方面也为点云与图像的特征图融合提供了便利。

（3）语义信息　除了图像与点云之外，从场景中得到的语义信息也为自动驾驶系统提供了额外的信息参考，例如语义分割、深度图、光流等。在仿真环境中可以直接获得这些信息。在实际过程中，这些信息可以通过使用其他专用神经网络生成。虽然原始传感器数据中已经隐式地包含了语义信息，但显式地提取这些语义表示并将其作为附加输入已被证明可以提高模型的鲁棒性[184]。

（4）导航输入　端到端导航输入可以来自路径规划器[185]或者简易的导航指令[186]，输入的路径由一系列表示车辆位置的散点组成[178]，而导航指令包括车道保持、转弯等[177]。

（5）车辆状态　不少研究者也向模型中提供了有关车辆状态的测量值，例如当前的速度和加速度[176,187-188]，当前车辆状态的加入能够为模型在对环境感知的过程中获得额外的信息参考。

（6）多模态融合　多模态输入结合了多传感器数据，在感知任务中效果显著优于单一传感器[185,189]，根据组合多传感器信息融合的阶段不同可以分为三类。在早期融合中，传感器数据在输入端到端系统之前被组合在一起。Chen 等人[189]使用图像融合深度图作为输入，网络仅修改第一个卷积层以考虑额外的输入通道，而其余网络保持不变。中期融合是在一些预处理阶段或一些特征提取之后完成的。Zhou 等人[41]利用点云的鸟瞰图和图像提供的互补信息，在端到端网络的中层进行融合。Transfuser[190]使用自注意力机制尝试解决图像和点云模态的集成融合问题，利用多个具有多种分辨率的 Transformer 模块融合特征。后期融合中多模态的输入分别进行单独处理，它们的输出结果由单独的融合模块进行融合，一些研究者将后期融合方法用于激光雷达与摄像头的融合，其中每个输入模态被单独编码最后再连接起来[184,191]。

2. 输出模态

(1) 转向角与速度　大多数端到端模型在车辆行驶的动态过程中直接将车辆的转向角与速度作为每一帧输出的控制量[179,186,192-193]。

(2) 路径点　相比于直接输出车辆的转向角和速度，输出预测未来轨迹中的路径点是一种更高层次的输出模态。使用路径点最大的优势是不受车辆自身几何形状、运动特性等因素的限制，在得到车辆的路径点后，可以通过模型预测控制等方式将路径点转化为具体的转向角与速度的控制信号[189-190,194-195]。

(3) 代价函数　在大多数情况下，并不只有一条路径可以选择，如果多条路径同样有效且安全，就需要在多条路径中进行选择。通过代价函数能够根据预先定义的参数对路径进行选择[183,196-197]，如安全系数、行驶距离、舒适度等。

(4) 其他输出　除了以上几种常见的输出模态外，还有一些用于为模型提供额外信息的其他输出，如车辆感知鸟瞰图[198-199]、车辆周围空间未来的占用情况[175,197]、可解释的特征图[7,190,200]，这些输出能够为端到端模型提供额外的功能，也有助于解释端到端模型的某些行为。

3. 学习方法

(1) 模仿学习　模仿学习[201]的原则是通过模仿人类行为从而进行学习，在自动驾驶领域，可以通过大规模的驾驶数据集采用模仿学习的方式，模仿人类驾驶员在各种驾驶场景下的行为，从而训练端到端模型以人类驾驶行为为标准运行。模仿学习的主要目标是训练一个策略 $\pi_\theta(s)$ 能够尽可能类似人类策略 $\pi*(s)$，将每个给定的状态映射为相应的动作：

$$\arg\min_{\theta} E_{s\sim P(s\mid\theta)} L(\pi*(s),\ \pi_\theta(s)) \tag{1-1}$$

其中，状态与对应动作的映射对为$(s,\ a)$，$P(s|\theta)$表示训练策略$\pi_\theta(s)$中的状态分布。模仿学习在自动驾驶领域的主要实现方式可进一步分为行为克隆、直接策略学习与逆强化学习三种。

行为克隆将模仿学习任务简化为监督学习任务，定义$P^*(s|\pi^*)$作为人类策略的状态分布，行为克隆的目标是将该分布中的每个状态动作对，都视为独立同分布，并将训练策略的模仿损失降至最低：

$$\arg\min_\theta E_{(s,a^*)\sim P^*} L(a^*,\ \pi_\theta(s)) \tag{1-2}$$

其中，状态动作对$(s,\ a^*)$的分布由人类策略给定，假设其都是遵循概率为P^*的独立同分布。

当前，自动驾驶中的模仿学习使用最广泛的是行为克隆[178,190,202]，然而，行为克隆使用人类驾驶行为来监督训练过程，但其与经典的监督方法并不相同。在经典的监督学习中，有一个重要的假设前提是输出结果不会影响环境，但是，该假设不适用于与驾驶相关的任务，输出结果会对周围环境产生影响，更具体地说，模型输出并不是相互独立的。这会导致通过行为克隆方法训练出的模型分布会有偏移，即实际观测值与训练值的不同。在现实中，许多的潜在变量会影响驾驶行为，而如何学习这些变量及其影响则是至关重要的。

直接策略学习建立在行为克隆的基础上，试图通过在训练过程中，直接学习将输入映射到驾驶动作的最优策略[186]。与行为克隆只是单纯通过监督的形式模仿人类行为不同，直接策略学习是对人类驾驶策略的直接学习[203]。直接策略学习最开始与行为克隆类似，收集人类驾驶行为中的状态动作对，定义策略函数进而对其训练，得到初步策略，然后再通过算法依据人类驾驶过程中的策略对初步策略进行评估，获得进一步的训练数据，往往会对初步策略失效的场景进行特定评估。直接策略学习能够解决行为克隆中的局限性，但同样在训练过程中需要人为介入以获得新的更具针对性的训练数据，这种训练成本极高且训练过程不稳定。

逆强化学习旨在通过最终的行为逆向推断出奖励函数，进而通过奖励函数再去推断真实场景下的驾驶行为，目标是获得人类驾驶行为中的奖励函数。逆强化学习的输入是一系列的状态动作对，通过人为构建奖励函数的形式通过数据最优化该奖励函数，这种奖励函数往往与驾驶行为相关，如跟车间距、路侧标识等。这种方法遇到的主要问题是奖励函数歧义[204]，这是指对于任何给定的数据集，可能有多种奖励函数的设计来解释其中的行为，但只有少数是合适的，此外这种方法在训练过程中也同样不稳定，并且可能需要较长时间才能收敛。

(2) 强化学习　强化学习是机器学习中的一种经典范式，不少研究者将其用于端到端自动驾驶模型的训练当中，旨在通过与环境的交互，在训练过程中针对模型的行为做出相应的奖励或者惩罚，从而使得模型能够在不同情况下做出正确的决策[192,203,205]。相比于模仿学习在训练数据以外的场景中较差的表现，强化学习会在训练过程中对于场景进行充分探索，因此对于这一问题会更加鲁棒。然而，强化学习的训练效率低于模仿学习，并且从仿真场景向现实世界的迁移也具有相当大的挑战性。

4. 安全性与可解释性

(1) 安全性　端到端自动驾驶有着诸多优势，但影响其应用的首要因素就是安全，确保端到端系统的安全性非常重要，目前研究者普遍采取以下几种措施。首先，可以使用涵盖更多元场景的、高质量的数据集进行训练，包括一些紧急情况与交通事故，例如行人的突然横穿、激进的变道行为、十字路口闯红灯等，对多元场景的训练有助于系统提高安全性与鲁棒性，为驾驶环境中潜在的危险做好准备[178,189,194]。其次，将一些安全约束与规则共同集成到端到端系统中也是一种方式，在端到端的输出中增加对于安全层面的考量。常用的安全约束包括安全代价函数[206]、避免危险行为[198]、防撞策略[180]等。此外，添加额外的安全与监测模块也可以提高系统的安全性，尤其是可以对异常或偏离安全范围的系统行为进行迅速识别并提前规避，例如对于规划结果的安全性监测[175]、对于停车意图的监测[180]等，这些机制确保系统能够降低事故率或危险行为带来的风险。

(2) 可解释性　可解释性是指理解自动驾驶模型行为背后逻辑的能力，解释模型输入和输出之间的关系。在端到端自动驾驶系统的可解释性方面，我们可以将其分为局部可解释性和全局可解释性，局部可解释性旨在描述模型输出结果背后的原理，全局可解释性旨在全面理解模型的各种行为机制。目前在端到端自动驾驶中对于可解释性的研究大多都仅关注局部可解释性，主要的研究方法是事后显著性分析方法与反事实推理。事后显著性分析方法通过解释输入空间的哪些部分对模型的输出影响最大，利用显著性图说明影响模型做出最重要决策的具体位置[207]。反事实推理则是从源头出发，通过改变模型的输入作为反事实输入，根据相应的输出结果对模型进行分析，例如对交通信号灯的修改，对加减速、转向信号的修改[190]，对空间占用概率的修改[208]等。

5. 数据集与评价指标

（1）数据集与仿真模拟器　在端到端模型中，充足的高质量数据集是基础，目前有不少专门为端到端设计的数据集，如 Drive360[209]、Berkeley DeepDrive Video[182]等，不过端到端方法同样能够兼容并充分利用原本用于感知等其他单独任务的数据集，如 KITTI[210]、Waymo[211]等。除了真实数据集以外，端到端驾驶往往需要更多样的场景，尤其是一些极端情况，这些在真实数据集中的占比非常少，而且在公共道路上进行测试受到严格限制，仿真模拟器是获取这些场景数据最快速高效的方法。类似 Carla[212]这样的模拟器能够根据实验要求自定义模拟场景，包括天气条件、交通流量、道路情况等。除此之外，还有 CarSim[213]、LGSVL[214]等，这些仿真模拟器在生成多样化场景方面发挥着至关重要的作用，有助于模型提高泛化性与鲁棒性。然而，仿真数据与真实数据之间仍然存在着显著的差异，这为仿真数据集的创建与利用带来了挑战，如何解决这一差异将模型高效地从仿真数据集迁移到真实数据集中，也是目前需要解决的问题。域自适应方法是解决这一问题的一种途径，该方法可以直接从仿真数据中提取关键特征，并将从源域学到的知识转移到目标领域。

（2）评价指标　端到端自动驾驶的评价方式主要包括开环与闭环两种，开环评价是指使用真实世界的基准数据集将系统的驾驶行为与数据集中的人类驾驶行为进行比较，并测量偏差，常用的评估指标主要就是对系统跟踪目标轨迹能力与对某些特定驾驶行为的度量，例如 L2 误差[175]、碰撞率[7]、通过十字路口、避让障碍物、变道的能力等。开环评价指标为模型提供了快速的初始评估，也有助于单独测试特定驾驶行为，但其缺点也十分明显：受到真实数据集的限制，场景多样性有限，无法推广到更广泛的场景中。相比之下，闭环评价则允许自动驾驶系统在独立驾驶过程中学习驾驶策略，直接评估系统在真实场景或模拟环境中的表现。自动驾驶车辆的任务是完成一组指定的路线，其中包括行人意外横穿或快速变道等各种危险场景，主要的评价指标是衡量车辆正常行驶距离占全部距离的百分比[177,185,190]、违规频率[176,178]、违规行为加权下的路线完成度[202,215]等。闭环评价能够使系统从错误驾驶行为的反馈中学习改进，但其也存在着诸多问题：需要对线路、场景等因素进行人为设置，人为设置场景与真实场景存在差异。

第 2 章
网联协同驾驶

2.1 运行设计域简介

目前的自动驾驶技术还处于发展阶段，难以保证车辆在任何天气条件下，任何道路环境中都可以安全行驶。因此，需要根据系统的能力来提前确定好适用于其功能运行的外部环境条件（Operational Design Domain，ODD）。不同自动驾驶系统启动、运行的外部适用范围不同。这个适用范围可以很宽泛，也可以很精准，决定了自动驾驶车辆能胜任什么样的场景。比如，只能在高速上使用的自动驾驶系统，到了城市路口场景下就无法完全自动驾驶。不同国家政府机构、协会及标准化组织分别提出了 ODD 的不同分类框架。

1. NHTSA ODD 框架

美国运输部国家公路交通安全管理局（National Highway Traffic Safety Administration，NHTSA）对 ODD 的分类框架和应用方法进行了系统的介绍。NHTSA 对 ODD 的定义为：自动驾驶系统可以设计运行的操作范围，包括道路类型、速度范围、光照条件、天气条件和其他相关的运行约束。NHTSA 的 ODD 分类框架如图 2－1 所示，共分为六大关键要素：基础设施（Physical Infrastructure）、驾驶操作限制（Operational Constraints）、周边物体（Objects）、连接性（Connectivity）、环境条件（Environmental Conditions）和区域（Zones）。

2. SAE ODD 框架

SAE 工业技术协会（SAE Industry Technologies Consortia，SAE ITC）的自动车辆安全协会（Automated Vehicle Safety Consortium，AVSC）为开发人员和企业定义自动驾驶系统的 ODD。SAE AVSC 关于 ODD 的定义主要参考 SAE J3016，主要由以下 7 个维度构成：天气相关的环境条件（Weather-Related Environmental

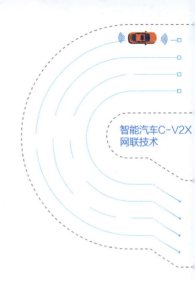

Conditions)、道路表面条件（Road Surface Conditions)、道路设施（Roadway Infrastructure)、操作限制（Operational Constraints)、道路使用者（Road Users)、非静止的道路目标（Non-static Roadside Objects）和连接性（Connectivity)。

3. BSI ODD 框架

英国标准协会（British Standards Institution，BSI）在 2020 年 8 月发布一项新的标准规范 PAS 1883：2020《自动驾驶系统（ADS）的运行设计范围（ODD）分类标准规范》。该规范提供了为实现自动驾驶系统的安全运行而定义的 ODD 最低层分类法的要求，其中 ODD 的定义主要引用 SAE J3016 标准中 ODD 的定义。该规范的 ODD 主要分为静态场景（Scenery)、环境条件（Environmental Conditions）和动态元素（Dynamic Elements)。

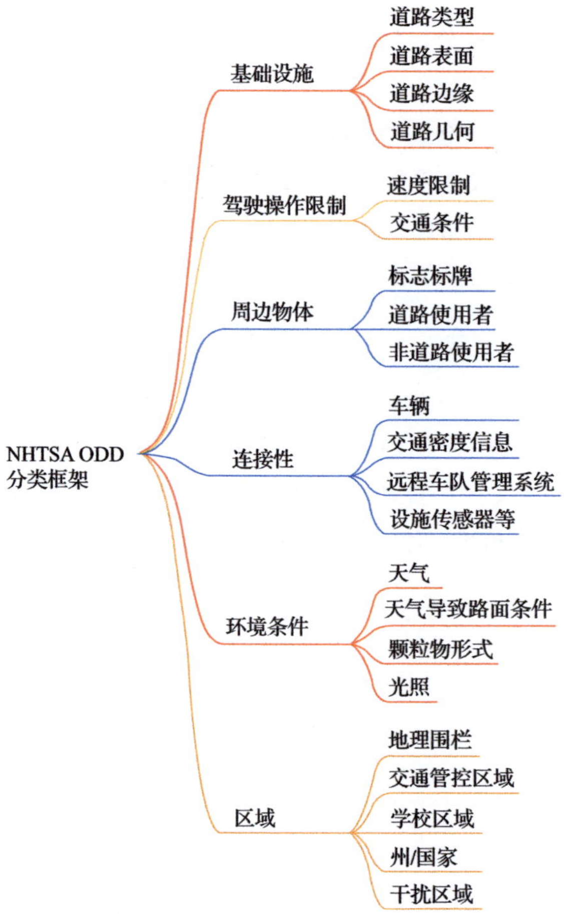

图2-1 NHTSA ODD 分类框架

2.2 基于物理原理的分析方法

安全是自动驾驶发展的基础，也是现阶段自动驾驶首先需要重点解决的问题。通常认为自动驾驶系统（ADS）在实际交通中可能面临的与安全相关的风险因素的数量是无限的。当采用基于场景的安全评估方法时，有必要对场景的结构进行分析。这种场景结构可以通过多种方法来实现，包括但不限于从 ADS 外部（例如 Pegasus 六层场景）、从 ADS 内部（例如 SAKURA 三层系统）进行描述，或者建立一个基于事故数据库的场景结构，并分析相应模式之间的关系。

与 ADS 在实际交通中可能面临的无数安全相关场景相比，ADS 可用于安全处理此类场景的物理原理的数量是有限的。目前，通常将 ADS 的动态驾驶任务（DDT）分解为感知、规划和控制子任务，每个子任务都与一个或几个特定的物理原理相关联。例如，感知子任务由基于摄像头、毫米波雷达和激光雷达的系统实现，这些系统依赖于分别控制光线、无线电波和激光传播的物理原理。同样，规划子任务是通过基于交通参与者的相对运动学的路径和速度规划来解决的，这是基于物体运动的物理学原理。最后，控制子任务可以通过车辆动力学来实现目标路径和速度的跟踪，这是与动力学及其对运动学的影响研究有关的物理学分支。

因此假设，如果根据 ADS 的物理特性对风险因素及其相应的潜在关键场景进行分解和逻辑结构化，则有可能提供所有风险因素的整体覆盖。图 2－2 描述了基于与感知、决策和控制子任务相关的 ADS 物理原理的感知、决策和车辆控制相关的关键场景。

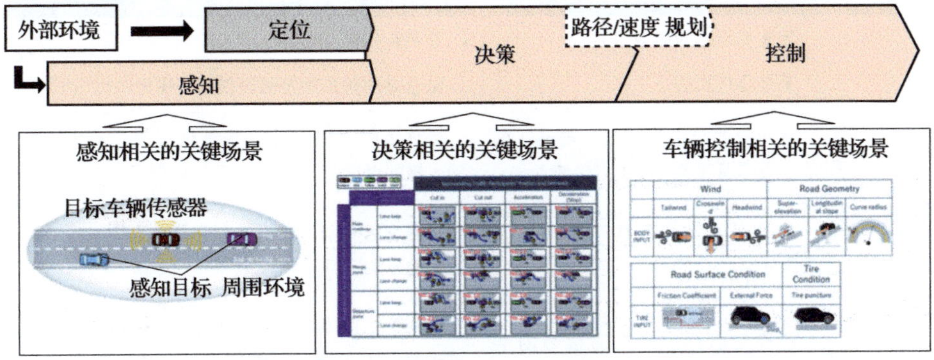

图2－2　不同类别的结构化场景及相关的物理原理，包括感知、决策和控制等

2.3 网联协同驾驶与安全理论

自动驾驶是一个复杂系统，由一整套自动驾驶硬件（激光雷达、毫米波雷达、摄像头、超声波传感器、GPS 定位装置、芯片和计算平台等）和多个复杂系统及模块（高精度地图系统、高精度定位系统、感知系统、决策规划系统、车辆控制系统、车辆通信系统等）组成。尽管目前自动驾驶技术已经取得了巨大的进步，商业化进程也初见成效，但距离自动驾驶的大规模普及应用还有距离。

单车智能仍面临感知局限性等长尾难题[216]。在智能驾驶感知层面，单车智能局限性主要体现在无非视距感知能力、无全局感知能力、“极端情况”（如极端天气、光线骤变、相对移动速度过高等）的感知能力受限；在智能驾驶决策控制层面，单车智能需要依赖自身算法理解交通规则和交通参与者行为，难以准确获知交通参与者行为意图，难以群体协作。此外，为解决长尾场景，单车智能需要投入更高的感知和计算成本。通过在单车智能功能基础上引入蜂窝车联网（Cellular-V2X，即 C-V2X），可以将“人－车－路－云”等交通参与要素有机地联系在一起，拓展和助力单车智能自动驾驶能力升级，加速自动驾驶应用成熟。C-V2X 技术具备“非视距、全天候”“上帝视角”“可协同”等特点，融合 C-V2X 技术可以有效弥补基于单车智能的驾驶自动化功能不足，具体见表 2－1。

表 2－1　单车智能功能局限性和 C-V2X 技术价值分析

功能分类	单车智能功能局限性	C-V2X 技术价值
感知层面	无非视距感知能力	非视距传输
	无全局感知能力	结合路侧传感器及云提供上帝视角
	感知能力受恶劣天气、雨雾、夜晚、极端温度等环境因素影响	受环境因素影响小，在恶劣天气、大雾、夜晚、极端温度等不良工况下也可适用
	获取交通参与者状态信息的准确性	道路交通参与者将自身状态信息直接发送给周边其他车辆
	获取交通标志和交通信号的准确性	路侧单元直接将信号机状态、交通标志等信息发送给周边车辆，不受标识状态和清晰度的影响，减少环境遮挡和环境色差等因素影响

（续）

功能分类	单车智能功能局限性	C-V2X 技术价值
决控层面	交通参与者行为的理解	消息直接来自车辆，提升特种车辆、紧急车辆类型的识别率，能够及时准确获知车辆的驾驶意图和轨迹预测等信息
	群体协作能力受限	车车/车路/车云交互，可协商和仲裁路权，提升无保护左转等应用的安全性
算力层面	依赖单车算力资源	可通过车、路和云端的算力协同部署，实现车端的算力卸载和高效使用

根据表 2-1 分析，引入 C-V2X 技术后，可以对单车智能功能进行赋能。一方面，可以在单车智能定义的 ODD 内对单车智能功能进行改进，即能力增强；另一方面，也可以拓展单车智能功能的 ODD，即能力拓展。

2.3.1　预期功能安全理论

根据预期功能安全理论（Safety Of The Intended Functionality，SOTIF），如图 2-3 所示，自动驾驶运行场景总体上可以分为 4 类，其中区域 1 为已知安全类场景，区域 2 为已知不安全场景，区域 3 为未知不安全场景，区域 4 为未知安全场景。网联协同驾驶对自动驾驶安全的核心目标是将自动驾驶“未知”场景转化为“已知”场景，将“不安全”场景转化为“安全”场景。即重点解决区域 2 和区域 3 中的场景问题，将区域 2 转化为区域 1，并证明区域 2 的残余风险足够低；针对未知不安全区域 3，网联协同驾驶将区域 3 转化为区域 1、2 或 4，尽量减少区域 3 中的场景，保证区域 3 的风险控制在合理可接受的水平。

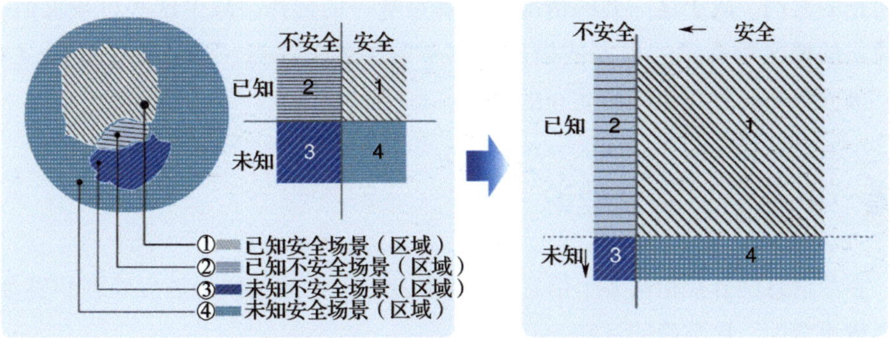

图 2-3　SOTIF 理论的安全目标

SOTIF“未知”场景的探索是一个行业难题，“你永远不知道不知道什么”。车路协同系统的车端、路端和云端同时具备感知能力，都可以作为主车的感知信息源。主车周围网联车辆可通过V2V方式进行感知共享，路端感知系统和设施可通过V2I进行感知共享，云端平台也可以发挥数据优势，通过V2N方式进行数据共享，所有感知数据汇聚在车端进行融合处理，得到最终感知结果信息。网联协同驾驶可以充分发挥车端、路端和云端广域协同感知的优势，通过持续数据驱动和算法学习提升系统的认知能力，发现未知场景，并通过车车、车路协同感知，动态地图实时更新等方式，将“未知”场景转化为“已知”场景，降低自动驾驶安全风险。

网联协同驾驶除了可以将自动驾驶“未知”场景转化为“已知”场景，还可以综合运用车路协同感知、决策规划和控制等技术，进一步实现将“不安全”场景转化为“安全”场景，提高自动驾驶安全性。当车车冲突时，路端和云端作为“仲裁者”定义道路使用权的优先级，并进行协同决策规划，减少冲突引发的危险场景；也可以通过车车意图信息的共享和协商，提高驾驶的安全性；当车人冲突时，应采取弱势交通参与者保护策略，给车辆下发避让、缓行或停车指令，保护行人安全。

2.3.2 具有可预见性和可防止性的安全方法

同时考虑可预见性和可防止性这两个条件，可以生成一个四象限矩阵。基于情景的安全评估可以在矩阵的左上象限找到，在这个象限中，不允许发生任何事故。这个象限涵盖了所有可以预见且可以防止的事故情景。矩阵的左下象限描绘了无法预见但可以防止的交通情况。属于这一类的案例形成了学习的基础，并作为未来自动驾驶系统开发的先例。矩阵的右上象限介绍了可预见但不可防止的案例。属于这一类的情况，缓解是唯一的选择。减少这些可预见但不可防止的情况所造成的损害的措施是本节的主要关注点。最后一个象限（右下）涉及既不可预见也不可防止的事故。

2.4 多源信息融合理论

多源信息融合是指从多个信息源获取数据，并将这些数据进行处理和整合，以形成更全面、更准确的认知。

对于网联协同驾驶这些信息源可以包括车载传感器、基础设施传感器、其他车辆以及网络服务等。通过融合多源信息，车辆可以获得比单一信息源更丰富的环境感知和决策支持，如图2-4所示。

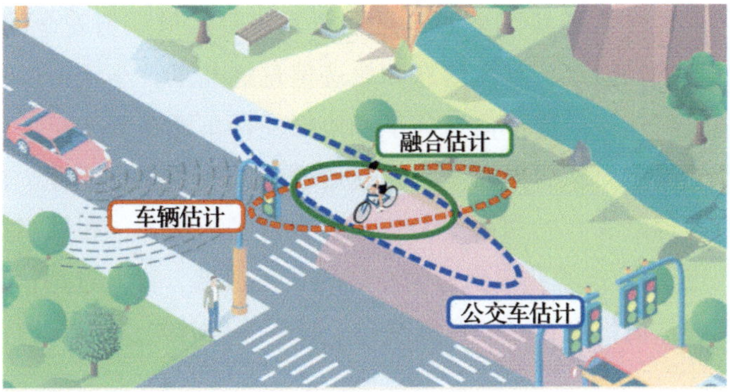

图 2-4　网联协同感知场景示意图

1. 状态信息共享

状态信息包括车辆的速度、位置、加速度等动态数据。通过车与车（V2V）或车与基础设施（V2I）通信，这些状态信息可以在车辆之间共享。例如，当前方车辆突然减速时，后方车辆可以通过接收其状态信息提前做出反应，从而避免碰撞。这种信息共享显著提高了道路安全性和交通流畅性。

2. 感知信息共享

感知信息包括传感器获取的环境数据，如雷达、激光雷达和摄像头等提供的物体检测和跟踪信息。通过 V2X 技术，不同车辆可以共享其感知到的环境信息，弥补单个车辆传感器视角和范围的限制。例如，一辆车前方有障碍物但被大货车遮挡，后方车辆通过感知信息共享也可以提前获知这一情况，从而提高决策的准确性和安全性。

3. 意图信息共享

意图信息是指车辆的计划动作，如变道、转弯、加速或减速等。通过 V2X 技术，车辆可以提前告知周围其他交通参与者其意图，从而减少交通冲突，提高行车安全和效率。例如，一辆车准备变道时，可以通过意图信息共享通知后方车辆，以便后方车辆提前做出相应调整。

4. 轨迹信息共享

轨迹信息主要包括车辆的历史和预测行驶路径。通过共享轨迹信息，车辆可以预测其他车辆的行驶路径，从而优化自身的行驶路径和行为。例如，在高速公路上行驶时，通过轨迹信息共享，车辆可以预测前方车辆的行驶轨迹，从而调整自身速度和路线，避免潜在的碰撞风险。

网联协同驾驶技术依赖于多源信息融合实现更高效、更安全的自动驾驶。通过状态信息、感知信息、意图信息和轨迹信息的共享，车辆可以获得更全面的环境感知和决策支持。这种信息共享和协同使得车辆在复杂交通环境中能够做出更为智能的决策，从而提升了整体交通系统的效率和安全性。在实际应用中，自动驾驶车辆已经开始利用多源信息融合技术。例如，在城市交通中，自动驾驶车辆通过 V2X 技术获取交通信号灯的状态信息、行人过街信息和其他车辆的行驶状态，从而优化自己的行驶路径，减少等待时间，提高通行效率。

2.5 协方差交叉融合方法

协方差交叉（Covariance Intersection，CI）就是考虑如何由两个相关估计量 a 和 b 进行数据融合，以得到最优融合估计量 c 及其协方差的估计值 P_{cc}。协方差交叉（CI）提供了一种在不确定性信息不完整的情况下进行鲁棒估计的方法。分布式和分散式数据融合（DDF）设置中的估计通常以要合并的估计之间具有非零互相关为特征。均方误差（MSE）最优估计器，例如卡尔曼滤波器（KF），仅限于完全已知这些互相关性的数据融合问题。然而跟踪互相关性并不总是可能的。相关性的主要来源如图 2-5 所示。

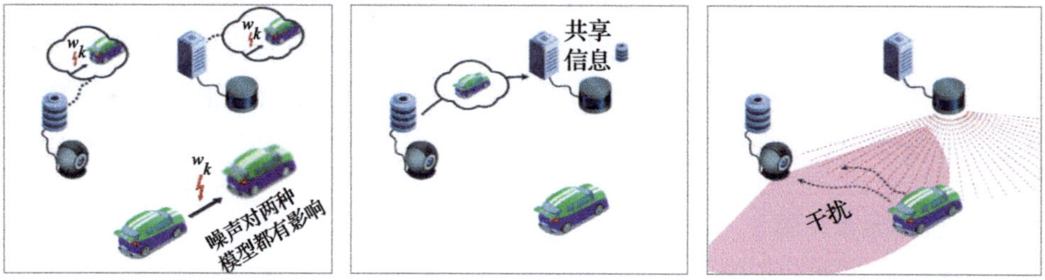

a）共同状态噪声　b）公共信息　c）相关观测噪声

图 2-5　相关性的主要来源

为了量化估计不确定性的置信度，引入了保守性的概念。保守估计器保证计算出的协方差矩阵不小于实际协方差矩阵。事实证明，只要融合的估计是保守的，CI 就能保证任何程度的未知互相关的保守性。在 CI 文献中，协方差一致性的概念也经常被用来表征保守性。

以往的方法通常是对相关程度已知的估计进行融合，但协方差交叉[217]主要用于对相关程度未知的估计进行最优融合，接下来将对两类分布式数据融合方法进行介绍。

2.5.1　相关程度已知的最优融合

起初，相关估计量最优融合源于学者利用两个使用卡尔曼滤波的传感器，针对同一个目标进行轨迹跟踪（track-to-track association）的结果，并探索两个传感器之间数据的联系，考虑将两者融合起来[218]。但这种方法通常假设两个传感器之间有独立的估计误差，而实际情况中，多个传感器对同一目标的估计之间具有相关性。因此，Bar-Shalom-Campo 公式应运而生。

Y. Bar-Shalom 首先对上述两个估计量之间的相关性进行研究，并推导了两个估计误差之间的协方差矩阵，用于表示估计量之间的相关程度[219]，并基于该矩阵，提出了 Bar-Shalom-Campo 公式，用于在最小化融合方差准则下，实现两个传感器数据之间的最优融合[220]。这种方法通过对两个传感器的状态估计矢量进行加权，并实现对协方差的最小化，得到最优的融合权重。假设 $\boldsymbol{x}$ 是一个二维矢量，两个估计 $\hat{\boldsymbol{x}}^1$ 与 $\hat{\boldsymbol{x}}^2$ 和状态 $\boldsymbol{x}$ 相关，其中误差定义如下：

$$\begin{aligned}\hat{\boldsymbol{x}}^1 &= \boldsymbol{x} + \tilde{\boldsymbol{x}}^1 \\ \hat{\boldsymbol{x}}^2 &= \boldsymbol{x} + \tilde{\boldsymbol{x}}^2\end{aligned} \tag{2-1}$$

因此，协方差矩阵计算如下：

$$\begin{aligned}\boldsymbol{P}^1 &= \mathbb{E}[\tilde{\boldsymbol{x}}^1(\tilde{\boldsymbol{x}}^1)^\top] \\ \boldsymbol{P}^2 &= \mathbb{E}[\tilde{\boldsymbol{x}}^2(\tilde{\boldsymbol{x}}^2)^\top]\end{aligned} \tag{2-2}$$

其中 $\tilde{\boldsymbol{x}}^i = \hat{\boldsymbol{x}}^i - \boldsymbol{x}$ 是对应估计的误差，$\boldsymbol{P}^i$ 表示第 i 个估计的误差协方差矩阵。协方差矩阵 $\boldsymbol{P}^{12} = \mathbb{E}[\tilde{\boldsymbol{x}}^1(\tilde{\boldsymbol{x}}^2)^\top]$ 描述 $\hat{\boldsymbol{x}}^1$ 与 $\hat{\boldsymbol{x}}^2$ 之间的相关性。数据融合的目的就是为了获得式（2-3）中的权重 $\boldsymbol{K}$ 与 $\boldsymbol{L}$ 的值。

$$\begin{aligned}\hat{\boldsymbol{x}}^{\text{fus}} &= \boldsymbol{K}\hat{\boldsymbol{x}}^1 + \boldsymbol{L}\hat{\boldsymbol{x}}^2 \\ \boldsymbol{K} + \boldsymbol{L} &= \boldsymbol{I}\end{aligned} \tag{2-3}$$

因此，最优误差协方差矩阵计算如下：

$$\boldsymbol{P}^{\text{fus}} = \mathbb{E}[\tilde{\boldsymbol{x}}^{\text{fus}}(\tilde{\boldsymbol{x}}^{\text{fus}})^\top] = \boldsymbol{K}\boldsymbol{P}^1\boldsymbol{K}^\top + \boldsymbol{K}\boldsymbol{P}^{12}\boldsymbol{L}^\top + \boldsymbol{L}(\boldsymbol{P}^{12})^\top\boldsymbol{K}^\top + \boldsymbol{L}\boldsymbol{P}^2\boldsymbol{L}^\top \tag{2-4}$$

其中，$\boldsymbol{x}^{\text{fus}}$ 如下：

$$\tilde{\boldsymbol{x}}^{\text{fus}} = \hat{\boldsymbol{x}}^{\text{fus}} - \boldsymbol{x} = \boldsymbol{K}\tilde{\boldsymbol{x}}^1 + \boldsymbol{L}\tilde{\boldsymbol{x}}^2 \tag{2-5}$$

Bar-Shalom-Campo 公式中提到的均方误差最优化，实则最小化协方差矩阵的迹 $\text{tr}(\boldsymbol{P}^{\text{fus}})$。使用该公式前必须已知两个估计间的相关程度，即协方差矩阵。最终，通过 Bar-Shalom-Campo 公式求得均方误差最优化的融合结果，得到的增益如下：

$$\begin{aligned}\boldsymbol{K}^{\text{BC}} &= (\boldsymbol{P}^2 - (\boldsymbol{P}^{12})^\top)(\boldsymbol{P}^1 + \boldsymbol{P}^2 - \boldsymbol{P}^{12} - (\boldsymbol{P}^{12})^\top)^{-1} \\ \boldsymbol{L}^{\text{BC}} &= (\boldsymbol{P}^1 - \boldsymbol{P}^{12})(\boldsymbol{P}^1 + \boldsymbol{P}^2 - \boldsymbol{P}^{12} - (\boldsymbol{P}^{12})^\top)^{-1}\end{aligned} \tag{2-6}$$

然后，融合的估计如式（2-7）所示：

$$\begin{aligned}\hat{\boldsymbol{x}}^{BC}&=\boldsymbol{K}^{BC}\hat{\boldsymbol{x}}^1+\boldsymbol{L}^{BC}\hat{\boldsymbol{x}}^2=\hat{\boldsymbol{x}}^1+\boldsymbol{L}^{BC}(\hat{\boldsymbol{x}}^2-\hat{\boldsymbol{x}}^1)\\ \boldsymbol{P}^{BC}&=\boldsymbol{K}^{BC}\boldsymbol{P}^1(\boldsymbol{K}^{BC})^\top+\boldsymbol{K}^{BC}\boldsymbol{P}^{12}(\boldsymbol{L}^{BC})^\top+\\ &\quad\boldsymbol{L}^{BC}(\boldsymbol{P}^{12})^\top(\boldsymbol{K}^{BC})^\top+\boldsymbol{L}^{BC}\boldsymbol{P}^2(\boldsymbol{L}^{BC})^\top\\ &=\boldsymbol{P}^1-\boldsymbol{L}^{BC}(\boldsymbol{P}^1+\boldsymbol{P}^2-\boldsymbol{P}^{12}-(\boldsymbol{P}^{12})^\top)^{-1}(\boldsymbol{L}^{BC})^\top\end{aligned}\tag{2-7}$$

其中式（2-4）中所产生的所有融合结果 $\boldsymbol{P}^{fus}$ 都满足关系 $\boldsymbol{P}^{BC}\leqslant\boldsymbol{P}^{fus}$，这说明在所有的最小迹、最小行列式或者其他损失函数（满足 $\boldsymbol{P}^A\leqslant\boldsymbol{P}^B\Rightarrow J(\boldsymbol{P}^A)\leqslant J(\boldsymbol{P}^B)$）产生的结果中，$\boldsymbol{P}^{BC}$、$\boldsymbol{K}^{BC}$ 以及 $\boldsymbol{L}^{BC}$ 都是最优的。另外，对于不同的互协方差矩阵 $\boldsymbol{P}^{12}$ 产生不同的 $\boldsymbol{P}^{BC}$。

因此，这种状态矢量融合的方法可以在已知估计误差相关性即协方差矩阵的情况下，以最小均方差为目标融合两个传感器的估计值，但相比于集中式的状态估计方法，这并不是最优的，其被证明是一种次优估计[221]，但它的优势在于计算负荷较低。这种方法也在后续的研究中被归为 KF 融合方法。

基于矩阵加权线性最小融合方差，Bar-Shalom-Campo 公式推广到多个估计量之间的数据融合[222]。对于 $\boldsymbol{x}$ 有 l 个无偏估计，同时为 n 维矢量，如下：

$$\begin{gathered}\hat{\boldsymbol{x}}^i,\ i=1,\ 2,\ \cdots,\ l\\ E[\hat{\boldsymbol{x}}^i]=E[\boldsymbol{x}]\end{gathered}\tag{2-8}$$

对于每一个估计，误差为 $\bar{x}^i=x-\hat{x}^i$，误差协方差矩阵为 $\boldsymbol{P}$，融合公式如下：

$$\begin{gathered}\hat{\boldsymbol{x}}^{fus}=\boldsymbol{A}_1\hat{\boldsymbol{x}}^1+\boldsymbol{A}_2\hat{\boldsymbol{x}}^2+\cdots+\boldsymbol{A}_l\hat{\boldsymbol{x}}^l\\ \boldsymbol{A}_1+\boldsymbol{A}_2+\cdots+\boldsymbol{A}_n=\boldsymbol{I}\end{gathered}\tag{2-9}$$

类似于两个估计的融合方式，权重矩阵和同样为单位阵，则融合后的误差协方差矩阵为

$$\boldsymbol{P}^{fus}=\sum_{i,j=1}^{l}\boldsymbol{A}_i\boldsymbol{P}_{ij}\boldsymbol{A}_j^{T}\tag{2-10}$$

以最小化 $tr(\boldsymbol{P}^{fus})$ 为目标，然后通过拉格朗日乘子法计算出最优加权矩阵 $\bar{\boldsymbol{A}}$ 以及误差协方差矩阵，如下：

$$\begin{gathered}\bar{\boldsymbol{A}}=\boldsymbol{\Sigma}^{-1}e(e^T\boldsymbol{\Sigma}^{-1}e)^{-1}\\ \bar{\boldsymbol{P}}^{fus}=(e^T\boldsymbol{\Sigma}^{-1}e)^{-1}\\ e=[\boldsymbol{I}_n,\ \cdots,\ \boldsymbol{I}_n]^T,\ \boldsymbol{\Sigma}=(\boldsymbol{P}_{ij})_{nl\times nl}\end{gathered}\tag{2-11}$$

综上所述，可以看到这类方法都是一种次优无偏估计，实现了多个传感器状态估计量之间的融合，并保证了协方差矩阵的迹最小，即各个估计量的方差最小。

2.5.2 相关程度未知的最优融合

上一小节中提到的 Bar-Shalom-Campo 公式，要求已知传感器估计误差之间

的相关性，即必须确定误差协方差矩阵，然而在实际应用中，许多分布式数据融合系统都会遇到错误确定互协方差矩阵 $\boldsymbol{P}^{12}$ 的问题，因此这就需要协方差交叉融合算法来解决相关程度未知的相关估计量最优融合问题[223]。

在介绍 CI 之前，首先引入一个概念——保守性。我们假设 $\boldsymbol{x}$ 是待估计的未知状态量。$\boldsymbol{x}$ 的估计由 $\hat{\boldsymbol{x}}$ 和误差协方差矩阵 $\boldsymbol{P}$ 给出，其中 $\boldsymbol{P}$ 捕获 $\hat{\boldsymbol{x}}$ 的不确定性。若估计 $\hat{\boldsymbol{x}}$ 满足式（2-12），则说明 $\hat{\boldsymbol{x}}$ 保守。

$$\boldsymbol{P} \geqslant \mathbb{E}[\tilde{\boldsymbol{x}}\tilde{\boldsymbol{x}}^{\top}] \tag{2-12}$$

其中，$\mathbb{E}$ 表示期望，$\hat{\boldsymbol{x}}=\hat{\boldsymbol{x}}-\boldsymbol{x}$ 是估计误差。然后 $\boldsymbol{A} \geqslant \boldsymbol{B}$ 等价于 $\boldsymbol{A}-\boldsymbol{B}$ 是半正定的。一个特殊例子 $\boldsymbol{P}=\mathbb{E}[\tilde{\boldsymbol{x}}\tilde{\boldsymbol{x}}^{\top}]$ 表示估计的不确定性是完全已知的。为了表示这种关系，式（2-12）引入了协方差椭圆，提供了一种可视化协方差矩阵相对大小的便捷方法[224]。对于正定矩阵 $\boldsymbol{S}$，我们定义

$$\varepsilon(\boldsymbol{S})=\{\boldsymbol{z}\in\mathbb{R}^{n} \mid \boldsymbol{z}^{\top}\boldsymbol{S}^{-1}\boldsymbol{z}\leqslant l\} \tag{2-13}$$

l 层的协方差椭圆是 $\varepsilon(\boldsymbol{S})$ 的边界，在此处我们取 $l=1$，因此，如果 $\boldsymbol{S}_1<\boldsymbol{S}_2$，则有 $\varepsilon(\boldsymbol{S}_1)\subset\varepsilon(\boldsymbol{S}_2)$。故式（2-12）的几何表示如图 2-6 所示。可以看到保守性 $\boldsymbol{P}\geqslant\mathbb{E}[\tilde{\boldsymbol{x}}\tilde{\boldsymbol{x}}^{\top}]$ 等价于 $\varepsilon(\boldsymbol{P})\supseteq\varepsilon(\mathbb{E}[\tilde{\boldsymbol{x}}\tilde{\boldsymbol{x}}^{\top}])$。

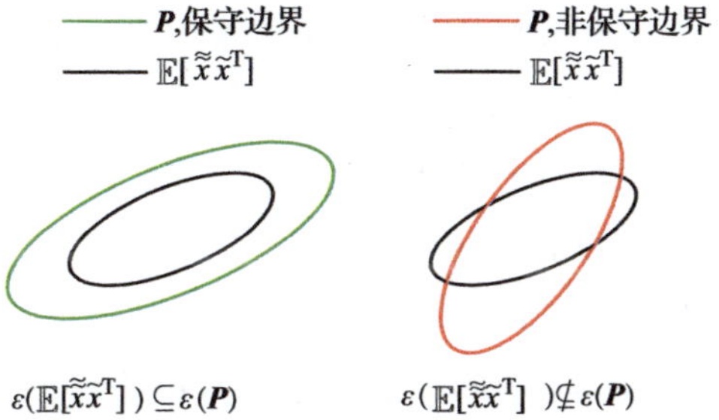

图2-6　保守性估计的几何解释

CI 方法通常是在未知互协方差矩阵即 $\boldsymbol{P}^{12}$ 的情况下，对多个传感器的数据进行融合。CI 方法保留了保守性，不考虑任何潜在的相关性，接着 2.5.1 小节中 Bar-Shalom-Campo 公式的例子，CI 通过以下方式融合了两个估计：

$$\begin{aligned}\hat{\boldsymbol{x}}^{\mathrm{CI}}&=\boldsymbol{P}^{\mathrm{CI}}(\omega(\boldsymbol{P}^{1})^{-1}\hat{\boldsymbol{x}}^{1}+(1-\omega)(\boldsymbol{P}^{2})^{-1}\hat{\boldsymbol{x}}^{2})\\ \boldsymbol{P}^{\mathrm{CI}}&=(\omega(\boldsymbol{P}^{1})^{-1}+(1-\omega)(\boldsymbol{P}^{2})^{-1})^{-1}\end{aligned} \tag{2-14}$$

其中 $\omega\in[0,1]$ 用于优化 $J(\boldsymbol{P}^{\mathrm{CI}})$。与 Bar-Shalom-Campo 融合相反，对于不同的标准 J，最佳 CI 估计不是唯一的。例如，最小化迹或行列式产生了式（2-14）中不同的融合估计，$\boldsymbol{x}^1$ 与 $\boldsymbol{x}^2$ 的融合结果如图 2-7 所示，揭示了 CI 的几何解释。可以看到，$\varepsilon(\boldsymbol{P}^{\mathrm{CI}})$ 包围着 $\varepsilon(\boldsymbol{P}^{1})$ 与 $\varepsilon(\boldsymbol{P}^{2})$ 的交叉部分，因此该方

法被称为协方差交叉(CI)。需要明确的是，$\hat{\boldsymbol{x}}^{\mathrm{CI}}$的实际误差椭圆 $\varepsilon(\mathbb{E}[(\hat{\boldsymbol{x}}^{\mathrm{CI}}-\boldsymbol{x})(\hat{\boldsymbol{x}}^{\mathrm{CI}}-\boldsymbol{x})^{\top}]$不需要位于交集内。然而，它受到 $\varepsilon(\boldsymbol{P}^{\mathrm{CI}})$边界（即图 2-7 中的绿色椭圆）的限制，这意味着 CI 对于 $\boldsymbol{P}^{12}$的所有允许值都是保守的，因此，式（2-15）是有保证的。因此，CI 也被称为保守估计。

$$\boldsymbol{P}^{\mathrm{CI}} \geqslant \mathbb{E}[(\hat{\boldsymbol{x}}^{\mathrm{CI}}-\boldsymbol{x})(\hat{\boldsymbol{x}}^{\mathrm{CI}}-\boldsymbol{x})^{\top}] \tag{2-15}$$

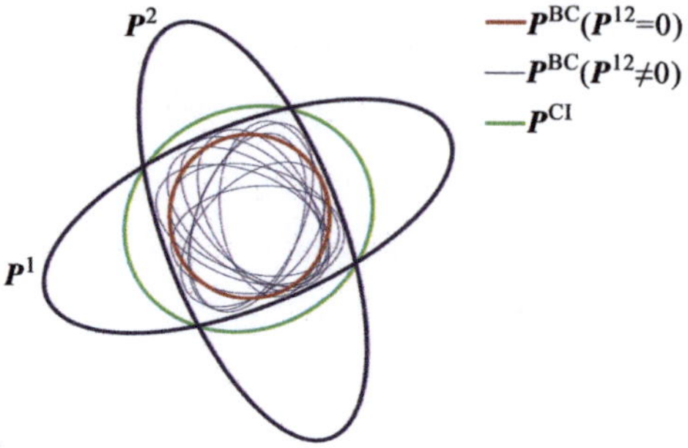

图2-7　协方差交叉（CI）的几何解释

同样在图 2-7 中，我们可以看到 Bar-Shalom-Campo 融合的结果都位于交集内，不具有保守性，且不同的 $\boldsymbol{P}^{12}$有着不同的结果。

CI 方法是解决相关程度未知的相关估计量最优融合的一个好方法。然而，在对象跟踪场景中，CI 需要处理动态环境中多个时间步长的估计融合，这不是问题，但是随着时间的推移，CI 的递归应用可能会导致不必要的大协方差[225]，因此，在动态系统中递归使用 CI 时，MSE 最优性不会被保留[226]，另外，未知依赖项下的融合尚未解决。CI 会限制信息增益，并且可能无法接受过于保守的融合结果[217]。但其作为处理未知相关性数据的开创性方法，仍具有重要的理论和应用价值。目前，CI 算法依然是未知误差相关性情况下多传感器数据融合的首选方法，且保守估计思想已被推广到未知的非高斯相关性情况中[227]。如今，最近的研究进一步讨论了部分已知互相关下的融合，并引入了保守线性无偏估计（Conservative Linear Unbiased Estimation，CLUE）的概念，作为 CI 方法的替代及衍生，如 Federated KF[228-229]、Split CI[230]等。

CI 的关键问题在于信息性和保守性之间的合理权衡。因此，CI 将与其衍生工具（如 FCI、Split CI 和 CLUE 方法）成为一个工具集，以便灵活地适应当前的融合问题。未来的研究将扩展这个工具集。除了非线性融合这一具有挑战性的领域之外，保守融合还必须跟上当前趋势，即基于模型和数据驱动的传感器融合的结合。CI 工具集无疑将成为未来 DDF 系统不可或缺的支柱。

第 3 章 网联协同感知

3.1 从单车智能感知到协同感知

智能汽车通常会装备多个传感器，以保证对目标的准确检测和对环境的完备感知[10-11]。然而，多传感器融合方案虽然显著提升了车辆对周围环境的感知能力，但在处理遮挡问题和长距离感知方面仍面临挑战。这些挑战主要源于车载传感器的物理特性和工作原理的局限性。

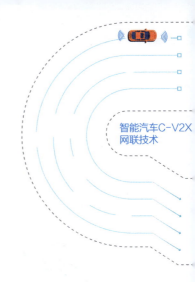

遮挡问题是指传感器无法获取被其他物体阻挡的目标物体的信息。由于物理规律的限制，现有的车载传感器均会遭遇不同程度的遮挡问题，尤其是相机和激光雷达。相机通过透镜系统对光线进行折射和聚焦，将现实世界中的物体形象映射到感光元件上，形成清晰的图像。在这个过程中，如果光线被遮挡，则物体将变得不可见。另外，相机镜头的视角是有限的，这决定了仅有位于视场角范围内的物体能够被成功捕捉并成像。超出视角范围的物体，即使没有被其他物体遮挡，也不会出现在成像结果中。在实际拍摄过程中，物体之间的相对位置也会影响成像结果。如果一个物体位于另一个物体和相机之间，那么前一个物体就会遮挡住后一个物体，使其无法被相机捕捉到。最后，光圈大小会影响到景深，即成像清晰的范围。当光圈较小，景深较大时，更多的物体可以同时被聚焦。然而，如果光圈较大，景深变浅，只有部分物体能够成像清晰，其他不在景深范围内的物体则会出现模糊，甚至被完全遮挡。激光雷达的工作原理是通过发射器发出一系列激光脉冲，并通过接收器捕捉被物体表面反射回来的光线，根据激光脉冲发射和接收之间的时间差，计算出反射点的位置。和相机类似，激光雷达工作时也会由于存在物理障碍物、物体角度和位置不佳等原因造成遮挡。图 3-1 所示是 KITTI 数据集[210]中的一个具体案例，自车搭载了前视相机和 64 线激光雷达（Velodyne HDL-64E Laserscanner），正在通过人行

横道。从图中可以看到，由于正前方一辆工程车辆的存在和左侧聚集的行人，自车前方视线被完全遮挡，左前方视线部分受阻。这些遮挡导致相机无法直接观测到相关区域，而在激光雷达的扫描结果中则表现为大量空白区域。这些遮挡区域（尤其是前方遮挡）的存在极大地限制了自车对周围环境感知的完备程度，进而可能严重限制车辆的运行设计域（Operational Design Domain，ODD），导致 ODD 碎片化问题[231]，影响行车安全与效率。

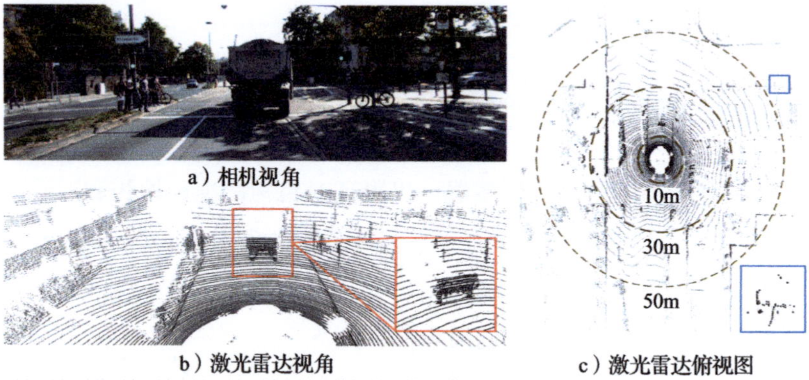

图 3-1　相机和激光雷达传感器的遮挡及远距离检测问题

长距离感知方面，现有的车载传感器也存在不同程度的不足。对于相机传感器而言，其光学成像原理导致了“近大远小”的成像特性，即距离相机较近的物体在图像中占据较大的像素面积，而远离相机的物体则在图像中仅呈现为较小的像素点，由于像素面积的减小，远距离目标的细节信息往往难以捕捉，这使得远距离目标的识别和分析变得困难。雷达类的传感器虽然在远距离探测方面具有优势，但其性能同样受到角分辨率和信号强度的制约。这些传感器通过发射电磁波并接收其反射信号来测量物体的位置和速度。然而，当目标距离增加时，反射信号的强度会衰减，同时噪声水平相对增加，导致信号的信噪比下降，进而影响测量的准确性和可靠性。此外，雷达类传感器的角分辨率决定了其对目标的探测精度。在一定的角分辨率下，随着目标距离的增加，电磁波与目标接触的概率降低，回波信号减少，使得远距离目标的探测变得更加困难。如图 3-1c 所示，该激光雷达的扫描点在半径小于 30m 内较为清晰，50m 内衰减严重，50m 外则较难分辨，对于依赖高精度点云数据的感知算法而言，这是一个巨大的挑战[232]。

为了克服长距离感知的挑战，激光雷达技术正经历着一场革新。通过提升激光雷达的线束数量、优化其机械结构以及采用先进的固态激光雷达技术，业界已经成功推出了能够探测超过200m距离的远距离激光雷达产品，见表3-1。但是，尽管激光雷达取得了显著进步，物理定律的局限仍然存在。随着距离的增加，点云的密度和完整性不可避免地受到影响，这对于感知算法来说仍然是一个巨大的挑战。此外，为了实现远距离探测，必须提高角分辨率，这直接导致扫描点数的显著增加。例如，禾赛科技的AT512激光雷达每秒能够输出高达1200万个扫描点，这对激光雷达的功耗和后端感知芯片的处理能力都提出了更高的要求。为了保持感知系统的实时性，必须采用功率更大、计算能力更强的处理器。这不仅增加了整车的功耗，也提高了成本。

综上所述，尽管传感器技术的发展使得远距离探测成为可能，但遮挡问题和传感器数据的完整性仍然是待解决的难题，成本的提升也对多传感器系统的经济性造成了影响，这表明仍需在智能汽车的遮挡区域感知和长距离感知上寻求更加有效的解决方案。作为多传感器融合技术的延伸，车车协同或车路协同感知技术，有望应对这两大挑战。

表3-1 截至2023年激光雷达的规格参数

类别	生产企业	产品	线数	测量距离@10%/m	扫描点数/(10^4 s^{-1})	功耗/W
机械式	禾赛	Pandar64	64	200	115.2	22
	禾赛	OT128	128	200	345.6	29
	Ouster	OS2	128	200	262.1	18～24
	Velodyne	Alpha Prime	128	220	240.0	22
	禾赛	AT512	512	300	1228.8	—
固态	禾赛	FT120	—	100	19.2	—
	速腾	M1 Plus	—	180	78.8	15
	速腾	M3	—	300	—	—

3.2 协同感知基本架构

3.2.1 V2X协同感知架构

车联万物（Vehicle-to-Everything，V2X）协同感知，就是让智能汽车与其他智能体[233]通过无线通信进行信息交换，对周围环境进行合作式感知，实现感知范围的扩大和感知质量的提升。如图 3-2 所示，在城市复杂路口中，如果每一辆车都采用车载传感器进行环境感知，由于传感器感知范围问题和物理遮挡问题，每一辆车的视野均可能受到限制。这不仅缩小了车辆的运行设计域（Operational Design Domain，ODD）㊀，比如可能导致运行速度的降低，还因为缺乏全局感知能力，使路口内的车辆难以进行高效且安全的轨迹规划，从而降低了单个车辆的驾驶安全性，并影响整个路口的通行效率。若路口中的车辆能够通过车车互联技术互相共享它们的感知信息，那么每一辆车都将获得对整个路口的全局感知能力。这意味着车辆的视野范围将从自车周围扩展到整个城市路口，甚至能够“超视距”地感知到其他车辆周围的交通情况。这样的全局感知能显著减少“未知”的区域，从而降低安全事故的发生概率，提高整个交通系统的安全性和效率[235-236]。

a）单车智能感知，每辆车的感知范围有限

b）协同感知，每辆车均具有全局感知能力

图 3-2 协同感知效果示意图[237]

协同感知技术与人类的合作共赢思想一脉相承。在车辆领域，协同感知技术的早期研究主要集中在驾驶辅助系统上，当时车辆上装备的传感器通常是激光扫描仪、相机、超声波传感器等，分辨率较低，仅能支撑一些基础的车路（Vehicle-to-Infrastructure，V2I）协同任务，例如交通信号灯信息通信[238-239]、碰撞风险预警[233,240]、货车盲区探测[241]等。具有代表性的是在 2005 年至 2010 年间，欧盟推行了 INTERSAFE[238] 和 INTERSAFE-2[242] 等项目，这些项目的目标是开发协同路口安全系统，以降低城市路口的交通事故发生率。INTERSAFE

㊀ 特定系统或功能的运行条件，包括但不限于环境、地理和时间等方面的限制，完整定义请参考标准 SAE J3016[234]。

项目的第一代路侧系统只能提供交通信号灯信息，而 INTERSAFE-2 项目则在路侧单元中增加了激光扫描仪和相机等传感器，使得系统能够进行路面状况检测和目标探测[243-244]。这些研究为后续的车辆协同感知技术发展奠定了基础。然而，由于当时的传感器能力、通信技术和软件算法等方面的限制，这些早期的协同感知系统并未完全达到预期的效果。

2016 年以后，基于图像的深度特征提取[181]、目标检测[245]、物体分类[246]等技术趋于成熟，车辆的二维感知能力得到极大提升。在三维视觉方面，激光雷达的应用使其和激光扫描仪相比能获取到更为稠密的点云数据，相关算法也得到很快发展，经典的代表作有 SECOND[247]、VoxelNet[40]、PointPillars[44]、CenterPoint[248]等。同时大型驾驶数据集 nuScenes[249]、Waymo Open Dataset[211]等相继开源，加速了单车智能感知相关算法的进步。在这一背景下，随着单车智能感知局限性的逐步凸显，协同感知开始成为智能汽车领域的研究热点[250]。

图 3-3 所示为典型的 V2X 协同感知系统的基本架构图。协同感知和单车智能感知的关键不同是存在智能体之间通过 V2X 通信网络进行的信息交换。这些信息主要包含两大类，分别是协同状态信息（Cooperative Awareness Message，CAM）和协同感知信息（Cooperative Perception Message，CPM）。CAM 是车辆对自身状态的认知信息，包括车辆的全局位置、尺寸、颜色等基本信息，CPM 则是车载感知系统输出的感知信息。根据 CPM 种类的不同，协同感知分为数据级、特征级和目标级三种技术路线，后文中将详细介绍。

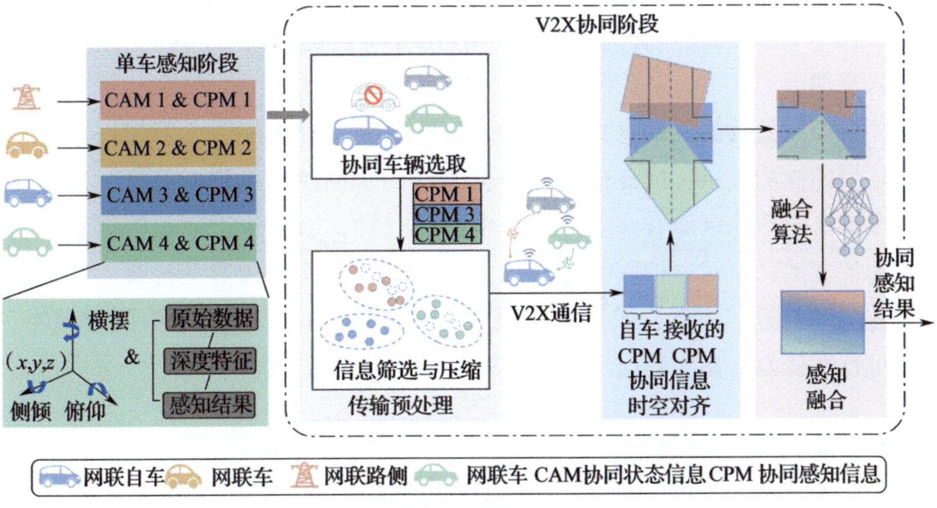

图 3-3　V2X 协同感知的基本架构[237]

3.2.2 协同机制

如图 3-3 所示，进行 V2X 通信前首先要确定协同机制，其中包括对协同对象与协同信息的筛选。一方面，从众多可协同智能体中选取一部分形成协同者联盟有利于提高信息利用效率，降低协同复杂度和难度。目前已有一些相关研究，比如基于注意力机制的路侧单元选择[251]、基于多臂老虎机的多车信息调度[252]、基于多车寻径问题的信息增益优化[253]、基于图神经网络的信息流动建模[254]等。另一方面，高质量的信息既能有效增强感知功能，又能优化通信和计算资源的利用，而低质量的冗余信息可能造成通信网络过载，不仅不利于协同的实时性，甚至可能导致协同系统瘫痪[255]。对 CPM 的筛选方法有基于规则的和基于学习的两大类。第一类的代表是欧洲无线通信标准委员会（European Telecom-munications Standards Institute，ETSI）以标准的形式明确定义了 CPM 应该包含的信息[256]。基于学习的方法通常使用深度神经网络对传输信息进行编解码，实现数据的压缩[257]。

3.2.3 数据级融合

协同阶段的感知融合模块是目前学术界的研究热点。如前所述，根据 CPM 种类的不同，协同感知可分为数据级、特征级和目标级三种技术路线，它们分别对应着不同的感知融合方式，其工作机制如图 3-4 所示。

数据级融合，即直接使用车辆采集的原始数据（如激光雷达点云和相机图片）作为 CPM 与其他智能体交换。由 Chen 等人提出的 Cooper 是这一思路的较早实现者[259]，Arnold[260]和 Cui[261]等学者进行了进一步研究。研究结果表明，由于原始数据的信息损失最少，数据级融合方法能最大限度地保留车辆对环境的探测结果，因此能得到精度较高的协同感知效果。但是，这些研究都没有证明数据级融合在实际应用中的可行性，因为传输原始数据意味着极大的带宽消耗，对通信网络造成巨大的负担，可能引起通信过载，导致严重的丢包和延迟。因此，虽然数据级融合在理论上能获得最好的融合效果，但其可行性较差，在实际应用条件下反而不是最好的选择。

3.2.4 特征级融合

特征级融合方法，是指首先在车辆本地采用编码器对原始数据进行编码，使用编码结果作为 CPM，接收信息的车辆将该信息进行解码后再进行融合利用。

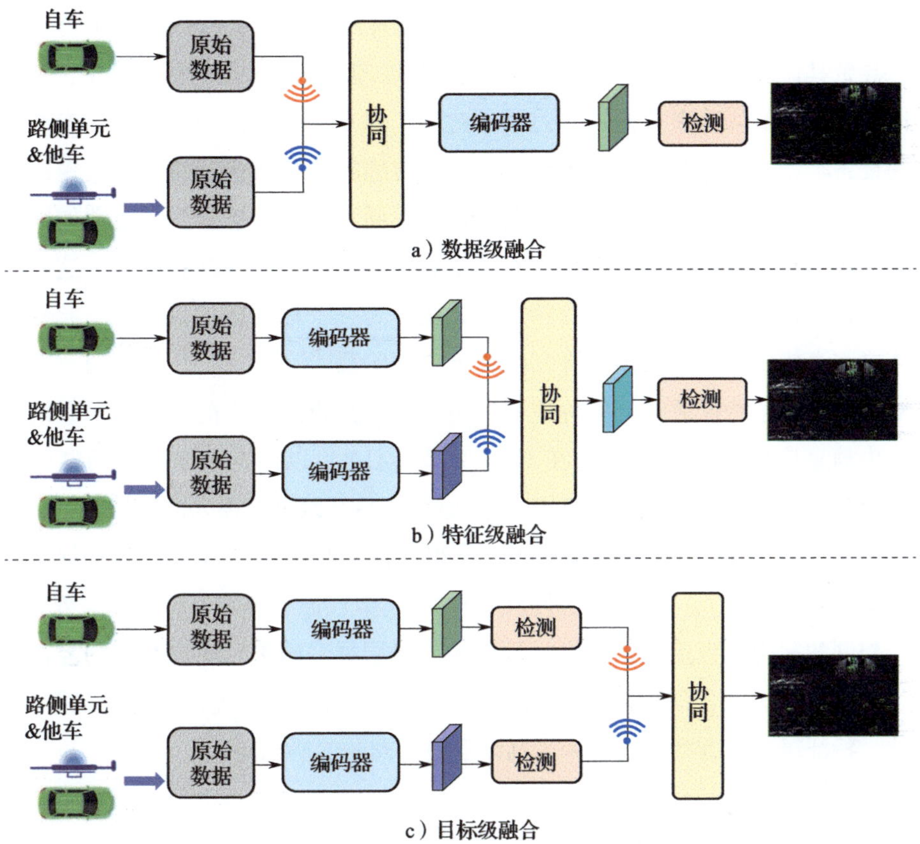

图 3-4　不同融合策略的工作机制示意图[258]

编解码是通信传输的必要流程，但是和传统通信基于特定规则的编解码方式不同，这类方法中采用人工神经网络提取原始数据的深度特征，这个将高维度的原始数据分解成低维度的特征组合的过程，属于语义通信的范畴[262]。特征级融合方法对原始数据进行了抽象化处理，因此和直接传输原始数据相比，能减少需要的通信带宽，降低通信过载的概率。同时由于神经网络强大的拟合能力[263]，特征提取过程能较大程度地保留原始数据中的特征，减少信息损失。这两个优点使其成为当前的研究热点。先后有学者提出 F-Cooper[264]、V2VNet[265]、OPV2V[266]、V2X-ViT[267]、Where2Comm[268]等新方法，且持续有相关研究发表[269-273]。但是，尽管特征级融合方法在提升协同感知效果方面具有极大的潜力，在当前技术水平下却难以实现落地应用，主要是两方面原因，一是标准化问题，二是通信能力局限。特征级方法在实现标准化方面面临一定的挑战。这种方法主要依赖于人工神经网络，通过它将传感器采集的数据转换到一个隐式的特征空间中，从而实现对原始数据的编码处理。然而，深度神经网络因其内在的“黑箱”特性，导致其可解释性较差[274]，这使得人们难以理解隐式特征的具体含义，进而难以制定统一的标准来规范这一过程。此外，在车联网的协同环境中，参与协同的设备类型、传感器种类、车辆状态以及传感器的工作状况等因素呈现出高度的异质性。例如，不同的车辆可能装备了不同型号的传感器，或者即使同一型号的传感器也可能因为安装位置不同或软件版本的不同而存在差异。这些差异性导致了特征提取网络生成的特征图无法作为一个标准化的信息在不同的异构体之间直接使用。当前相关研究尚属于探索阶段[273,275-277]，任重而道远。通信能力也局限了特征级融合实际应用的可行性。据报道，当前中国各车联网先导区中消息广播的平均长度约在 1000 字节（1kB）以内，用于支撑闯红灯预警、道路危险状况提示等初级应用[278]，远低于特征级融合需要的通信能力，或需要依靠未来的 6G 技术才有望实现。值得注意的是，2023 年，端到端智能驾驶方案一鸣惊人[175]，有望用纯神经网络的架构取代原有感知-预测-决策-规划-控制的架构，直接将感知原始数据输入多层神经网络，输出车辆的控制信号。基于特征级融合的协同感知路线与这种新架构天然适配，有望大展拳脚。因此，特征级融合方案是面向未来高级别自动驾驶的协同路线。

3.2.5 目标级融合

目标级融合又称结果级融合，是指使用车辆本地感知系统输出的感知结果作为 CPM。该融合方式在早期的单车多传感器融合中是主流方法之一[279]。在协同感知中，目标级融合方法直接共享高层级的目标信息，也就是不同车辆各自检测到的目标列表和这些目标相应的位置、姿态等信息，和前述两种方法相比占用通信带宽最小，最大限度地减少了由于通信传输带来的时间延迟。另外，与特征级融合传输的黑箱特征不同，目标级融合传递的信息易于标准化，且可解释性强，是最适合实际应用的融合路线。其缺点是和其他两种方法相比，原始数据被抽象成了目标级信息，信息损失较大，若抽象过程的误差较大，即车载感知系统的误差较大，结果信息可信度下降，不利于融合。不过，基于单车智能的目标检测算法已较为成熟，且在业界已实现大规模训练、迭代甚至部署，感知系统的性能有较好的保证，因此该缺点的实际影响需经过大规模实地部署才可验证。在当前技术水平下，目标级融合是最经济的方案。

3.3 典型应用：车路云协同感知

3.3.1　背景需求

复杂城市路口，是对自动驾驶汽车最具挑战性的交通场景之一。

国际上，美国加州机动车辆管理局（California Department of Motor Vehicles，DMV）详细记录了 2014 年至 2020 年间不同厂商自动驾驶汽车在真实道路测试中发生的 278 起事故案例[280]。如 2019 年，参与道路测试的 28 家公司累计行驶里程约 458 万 km，期间共发生接管 8883 次，记录事故约 105 起。统计分析显示，在所有记录的事故案例中，城市路口是自动驾驶汽车事故的高发区域，其中无信号灯的交叉路口事故占比 38.9%，信号灯控制的路口事故占比 16.8%，交通标志处事故占比 8.7%，一般路段事故占比 35.6%。在国内，北京市积极推动国内自动驾驶汽车的真实道路测试，《北京市自动驾驶车辆道路测试报告（2020 年）》指出，在 2020 年的真实道路测试中，路口相关场景占接管触发场景的比例高达 42%。从图 3－5 所示的 2023 年北京市经济开发区内接管概率分布热力图[281]也可以看出，城市路口是接管高发地。造成这一现象的主要原因包括自动驾驶系统需要同时处理信号灯、交通标志、标线、行人、车辆等多种目标，加之路口交通流密度大，目标数量多，对目标行为的预测难度较高[282]。

图 3－5　2023 年北京市经济开发区内接管概率分布热力图[281]

这些宝贵的实测数据清楚地表明，城市路口由于其交通的高度复杂性，无疑是自动驾驶汽车面临的一个主要挑战场景。V2I（Vehicle-to-Infrastructure）车路协同感知，就是在道路基础设施上架设固定的传感器，构建具备网联功能的智能路侧单元，为通过路口的智能汽车提供由上至下的具备“上帝视角”的感知服务，扩展单车智能的感知范围，减少其在复杂路口的盲区，提高自动驾驶汽车路口通行的效率和安全性。

3.3.2 基础应用：信号灯状态感知

车路云协同感知技术的基础应用之一是对红绿灯信息的交互与感知。设想我们开车来到繁忙的十字路口，视线被公交车等大型车辆阻挡，无法直接观察到红绿灯的状态。这种情况可能导致违规闯红灯或紧急制动，增加驾驶风险。此时如果我们有“透视”能力，能越过遮挡直接看到红绿灯的变化及其剩余时间，无疑将大幅提升驾驶体验。2022 年左右，高德地图推出了“红绿灯倒计时”功能，将道路上的红绿灯工作情况以智能化、动态化的方式同步到高德地图 App[283]，据报道，该功能已覆盖全国范围内近 240 个城市的 8 万多个红绿灯路口。公开专利显示，该功能是通过挖掘大量道路车辆的轨迹信息，在云端利用大数据和大算力推算实现的[284]。这一功能大大提高了市民的驾驶体验，是车云协同的典范。进入车路协同时代后，信号灯信息的传递变得更加直接和高效。路侧感知系统能够实时读取交通信号灯的状态，编码后利用无线通信技术直接传输至过往车辆，让每辆车都能接收到精确的信号灯信息。2020 年后，相关的技术已实现初步的落地应用。据报道，长沙[285]、天津[286]、上海[287]、合肥[288]等多地先后推出了可显示红绿灯读秒的智能网联公交车，这些车辆利用 C-V2X 技术与路侧设施直接通信，将接收到的红绿灯信息实时显示在车尾显示屏上，为后方车辆提供“超视距感知”，增强了道路安全和驾驶便捷性。

3.3.3 高阶应用：智慧路口

“智慧路口”是一个典型的更高阶的应用，此应用在路口布置具备感知功能的传感器系统，以实现更丰富的功能。这一想法由来已久。21 世纪初，专家学者和工程师们意识到，路口是交通事故的高发区，车辆需要依靠路侧辅助才能更加安全。2010 年左右，欧盟即推出 INTERSAFE-2 项目[243]，其构想如图 3-6a 所示，旨在通过在路口架设传感器，覆盖路口内的主要盲区，为过往车辆提供盲区探测辅助。不过，从图 3-6b、c 可以看出，当时使用的传感器较为朴素，主要是相机和激光扫描仪等，其中路侧激光扫描仪的扫描结果和如今的激光雷达相比，点云十分稀疏，目标的扫描点很少，各方面的技术效果远不如今天。

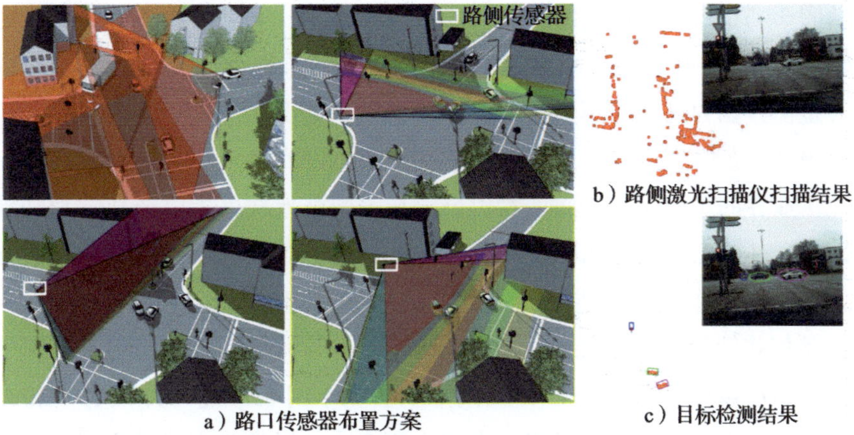

图 3-6　欧盟 INTERSAFE-2 项目提出的路口全覆盖感知设想[243]

进入 2020 年后，深度学习的蓬勃发展激发了车路协同感知技术的活力。清华大学[289-290]、德国慕尼黑工业大学[291-292]、美国 UCLA 大学[293]等先后搭建了路口协同系统，并采集和公开了车路协同感知数据集，每一个数据集都装备了先进的传感器系统，包含大量的实地场景。举例来说，图 3-7a 所示是清华大学 DAIR-V2X 数据集在复杂城市路口采用的协同传感器设定，可以看到，参与协同的汽车上配备了相机、激光雷达、定位和通信单元等传感器，而十字路口则从四个方向分别架设了相机、激光雷达、通信单元、处理器等设备和传感器，实现了路口范围内的视野覆盖。图 3-7 b 和 c 分别是 DAIR-V2X 和慕尼黑工业大学 A9 数据集的图像和激光雷达数据示意图。显而易见，相比十余年前使用的简易激光扫描仪，如今的传感器在数量、数据质量和丰富程度上都得到了大幅提升。

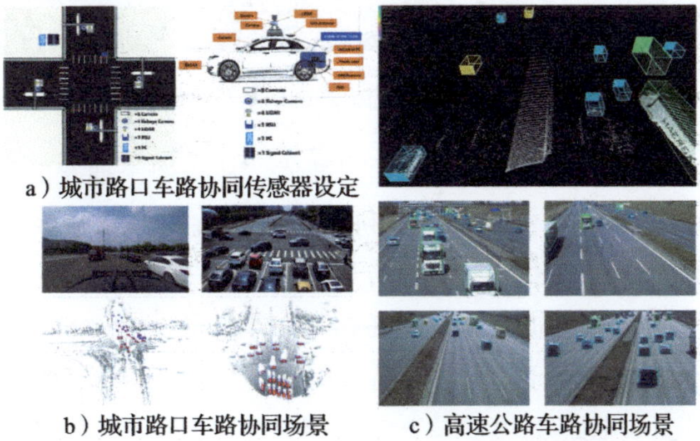

图 3-7　城市路口及高速公路的车路协同典型场景[289,291]

从图 3-7b 和 c 的路侧传感器视角可以看出，由于架设的高度高于普通汽车，路侧视角具有架得高、看得远、看得全的特点。路侧感知系统这一独特的优点有望使其能为过往的车辆提供交通流监测、路况探测、信号灯交互、危险预警等服务，支撑车辆安全、高效、有序地通过路口。

在工业界的实地应用方面，本田公司在美国某地部署了以纯视觉为基础的智慧路口，其传感器设定如图 3-8 所示，由四个路侧摄像头捕捉路口各个方向的图像，并将图像通过有线网传递给路侧智能处理器（Image Processing Unit，IPU）。他们将智慧路口定义为一种带有网联基础设施的信号交叉口，其利用计算机视觉和深度学习技术，使智能汽车能够在半网联环境（即只有车和路网联）中体验一个完全网联的世界。在这个概念中，摄像头直接采集路口的实时视频流，由 IPU 利用深度学习技术来检测和分类物体，并推导出每个交通参与者的相关轨迹（例如位置、速度和方向），计算场景中的安全风险，并将其编码成安全消息（safety messages）通过路侧单元（Roadside Unit，RSU）发送到网联的智能汽车。

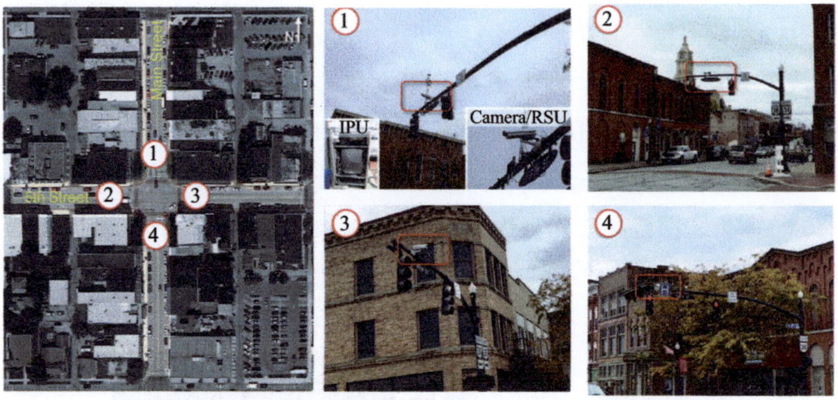

图3-8　本田在美国部署的智慧路口及其传感器设定[294]

在该智能路口中，IPU 采用深度学习技术，从摄像头捕获的视频画面中检测并分类物体，如图 3-9 所示，并利用物体的轨迹信息形成基本安全消息（Basic Safety Massages，BSM），输出给 RSU，如图 3-10 所示。然后，RSU 将 BSM 和交通信号相位和定时（Signal Phase and Timing，SPaT）等消息对整个路口进行广播，包括但不限于信号相位持续时间（例如红灯和绿灯周期）以及交叉口地图等，其中地图信息主要是路口的相关地理信息（例如车道标记、停车栏和人行横道等）。

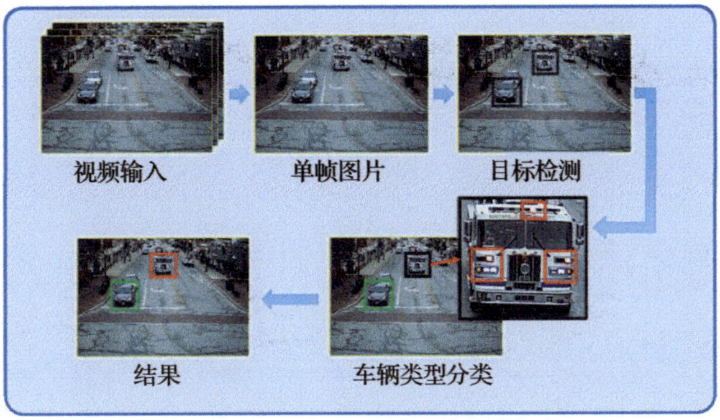

图 3-9　智慧路口目标检测和分类基本流程[294]

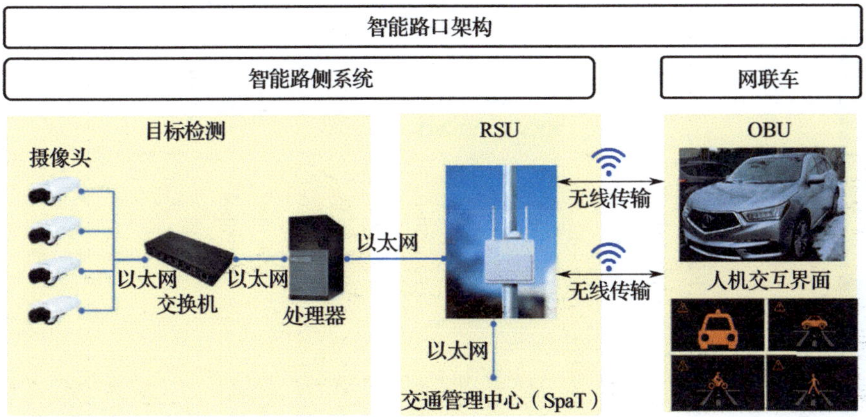

图 3-10　智慧路口系统架构[294]

3.4　协同感知关键挑战

3.4.1　V2X 通信问题

协同感知的本质是信息交换，其实现的前提是拥有强大的无线通信能力支撑，其中最重要的是通信带宽问题。所谓通信带宽，通常指的是在单位时间内能够通过通信信道传输的数据量，它是一个衡量信道传输能力的重要指标。带宽可以用比特每秒（bits per second）来衡量。在多智能体协同感知的过程中，每个终端都可能产生大量的感知数据，带宽不足会造成数据传输的丢失和延迟，导致感知信息过时或不完整，影响整个系统的感知精度和可靠性。文献[258]整理了常见的协同感知算法在 OPV2V[267]、V2XSet[266]和 V2X-Sim[295]三个数据集上的参数量、数据传输所需带宽等测试结果（表 3-2），并进一步画出了各

表 3-2 文献[258] 整理的各方法在 OPV2V、V2XSet 和 V2X-Sim 三个数据集上的测试结果

数据集	方法	发表于	协同模式	检测模型	参数量/MB	计算量/GB	数据量/MB	推理时间/ms
OPV2V [266]	后融合	—	目标级	PointPillars	6.58	31.34	—	5.83
	Cooper [259]	ICDCS 2019	数据级	PointPillars	6.58	31.83	—	7.08
	F-Cooper [297]	SEC 2019	特征级	PointPillars	7.27	144.36	6.29	24.78
	V2VNet [265]	ECCV 2020	特征级	PointPillars	14.61	447.28	12.58	15.78
	OPV2V [266]	ICRA 2022	特征级	PointPillars	6.58	64.20	11.01	56.50
	CoBEVT [298]	CoRL 2022	特征级	PointPillars	10.49	194.34	6.29	—
	FPV-RCNN [19]	RAL 2022	特征级(两阶段)	PV—RCNN	2.89	128.12	—	—
V2XSet [267]	后融合	—	目标级	PointPillars	6.58	31.34	—	5.52
	前融合	—	数据级	PointPillars	6.58	31.45	—	6.29
	F-Cooper [297]	SEC 2019	特征级	PointPillars	7.27	144.36	6.29	17.35
	V2VNet [265]	ECCV 2020	特征级	PointPillars	14.61	447.28	12.58	66.54
	DiscoNet [299]	NeurIPS 2021	特征级	PointPillars	—	—	—	—
	OPV2V [266]	ICRA 2022	特征级	PointPillars	6.58	64.20	11.01	11.38
	CoBEVT [298]	CoRL 2022	特征级	PointPillars	10.49	194.34	6.29	53.04
	V2X-ViT [266]	ECCV 2022	特征级	PointPillars	12.46	229.74	6.29	94.75
	Where2comm [268]	NeurIPS 2022	特征级	PointPillars	8.06	193.63	11.01	25.95
V2X-Sim [295]	后融合	—	目标级	FaF	7.90	94.00	—	19.82
	前融合	—	数据级	FaF	7.90	94.00	—	19.87
	Who2com [300]	ICRA 2020	特征级	FaF	20.28	186.01	1.05	39.88
	When2com [301]	CVPR 2020	特征级	FaF	20.28	186.01	1.05	39.56
	V2VNet [265]	ECCV 2020	特征级	FaF	7.90	94.00	3.15	58.31
	DiscoNet [299]	NeurIPS 2021	特征级	FaF	7.97	95.81	1.05	47.59

方法在 DAIR-V2X-C[289]、V2XSet[267] 和 V2V4Real[296] 三个数据集上感知精度与数据传输量的权衡图，如图 3-11 所示。结果表明，目标级后融合每一帧需要传输的数据量约为 2^{-11}MB，相比之下，特征级方法需要的数据量则达到 10MB 左右，若通过压缩特征维度等方法限制传输量，其感知性能会受到较大影响。因此，如何保证协同感知信息的及时传输仍是一大重要挑战。

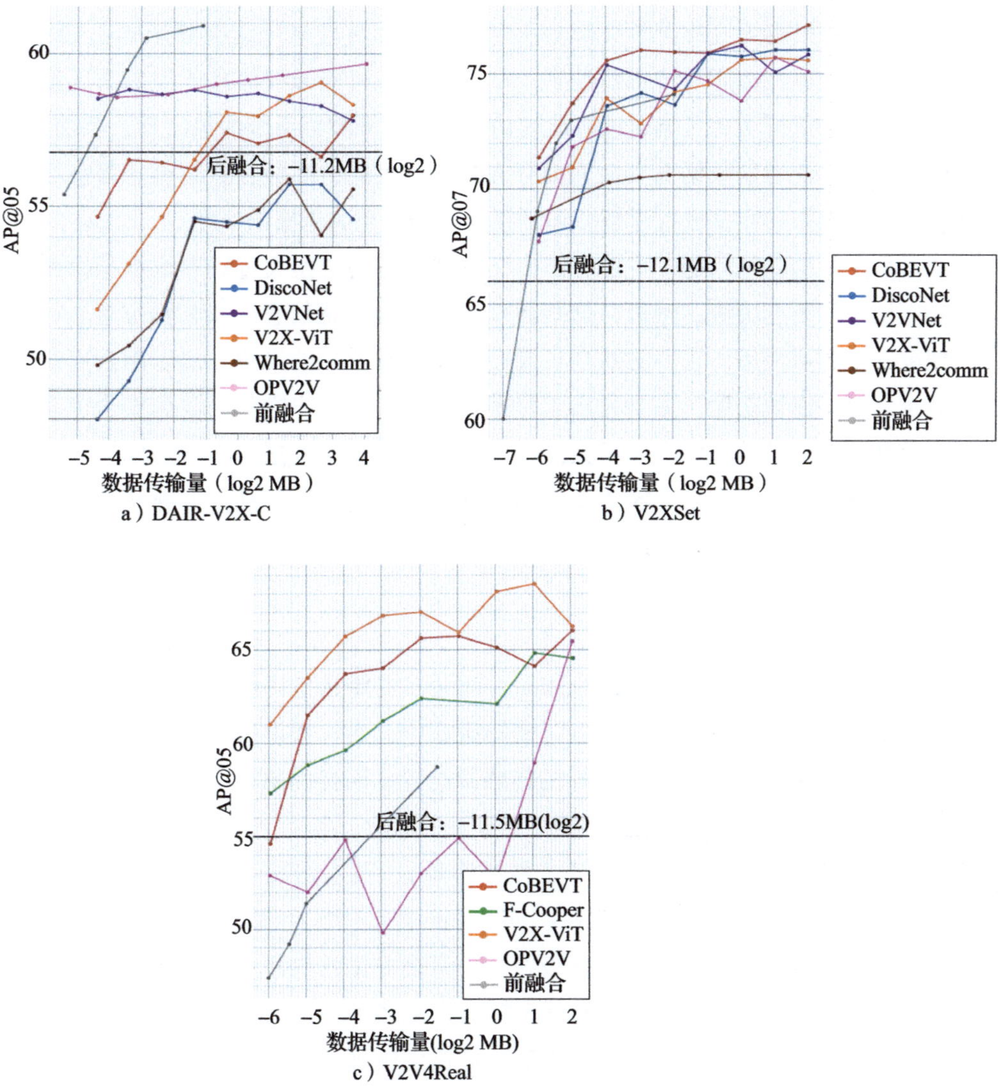

图 3-11　在 DAIR-V2X-C[289]、V2XSet[267] 和 V2V4Real[296]
三个数据集上感知精度与数据传输量的权衡图[258]

通信丢包也是协同感知中不可忽视的问题。实际交通环境中，由于车辆的高速移动、网络拓扑的动态变化、恶劣天气条件以及障碍物干扰，V2X 通信可能会遭遇数据丢失。这些因素，包括多普勒效应、路由失效、多径衰减和信号干扰，都可能引起数据包的丢失。此外，车间通信还可能面临外部网络的干扰或遭受恶意篡改的风险，进一步影响信息的完整性与准确性。

数据的可靠性是 V2X 通信的另一大挑战。虽然车载传感器通常具有较高的可靠性，但在极端天气或设备故障等不利条件下，其性能可能受到影响。V2X 网络中的智能体在性能和传感器配置上的差异，也可能导致信息传输的不一致性。此外，恶意行为者可能通过篡改或伪造数据包来破坏系统的稳定性。目前，车辆在独立验证通信数据真实性方面存在局限。因此，在融合协同感知信息之前，对接收数据的质量进行评估并识别错误数据是至关重要的一环。

最后是数据隐私问题。多智能体协作过程中需要交换大量的本地数据以实现协同感知和智能决策。然而，这些数据往往包含敏感信息，如车辆位置、行驶速度、乘客习惯等，它们的共享可能会引发隐私泄露的风险。汽车制造商对于数据共享持谨慎态度，主要是出于保护商业机密、客户隐私、数据安全等需要，这种隐私保护的需要限制了数据的开放性和可用性，进而影响协同感知的质量和效率。例如，如果车辆 A 不愿意分享其精确的位置信息，车辆 B 就无法获得完整的环境感知数据，这可能导致协同感知系统的性能下降。

3.4.2 标准化问题

协同感知的标准化（Standardization）问题，主要是指协同使用的硬件平台和协同算法难统一的问题。现有协同感知研究中，通常假设所有的车辆均是同构的（homoge-neous），即具有同样的传感器配置、同样的感知模型和同样的协同策略等[237]。但这在真实世界中是一个极强的假设，实际上，协作车辆存在生产厂家、硬件配置（传感器、芯片、控制器等）、技术路线（如激光雷达或纯视觉）、模型算法（如 PointPillars[44] 或 CenterPoint[248]）、软件版本（1.0 或 2.0）、融合策略（如后融合或特征级融合）等全方位的差异。

在实际的自动驾驶场景中，网联车辆通常配备不同的传感器，因此数据存在模态差异。比如，配备激光雷达的车辆可提供精确的位置信息，而配备摄像头的车辆则可提供全面且上下文丰富的纹理信息。与拥有不同传感器模态的车辆合作可以通过利用每个传感器捕获的独特但互补的特征来增强自车的感知能力。然而，相机和激光雷达之间存在语义差异。此外，路侧基础设施和车辆的感知结果之间也存在差异。由于使用寿命和硬件精度等因素，不同的传感器也可能表现出不同的噪声水平。网联车辆的这些独特属性对开发模态异构协作系统提出了重大挑战。不同汽车制造商生产的网联车辆上也不可能使用完全一样的感知模型，即使在同一家汽车企业内，车型之间迭代升级频率的差异也会导致车型软件版本之间的差异。然而，在不同的车辆上使用不同的模型可能会在协作时导致不同模型之间难以融合。因此，模型异构性显著影响协同感知的有效性。协同策略上，基于目标级的协同感知框架可以通过在协作车辆之间共享感知结果（包括目标检测框和置信度等）来减轻异构问题的影响[302]，而特征级协同由于和深度学习强绑定，其本身即存在标准化难的问题，如3.2.4节中所述。

因此，迫切需要寻找解决方案来应对V2X系统内的标准化问题。

3.4.3 时空异步问题

1. 时间异步

协同感知作为一个涉及多个智能体及其传感器的复杂过程，不可避免地会面临智能体间信息共享的时间异步问题。例如，车辆A在时间点 t 接收到车辆B的信息，而这些信息实际上可能早于时间点 t。在这样的背景下，降低整个系统的延迟并增强系统对延迟的鲁棒性，显得尤为关键。

如图3-12所示，在一个协同感知周期内，每个智能体通过车载的激光雷达、相机等传感器独立地感知周围的世界，它们首先通过传感器采集信号，然后进行目标检测，再将感知信息通过无线通信向外发送，自车同样经历这个过程，并实时地捕获和接收周围环境中的无线通信信号，将接收到的感知信息与自身感知到的结果进行融合得到本周期内的感知输出。在这个过程中，涉及传感器采集带来的采集时延、目标检测引起的检测时延、无线通信发送和接收的

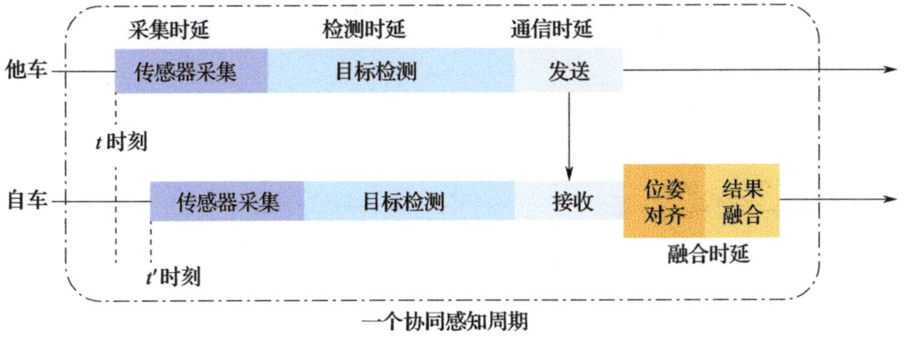

图3-12 协同感知系统内的时间延迟

通信时延以及融合过程的融合时延，另外，由于不同智能体开始传感器采集的时刻不同，还存在一个初始时延。这些时延的累加构成了协同感知系统内的整体时间延迟。

和单车多传感器中的时间异步问题不同，由于参与 V2X 协同的智能体在软硬件配置、智能水平等方面参差不齐且难以标准化，其时间非常难以同步，当前尚未出现行之有效的解决办法。

2. 空间异步

在 V2X 协同感知中，涉及多个坐标系的转换。在本地车辆上，有激光雷达坐标系、相机坐标系、地理坐标系、惯导坐标系等传感器坐标系之间的转换，在车辆之间，有自车传感器坐标系、全局坐标系和他车传感器坐标系之间的转换。图 3-13 展示了协同感知中的坐标系及其转换关系。具体来说，车载定位系统通过全球导航卫星系统（Global Navigation Satellite System，GNSS）输出地理坐标系下的经纬度和高度信息，GNSS/IMU 融合后输出车辆的姿态角信息，包括俯仰角、侧倾角和横摆角。感知系统内部通过多传感器融合，输出激光雷达坐标系下的感知信息。车辆内部的传感器坐标系间的外参矩阵通常是由线下

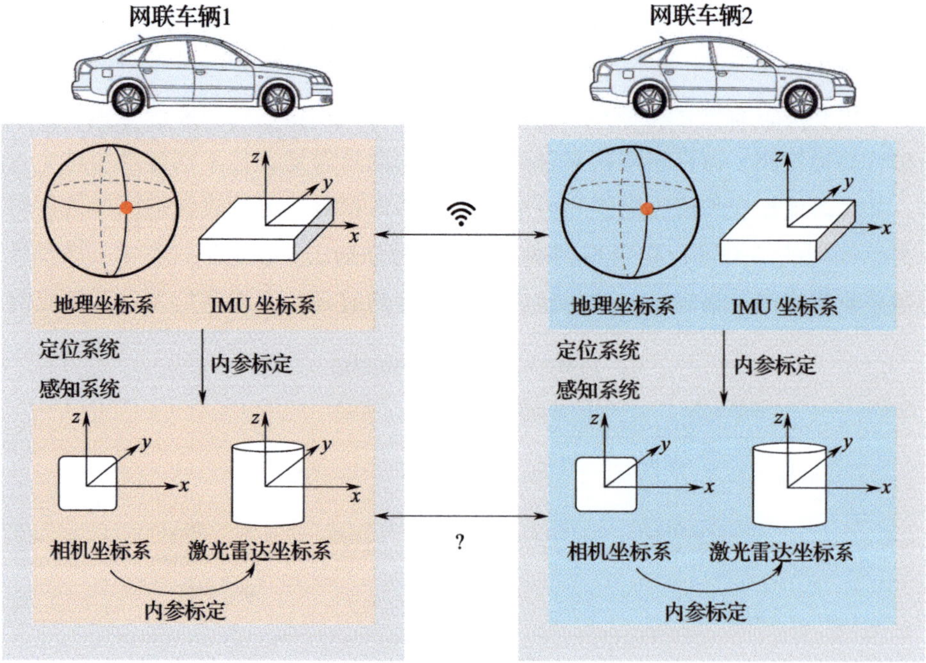

图 3-13　协同感知中的坐标系及其转换关系

标定完成的[303-305]，标定完成后传感器彼此之间的相对位姿是固定的，因此车辆运行时仅需根据微小扰动的估计值进行在线微调[306-307]。在协同过程中，车辆之间的坐标变换关系通常是指激光雷达坐标系之间的坐标变换矩阵，即外参矩阵，因为接收到的感知结果在此坐标系下可直接与本地感知结果融合。

车辆之间的外参矩阵是无法直接获得的。现有的做法是通过交换车辆的定位系统输出的位姿信息，进而计算出两车之间的相对位姿，并结合定位系统到感知系统的内参矩阵标定值，递推得到感知系统之间的外参矩阵[265-266]。这种方法存在一定的局限性。由于定位系统本身的测量误差以及内参标定过程中可能存在的偏差，计算得到的外参矩阵往往不够准确，这一点在现有研究中经常被忽视[270]。许多研究假设在协同感知过程中不存在定位和姿态误差，同时假设从定位系统到感知系统的内参标定是完全准确的，并在此基础上开发相关算法。这种假设在很大程度上忽略了现实世界中的复杂性和不确定性。出现这一现象的原因和本领域中的数据集紧密相关。目前本领域中的许多数据集都是在仿真环境中生成的，例如 V2XSet[267]、V2X-Sim[308]和 OPV2V[266]等，这些数据集在采集时往往已经排除了定位误差的影响，因此在实际应用中可能无法准确反映真实情况。对于实际环境中采集的数据集，一些研究选择忽略定位误差，如 DAIR-V2X 数据集[289]；而另一些研究则通过后期处理来减少误差的影响，例如 V2V4Real 数据集[296]通过线下点云匹配技术对车间外参进行了重新校准。

当前文献中，直接研究协同感知的空间同步问题的非常少。较早的研究是 2020 年 Uber 和滑铁卢大学等针对特征级融合方法 V2VNet[265]提出的姿态误差校正算法[309]，该方法以多车的感知特征图作为输入，通过神经网络对车间的位姿进行回归式学习，增强了 V2VNet 在位姿误差下的鲁棒性。目标级融合方法中的空间同步方法的代表是 VIPS[310]和 CBM[311]。VIPS 将场景中目标间的关系构建成全连接图，并定义节点和边的特征矢量，最终通过图匹配算法进行目标对齐和相对位姿求解。类似的以图匹配为核心的算法还有 RGM[312]和 GraphPS[313]等。此类方法的优点是图匹配算法理论较为完备，求解方法选择多样[314]。但是，在协同感知的空间同步问题上应用图匹配算法具有一定的困难和局限性。第一，由于需要求解所有目标的对应关系，因此需要使用全连接图，这种图的连接关系复杂，其匹配问题是 NP 难的组合优化问题，也就是说其全局最优解无法在多项式时间内求得[315]，因此只能通过近似方法进行求解，不可避免地会牺牲精度或求解时间。如 RGM 采用启发式算法进行迭代求解，但求解过程较慢，VIPS 对原问题进行松弛后将其转化为求解相似度矩阵（affinity matrix）特征矢量的问题，求解速度大幅提升，但精度有损失。第二，将现实世界中的目标抽象为图节点后，目标之间的关系通过特征定义编码至节点和边的相似度中，并成为相似度矩阵的一个元素，这个过程对目标之间的原始空间关系进行了抽象，存在一定的信息损失。在进行图匹配问题求解时相似度矩阵中的元素之间相互独立，空间关系进一步丢失，导致此类方法的匹配结果缺乏全局一致性。第三，图匹配类方法对感知误差和非共视目标等现实噪声鲁棒性较差。现实世界中，由于车载感知系统的测量噪声，节点的位置、尺寸和方向等均存在不同程度的感知误差，这对图建模的相似度影响较大。另外，协同感知环境下存在较高比例的非共视目标，即不存在匹配对象的节点，导致相似度矩阵中的信噪比低，进一步提高了图匹配方法的求解难度。针对这些问题，CBM（Context-based Matching）算法利用车辆感知结果间的几何关系构建局部描述子作为目标特征，通过局部几何描述子相似度匹配确定初始关联关系，在此基础上进行全局共识优化得到完整的匹配结果，其性能优于之前的算法。其不足之处在于仍然需要 GNSS/IMU 提供的相对位姿变换作为系统的初值，同时没有考虑时间延迟，限制了其在实际中的应用。

另外，一些研究可间接用于缓解协同感知的空间同步问题。具有代表性的是在数据级融合或目标级融合路线中采用点云配准算法[316]。点云是由大量的点组成的集合，每个点都具有三维坐标信息。点云配准的目的是找到一个变换，将多个点云或者点云与参考点云对齐，使它们在空间中的位置、姿态或者形状尽可能相似。该领域较为成熟，迭代最近邻点（Iterative Closest Point，ICP）[317]、快速点特征直方图（Fast Point Feature Histograms，FPFH）[318]等经典算法在机器人和计算机视觉领域已得到广泛应用。在数据级融合方法中，点云配准算法可直接用于对车辆之间发送的原始点云数据进行对齐，进而对其相对位姿进行修正，实现空间同步[319]。目标级融合中，车辆的感知结果（即三维目标框）可简化为一个点，所有目标则构成一个点集，可采用点云配准算法对点集之间的变换关系进行估计，如文献[320]中即采用了 ICP 作为配准算法。目标级算法相比数据级和特征级算法的信息损失较大，将目标进一步抽象为一个点则加剧了这种损失，因此采用配准算法直接对目标的方法信息密度小，仅在目标较多的情况下较为有效。此外，点云配准算法通常需要提供较好的相对位姿初始值，且容易陷入局部最优，尽管已有一些修正方法被提出（如 Go-ICP[321]、RICP[322]等），但仍属于未完全解决的难题。最后，和图匹配算法一样，在目标级融合中采用的点云配准算法也对感知误差和共视目标比例较为敏感，因此，尽管点云配准算法可用于协同感知领域，但是性能具有局限性。

第 4 章
协同定位

本章首先介绍协作定位技术与车联网定位技术的研究背景，并对协同定位问题进行系统建模，介绍基本的定位指标，并进一步对相对定位的误差线性子空间近似以及性能极限进行理论分析；然后进行协同定位算法设计，提出局部几何结构相对定位与分布式几何结构融合的空间协作相对定位算法，以及基于粒子滤波的空时协作与多源融合动态相对定位算法；最后进行仿真实验与协同平台实测结果的分析，评估所设计算法的性能。

4.1 研究背景

4.1.1 协作定位技术

协作定位是指在移动节点之间进行测量与信息交互，实现节点之间的空时协作与信息共享，从而获取额外的协作信息，以提升定位性能。具体而言，若移动节点之间可以进行与定位相关的相对距离、相对角度与相对速度等参数的测量，那么定位系统就可以获取空间层面的附加信息，实现定位系统的空间协作；若各移动节点可以利用其先前时刻的状态演化过程，那么定位系统就可以结合不同时刻的节点状态以推算当前时刻的定位结果，实现定位系统的时间协作。空间协作与时间协作引入了额外的协作增益，可有效增强定位系统的精度与鲁棒性。在此基础上，还可以考虑允许各移动节点通过无线通信向其他移动节点分享自身的位置、姿态、速度等状态信息，实现定位系统中的信息共享，进一步提升定位性能。

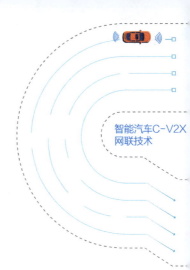

统计推断的理论研究表明，与传统的非协作定位方法相比，协作定位可以实现显著的定位性能增益。在非协作方法中，各移动节点之间缺乏信息交互，相应的费舍尔信息矩阵（Fisher Information Matrix，FIM）结构较为简单，定位

误差理论下界较高，难以发掘多节点网络的定位性能增益；而在协作定位方法中，每组移动节点之间的测量都能对系统整体的定位性能产生贡献，FIM 的结构中包含了各移动节点之间的空间关联信息，相应的定位精度理论极限能够得到较大改善。在此基础上，加入时间协作之后，先前时刻的移动节点状态信息与当前时刻的测量信息相融合，FIM 的结构中引入了不同时刻状态的时间关联信息，进一步提升了定位性能。因此，空间维度与时间维度的协作，能够更充分地利用多个节点、多个时刻的测量信息，更有效地发掘定位性能的潜力。

在理论分析的基础上，现有研究提出了多种协作定位算法，用以实现协作定位的性能增益。基于算法的运行方式，可以将协作定位算法分为两类：集中式定位算法与分布式定位算法。集中式定位算法需要使用中央处理器，收集定位系统的所有测量信息，并在此基础上计算各移动节点的位置。通常，集中式定位算法基于极大似然估计（Maximum Likelihood Estimation，MLE）的方法，即根据移动节点之间测量的统计模型推导似然函数，从而给出节点位置参数的最优估计。然而，在实际场景中，MLE 方法往往涉及非凸优化，其运算复杂度较高，且难以找到全局最优解。为此，可以利用半正定松弛（Semidefinite Relaxation，SDR），将 MLE 问题转换为凸优化问题，并利用半正定规划（Semidefinite Programming，SDP）的通用算法进行高效求解。此外，也可以利用多维尺度变换（Multidimensional Scaling，MDS）算法，通过各移动节点的相对距离测量信息，实现可全局收敛的位置估计。虽然集中式定位算法可以实现较高的定位精度，但是在实际的多节点定位系统中，考虑到各移动节点的通信距离有限，通常难以统一地收集所有节点的测量信息；另外，中央处理器与所有移动节点之间的信息交互也会产生大量的通信开销，从而系统的实时性将受到很大挑战。为此，可以考虑采用分布式定位算法。在分布式定位算法中，各移动节点与相邻的节点组成局部网络，通过与相邻节点的测量与通信，利用 MLE 方法，可以得到局部网络的状态信息估计；随后，各移动节点将自身估计结果发送给相邻节点，并与相邻节点的估计信息进行融合，进而迭代式地得到定位系统全局的状态估计。分布式定位算法仅需要相邻节点之间的测量与通信，其计算与通信开销更低，且具有更强的鲁棒性。

在车联网场景下，协作定位技术利用车辆与车辆之间、车辆与路边设施之间的测量与信息交互，可以与卫星定位等传统定位技术相结合，有效提高位置估计的准确性与实时性；也可以在卫星信号受到遮挡的情况下作为补充，满足定位的连续性与鲁棒性需求。此外，在协作定位技术中，移动节点之间的测量与通信，也为车辆碰撞警告等安全类应用提供了基础。

4.1.2　车联网定位技术

近年来，随着无线通信、自动驾驶、物联网等技术的发展，车联网（Internet of Vehicles）技术受到了广泛的关注。车联网旨在通过无线移动通信、卫星导航、多传感器融合、网联智能控制等先进的通信与信息处理技术，实现车与车之间（Vehicle-to-Vehicle，V2V）、车与路之间（Vehicle-to-Infrastructure，V2I）、车与人之间（Vehicle-to-Pedestrian，V2P）、车与网络之间（Vehicle-to-Network，V2N）的高效通信，从而实现信息融合、环境感知、协同控制等功能，完成对人、车、路与交通基础设施的智能化管理，有助于提高车辆交通的安全性、提升通行效率、降低能源消耗，并提升车辆的智能化水平与自动驾驶能力。在智能交通系统（Intelligent Transportation System，ITS）的数字化、网联化、智能化、自动化趋势下，车联网技术能够实现基础性的信息交互功能，对新型智能交通信息体系的构建具有重要意义。

车联网技术的应用类型主要包括交通安全类、交通效率类、自动驾驶类、信息娱乐类等，包含车辆环境感知与防碰撞、车辆调度与协同驾驶、智能化交通管理、辅助驾驶与无人驾驶等应用场景。在上述场景中，车辆的位置信息是实现应用功能的基本条件之一。因此，高精度、高可靠的定位技术是车联网技术的重要基础。

与其他定位场景相比，车联网中的定位技术面临着较大的挑战。具体而言，车联网场景下，车辆行驶速度较快，导致网络拓扑的动态性较强；无线传播环境复杂，存在较明显的遮挡、多径等环境干扰因素，且环境时变性强；网络的接入与中断频繁，路径时效较短。此外，考虑到车联网面向道路交通的应用场景，其对于定位技术也提出了更高的要求：首先，车联网的诸多应用场景对定位精度的要求达到了亚米级，例如交通安全类应用中的碰撞预警，以及自动驾驶类应用中的车道导航等。在以上应用场景中，定位的精度直接决定了应用的安全性与可靠性。同时，由于车联网应用场景的高时变性，需要确保定位测量与数据处理具有足够的时效性与更新频率，满足协同驾驶等应用场景的需求。此外，车联网定位场景下的无线传播环境复杂，定位信号易受到环境中的建筑、交通、天气等因素的干扰；且参与信息交互的设备数量大、动态性强。因此，车联网中的定位技术应当在复杂、动态场景下具备足够的稳定性与可靠性。

1. 车辆定位的基本技术

在车联网的应用场景下，现有的定位技术包括卫星定位、惯性导航、地图信息匹配、视觉导航、激光雷达以及基于无线射频的定位等。本节将简要介绍各类定位技术的基本原理及优缺点。

全球卫星导航系统（Global Navigation Satellite System，GNSS）是广泛应用的车辆定位方式。GNSS 卫星向地面的车辆发送自身的位置与时钟信息，而车辆端在收到卫星信号后通过估计信号的传播时间来计算车辆与每颗卫星之间的距离，进而求得其经纬度与高度等位置信息。GNSS 的优势在于，其能够在全球范围内全天候地向地面的接收设备提供服务，可以向全球用户给出统一的三维坐标与参考时间，且接收设备易于操作。然而，GNSS 的精度、时延和鲁棒性与车联网场景的应用需求仍有差距。在卫星的时钟偏差、轨道偏差，以及信号在大气层中的传播时间偏差等因素的影响下，GNSS 的定位精度为 10m 左右，尚不能满足车联网中的部分交通安全类和自动驾驶类应用需求。此外，车联网场景中普遍存在的高层建筑、植被、隧道、桥梁等障碍物会导致卫星信号受到遮挡，使得车辆接收到的卫星信号质量下降，乃至无法收到卫星信号，从而进一步降低了定位的精度与实时性。考虑到 GNSS 的上述缺点，通常需要将 GNSS 与其他定位方式相结合，以满足车联网定位的需求。

惯性导航系统（Inertial Navigation System，INS）配备有惯性测量单元（Inertial Measurement Unit，IMU），通过加速度计与陀螺仪测定车辆的加速度与角速度，进而利用积分计算得到车辆的位置、速度与姿态角。惯性导航技术的优势在于其不会受到外界环境因素的干扰，能够普遍适用于车联网的复杂场景，但其往往存在显著的累积误差，定位精度低，难以作为单独的定位手段使用。因此，惯性导航通常作为 GNSS 的补充，在卫星信号受到遮挡期间，根据先前的 GNSS 定位信息推算当前的车辆位置，以提升定位的连续性。

地图信息匹配技术基于电子地图的数据，通过将其他定位手段预测的车辆行驶轨迹与电子地图的道路几何形态进行匹配，推算出符合道路情况的车辆运动轨迹，从而提升定位精度。地图匹配技术通常与 GNSS 和惯性导航等技术相结合，作为辅助手段改善定位性能。

视觉导航技术利用摄像头等视觉传感器，基于采集的图像信息，通过机器视觉等技术识别环境中的障碍物、车道等特征信息，从而估计车辆与环境之间的相对运动信息，可以实现车辆的位置估计与环境的三维建图等功能。视觉导航技术能够采集更丰富的环境信息，在实现较高定位精度的同时也能够达到较好的环境感知效果。然而，视觉信息的计算与传输开销较大，且易受到环境光照与天气条件的影响，其实时性与鲁棒性存在不足。

激光雷达技术通过向周围发射激光，并接收经过障碍物反射后的激光信号，计算激光的飞行时间，从而得到车辆与障碍物之间的距离。激光雷达能够实现厘米级的测距精度，具备目标检测与三维建图等功能，能够根据车辆与环境之间的相对位置变化估计车辆的位置信息，但其易受天气因素的影响，数据处理的计算开销较大，且设备成本较高。

基于无线射频的定位技术通过车辆与锚节点（如基站）之间的无线信号收发，测量接收信号强度（Received Signal Strength Indicator，RSSI）、信号到达时间（Time of Arrival，ToA）、到达时间差（Time Difference of Arrival，TDoA）、到达角度（Angle of Arrival，AoA）等参数，进而实现定位功能。常见的无线射频通信设备为超宽带（Ultra Wide Band，UWB）天线阵列。其中，RSSI 通过接收信号的强度估计信号传播的距离，实现方式较为简单，但定位精度较低；ToA 能够估计信号在收发节点之间的飞行时间，进而估计节点间的距离，其精度更高，但对节点间的时钟同步要求较高；TDoA 通过车辆向多个锚节点发送信号，计算信号到达不同锚节点的时间差，进而联立求解车辆的位置，其定位精度更高，且不再需要车辆与锚节点的时钟同步，但其需要的锚节点数量更多，且锚节点之间仍需进行同步；AoA 通过节点之间的角度信息，利用三角测量法计算车辆的位置，能够在不需要时钟同步的情况下实现较高的定位精度，但到达角度的测量需要多天线阵列，硬件需求更高，且在多径效应的干扰下误差较大。另外，由于车联网场景下的无线传播环境较为复杂，基于无线射频的定位技术面临着遮挡、非视距传播、无线干扰等环境因素造成的不利影响。

总之，上述定位技术具有各自的优势与局限性，通常难以使用单一的定位手段满足车联网定位的应用需求。因此，在实际场景中，需要对多种定位技术进行组合，以克服单一定位手段的缺点。此外，协作定位技术的引入同样有助于定位性能的进一步提升。车辆定位基本技术概览见表 4－1。

表 4－1　车辆定位基本技术概览

定位方式	优点	缺点	定位精度
GNSS	全球范围、全天候工作，简便易行	城市环境下卫星信号易受遮挡	较高
惯性导航	不受环境因素干扰	累积误差大	中
视觉导航	获取信息丰富，环境感知效果好	计算负担大，易受环境干扰	较高

（续）

定位方式	优点	缺点	定位精度
激光雷达	对环境的三维感知较为准确	成本较高，易受环境干扰	高
RSSI	简便易行	定位精度差	低
ToA	数据测量较为简单	对时钟同步要求高	较高
TDoA	对时钟同步的要求降低	定位精度受网络拓扑影响	高
AoA	无需时钟同步	需使用天线阵列，受多径影响大	较高

2. 车联网中的协作定位技术

在车联网中，协作定位技术能够作为卫星定位与无线射频定位的增强手段，有效提升车联网定位的精度、实时性与鲁棒性。通过协作定位技术，作为移动节点的车辆之间可进行测量与信息交互，增加了车辆的信息来源，既能提升位置估计的准确性，又能在部分定位信号受到遮挡的情况下实现连续、鲁棒的定位功能，同时为碰撞预警、协同驾驶等应用场景提供可靠的相对位置信息，有助于车联网应用场景的进一步拓展。具体而言，车联网协作定位技术可分为基于 GNSS 的传统协作定位技术与基于车载自组织网络（Vehicular Ad hoc Network，VANET）的协作定位技术。

基于 GNSS 的传统协作定位技术通过节点之间的信息交互来提升 GNSS 的定位性能，包括差分 GPS（DGPS）、实时动态 GPS（RTK-GPS）、辅助 GPS（AGPS）、基于卫星的增强系统（SBAS）和基于地面的增强系统（GBAS）等。其中，DGPS 通过将一定范围内的常见 GPS 定位误差广播给用户，从而实现用户端的定位误差校准，提高定位精度；RTK-GPS 通过实时比对用户与参考节点之间的卫星信号载波相位，实现对用户位置估计的修正，可以实现厘米级的定位精度；AGPS 基于移动网络的辅助，可以在 GPS 信号较弱时为用户缩短卫星信号的获取时间，并达到 GPS 信号良好时的定位效果；SBAS 和 GBAS 则分别利用地球同步卫星和地面参考站，将 GPS 的差分校正信息发送给用户，实现类似于 DGPS 的定位校准效果。尽管传统协作定位技术能够有效提升 GNSS 的定位性能，但其仍然难以克服车联网中车辆动态性强、卫星信号易受遮挡、无线传播环境复杂等问题，在实际应用场景下的定位效果仍有不足。

VANET 是移动自组织网络（Mobile Ad-hoc Network，MANET）在车联网场景下的特例，可以在多用户、高动态、高随机性的车联网场景中实现车辆与车辆、车辆与基础设施之间的无线通信，如图 4-1 所示。因此，VANET 技术可以用于在车辆之间共享位置、速度等定位信息，从而实现协作定位。VANET 框架下的车载无线通信技术包括基于 IEEE 802.11p 标准的专用短程通信（Dedicated Short Range Communications，DSRC）与基于蜂窝网络和 5G 技术的蜂窝车联网（Cellular Vehicle to Everything，C-V2X）等，前者可以实现 V2V、V2I 的短距离直通通信，而后者结合了蜂窝通信与直通通信两种模式。上述技术面向车联网场景下复杂多变的无线传播环境，可以提供高速率、低延迟、高可靠的车载无线通信，为车联网协作定位提供通信保障。在此基础上，车辆可以利用 VANET 的无线通信设备，基于车辆与车辆、车辆与基础设施之间无线信号传输过程实现测距、测速功能，为定位提供额外的测量信息。随后，车辆结合 GNSS、惯性导航、视觉与激光雷达等其他定位手段采集的数据，将自身的定位测量信息通过 VANET 发送给其他车辆，实现多节点、多传感器的信息融合，进而完成多节点协作的位置估计。总而言之，VANET 技术既能为协作定位中的节点间信息交互提供通信保障，又能为协作定位提供额外的无线测量信息，为车联网协作定位的实现提供了高效可靠的框架。

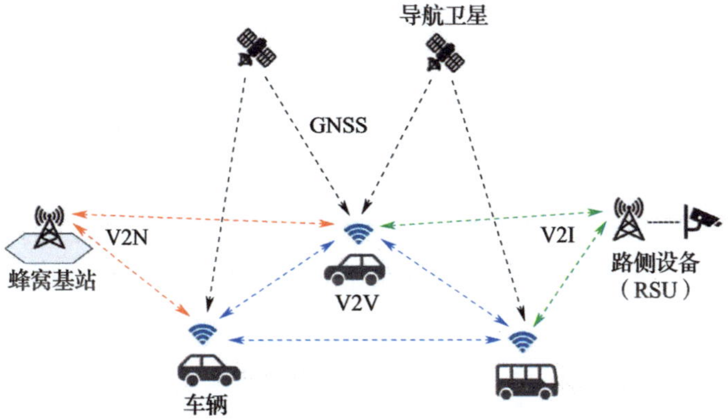

图 4-1　基于 VANET 的协作定位系统示意图

4.2 系统模型

在车联网场景下，车载终端和路侧单元都视为网络中的节点，在通信范围内的节点间可相互通信，并进行 ToA、AoA 等测量。同时，车载单元还可与卫星、基站进行通信与测量。车辆为位置未知的待定位节点，卫星和基站则作为绝对位置已知的锚节点。网络中各车辆通过从邻居节点接收到的信号对自身位置进行估计，并通过广播将自身信息传递给其他车辆，实现节点间的协作。

4.2.1 协同定位系统建模

不失一般性，假设三维空间中的协作网络中有 N_a 个待定位节点（车辆）、N_b 个锚节点（基站、卫星等），相应的节点指标集记为 $\mathcal{N}_a=\{1, 2, \cdots, N_a\}$，$\mathcal{N}_b=\{N_a+1, N_a+2, \cdots, N_a+N_b\}$。当协作网络无绝对位置参考，即无锚节点时，$N_b=0$，$\mathcal{N}_b=\varnothing$。考虑离散时刻 $k=0, 1, 2, \cdots$ 的协作定位问题，节点 n 在时刻 k 的状态量记为

$$\boldsymbol{x}_k^{(n)}=[\boldsymbol{p}_k^{(n)\mathrm{T}}, \boldsymbol{v}_k^{(n)\mathrm{T}}, \boldsymbol{a}_k^{(n)\mathrm{T}}, \boldsymbol{o}_k^{(n)\mathrm{T}}, \boldsymbol{\omega}_k^{(n)\mathrm{T}}]^{\mathrm{T}} \tag{4-1}$$

式中，各项分别为节点的位置 $\boldsymbol{p}_k^{(n)}=[x_k^{(n)}, y_k^{(n)}, z_k^{(n)}]^{\mathrm{T}}$、速度 $\boldsymbol{v}_k^{(n)}=[v_{x,k}^{(n)}, v_{y,k}^{(n)}, v_{z,k}^{(n)}]^{\mathrm{T}}$、加速度 $\boldsymbol{a}_k^{(n)}=[a_{x,k}^{(n)}, a_{y,k}^{(n)}, a_{z,k}^{(n)}]^{\mathrm{T}}$、姿态角 $\boldsymbol{o}_k^{(n)}=[\phi_k^{(n)}, \theta_k^{(n)}, \psi_k^{(n)}]^{\mathrm{T}}$、角速度 $\boldsymbol{\omega}_k^{(n)}=[\omega_{\phi,k}^{(n)}, \omega_{\theta,k}^{(n)}, \omega_{\psi,k}^{(n)}]^{\mathrm{T}}$。其中，$\phi_k^{(n)}$，$\theta_k^{(n)}$，$\psi_k^{(n)}$ 分别表示翻滚角、俯仰角和偏航角。在仅考虑空间协作时，估计目标为待定位网络 $\mathcal{N}_a$ 在各时刻的全局位置与姿态矢量 $\boldsymbol{p}_k=[\boldsymbol{p}_k^{(1)\mathrm{T}}, \boldsymbol{p}_k^{(2)\mathrm{T}}, \cdots, \boldsymbol{p}_k^{(N_a)\mathrm{T}}]^{\mathrm{T}}$，$\boldsymbol{o}_k=[\boldsymbol{o}_k^{(1)\mathrm{T}}, \boldsymbol{o}_k^{(2)\mathrm{T}}, \cdots, \boldsymbol{o}_k^{(N_a)\mathrm{T}}]^{\mathrm{T}}$。

节点 j 到节点 n 的距离、相对方位角与相对俯仰角分别为

$$\begin{aligned} d_k^{(n,j)} &= \|\boldsymbol{p}_k^{(j)}-\boldsymbol{p}_k^{(n)}\|_2 \\ \alpha_k^{(n,j)} &= \mathrm{atan2}(y_{k,\{n\}}^{(j)}, x_{k,\{n\}}^{(j)}) \\ \beta_k^{(n,j)} &= \mathrm{atan2}\left(z_{k,\{n\}}^{(j)}, \sqrt{(x_{k,\{n\}}^{(j)})^2+(y_{k,\{n\}}^{(j)})^2}\right) \end{aligned} \tag{4-2}$$

式中，$\|\cdot\|_2$ 表示矢量的二范数，$\mathrm{atan2}(\cdot, \cdot)\in(-\pi, \pi]$ 表示四象限反正切函数，其中

$$\boldsymbol{p}_{k,\{n\}}^{(j)} \triangleq [x_{k,\{n\}}^{(j)}, y_{k,\{n\}}^{(j,)}, z_{k,\{n\}}^{(j)}]^{\mathrm{T}}=\boldsymbol{R}(\boldsymbol{o}_k^{(n)})^{\mathrm{T}}(\boldsymbol{p}_k^{(j)}-\boldsymbol{p}_k^{(n)}) \tag{4-3}$$

表示在节点 n 的本地坐标系下节点 j 的坐标，$\boldsymbol{R}(\cdot)$ 将姿态角转换为对应旋转矩阵，满足

$$\begin{aligned} \boldsymbol{R}([\phi, \theta, \psi]^{\mathrm{T}}) &= \boldsymbol{R}_Z(\psi)\boldsymbol{R}_Y(\theta)\boldsymbol{R}_X(\phi) \\ &= \begin{bmatrix} \cos\psi & -\sin\psi & 0 \\ \sin\psi & \cos\psi & 0 \\ 0 & 0 & 1 \end{bmatrix} \begin{bmatrix} \cos\theta & 0 & -\sin\theta \\ 0 & 1 & 0 \\ -\sin\theta & 0 & \cos\theta \end{bmatrix} \begin{bmatrix} 1 & 0 & 0 \\ 0 & \cos\phi & -\sin\phi \\ 0 & \sin\phi & \cos\phi \end{bmatrix} \end{aligned} \tag{4-4}$$

节点 n 的邻居节点指标集记为 $\mathcal{N}^{(n)}$。在时刻 k，节点 n 通过超宽带天线阵列信号可进行 ToA、AoA 测量，并通过对信号时间戳与相位的进一步解算得到距离与角度测量：

$$\boldsymbol{z}_{\text{UWB},k}^{(n)}=[\boldsymbol{d}_k^{(n)\text{T}},\ \boldsymbol{\alpha}_k^{(n)\text{T}},\ \boldsymbol{\beta}_k^{(n)\text{T}}]^{\text{T}} \tag{4-5}$$

式中，$\boldsymbol{d}_k^{(n)}=[d_k^{(n,j)}]_{j\in\mathcal{N}(n)}^{\text{T}}$，$\boldsymbol{\alpha}_k^{(n)}=[\alpha_k^{(n,j)}]_{j\in\mathcal{N}(n)}^{\text{T}}$，$\boldsymbol{\beta}_k^{(n)}=[\beta_k^{(n,j)}]_{j\in\mathcal{N}(n)}^{\text{T}}$分别为其在时刻 k 得到的关于所有邻居节点的距离、方位角、俯仰角测量，各项测量噪声均假设服从零均值高斯分布，相应的标准差分别为 $\sigma_d^{(n,j)}$，$\sigma_\alpha^{(n,j)}$，$\sigma_\beta^{(n,j)}$。距离测量会受到时钟同步偏差的影响，通过基于信号复用的网络测距协议（Signal-Multiplexing Network Ranging，SM-NR）可以高效实现较好的时钟同步与测距，此部分不作为本节重点，故建模中不再引入钟偏项。另一方面，测距噪声的方差可认为正比于距离的平方。此外，通过其自身惯性传感器可得到加速度与角速度测量：

$$\boldsymbol{z}_{\text{IMU},k}^{(n)}=[\boldsymbol{a}_{\text{IMU},k}^{(n)\text{T}},\ \boldsymbol{\omega}_{\text{IMU},k}^{(n)\text{T}}]^{\text{T}} \tag{4-6}$$

且与节点状态量间满足

$$\begin{aligned}\boldsymbol{a}_{\text{IMU},k}^{(n)}&=\boldsymbol{R}(\boldsymbol{o}_k^{(n)})^{\text{T}}\boldsymbol{a}_k^{(n)}+\boldsymbol{n}_{\text{a},k}^{(n)}\\ \boldsymbol{\omega}_{\text{IMU},k}^{(n)}&=\boldsymbol{\omega}_k^{(n)}+\boldsymbol{n}_{\boldsymbol{\omega},k}^{(n)}\end{aligned} \tag{4-7}$$

式中，$\boldsymbol{n}_{\text{a},k}^{(n)}\boldsymbol{n}_{\boldsymbol{\omega},k}^{(n)}$为零均值高斯噪声。

4.2.2　定位指标与函数性质

协同定位的目标为对网络的位置进行估计，在存在绝对坐标基准（即存在足够数量的位置已知的锚节点）时，可进行绝对定位，而在缺少绝对位置信息或仅关心网络几何结构关系时，将进行相对定位。下面主要分析单一时刻的网络定位指标，时间下标 k 省略。

绝对定位估计中，待定位网络 $\mathcal{N}_\text{a}$ 的位置估计记为 $\hat{\boldsymbol{p}}=[\hat{\boldsymbol{p}}^{(1)\text{T}},\hat{\boldsymbol{p}}^{(2)\text{T}},\cdots,\hat{\boldsymbol{p}}^{(N_\text{a})\text{T}}]^{\text{T}}$，绝对定位误差和误差矢量定义如下：

$$\begin{aligned}e(\hat{\boldsymbol{p}})&=\|\boldsymbol{p}-\hat{\boldsymbol{p}}\|_2\\ \boldsymbol{\varepsilon}(\hat{\boldsymbol{p}})&=\boldsymbol{p}-\hat{\boldsymbol{p}}\end{aligned} \tag{4-8}$$

与绝对定位不同的是，相对定位的目标是确定节点间的相对位置关系即网络几何形状，因此对整个网络的旋转或平移操作不会改变相对定位性能。图 4-2 所示为网络协同定位中绝对误差与相对误差的示意图。相对定位的估计位置坐标往往基于一定的坐标系选取准则得到，相对误差定义为估计位置坐标经过网络整体的旋转、平移后与真实位置坐标的最小偏差。为此，需要引入等效几何结构的概念。

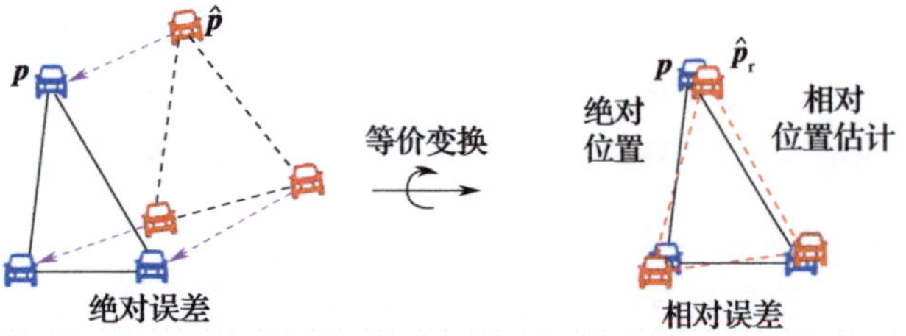

图4-2　绝对误差与相对误差示意图

给定网络位置矢量 $\boldsymbol{p}$，其状态等价类定义为 $\boldsymbol{p}$ 经过旋转、平移变换后构成的等效几何结构集合，变换参数 $\boldsymbol{\Omega}=[\boldsymbol{R},\ \boldsymbol{t}]$，其中 $\boldsymbol{R}\in\mathcal{O}(3)$ 为正交旋转矩阵，$\boldsymbol{t}\in\mathbb{R}^3$ 为平移向量，旋转、平移操作的数学表示为

$$T_{\boldsymbol{\Omega}}(\boldsymbol{p})=(\boldsymbol{I}_{N_a}\otimes\boldsymbol{R})\boldsymbol{p}+\boldsymbol{1}_{N_a}\otimes\boldsymbol{t} \tag{4-9}$$

则网络位置矢量 $\boldsymbol{p}$ 的状态等价类为

$$\Gamma(\boldsymbol{p})=\{T_{\boldsymbol{\Omega}}(\boldsymbol{p})\mid\boldsymbol{\Omega}=[\boldsymbol{R},\ \boldsymbol{t}],\ \boldsymbol{R}\in\mathcal{O}(3),\ \boldsymbol{t}\in\mathbb{R}^3\} \tag{4-10}$$

由此，相对定位误差定义为真实位置 $\boldsymbol{p}$ 到估计位置 $\hat{\boldsymbol{p}}$ 所在状态等价类的最小欧氏距离，即

$$e_r(\hat{\boldsymbol{p}})=\min_{\boldsymbol{\Omega}}\|\boldsymbol{p}-T_{\boldsymbol{\Omega}}(\hat{\boldsymbol{p}})\|_2=\|\boldsymbol{p}-\hat{\boldsymbol{p}}_r\|_2 \tag{4-11}$$

式中，$e_r(\hat{\boldsymbol{p}})=\boldsymbol{p}-\hat{\boldsymbol{p}}_r$ 称为相对误差矢量，$\hat{\boldsymbol{p}}_r=T_{\boldsymbol{\Omega}^*}(\hat{\boldsymbol{p}})$ 为经过最优变换

$$\boldsymbol{\Omega}^*=\arg\min_{\boldsymbol{\Omega}}\|\boldsymbol{p}-T_{\boldsymbol{\Omega}}(\hat{\boldsymbol{p}})\|_2 \tag{4-12}$$

得到的相对位置估计。最优变换参数具有解析闭式解，记位置矩阵 $\hat{\boldsymbol{P}}=[\hat{\boldsymbol{p}}^{(1)},\ \hat{\boldsymbol{p}}^{(2)},\ \cdots,\ \hat{\boldsymbol{p}}^{(N_a)}]^{\mathrm{T}}$ 和 $\boldsymbol{P}=[\boldsymbol{p}^{(1)},\ \boldsymbol{p}^{(2)},\ \cdots,\ \boldsymbol{p}^{(N_a)}]^{\mathrm{T}}$，定义质心归零矩阵 $\boldsymbol{L}=\boldsymbol{I}_{N_a}-N_a^{-1}\boldsymbol{1}_{N_a}\boldsymbol{1}_{N_a}^{\mathrm{T}}$，对 $\hat{\boldsymbol{P}}^{\mathrm{T}}\boldsymbol{L}\boldsymbol{P}$ 进行奇异值分解 $\hat{\boldsymbol{P}}^{\mathrm{T}}\boldsymbol{L}\boldsymbol{P}=\boldsymbol{U}_0\boldsymbol{\Lambda}_0\boldsymbol{V}_0^{\mathrm{T}}$，则最优变换参数 $\boldsymbol{\Omega}^*$ 可由下式给出：

$$\boldsymbol{R}^*=\boldsymbol{V}_0\boldsymbol{U}_0^{\mathrm{T}},\ \boldsymbol{t}^*=N_a^{-1}(\boldsymbol{P}^{\mathrm{T}}-\boldsymbol{R}^*\hat{\boldsymbol{P}}_0^{\mathrm{T}})\boldsymbol{1}_{N_a} \tag{4-13}$$

4.3　理论分析

上一节建立了车联网场景下协同定位系统的数学模型，并给出了相对误差的定义。其中，由于最优变换参数 $\boldsymbol{\Omega}^*$ 求解表达式的隐式、非线性特点，给相对误差的分析和优化带来了一定困难。在本节中我们首先对变换参数进行线性近似，推导状态等价类的线性子空间表示，进而得到相对误差的投影近似表达。另外，在现有研究中费舍尔信息矩阵（FIM）广泛用于分析各类估计问题的性能极限，本节也将针对建立的协同定位系统模型，求解费舍尔信息矩阵，并给出克拉美罗下界（Cramér-Rao Lower Bound，CRLB）的表达式。

4.3.1　相对误差的线性子空间近似

在相对误差的定义式（4－11）中，变换参数 $\boldsymbol{\Omega}=[\boldsymbol{R}_{\gamma},\ \boldsymbol{t}]$，其中 $\boldsymbol{R}_{\gamma}=\boldsymbol{R}(\boldsymbol{\gamma})$ 表示依次分别绕 X，Y，Z 轴转过欧拉角 $\boldsymbol{\gamma}=[\Delta\phi,\ \Delta\theta,\ \Delta\psi]^{\mathrm{T}}$ 对应的旋转矩阵，平移矢量 $\boldsymbol{t}=[\Delta x,\ \Delta y,\ \Delta z]^{\mathrm{T}}$，因此变换参数也可记为 $\boldsymbol{\omega}=[\boldsymbol{\gamma}^{\mathrm{T}},\ \boldsymbol{t}^{\mathrm{T}}]^{\mathrm{T}}$，相应等效几何结构记为 $T_{\boldsymbol{\omega}}(\boldsymbol{p})$。当 $\boldsymbol{\gamma}_0=[0,\ 0,\ 0]^{\mathrm{T}}$，$\boldsymbol{t}_0=[0,\ 0,\ 0]^{\mathrm{T}}$ 时对应网络位置不发生改变，记 $\boldsymbol{\omega}_0=[\boldsymbol{\gamma}_0^{\mathrm{T}},\ \boldsymbol{t}_0^{\mathrm{T}}]^{\mathrm{T}}$，满足 $T_{\boldsymbol{\omega}_0}(\boldsymbol{p})=\boldsymbol{p}$。

在更一般的场景中，用 $\boldsymbol{s}$ 代表网络的真实状态参数（包含位置 $\boldsymbol{p}$ 和其他参数），那么相对误差矢量 $\boldsymbol{\varepsilon}_{\mathrm{r}}=\boldsymbol{s}-\hat{\boldsymbol{s}}_{\mathrm{r}}$ 与变换误差矢量 $\boldsymbol{\varepsilon}_{\mathrm{t}}=\hat{\boldsymbol{s}}_{\mathrm{r}}-\hat{\boldsymbol{s}}$ 成正交关系，如图 4－3所示，因此可得绝对误差的正交分解为

$$
\begin{aligned}
\boldsymbol{\varepsilon}&=\boldsymbol{\varepsilon}_{\mathrm{r}}+\boldsymbol{\varepsilon}_{\mathrm{t}}\\
e^2&=e_{\mathrm{r}}^2+e_{\mathrm{t}}^2
\end{aligned}
\tag{4-14}
$$

根据该性质，变换误差矢量可视为绝对误差矢量向状态估计量 $\hat{\boldsymbol{s}}$ 的状态等价类空间 $\boldsymbol{\Gamma}(\hat{\boldsymbol{s}})$ 的投影。在绝对误差较小时，等效变换函数 $T_{\boldsymbol{\omega}}(\cdot)$ 可以用它在 $\hat{\boldsymbol{s}}$ 处的线性切空间来近似，从而得到等效变换函数的线性表达。

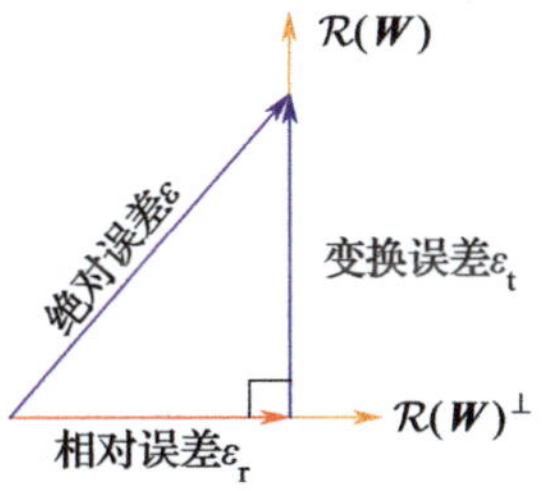

图4－3　绝对定位误差分解示意图

对 $T_{\boldsymbol{\omega}}(\hat{\boldsymbol{s}})$ 在 $\boldsymbol{\omega}=\boldsymbol{\omega}_0$ 处对 $\boldsymbol{\omega}$ 作一阶 Taylor 展开：

$$
T_{\boldsymbol{\omega}}(\hat{\boldsymbol{s}})\approx T_{\boldsymbol{\omega}_0}(\hat{\boldsymbol{s}})+\left.\frac{\partial T_{\boldsymbol{\omega}}(\hat{\boldsymbol{s}})}{\partial\boldsymbol{\omega}^{\mathrm{T}}}\right|_{\boldsymbol{\omega}=\boldsymbol{\omega}_0}(\boldsymbol{\omega}-\boldsymbol{\omega}_0)
\tag{4-15}
$$

在绝对误差足够小，即 $\hat{\boldsymbol{s}}\approx\boldsymbol{s}$ 时，可以进一步对雅可比矩阵 $\boldsymbol{F}_T$ 作如下近似：

$$
\begin{aligned}
\boldsymbol{F}_T&=\left.\frac{\partial T_{\boldsymbol{\omega}}(\hat{\boldsymbol{s}})}{\partial\boldsymbol{\omega}^{\mathrm{T}}}\right|_{\boldsymbol{\omega}=\boldsymbol{\omega}_0}\approx\left.\frac{\partial T_{\boldsymbol{\omega}}(\boldsymbol{s})}{\partial\boldsymbol{\omega}^{\mathrm{T}}}\right|_{\boldsymbol{\omega}=\boldsymbol{\omega}_0}\\
&=\left.\left[\frac{\partial T_{\boldsymbol{\omega}}(\boldsymbol{s})}{\partial\Delta\psi}\ \frac{\partial T_{\boldsymbol{\omega}}(\boldsymbol{s})}{\partial\Delta\theta}\ \frac{\partial T_{\boldsymbol{\omega}}(\boldsymbol{s})}{\partial\Delta\phi}\ \frac{\partial T_{\boldsymbol{\omega}}(\boldsymbol{s})}{\partial\Delta x}\ \frac{\partial T_{\boldsymbol{\omega}}(\boldsymbol{s})}{\partial\Delta y}\ \frac{\partial T_{\boldsymbol{\omega}}(\boldsymbol{s})}{\partial\Delta z}\right]\right|_{\boldsymbol{\omega}=\boldsymbol{\omega}_0}\\
&\triangleq[\boldsymbol{w}_{\psi}\quad\boldsymbol{w}_{\theta}\quad\boldsymbol{w}_{\phi}\quad\boldsymbol{w}_{x}\quad\boldsymbol{w}_{y}\quad\boldsymbol{w}_{z}]
\end{aligned}
\tag{4-16}
$$

对于状态量仅包含位置信息的场景，即 $\boldsymbol{s}=\boldsymbol{p}$，结合式（4－9），雅克比矩阵 $\boldsymbol{F}_T$ 中的角度相关项可化简为

$$\boldsymbol{w}_{\psi}=(\boldsymbol{I}_{N_a}\otimes\boldsymbol{R}_X'(0))\boldsymbol{p},\ \boldsymbol{w}_{\theta}=(\boldsymbol{I}_{N_a}\otimes\boldsymbol{R}_Y'(0))\boldsymbol{p},\ \boldsymbol{w}_{\phi}=(\boldsymbol{I}_{N_a}\otimes\boldsymbol{R}_Z'(0))\boldsymbol{p} \tag{4-17}$$

$\boldsymbol{F}_T$ 中的位移相关项为

$$\boldsymbol{w}_x=\boldsymbol{1}_{N_a}\otimes[1,\ 0,\ 0]^{\mathrm{T}},\ \boldsymbol{w}_y=\boldsymbol{1}_{N_a}\otimes[0,\ 1,\ 0]^{\mathrm{T}},\ \boldsymbol{w}_z=\boldsymbol{1}_{N_a}\otimes[0,\ 0,\ 1]^{\mathrm{T}} \tag{4-18}$$

则等效变换函数 $T_{\boldsymbol{\omega}}(\hat{\boldsymbol{s}})$ 的线性近似形式为

$$T_{\boldsymbol{\omega}}(\hat{\boldsymbol{s}})\approx\hat{\boldsymbol{s}}+\Delta\psi\boldsymbol{w}_{\psi}+\Delta\theta\boldsymbol{w}_{\theta}+\Delta\phi\boldsymbol{w}_{\phi}+\Delta x\boldsymbol{w}_x+\Delta y\boldsymbol{w}_y+\Delta z\boldsymbol{w}_z \tag{4-19}$$

对雅克比矩阵中的各列标准化，可以得到 $T_{\boldsymbol{\omega}}(\hat{\boldsymbol{s}})$ 在 $\hat{\boldsymbol{s}}$ 处的线性切空间的一组基如下：

$$\boldsymbol{W}=[\ \tilde{\boldsymbol{w}}_{\psi}\quad\tilde{\boldsymbol{w}}_{\theta}\quad\tilde{\boldsymbol{w}}_{\phi}\quad\tilde{\boldsymbol{w}}_x\quad\tilde{\boldsymbol{w}}_y\quad\tilde{\boldsymbol{w}}_z\ ]\in\mathbb{R}^{3N_a\times 6} \tag{4-20}$$

其中

$$\tilde{\boldsymbol{w}}_{\kappa}=\frac{\boldsymbol{w}_{\kappa}}{\|\boldsymbol{w}_{\kappa}\|_2},\ \kappa=\psi,\ \theta,\ \phi,\ x,\ y,\ z \tag{4-21}$$

则 $T_{\boldsymbol{\omega}}(\hat{\boldsymbol{s}})$ 的线性近似形式为

$$T_{\boldsymbol{\omega}}(\hat{\boldsymbol{s}})\approx\hat{\boldsymbol{s}}+\boldsymbol{W}\boldsymbol{\varpi} \tag{4-22}$$

其中新的变换参数形式如下：

$$\boldsymbol{\varpi}=\boldsymbol{\omega}\odot[\ \|\boldsymbol{w}_{\psi}\|_2,\ \|\boldsymbol{w}_{\theta}\|_2,\ \|\boldsymbol{w}_{\phi}\|_2,\ \|\boldsymbol{w}_x\|_2,\ \|\boldsymbol{w}_y\|_2,\ \|\boldsymbol{w}_z\|_2]^{\mathrm{T}} \tag{4-23}$$

式中，$\odot$表示哈达玛积。

定理 4.1 （相对误差的线性子空间近似）：变换误差矢量以及相对误差矢量均可由绝对误差的线性变换近似得到，分别满足

$$\tilde{\boldsymbol{\varepsilon}}_{\mathrm{t}}=\boldsymbol{P}_C\tilde{\boldsymbol{\varepsilon}}$$

$$\tilde{\boldsymbol{\varepsilon}}_{\mathrm{r}}=\boldsymbol{P}_N\tilde{\boldsymbol{\varepsilon}} \tag{4-24}$$

式中，$\boldsymbol{P}_C$ 为向 $\boldsymbol{W}$ 的列空间$\mathcal{R}(\boldsymbol{W})$的投影矩阵，$\boldsymbol{P}_N$ 为向 $\boldsymbol{W}$ 的左零空间$\mathcal{R}(\boldsymbol{W})^{\perp}$的投影矩阵。

$$\boldsymbol{P}_C=\boldsymbol{W}(\boldsymbol{W}^{\mathrm{T}}\boldsymbol{W})^{-1}\boldsymbol{W}^{\mathrm{T}}\in\mathbb{R}^{3N_a\times 3N_a}$$

$$\boldsymbol{P}_N=\boldsymbol{I}_{3N_a}-\boldsymbol{P}_C\in\mathbb{R}^{3N_a\times 3N_a} \tag{4-25}$$

相应的变换误差和相对误差的线性近似分别为

$$\tilde{e}_{\mathrm{t}}=\|\tilde{\boldsymbol{\varepsilon}}_{\mathrm{t}}\|_2=\|\boldsymbol{P}_C\boldsymbol{\varepsilon}\|_2$$

$$\tilde{e}_{\mathrm{r}}=\|\tilde{\boldsymbol{\varepsilon}}_{\mathrm{r}}\|_2=\|\boldsymbol{P}_N\boldsymbol{\varepsilon}\|_2 \tag{4-26}$$

图 4－4 展示了相对误差线性子空间近似的几何表示。曲面 $\Gamma(\hat{\boldsymbol{s}})$表示 $\hat{\boldsymbol{s}}$ 的状态等价类空间，$\mathcal{R}(\boldsymbol{W})$为$\Gamma(\hat{\boldsymbol{s}})$在$\hat{\boldsymbol{s}}$ 处的切空间，$\hat{\boldsymbol{s}}_{\mathrm{r}}$，$\tilde{\boldsymbol{s}}_{\mathrm{r}}$ 分别代表 $\mathbf{s}$ 在两个空间

上的投影，我们用 $\boldsymbol{\varepsilon}$ 向 $\mathcal{R}(\boldsymbol{W})$ 的正交补空间 $\mathcal{R}(\boldsymbol{W})^{\perp}$ 的投影 $\tilde{\boldsymbol{\varepsilon}}_{\mathrm{r}}$ 近似真实相对误差矢量 $\boldsymbol{\varepsilon}_{\mathrm{r}}$，从而避免了变换参数求解过程中的奇异值分解等复杂运算，也有助于后续对复杂相对定位场景进行性能分析。

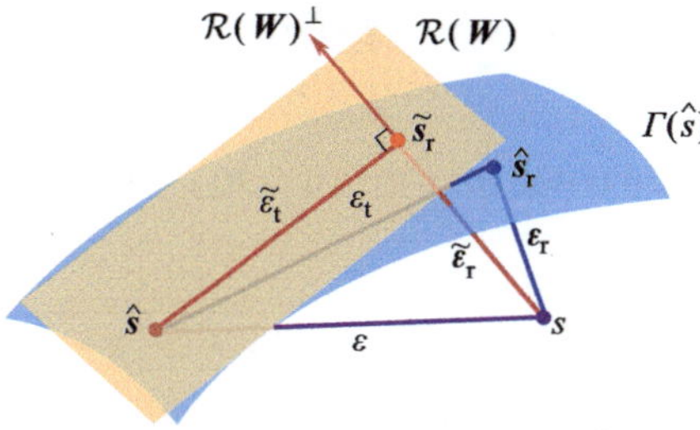

图 4-4　相对误差线性子空间近似的几何表示

4.3.2　相对定位的性能极限

费舍尔信息矩阵和克拉美罗界在定位性能极限的分析中具有重要作用，下面将引入平方位置误差界(Squared Position Error Bound，SPEB)的概念，用于度量相对定位的性能极限。

在估计问题中，费舍尔信息矩阵衡量了观测数据包含待估计参数信息量的多少，假设待估计参数 $\boldsymbol{p}$ 与观测数据 $\mathbf{z}$ 之间的似然函数为 $f_{\mathbf{z}}(\mathbf{z};\boldsymbol{p})$，则费舍尔信息矩阵的表达式为

$$\boldsymbol{J}(\boldsymbol{p})=\mathbb{E}\left\{-\frac{\partial^{2}\ln f_{\mathbf{z}}(\mathbf{z};\boldsymbol{p})}{\partial\boldsymbol{p}\partial\boldsymbol{p}^{\mathrm{T}}}\right\}\tag{4-27}$$

定理 4.2　（绝对定位的平方位置误差界）：在绝对定位中，对于参数 $\boldsymbol{p}$ 的一个无偏估计 $\hat{\boldsymbol{p}}$，其协方差矩阵满足如下信息不等式：

$$\mathbb{E}\{(\hat{\boldsymbol{p}}-\boldsymbol{p})(\hat{\boldsymbol{p}}-\boldsymbol{p})^{\mathrm{T}}\}\geqslant\boldsymbol{J}^{-1}(\boldsymbol{p})\tag{4-28}$$

对不等式两边矩阵求迹，结合绝对定位误差 $e(\hat{\boldsymbol{p}})=\|\boldsymbol{p}-\hat{\boldsymbol{p}}\|_{2}$，可得

$$\mathbb{E}\{e(\hat{\boldsymbol{p}})^{2}\}\geqslant\mathrm{tr}\{\boldsymbol{J}^{-1}(\boldsymbol{p})\}\tag{4-29}$$

式中，$\mathrm{tr}\{\boldsymbol{J}^{-1}(\boldsymbol{p})\}$ 也被称为平方位置误差界。

在相对定位中，由于无法由观测数据确定网络节点的绝对位置，费舍尔信息矩阵 $\boldsymbol{J}(\boldsymbol{p})$ 不满秩因而不可逆，需要进行约束克拉美罗界分析。可以证明，相对位置估计 $\hat{\boldsymbol{p}}_{\mathrm{r}}$ 满足以下约束条件：

$$\boldsymbol{g}(\hat{\boldsymbol{p}}_{\mathrm{r}})=[\boldsymbol{w}_{\psi}\quad\boldsymbol{w}_{\theta}\quad\boldsymbol{w}_{\phi}\quad\boldsymbol{w}_{x}\quad\boldsymbol{w}_{y}\quad\boldsymbol{w}_{z}]^{\mathrm{T}}\hat{\boldsymbol{p}}_{\mathrm{r}}-[0\quad0\quad0\quad\boldsymbol{w}_{x}\quad\boldsymbol{w}_{y}\quad\boldsymbol{w}_{z}]^{\mathrm{T}}\boldsymbol{p}=\boldsymbol{0}\tag{4-30}$$

约束函数对应的雅可比矩阵为

$$\boldsymbol{F}_g = [\boldsymbol{w}_\psi \quad \boldsymbol{w}_\theta \quad \boldsymbol{w}_\phi \quad \boldsymbol{w}_x \quad \boldsymbol{w}_y \quad \boldsymbol{w}_z]^{\mathrm{T}} \tag{4-31}$$

记 $\boldsymbol{U}(\boldsymbol{p})$ 为以 $\boldsymbol{F}_g$ 零空间的单位正交基为列矢量组成的矩阵，满足 $\boldsymbol{F}_g\boldsymbol{U}(\boldsymbol{p}) = \boldsymbol{0}$，可以推导出相对定位情形下平方位置误差界的表达式。

定理 4.3 （相对定位的平方位置误差界）：在相对定位中，位置参数 $\boldsymbol{p}$ 的一个无偏估计 $\hat{\boldsymbol{p}}_{\mathrm{r}}$ 满足一定的约束条件式（4-30），则其协方差矩阵满足以下信息不等式：

$$\mathbb{E}\{(\hat{\boldsymbol{p}}_{\mathrm{r}} - \boldsymbol{p})(\hat{\boldsymbol{p}}_{\mathrm{r}} - \boldsymbol{p})^{\mathrm{T}}\} \geqslant \boldsymbol{\Sigma}_{\mathrm{r}}(\boldsymbol{p}) \tag{4-32}$$

其中约束克拉美罗界 $\boldsymbol{\Sigma}_{\mathrm{r}}(\boldsymbol{p})$ 有如下形式：

$$\boldsymbol{\Sigma}_{\mathrm{r}}(\boldsymbol{p}) = \boldsymbol{U}(\boldsymbol{p})[\boldsymbol{U}(\boldsymbol{p})^{\mathrm{T}}\boldsymbol{J}(\boldsymbol{p})\boldsymbol{U}(\boldsymbol{p})]^{-1}\boldsymbol{U}(\boldsymbol{p})^{\mathrm{T}} \tag{4-33}$$

它等价于原奇异费舍尔矩阵的 Moore-Penrose 广义逆（即伪逆）：

$$\boldsymbol{\Sigma}_{\mathrm{r}}(p) = \boldsymbol{J}^{\dagger}(\boldsymbol{p}) \tag{4-34}$$

则相对定位误差 $e_{\mathrm{r}}(\hat{\boldsymbol{p}}_{\mathrm{r}}) = \|\boldsymbol{p} - \hat{\boldsymbol{p}}_{\mathrm{r}}\|_2$ 满足

$$\mathbb{E}\{e_{\mathrm{r}}(\hat{\boldsymbol{p}}_{\mathrm{r}})^2\} \geqslant \mathrm{tr}\{\boldsymbol{J}^{\dagger}(\boldsymbol{p})\} \tag{4-35}$$

式中，$\mathrm{tr}\{\boldsymbol{J}^{\dagger}(\boldsymbol{p})\}$ 被称为相对平方位置误差界（Relative Squared Position Error Bound，rSPEB）。

由此，我们得到了相对定位场景下定位性能的度量指标——相对平方位置误差界的形式，可用于指导相对定位算法的设计与优化。

4.4 协同定位算法

现有车联网定位技术常以卫星和基站作为外部基础设施（锚点），在结合车辆间的协作定位后，可有效提升车联网定位的精度、实时性与鲁棒性。考虑到卫星导航因其高度因素导致信号能量较弱，在城市高楼、隧道、峡谷等复杂环境下容易出现信号遮挡甚至拒止，而基站定位则更容易受地理限制以及非视距与多径影响，定位的精度与稳定性也难以得到保障，因此车辆间的空时协作相对定位技术具有研究价值，本节也将重点考虑不依赖于基础设施的相对定位算法。

4.4.1 空间协作相对定位

车联网中通过 UWB 天线阵列等无线通信技术，可得到节点间的距离与角度测量，通过空间协作相对定位，可得到节点网络的几何结构估计。这适用于静态场景的定位，也可为动态场景的定位系统初始化提供初值。当网络规模较大时，由于通信范围与计算资源受限，分布式的相对定位具有重要的实际意义，此时各节点只与周围的邻居进行通信与测量，对邻域的局部几何结构进行估计，此后通过多轮广播的方式与邻居交互局域信息，分布式地进行几何结构融合，从而达到对全局网络结构的估计，如图 4－5 所示。

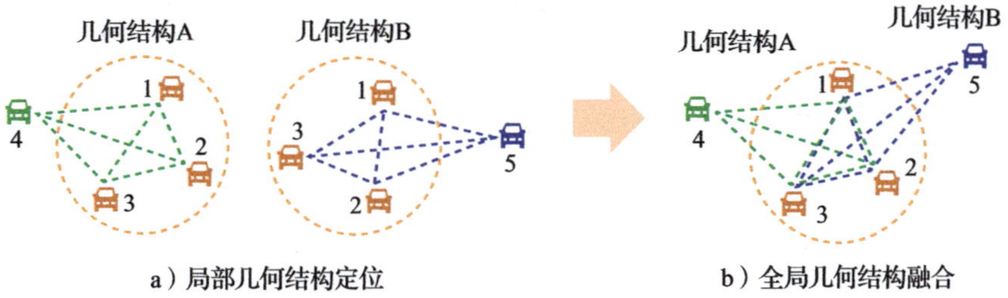

图4－5　空间协作分布式相对定位算法框架示意图

1．局部几何结构相对定位算法

在相对定位中，由于绝对位置参考缺失，传统的基于锚点的定位算法无法直接应用。因此首先对节点网络位置与姿态进行粗解估计，得到初始参考坐标系，然后评估各节点的位姿估计置信度，将可靠节点扩展为虚拟锚点，序贯地对其他节点进行定位，并在后续的定位过程中动态调整虚拟锚点的扩展，以逐渐完善此参考坐标系。为了简化算法描述，下面假设网络中各节点的翻滚角 ϕ 和俯仰角 θ 初值为0，即节点姿态只估计偏航角 ψ。

首先根据距离与角度测量，利用几何关系确定初始参考坐标系。若给定任意一点 n 的位姿 $\hat{\boldsymbol{p}}^{(n)}=[\hat{\boldsymbol{x}}^{(n)},\hat{\boldsymbol{y}}^{(n)},\hat{\boldsymbol{z}}^{(n)}]^{\mathrm{T}}$，$\hat{\boldsymbol{\psi}}^{(n)}$，对于节点 j，根据距离测量 $d^{(n,j)}$ 与角度测量$[\boldsymbol{\alpha}^{(n,j)},\boldsymbol{\alpha}^{(j,n)},\boldsymbol{\beta}^{(n,j)}]$，由几何关系易得节点 j 的位姿为

$$\hat{\boldsymbol{p}}^{(j)}=\hat{\boldsymbol{p}}^{(n)}+\hat{d}^{(n,j)}\begin{bmatrix}\cos(\boldsymbol{\beta}^{(n,j)})\cos(\alpha^{(n,j)}+\hat{\psi}^{(n)})\\ \cos(\boldsymbol{\beta}^{(n,j)})\sin(\alpha^{(n,j)}+\hat{\psi}^{(n)})\\ \sin(\boldsymbol{\beta}^{(n,j)})\end{bmatrix},\ \hat{\psi}^{(j)}=\hat{\psi}^{(n)}+(\alpha^{(n,j)}-\alpha^{(j,n)})+\pi \tag{4-36}$$

因此，将节点的指标集元素按各节点的邻居节点数从高到低重新排列，得到有序指标列表$\boldsymbol{\mathcal{L}}$，选取列表$\boldsymbol{\mathcal{L}}$中的第一个节点（即邻居数最多的节点），设其位置为原点$[0,0,0]^{\mathrm{T}}$，且偏航角为0(即 X 轴正方向)，对于其邻居节点，根据式（4－36）分别进行位姿估计的初始化。若此操作后仍有节点未得到初始位

姿估计，则依次选择$\mathcal{L}$中的下一个已有位姿估计的节点，对其邻居节点进行初始化，直至整个网络均得到位姿初值。由此确定了与方位角、俯仰角观测约束一致的初始参考系。

然后通过虚拟锚点动态扩展进行迭代估计。为了评估一个节点的位姿估计是否可靠，即是否适合扩展为虚拟锚点用于剩余节点的定位，可评估其定位置信度η_n：

$$\eta_n=\sum_{j\in\mathcal{N}^{(n)}}\frac{\eta_j}{\sum_{k\in\mathcal{N}^{(n)}}\eta_k}\left(1-\frac{\delta d^{(n,j)}}{d^{(n,j)}}\right)\left(1-\frac{\delta\alpha^{(n,j)}}{2\pi}\right)\left(1-\frac{\delta\beta^{(n,j)}}{2\pi}\right)\tag{4-37}$$

式中，$\eta_j(j\in\mathcal{N}^{(n)})$为其邻居节点的定位置信度，各残差项为

$$\begin{aligned}\delta d^{(n,j)}&=\left|\,\|\hat{\boldsymbol{p}}^{(j)}-\hat{\boldsymbol{p}}^{(n)}\|_2-d^{(n,j)}\right|\\ \delta\alpha^{(n,j)}&=\left|\operatorname{atan2}(\hat{y}^{(j)}-\hat{y}^{(n)},\hat{x}^{(j)}-\hat{x}^{(n)})-\hat{\psi}^{(n)}-\alpha^{(n,j)}\right|\\ \delta\beta^{(n,j)}&=\left|\operatorname{atan2}\left(\hat{z}^{(j)}-\hat{z}^{(n)},\sqrt{(\hat{x}^{(j)}-\hat{x}^{(n)})^2+(\hat{y}^{(j)}-\hat{y}^{(n)})^2}\right)-\beta^{(n,j)}\right|\end{aligned}\tag{4-38}$$

设置置信度阈值η_{th}，若$\eta_n\geqslant\eta_{\mathrm{th}}$则认为该节点的位置估计足够可靠，可将其设为虚拟锚点，反之则将其视为普通节点。在序贯的定位过程中，仅允许虚拟锚点参与它们的邻居节点的定位过程和状态更新过程。对于初始参考系中的各节点，初始化定位置信度时加权系数取为 1。

在后续定位过程中，重复遍历列表$\mathcal{L}$若干轮，每轮中遍历选取列表中的各节点依次定位，对于每个选中的待定位节点，将其邻居虚拟锚点的位姿视为已知信息，根据相关测量值使用加权最小二乘进行自定位，并更新其定位置信度，同时判断其是否能被扩展为虚拟锚点。不失一般性，以待定位节点n为例，为使算法描述简便，记其邻居虚拟锚点数为N，将对应指标集整理并重新标号为$\mathcal{N}_{\mathrm{a}}^{(n)}=\{1,2,\cdots,N\}$，各虚拟锚点在前序估计中得到的位姿记为$(\hat{\boldsymbol{p}}_{\mathrm{a}}^{(j)},\hat{\psi}_{\mathrm{a}}^{(j)})(j\in\mathcal{N}_{\mathrm{a}}^{(n)})$，它们和待定位节点的距离和测量记为$(d_{\mathrm{a}}^{(j)},\alpha_{\mathrm{a}}^{(j)},\beta_{\mathrm{a}}^{(j)})(j\in\mathcal{N}_{\mathrm{a}}^{(n)})$。为了便于线性化表达，设节点$n$的待估计位姿为$\boldsymbol{\xi}=[x,y,z,\cos\psi,\sin\psi]^{\mathrm{T}}$，则根据测量模型以及几何关系可得如下线性方程组：

$$\boldsymbol{H}\xi=r\tag{4-39}$$

且可分解为$\boldsymbol{H}=[\boldsymbol{H}_1^{\mathrm{T}},\boldsymbol{H}_2^{\mathrm{T}}]^{\mathrm{T}}$，$\boldsymbol{r}=[\boldsymbol{r}_1^{\mathrm{T}},\boldsymbol{r}_2^{\mathrm{T}}]^{\mathrm{T}}$，其中距离信息主导部分的系数为

$$\boldsymbol{H}_1=2\begin{bmatrix}\hat{\boldsymbol{p}}_{\mathrm{a}}^{(2)\mathrm{T}}-\hat{\boldsymbol{p}}_{\mathrm{a}}^{(1)\mathrm{T}} & 0 & 0\\ \cdots & \cdots & \cdots\\ \hat{\boldsymbol{p}}_{\mathrm{a}}^{(N)\mathrm{T}}-\hat{\boldsymbol{p}}_{\mathrm{a}}^{(1)\mathrm{T}} & 0 & 0\end{bmatrix},\ r_1=(d_{\mathrm{a}}^{(1)2}-\|\hat{\boldsymbol{p}}_{\mathrm{a}}^{(1)}\|_2^2)\mathbf{1}_{N-1}-\begin{bmatrix}d_{\mathrm{a}}^{(2)2}-\|\hat{\boldsymbol{p}}_{\mathrm{a}}^{(2)}\|_2^2\\ \cdots\\ d_{\mathrm{a}}^{(N)2}-\|\hat{\boldsymbol{p}}_{\mathrm{a}}^{(N)}\|_2^2\end{bmatrix}\tag{4-40}$$

角度信息主导部分的系数为 $\boldsymbol{H}_2=[\boldsymbol{H}_2^{(1)\mathrm{T}}, \boldsymbol{H}_2^{(2)\mathrm{T}}, \cdots, \boldsymbol{H}_2^{(N)\mathrm{T}}]^{\mathrm{T}}$，$\boldsymbol{r}_2=[\boldsymbol{r}_2^{(1)\mathrm{T}}, \boldsymbol{r}_2^{(2)\mathrm{T}}, \cdots, \boldsymbol{r}_2^{(N)\mathrm{T}}]^{\mathrm{T}}$，其中

$$\boldsymbol{H}_2^{(j)}=\begin{bmatrix}1 & 0 & 0 & d_{\mathrm{a}}^{(j)}\mathrm{c}\beta_{\mathrm{a}}^{(j)}\mathrm{c}\alpha_{\mathrm{a}}^{(j)} & -d_{\mathrm{a}}^{(j)}\mathrm{c}\beta_{\mathrm{a}}^{(j)}\mathrm{s}\alpha_{\mathrm{a}}^{(j)}\\ 0 & 1 & 0 & d_{\mathrm{a}}^{(j)}\mathrm{c}\beta_{\mathrm{a}}^{(j)}\mathrm{s}\alpha_{\mathrm{a}}^{(j)} & d_{\mathrm{a}}^{(j)}\mathrm{c}\beta_{\mathrm{a}}^{(j)}\mathrm{c}\alpha_{\mathrm{a}}^{(j)}\\ 0 & 0 & 1 & 0 & 0\end{bmatrix},\ \boldsymbol{r}_2^{(j)}=\hat{\boldsymbol{p}}_{\mathrm{a}}^{(j)}-\begin{bmatrix}0\\0\\d_{\mathrm{a}}^{(j)}\mathrm{s}\beta_{\mathrm{a}}^{(j)}\end{bmatrix} \tag{4-41}$$

为表达简洁，三角函数 sin，cos 已简写为 s，c。在实际求解时，以上式中距离与角度相关项使用观测量取代，含有相应噪声，记为 $\tilde{\boldsymbol{H}}$，$\tilde{\boldsymbol{r}}$。考虑测量噪声的异方差性，可采用加权最小二乘对上述方程组进行求解。考虑误差矢量

$$\boldsymbol{\varepsilon}=\tilde{\boldsymbol{r}}-\tilde{\boldsymbol{H}}\boldsymbol{\xi} \tag{4-42}$$

其协方差矩阵记为 $\boldsymbol{\Sigma}=\mathbb{E}\{\boldsymbol{\varepsilon}\boldsymbol{\varepsilon}^{\mathrm{T}}\}$，结合观测模型对上式展开，并舍去高阶小量，整理可得

$$\boldsymbol{\Sigma}=\begin{bmatrix}\boldsymbol{B}_1\boldsymbol{\Lambda}_1\boldsymbol{B}_1^{\mathrm{T}} & \boldsymbol{B}_1\boldsymbol{\Lambda}_3^{\mathrm{T}}\boldsymbol{B}_2^{\mathrm{T}}\\ \boldsymbol{B}_2\boldsymbol{\Lambda}_3\boldsymbol{B}_1^{\mathrm{T}} & \boldsymbol{B}_2\boldsymbol{\Lambda}_2\boldsymbol{B}_2^{\mathrm{T}}\end{bmatrix} \tag{4-43}$$

其中各矩阵为

$$\boldsymbol{B}_1=2[d_{\mathrm{a}}^{(1)}\mathbf{1}_{N-1},\ \mathrm{diag}(d_{\mathrm{a}}^{(2)},\ \cdots,\ d_{\mathrm{a}}^{(N)})],\ \boldsymbol{B}_2=\mathrm{diag}(\boldsymbol{B}_2^{(1)},\ \cdots,\ \boldsymbol{B}_2^{(N)})$$

$$\boldsymbol{B}_2^{(j)}=\begin{bmatrix}-\mathrm{c}\beta_{\mathrm{a}}^{(j)}\mathrm{c}(\alpha_{\mathrm{a}}^{(j)}+\psi) & d_{\mathrm{a}}^{(j)}\mathrm{s}\beta_{\mathrm{a}}^{(j)}\mathrm{c}(\alpha_{\mathrm{a}}^{(j)}+\psi) & d_{\mathrm{a}}^{(j)}\mathrm{c}\beta_{\mathrm{a}}^{(j)}\mathrm{s}(\alpha_{\mathrm{a}}^{(j)}+\psi)\\ -\mathrm{c}\beta_{\mathrm{a}}^{(j)}\mathrm{s}(\alpha_{\mathrm{a}}^{(j)}+\psi) & d_{\mathrm{a}}^{(j)}\mathrm{s}\beta_{\mathrm{a}}^{(j)}\mathrm{s}(\alpha_{\mathrm{a}}^{(j)}+\psi) & d_{\mathrm{a}}^{(j)}\mathrm{c}\beta_{\mathrm{a}}^{(j)}\mathrm{c}(\alpha_{\mathrm{a}}^{(j)}+\psi)\\ -\cos\beta_{\mathrm{a}}^{(j)} & -d_{\mathrm{a}}^{(j)}\cos\beta_{\mathrm{a}}^{(j)} & 0\end{bmatrix} \tag{4-44}$$

$$\boldsymbol{\Lambda}_1=\mathrm{diag}([\boldsymbol{\sigma}_d^{(j)2}]_{j\in\mathbf{N}_{\mathrm{a}}^{(n)}}),\ \boldsymbol{\Lambda}_2=\mathrm{diag}\left(\begin{bmatrix}\sigma_d^{(j)2} & & \\ & \sigma_\alpha^{(j)2} & \\ & & \sigma_\beta^{(j)2}\end{bmatrix}_{j\in\mathcal{N}_{\mathrm{a}}^{n}}\right),$$

$$\boldsymbol{\Lambda}_3=\mathrm{diag}\left(\begin{bmatrix}\sigma_d^{(j)2}\\0\\0\end{bmatrix}_{j\in\mathcal{N}_a^{(n)}}\right) \tag{4-45}$$

其中 diag(·)将元素转化为(块)对角阵。进而可设权重矩阵 $\boldsymbol{W}=\boldsymbol{\Sigma}^{-1}$，得到加权最小二乘解：

$$\hat{\xi}_{\mathrm{WLS}}=(\tilde{\boldsymbol{H}}^{\mathrm{T}}\boldsymbol{W}\tilde{\boldsymbol{H}})^{-1}\tilde{\boldsymbol{H}}^{\mathrm{T}}\boldsymbol{W}\tilde{\boldsymbol{r}} \tag{4-46}$$

在实际计算时，矩阵 $\boldsymbol{B}_2$ 中的参数 ψ 可用上一轮估计值 $\hat{\psi}^{(n)}$ 代替。最终节点 n 的

位姿估计为

$$\hat{\boldsymbol{p}}^{(n)}=[\hat{x}_{\mathrm{WLS}},\hat{y}_{\mathrm{WLS}},\hat{z}_{\mathrm{WLS}}]^{\mathrm{T}},\ \hat{\psi}^{(n)}=\mathrm{atan2}((\sin\hat{\psi})_{\mathrm{WLS}},(\cos\hat{\psi})_{\mathrm{WLS}}) \tag{4-47}$$

在遍历完成一轮迭代定位后，计算全局平均定位置信度 $\bar{\boldsymbol{\eta}}=\sqrt{\sum_{j\in\mathcal{N}}\eta_j^2}$ 并判断其是否收敛。当 $\bar{\eta}$ 收敛或达到最大迭代轮数限制后，即得到最终的网络相对位置估计结果。

注 4-1： 当网络中仅有距离测量，而无角度测量时，以上局部几何结构定位框架仍然适用，加权最小二乘保留距离信息主导的 $\boldsymbol{H}_1\boldsymbol{\xi}=\boldsymbol{r}_1$ 部分，并注意在确立初始参考坐标系的第一轮定位中，无法利用角度信息直接确立节点间两两相对位置，而需要通过选取四个合适的初始节点确立基础的良态初始参考系，并将它们扩展为初始虚拟锚点，然后类似前述迭代方案逐步对剩余节点进行定位，具体细节受限于篇幅不再展开。

注 4-2： 以上方案考虑了实际系统的开销与性能的折中，以高效实现较高精度的相对定位。若不考虑计算复杂度限制，可将上述方案结果作为初值，在最大似然意义下通过梯度下降等优化方法进一步精化结果，即求解最小二乘代价函数下的原始优化问题，相应的代价函数如下：

$$\begin{aligned}f(\boldsymbol{p},\boldsymbol{o})=&\sum_{n\in\mathcal{N}_a}\sum_{j\in\mathcal{N}^{(n)}}(\sigma_d^{(n,j)})^{-2}(\|\boldsymbol{p}^{(j)}-\boldsymbol{p}^{(n)}\|_2-d^{(n,j)})^2+\\&(\sigma_\alpha^{(n,j)})^{-2}(\mathrm{atan2}(y^{(j)}-y^{(n)},x^{(j)}-x^{(n)})-\psi^{(n)}-\alpha^{(n,j)})^2+\\&(\sigma_\beta^{(n,j)})^{-2}(\mathrm{atan2}(z^{(j)}-z^{(n)},\sqrt{(x^{(j)}-x^{(n)})^2+(y^{(j)}-y^{(n)})^2})-\beta^{(n,j)})^2\end{aligned} \tag{4-48}$$

2. 分布式几何结构融合定位算法

在局部几何结构相对定位的基础上，我们进一步考虑分布式定位场景中，由于通信范围与计算资源受限，各节点仅估计自身邻域子网的局部几何结构，需要通过通信交互进一步进行几何结构融合，以获取全局位置估计。

记节点 n 邻域的局部几何结构为 $\boldsymbol{L}^{(n)}=\{\boldsymbol{l}^{(n)},\boldsymbol{M}^{(n)}\}$，其中节点指标集与位置矩阵分别为

$$\boldsymbol{l}^{(n)}=\{l_1,l_2,\cdots,l_{N^{(n)}}\}(=\mathcal{N}^{(n)}\cup\{n\}),\ \boldsymbol{M}^{(n)}=[\boldsymbol{p}^{(l_1)},\boldsymbol{p}^{(l_2)},\cdots,\boldsymbol{p}(l_{N^{(n)}})]^{\mathrm{T}} \tag{4-49}$$

几何结构融合的过程即为逐渐扩充 $\boldsymbol{L}^{(n)}$ 使其最终包含网络全体节点位置估计的过程。在进行测距测角后，各节点依照上一小节方案进行相对定位，得到

邻域的初始局部几何结构估计 $\boldsymbol{L}_0^{(n)}$。然后，各节点将分布式地将局部几何结构逐轮并行进行交互与融合，将第 k 轮节点 n 得到的局部几何结构记为 $\boldsymbol{L}_k^{(n)}$。在每一轮中，各节点将当前自身局部几何结构估计广播给邻居，并从接收到的邻居几何结构中选取最合适的进行融合更新，如此迭代多轮直至各节点均获取全局几何结构估计。对于如何确定每次融合时应选择的邻居几何结构，最为广泛的方案是最多公共节点优先准则，即选取和自身局部几何结构的公共节点数最多的邻居几何结构进行融合，更加精准的方案则需考虑各几何结构的定位置信度以及公共部分的几何状况，进行更加综合的考量，受限于篇幅在此不赘述。

下面介绍几何结构融合过程中“融合”的具体操作。设节点 n 第 k 轮融合后得到的局部几何结构为 $\boldsymbol{L}_k^{(n)}=\{\boldsymbol{I}_l^{(n)},\boldsymbol{M}_k^{(n)}\}$，在第 $k+1$ 轮选择了邻居节点 j 发送来的几何结构 $\boldsymbol{L}_k^{(j)}=\{\boldsymbol{l}_k^{(j)},\ \boldsymbol{M}_k^{(j)}\}$ 进行融合。记两个几何结构中的公共几何结构的位置矩阵分别为 $\boldsymbol{C}_k^{(n)}\in\mathbb{R}^{N_c\times 3}$ 和 $\boldsymbol{C}_k^{(j)}\in\mathbb{R}^{N_c\times 3}$，其中 N_c 为公共节点数，设相应的公共部分真实参数的分布均服从高斯分布，分别为

$$\boldsymbol{X}_k^{(n)}\sim\mathcal{N}(\boldsymbol{C}_k^{(n)},\mathrm{Var}\{\boldsymbol{C}_k^{(n)}\}),\ \boldsymbol{X}_k^{(j)}\sim\mathcal{N}(\boldsymbol{C}_k^{(j)},\ \mathrm{Var}\ \{\boldsymbol{C}_k^{(j)}\})\tag{4-50}$$

其中协方差矩阵 $\mathrm{Var}\{\boldsymbol{C}_k^{(n)}\}$ 和 $\mathrm{Var}\{\boldsymbol{C}_k^{(j)}\}$ 可以分别用由估计量 $\boldsymbol{C}_k^{(n)}$ 和 $\boldsymbol{C}_k^{(j)}$ 计算得到的相对 CRLB 来近似。由此，几何结构融合的过程即为寻找最优变换参数 $\boldsymbol{\Omega}^*=[\boldsymbol{R}^*,\boldsymbol{t}^*]$，使得 $\boldsymbol{C}_k^{(j)}$ 经过相应的等价变换后，得到的几何结构 $\boldsymbol{C}_k^{(j)*}$ 与 $\boldsymbol{C}_k^{(n)}$ 的分布之间的误差达到最小，即

$$e_r(\boldsymbol{C}_k^{(n)},\ \boldsymbol{C}_k^{(j)})=\min_{\boldsymbol{R},\boldsymbol{t}}\mathbb{E}\ \{\ \|(\boldsymbol{C}_k^{(j)}\boldsymbol{R}^{\mathrm{T}}+\boldsymbol{1}_{N_c}\boldsymbol{t}^{\mathrm{T}})-\boldsymbol{C}_k^{(n)}\|_{\mathrm{F}}\}\tag{4-51}$$

该问题的最优变换参数求解与确定性参数下的闭式解形式一致。相应地，$\boldsymbol{M}_k^{(j)}$ 经过该等价变换后得到的几何结构记为 $\boldsymbol{M}_k^{(j)*}$。对于融合后的几何结构，公共部分采用 $\boldsymbol{C}_k^{(n)}$ 与 $\boldsymbol{C}_k^{(j)*}$ 的加权平均：

$$\boldsymbol{C}_{k+1}^{(n)}=\frac{\mathrm{tr}\{\mathrm{Var}\{\boldsymbol{C}_k^{(j)}\}\}\boldsymbol{C}_k^{(n)}+\mathrm{tr}\{\mathrm{Var}\{\boldsymbol{C}_k^{(n)}\}\}\boldsymbol{C}_k^{(j)*}}{\mathrm{tr}\{\mathrm{Var}\{\boldsymbol{C}_k^{(n)}\}\}+\mathrm{tr}\{\mathrm{Var}\{\boldsymbol{C}_k^{(j)}\}\}}\tag{4-52}$$

而非公共部分则直接保留 $\boldsymbol{M}_k^{(n)}$ 与 $\boldsymbol{M}_k^{(j)*}$ 中的相应位置估计值，进而得到 $\boldsymbol{M}_{k+1}^{(n)}$。最终，节点 n 经过第 $k+1$ 轮的融合，局部几何结构的指标集 $\boldsymbol{I}_{l+1}^{(n)}=\boldsymbol{l}_k^{(n)}\cup\boldsymbol{I}_l^{(j)}$ 得到了扩展，获得了局部几何结构估计 $\boldsymbol{L}_{k+1}^{(n)}=\{\boldsymbol{l}_{k+1}^{(n)},\ \boldsymbol{M}_{k+1}^{(n)}\}$。

注 4-3： 当存在卫星或基站等锚点时，由于锚点的位置信息已知，可对上述方案进行一定调整以实现绝对定位。对于局部几何结构相对定位，初始化时将锚点也纳入待定位网络中，在完成第一轮节点位姿初始化后，依照几何结构融合方法将整个网络的位姿估计与锚点子网进行“融合”，得到绝对坐标参考

系下的局部几何结构初始估计。此后进行迭代定位时，始终使用锚点真实位置进行其他节点的定位估计，且始终将锚点的定位置信度设为 1。对于几何结构融合部分，将锚点位置作为融合过程的“不动点”，各节点在迭代融合过程中，若公共几何结构包含锚点，则以锚点真值为基准进行融合。另外，当考虑梯度下降精化时，相应的代价函数形式保持不变，只需增加锚点相关项即可。由此即可将空间协作相对定位方案完整迁移至绝对定位场景。

4.4.2 空时协作与多源融合定位

现有车联网系统往往存在多种不同传感器，除了空间维度的测量外，还能获取时间维度上的观测，因此下面将进一步讨论动态场景的空时协作定位，进行分布式动态相对定位算法的设计，结合粒子滤波（Particle Filtering，PF）与航迹推算（Dead Reckoning，DR）设计基于超宽带（UWB）天线阵列与惯性导航传感器（IMU）的多源信息融合方案，并提出坐标基准动态对齐算法，以实现分布式的空时协作动态相对定位。

首先，网络各节点根据上一小节的方案初始化状态估计。除了位置与姿态角外，剩余状态量（速度、加速度、角速度）在无先验情况下初始化为 0。初始化操作可在短时间内多个连续时间帧重复进行，选取全局平均定位置信度最高的结果作为节点的初始相对位置与状态估计 $\hat{\boldsymbol{x}}_0^{(n)}$。在后续定位过程中，为了实现多源传感器融合，考虑到不同传感器的更新频率不同，一般惯性传感器测量频率高于天线阵列测量频率，因此采用粒子滤波与航迹推算结合的架构实现多源传感器融合，在获得 UWB 观测时利用完整观测（IMU 观测可使用历史最新值）进行粒子滤波估计，而在仅获得 IMU 观测时进行航迹推算。

对于粒子滤波过程，以节点 n 为例，它将维护和更新 N_{p} 个粒子的状态 $\{\boldsymbol{x}_k^{(n,l)}\}_{l=1}^{N_{\mathrm{p}}}$ 和权重 $\{w_k^{(n,l)}\}_{l=1}^{N_{\mathrm{p}}}$。基于节点网络的初始相对位置与状态估计，将 N_{p} 个粒子 $\{\boldsymbol{x}_0^{(n,l)}\}_{k=1}^{N_{\mathrm{p}}}$ 按先验概率 $p(\boldsymbol{x}_0) \sim \mathcal{N}(\hat{\boldsymbol{x}}_0^{(n)}, \boldsymbol{\Sigma}_{\mathrm{s},0}^{(n)})$ 的分布采样，进行初始化，其中 $\hat{\boldsymbol{x}}_0^{(n)}$，$\boldsymbol{\Sigma}_{\mathrm{s},0}^{(n)}$ 分别为节点 n 的初始状态估计以及相应的协方差矩阵。将全部权重系数初始化为 $w_0^{(n,l)} = 1/N_{\mathrm{p}}$，$l = 1, \cdots, N_{\mathrm{p}}$。

为了实现无绝对位置信息情况下的分布式相对定位，考虑各节点进行相对定位的局部参考系基准不同，且会随时间漂移变化，需要对各节点的坐标基准进行动态对齐，实时实现局部参考系的几何基准与平动速度基准的转换与统一。记节点 n 在时刻 k 的本地局部参考系为 $\mathcal{F}_{k,\{n\}}$，在参考系 $\mathcal{F}_{k,\{n\}}$ 下，节点 j 在时刻

k 的位姿状态记为 $\boldsymbol{S}_{k,\{n\}}^{(j)}=[\boldsymbol{p}_{k,\{n\}}^{(j)},\ \boldsymbol{v}_{k,\{n\}}^{(j)},\ \boldsymbol{R}(\boldsymbol{o}_{k,\{n\}}^{(j)})]$，其中下标$\{n\}$表示局部参考系的序号。各节点将使用并维护坐标变换参数表，以实现惯性系之间的状态转化。考虑节点 n 的坐标变换参数表为

$$\boldsymbol{\Theta}_k^{(n)}=[\cdots\boldsymbol{\vartheta}_k^{j\to n}\cdots]_{j\in\mathcal{N}^{(n)}}\tag{4-53}$$

其中从节点 j 向节点 n 的局部参考系的变换参数为

$$\boldsymbol{\vartheta}_k^{j\to n}=[\delta\boldsymbol{p}_k^{j\to n},\ \delta\boldsymbol{v}_k^{j\to n},\ \boldsymbol{R}_k^{j\to n}]\tag{4-54}$$

在初始时刻，节点 j 到节点 n 的变换参数将初始化为

$$\begin{aligned}
\boldsymbol{R}_0^{j\to n}&=\boldsymbol{R}(\boldsymbol{o}_{0,\{n\}}^{(j)})\boldsymbol{R}(\boldsymbol{o}_{0,\{j\}}^{(j)})^{-1}\\
\delta\boldsymbol{p}_0^{j\to n}&=\boldsymbol{p}_{0,\{n\}}^{(j)}-\boldsymbol{R}_0^{jj\to n}\boldsymbol{p}_{0,\{j\}}^{(j)}\\
\delta\boldsymbol{v}_0^{j\to n}&=\boldsymbol{v}_{0,\{n\}}^{(j)}-\boldsymbol{R}_0^{j\to n}\boldsymbol{v}_{0,\{j\}}^{(j)}
\end{aligned}\tag{4-55}$$

此后，节点 n 会接收各邻居在上一时刻的状态估计值，得到分别处于各邻居局部参考系中的位姿状态估计 $\boldsymbol{S}_{k-1,\{j\}}^{(j)}(j\in\mathcal{N}^{(n)})$，以及角度测量值 $\boldsymbol{\alpha}_k^{(j)}$，$\boldsymbol{\beta}_k^{(j)}(j\in\mathcal{N}^{(n)})$。根据 $k-1$ 时刻的坐标变换参数表，可实现局部参考系的基准对齐，基于 k 时刻节点 n 接收到的最新邻居状态估计 $\boldsymbol{x}_{k-1,\{j\}}^{(j)}$，从局部参考系$\mathcal{F}_{k-1,\{j\}}$向局部参考系$\mathcal{F}_{k-1,\{n\}}$进行变换，得到本地局部参考系下的邻居位姿状态：

$$\boldsymbol{S}_{k,\{n\}}^{(j)}=\boldsymbol{\Gamma}_k^{j\to n}(\boldsymbol{x}_{k-1,\{j\}}^{(j)},\ \boldsymbol{\vartheta}_{k-1}^{j\to n})\tag{4-56}$$

式中，$\boldsymbol{\Gamma}_k^{j\to n}(\cdot)$为坐标基准对齐函数。具体地，首先由 $\boldsymbol{x}_{k-1,\{j\}}^{(j)}$ 预测 $\boldsymbol{S}_{k,\{j\}}^{(j)}$，记从 $k-1$ 到 k 时刻的时间间隔为 Δt_{k-1}，则 $\boldsymbol{x}_{k,\{j\}}^{(j)}=\boldsymbol{F}_{k-1}\boldsymbol{x}_{k-1,\{j\}}^{(j)}$，其中状态转移系数矩阵为

$$\boldsymbol{F}_{k-1}=\begin{bmatrix}1 & \Delta t_{k-1} & \frac{1}{2}\Delta t_{k-1}^2 & 0 & 0\\ 0 & 1 & \Delta t_{k-1} & 0 & 0\\ 0 & 0 & 1 & 0 & 0\\ 0 & 0 & 0 & 1 & \Delta t_{k-1}\\ 0 & 0 & 0 & 0 & 1\end{bmatrix}\otimes\boldsymbol{I}_3\tag{4-57}$$

由 $\boldsymbol{x}_{k,\{j\}}^{(j)}$ 可得 $\boldsymbol{S}_{k,\{j\}}^{(j)}$。然后进行旋转矩阵 $\boldsymbol{R}_{k-1}^{j\to n}$相应的旋转，再分别对距离和速度进行 $\delta\boldsymbol{p}_{k-1}^{j\to n}$与 $\delta\boldsymbol{v}_{k-1}^{j\to n}$的平移，即

$$\boldsymbol{S}_{k,\{n\}}^{(j)}=\boldsymbol{R}_{k-1}^{j\to n}\boldsymbol{S}_{k,\{j\}}^{(j)}+[\delta\boldsymbol{p}_{k-1}^{j\to n},\ \delta\boldsymbol{v}_{k-1}^{j\to n},\ \boldsymbol{0}]\tag{4-58}$$

由此在参考系$\mathcal{F}_{k-1,\{n\}}$中得到实现坐标基准对齐后的邻居位姿状态 $\boldsymbol{S}_{\mathcal{N},k}^{(n)}=[\cdots\boldsymbol{S}_{k,\{n\}}^{(j)}\cdots]_{j\in\mathcal{N}^{(n)}}$。至此，节点 n 的信息均转换至其本地参考系下，为简洁表述，后续在无歧义情况下将下标$\{n\}$省略。

由于节点状态量中速度维度缺乏相关的实时观测，仅通过其将来对位置估计的影响来评估该维度的估计置信度具有滞后性，在动态性较高的场景下具有一定性能损失。因此，在原观测量基础上进一步引入“径向相对速度”项，以实现对速度维度更加实时的性能评价。以节点 n 与 j 之间的径向相对速度估计为例，其观测模型为

$$v_{\mathrm{r},k}^{(n,j)}=(\boldsymbol{v}_k^{(j)}-\boldsymbol{v}_k^{(n)})^{\mathrm{T}}\frac{(\boldsymbol{p}_k^{(j)}-\boldsymbol{p}_k^{(n)})}{\|\boldsymbol{p}_k^{(j)}-\boldsymbol{p}_k^{(n)}\|_2}+n_{v_{\mathrm{r}}}^{(n,j)},\ j\in\mathcal{N}^{(n)} \tag{4-59}$$

式中，$n_{v_{\mathrm{r}},k}^{(n,j)}$ 为零均值高斯建模的径向速度噪声。节点 n 将存储一定窗长内的 K_{w} 条距离测量序列 $\boldsymbol{d}_{\mathrm{w},k}^{(n,j)}=[d_{\mathrm{w},k-K_{\mathrm{w}}+1}^{(n,j)},\ \cdots,\ d_{\mathrm{w},k}^{(n,j)}]^{\mathrm{T}}$ 与对应的测量时间戳 $\boldsymbol{t}_{\mathrm{w},k}^{(n,j)}=[t_{\mathrm{w},k-K_{\mathrm{w}}+1}^{(n,j)},\ \cdots,\ t_{\mathrm{w},k}^{(n,j)}]^{\mathrm{T}}$。通过拟合该距离测量序列随时间的变化率，可得径向相对速度的估计。在非高动态场景中，即距离测量的刷新频率相对于节点运动速度足够高时，可采用一阶模型进行拟合，径向相对速度估计为

$$v_{\mathrm{r},k}^{(n,j)}=\boldsymbol{a}_{[1]}(\boldsymbol{L}_{[1]}^{\mathrm{T}}\boldsymbol{L}_{[1]})^{-1}\boldsymbol{L}_{[1]}^{\mathrm{T}}\boldsymbol{d}_{\mathrm{w},k}^{(n,j)} \tag{4-60}$$

式中，$\boldsymbol{a}_{[1]}=[1,\ 0]$，$\boldsymbol{L}_{[1]}=[\boldsymbol{t}_{\mathrm{w},k}^{(n,j)},\ \boldsymbol{1}_{K_{\mathrm{w}}}]$。当距离测量刷新频率较低或节点运动速度较高时，可采用二阶模型进行更精确的拟合，将上式中的系数替换为 $\boldsymbol{a}_{[2]}=[2\boldsymbol{t}_{\mathrm{w},k}^{(n,j)},\ 1,\ 0]$，$\boldsymbol{L}_{[2]}=[\boldsymbol{t}_{\mathrm{w},k}^{(n,j)}\odot\boldsymbol{t}_{\mathrm{w},k}^{(n,j)},\ \boldsymbol{t}_{\mathrm{w},k}^{(n,j)},\ \boldsymbol{1}_{K_{\mathrm{w}}}]$ 即可。在实际实现中，由于 $v_{\mathrm{r},k}^{(n,j)}$ 的展开表达式具有一定递推关系，可高效实现迭代计算。至此，可在滤波的观测方程里引入径向相对速度项 $\boldsymbol{v}_{\mathrm{r},k}^{(n,j)}=[v_{\mathrm{r},k}^{(n,j)}]_{j\in\mathcal{N}^{(n)}}^{\mathrm{T}}$，实现速度维度状态估计置信度的评价，并反映在粒子权重更新中。

下面以节点 n 为例，展示粒子滤波自定位过程。状态转移方程和观测方程如下：

$$\begin{gathered}\boldsymbol{x}_k^{(n)}=\boldsymbol{f}_k(\boldsymbol{x}_{k-1}^{(n)})+\boldsymbol{n}_{\mathrm{s},k}^{(n)}\\ \boldsymbol{z}_k^{(n)}=\boldsymbol{h}_k(\boldsymbol{x}_k^{(n)},\ \boldsymbol{S}_{\mathcal{N},k}^{(n)})+\boldsymbol{n}_{\mathrm{o},k}^{(n)}\end{gathered} \tag{4-61}$$

式中，$\boldsymbol{z}_k^{(n)}=[\boldsymbol{z}_{\mathrm{UWB},k}^{(n)\mathrm{T}},\ \boldsymbol{z}_{\mathrm{IMU},k}^{(n)\mathrm{T}},\ \boldsymbol{v}_{\mathrm{r},k}^{(n)\mathrm{T}}]^{\mathrm{T}}$ 为完整观测量，$\boldsymbol{n}_{\mathrm{s},k}^{(n)}$ 和 $\boldsymbol{n}_{\mathrm{o},k}^{(n)}$ 分别为状态转移噪声和观测噪声，分别建模为零均值高斯噪声，协方差矩阵为 $\boldsymbol{\Sigma}_{\mathrm{s},k}^{(n)}$ 和 $\boldsymbol{\Sigma}_{\mathrm{o},k}^{(n)}$。状态转移方程可由运动模型确定，满足

$$\boldsymbol{f}_k(\boldsymbol{x}_{k-1}^{(n)})=\boldsymbol{F}_{k-1}\boldsymbol{x}_{k-1}^{(n)} \tag{4-62}$$

式中，系数矩阵 $\boldsymbol{F}_{k-1}$ 已在式（4-57）给出。若实际运动模型存在额外约束，如速度方向与姿态角方向一致，则相应调整运动模型的表达即可。观测函数 $\boldsymbol{h}_k$ 根据各传感器的实际观测模型确定，各邻居节点的状态信息采用前述实现局部参考系的基准对齐后的位姿状态量。在粒子滤波过程中，基于 $k-1$ 时刻的粒子

状态$\{\boldsymbol{x}_{k-1}^{(n,l)}\}_{l=1}^{N_\mathrm{p}}$和权重$\{w_{k-1}^{(n,l)}\}_{l=1}^{N_\mathrm{p}}$，依次对第 l 个粒子进行序贯重要性采样，即根据$\mathcal{N}(\boldsymbol{f}_k(\boldsymbol{x}_{k-1}^{(n)}),\ \boldsymbol{\Sigma}_{\mathrm{s},k}^{(n)})$生成采样粒子 $\boldsymbol{x}_k^{(n,l)}$，并将相应粒子权重更新为

$$\tilde{w}_k^{(n,l)} = w_{k-1}^{(n,l)} \exp\left\{ -\frac{1}{2}\boldsymbol{y}_k^{(n,l)\mathrm{T}} (\boldsymbol{\Sigma}_{\mathrm{o},k}^{(n)})^{-1} \boldsymbol{y}_k^{(n,l)} \right\} \tag{4-63}$$

其中残差项为

$$\boldsymbol{y}_k^{(n,l)} = \boldsymbol{h}_k(\boldsymbol{x}_k^{(n,l)},\ \boldsymbol{S}_{\mathcal{N},k-1}^{(n)}) - \boldsymbol{z}_k^{(n)} \tag{4-64}$$

然后对权重$\{\tilde{w}_k^{(n,l)}\}_{l=1}^{N_\mathrm{p}}$进行归一化处理，得到$\{w_k^{(n,l)}\}_{l=1}^{N_\mathrm{p}}$。为了避免权重退化问题，可计算有效粒子数 $N_\mathrm{e} = \left[\sum_{l=1}^{N_\mathrm{p}} (w_k^{(n,l)})^2\right]^{-1}$，当其小于一定阈值时对粒子进行重采样。最终得到更新后的粒子状态$\{\boldsymbol{x}_k^{(n,l)}\}_{l=1}^{N_\mathrm{p}}$和权重$\{w_k^{(n,l)}\}_{l=1}^{N_\mathrm{p}}$，相应的粒子滤波估计结果为

$$\hat{\boldsymbol{x}}_k^{(n,\mathrm{PF})} = \sum_{l=1}^{N_\mathrm{p}} w_k^{(n,l)} \boldsymbol{x}_k^{(n,l)} \tag{4-65}$$

接下来，根据自定位结果修正本地局部参考系下的邻居位姿状态估计，并更新相应的坐标变换参数表。由于变换参数中的旋转项与各邻居节点自身姿态角有关，仅靠节点 n 的角度测量无法修正，因此需要将邻居节点的角度测量信息引入，定义测量项

$$\tilde{\boldsymbol{z}}_k^{(n)} = [\boldsymbol{z}_k^{(n)\mathrm{T}},\ \boldsymbol{\alpha}_{\mathcal{N},k}^{(n)\mathrm{T}},\ \boldsymbol{\beta}_{\mathcal{N},k}^{(n)\mathrm{T}}]^\mathrm{T} \tag{4-66}$$

式中，$\boldsymbol{\alpha}_{\mathcal{N},k}^{(n)} = [\alpha_k^{(j,n)}]_{j\in\mathcal{N}^{(n)}}^\mathrm{T}$，$\boldsymbol{\beta}_{\mathcal{N},k}^{(n)} = [\beta_k^{(j,n)}]_{j\in\mathcal{N}^{(n)}}^\mathrm{T}$ 由邻居广播而来。此时，视节点 n 的状态量 $\hat{\boldsymbol{x}}_k^{(n,\mathrm{PF})}$ 为给定信息，以邻居位姿状态 $\boldsymbol{S}_{\mathcal{N},k}^{(n)}$为待修正项，可通过扩展卡尔曼滤波实现最小均方误差估计。将邻居位姿状态改写为矢量形式 $\boldsymbol{s}_{\mathcal{N},k}^{(n)} = [\cdots \boldsymbol{s}_{k,\{n\}}^{(j)\mathrm{T}} \cdots]_{j\in\mathcal{N}^{(n)}}^\mathrm{T}$，其中 $\boldsymbol{s}_{k,\{n\}}^{(j)} = [\boldsymbol{p}_{k,\{n\}}^{(j)\mathrm{T}},\ \boldsymbol{v}_{k,\{n\}}^{(j)\mathrm{T}},\ \boldsymbol{o}_{k,\{n\}}^{(j)\mathrm{T}}]^\mathrm{T}$ 相应的观测方程为

$$\tilde{\boldsymbol{z}}_k^{(n)} = \tilde{\boldsymbol{h}}_k(\boldsymbol{s}_{\mathcal{N},k}^{(n)},\ \hat{\boldsymbol{x}}_k^{(n,\mathrm{PF})}) + \tilde{\boldsymbol{n}}_{\mathrm{o},k}^{(n)} \tag{4-67}$$

式中，$\tilde{\boldsymbol{n}}_{\mathrm{o},k}^{(n)}$为零均值高斯观测噪声，协方差矩阵为 $\boldsymbol{\Sigma}_{\tilde{z},k}^{(n)}$，观测函数 $\tilde{\boldsymbol{h}}_k$ 的各项由前面已给出的观测模型可得，其线性近似的雅可比矩阵 $\boldsymbol{H}_k^{(n)}$ 满足

$$\boldsymbol{H}_k^{(n)} = \frac{\partial \tilde{\boldsymbol{h}}_k}{\partial \boldsymbol{s}_{\mathcal{N},k}^{(n)\mathrm{T}}} \tag{4-68}$$

测量残差为

$$\tilde{\boldsymbol{y}}_k^{(n)} = \tilde{\boldsymbol{z}}_k^{(n)} - \tilde{\boldsymbol{h}}_k(\boldsymbol{s}_{\mathcal{N},k}^{(n)},\ \hat{\boldsymbol{x}}_k^{(n,\mathrm{PF})}) \tag{4-69}$$

修正系数为

$$\boldsymbol{K}_k^{(n)} = \boldsymbol{\Sigma}_{\mathrm{s}_{\mathcal{N},k}}^{(n)} \boldsymbol{H}_k^{(n)\mathrm{T}} (\boldsymbol{H}_k^{(n)} \boldsymbol{\Sigma}_{\mathrm{s}_{\mathcal{N},k}}^{(n)} \boldsymbol{H}_k^{(n)\mathrm{T}} + \boldsymbol{\Sigma}_{\tilde{z},k}^{(n)})^{-1} \tag{4-70}$$

式中，$\Sigma_{\mathbf{s}_{\mathcal{N},k}}^{(n)}$为邻居位姿状态估计的协方差矩阵，满足 $\Sigma_{\mathbf{s}_{\mathcal{N},k}}^{(n)} = \mathrm{diag}([\Sigma_{\mathrm{s},k}^{(j\to n)}]_{j\in\mathcal{N}^{(n)}})$，其中

$$\Sigma_{\mathrm{s},k}^{(j\to n)} = \left(\frac{\partial \boldsymbol{\Gamma}_k^{(j\to n)}}{\partial \boldsymbol{x}_{k-1,\{j\}}^{(j)\mathrm{T}}}\right)\Sigma_{\mathrm{s},k-1}^{(j)}\left(\frac{\partial \boldsymbol{\Gamma}_k^{(j\to n)}}{\partial \boldsymbol{x}_{k-1,\{j\}}^{(j)\mathrm{T}}}\right)^{\mathrm{T}} \tag{4-71}$$

则邻居位姿状态的修正值为

$$\hat{\boldsymbol{s}}_{\mathcal{N},k}^{(n)} = \boldsymbol{s}_{\mathcal{N},k}^{(n)} + \boldsymbol{K}_k^{(n)}\tilde{\boldsymbol{y}}_k^{(n)} \tag{4-72}$$

从而得到节点 n 邻域内的相对位置与状态估计为

$$\hat{\boldsymbol{M}}_k^{(n,\mathrm{PF})} = \{\hat{\boldsymbol{s}}_{\mathcal{N},k}^{(n)}\ \hat{\boldsymbol{x}}_k^{(n,\mathrm{PF})}\} \tag{4-73}$$

由 $\hat{\boldsymbol{s}}_{\mathcal{N},k}^{(n)}$得 $\hat{\boldsymbol{s}}_{k,\{n\}}^{(j)} = [\hat{\boldsymbol{p}}_{k,\{n\}}^{(j)\mathrm{T}}, \hat{\boldsymbol{v}}_{k,\{n\}}^{(j)}, \hat{\boldsymbol{o}}_{k,\{n\}}^{(j)\mathrm{T}}]^{\mathrm{T}}$，则相应的坐标变换参数可更新为

$$\begin{aligned}\boldsymbol{R}_k^{j\to n} &= \boldsymbol{R}(\hat{\boldsymbol{o}}_{k,\{n\}}^{(j)})\boldsymbol{R}(\hat{\boldsymbol{o}}_{k,\{j\}}^{(j)})^{-1}\\ \delta\boldsymbol{p}_k^{j\to n} &= \hat{\boldsymbol{p}}_{k,\{n\}}^{(j)} - \boldsymbol{R}_k^{j\to n}\boldsymbol{p}_{k,\{j\}}^{(j)}\\ \delta\boldsymbol{v}_k^{j\to n} &= \hat{\boldsymbol{v}}_{k,\{n\}}^{(j)} - \boldsymbol{R}_k^{j\to n}\boldsymbol{v}_{k,\{j\}}^{(j)}\end{aligned} \tag{4-74}$$

该步骤可以不在每次粒子滤波后都进行，可综合考虑系统定位更新频率与计算资源设置合理周期执行，并微调坐标基准对齐与更新函数以匹配相应周期，注意不对邻居位姿状态进行修正时，$\hat{\boldsymbol{M}}_k^{(n,\mathrm{PF})}$ 中采用修正前的邻居位姿状态 $\boldsymbol{s}_{\mathcal{N},k}^{(n)}$即可。最后，各节点将自身邻域的最新状态估计值 $\hat{\boldsymbol{M}}_k^{(n,\mathrm{PF})}$ 以及角度测量值广播给邻居节点。

另一方面，在收集到 IMU 的角速度、加速度测量数据时，可进行航迹推算，得到相对位置估计。首先以 IMU 测量为控制量，更新粒子滤波器的粒子状态。相应的状态转移方程为

$$\boldsymbol{x}_k^{(n)} = \boldsymbol{f}_k^{\mathrm{IMU}}(\boldsymbol{x}_{k-1}^{(n)}, \boldsymbol{z}_{\mathrm{IMU},k}^{(n)}) \tag{4-75}$$

式中，$\boldsymbol{f}_k^{\mathrm{IMU}}$ 与粒子滤波的状态转移函数 $\boldsymbol{f}_k$ 形式一致，仅将表达式中的加速度与角速度状态量使用 IMU 测量值 $\boldsymbol{z}_{\mathrm{IMU},k}^{(n)}$ 替换。对于每个粒子 $\boldsymbol{x}_{k-1}^{(n,l)}$，将其按上式更新，而粒子权重保持不变。然后根据状态转移方程进行节点状态估计的更新，即

$$\hat{\boldsymbol{x}}_k^{(n,\mathrm{DR})} = \boldsymbol{f}_k^{\mathrm{IMU}}(\hat{\boldsymbol{x}}_{k-1}^{(n)}, \boldsymbol{z}_{\mathrm{IMU},k}^{(n)}) \tag{4-76}$$

由此产生的累积误差通过下一次的粒子滤波估计可进行修正。各邻居节点的航迹推算更新为

$$\hat{\boldsymbol{x}}_k^{(j,\mathrm{DR})} = \boldsymbol{f}_k(\hat{\boldsymbol{x}}_{k-1}^{(j)}),\ j\in\mathcal{N}^{(n)} \tag{4-77}$$

式中，$\hat{\boldsymbol{x}}_{k-1}^{(j)}$为上一时刻的邻居状态估计。进而得到相应的邻居位姿状态 $\hat{\boldsymbol{s}}_{\mathcal{N},k}^{(n,\mathrm{DR})}$，则节点 n 邻域内的相对位置与状态估计为

$$\hat{\boldsymbol{M}}_k^{(n,\mathrm{DR})} = \{\hat{\boldsymbol{s}}_{\mathcal{N},k}^{(n,\mathrm{DR})}, \hat{\boldsymbol{x}}_k^{(n,\mathrm{DR})}\} \tag{4-78}$$

至此，各个节点在 UWB 或 IMU 测量更新时，均能输出自身邻域局部几何结构的相对定位结果。若在多跳通信网络中希望获得全局几何结构的估计，则可在

动态相对定位的同时，进行上一小节所设计的分布式几何结构融合即可。

注 4 – 4： 在动态场景中，在节点通信范围内的邻居节点集可能会随时间发生变化，即可能会有节点在中途离开或进入节点 n 的通信范围，上述方案经过调整可以鲁棒地适应邻居节点集合变化不太频繁（一般实际场景确实如此）的情况：对于离开的节点，只需在后续定位中不再使用与更新与其有关的信息和参数即可；对于中途接入的节点 j，由于各时刻邻居节点都会分享其对自身邻域几何结构的估计，故只需寻找与节点 j 所广播的局部几何结构的公共节点最多的邻居几何结构，依几何结构融合部分的式（4 – 51）计算它们之间的坐标转换关系，进而可得节点 j 的参考系与节点 n 的本地参考系间的转换关系，从而可初始化与其对应的坐标基准对齐参数，此后便可按照正常的流程进行定位。

注 4 – 5： 存在卫星或基站等锚点时，上述动态相对定位算法同样可迁移至绝对定位场景，只需在初始化时按照“注 4 – 3”所述进行绝对位置估计的初始化，并在后续动态滤波过程中，在观测模型中引入锚点的绝对位置信息，并在坐标基准对齐时优先考虑对齐锚点的坐标基准。

4.5 实验结果分析

为了分析前述算法的性能，下面将使用 MATLAB 软件对所提各算法进行仿真分析，并在实际协同平台进行实测验证。

4.5.1　空间协作相对定位仿真分析

下面仿真验证 4.4.1 小节所提的空间协作相对定位算法。考虑仅有距离测量和同时有距离和角度测量两种情况，每种情况下分别仿真比较所提算法性能、所提算法精化后的性能以及克拉美罗下界。为了公平比较不同规模网络的定位性能，采用的性能评价指标为标准化的均方根误差，即将几何结构的平方误差或克拉美罗界除以节点数以进行标准化。

对于局部几何结构相对定位算法，仿真区域为 100m × 100m × 40m 的三维空间，所有的节点按均匀分布随机设置，偏航角也在$(-\pi, \pi]$区间内随机初始化，节点间的通信距离设置为 80m。由于时钟同步以及距离角度解算与校准算法不在本章讨论范围内，故直接设置测量噪声为零均值高斯分布，测距噪声标准差为 $\sigma_d = \sigma_{d0} d$，即与距离成正比，比例系数 $\sigma_{d0} = 0.01$，方位角与俯仰角测量噪声

标准差为 $\sigma_\alpha=\sigma_\beta=\pi/60\text{rad}$，默认为无锚点的相对定位情形，待定位节点数默认值为 20。如无特殊说明，本节中使用的默认仿真参数均如上所述。

图 4-6 描述了局部几何结构相对定位场景下待定位节点数对算法性能以及 CRLB 的影响，待定位节点数的变化范围为 10～30。总体上，随着待定位节点数的增多，相对定位性能均逐渐提高，这与直观相符，因为空间范围一定时，节点数的增多意味着节点密度的增大，各个节点的连接状况会更好，邻域内的信息将会更加丰富，从而有利于定位性能的提高。引入角度测量后，算法误差以及 CRLB 均有显著下降，且受节点数变化的影响更小，尤其在节点数较少时，角度测量可以显著提高定位的稳定性，提供亚米级的定位精度。两种测量场景下所提算法经过梯度下降精化后，性能均能较好逼近 CRLB，这意味着所提算法可为实际定位系统设计提供参考意义。

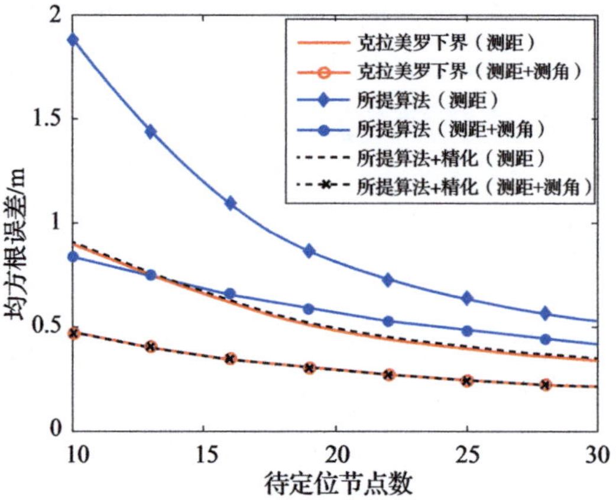

图 4-6　局部几何结构相对定位场景下待定位节点数对性能以及CRLB的影响

值得注意的是，另一种常用的相对定位算法是 MDS 算法，其优势为算法复杂度非常低，但其性能与所提算法相比差距较大，尤其在网络连接状况较差时几乎相差一个数量级，因此未在图中画出；另一方面，基于 SDP 的算法也能较好地给出相对定位结果，但其复杂度远高于所提算法，而所提算法在精化后已能逼近性能界，因此也不再展示其性能。

图 4-7 描述了测距噪声标准差系数 σ_{d0} 对算法性能以及 CRLB 的影响，其变化范围为 0.01～0.05。可以看到，随着测距噪声标准差的线性增大，定位误差也大致呈线性增大趋势，引入角度测量后，定位性能可得到明显提高，且误差受测距噪声变化的影响得以减弱，有利于在测距误差较大时提供更稳定的定位性能。另外，两种测量场景下所提算法在精化后的性能均可达到 CRLB。

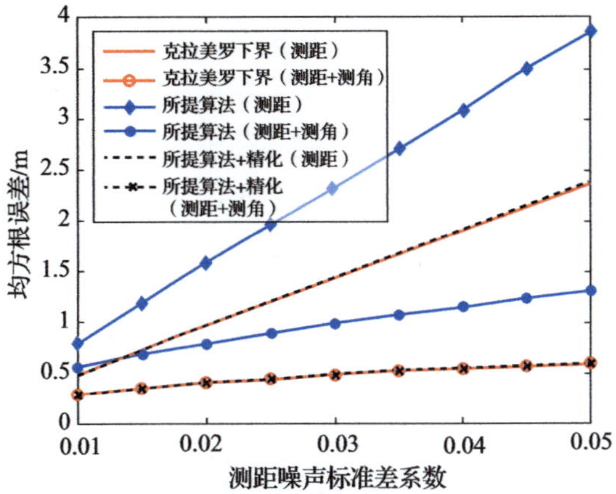

图4-7 局部几何结构相对定位场景下测距噪声标准差系数对性能及CRLB的影响

下面考虑将以上算法扩展至绝对定位的场景，在仿真区域中随机设置位置已知的锚点，系统的绝对定位性能随锚点数的变化如图4-8所示。随着锚点数的增加，系统得到的绝对信息也随之增加，从而绝对定位误差以及绝对CRLB均得到下降。在绝对定位场景下，引入角度测量后定位性能界变化较小，但所提算法可以较好挖掘角度信息所带来的增益，使得算法实际绝对定位性能有明显提高。两种测量场景下所提算法在精化后的绝对定位性能也均可达到CRLB。

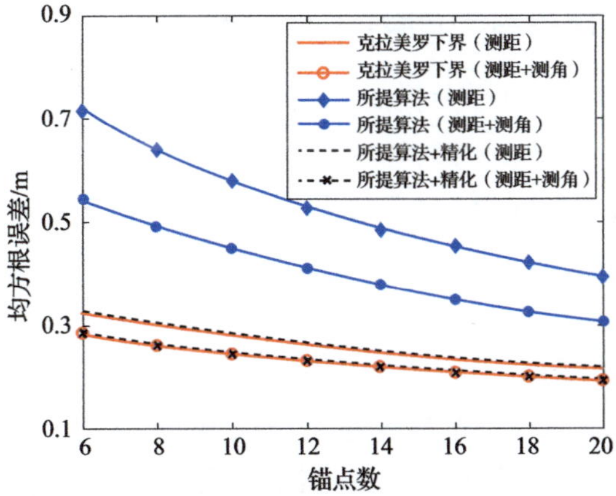

图4-8 绝对定位场景下锚点数对性能的影响

最后，考虑网络内的连接状况较差时，分布式几何结构融合定位算法的性能。考虑更大规模的网络相对定位，仿真区域为500m×500m×40m的三维空间，共有200个待定位节点随机设置位置与偏航角。考虑节点间的通信距离对系统性能的影响，如图4-9所示，通信距离变化范围为80~150m。可以看出，随着通信距离的增大，所提算法的定位误差快速下降，这是因为网络的连接状况得到了改善，各节点能获得更多的通信链路。在引入角度测量的情况下，系统性能受通信距离的影响更小，这是因为三维测距测角即使在最糟糕的两节点定位情况下也能给出相对位置估计，因此在稀疏连接的网络中引入角度测量可带来巨大的性能增益。另外，图中也展示了集中式最大似然估计的结果，验证了 CRLB 的可达性，这说明算法性能差距主要由分布式定位过程所致。

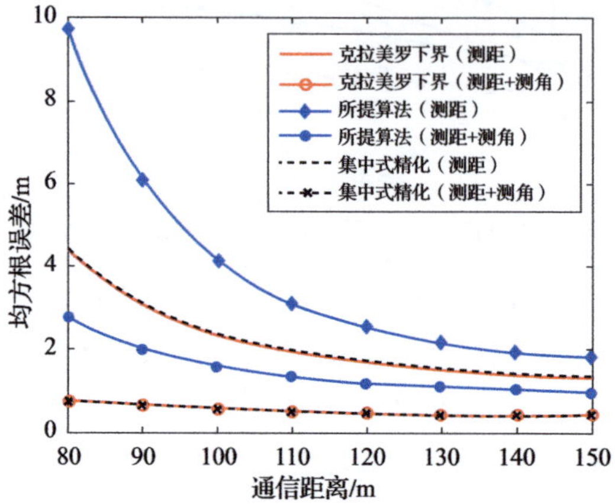

图 4-9　分布式几何结构融合定位场景下通信距离对性能的影响

4.5.2　空时协作与多源融合定位仿真分析

下面仿真验证 4.4.2 小节所提的空时协作与多源融合定位算法。考虑动态相对定位，仿真区域为 300m×300m×100m 的三维空间，包含有三条横向（分布于 $y=50$m，150m，250m 处）与三条纵向（分布于 $x=50$m，150m，250m 处）的道路，如图 4-10 所示，且地势具有起伏变化，高度满足 $z=25[2+\sin(\pi x/100)-\sin(\pi y/100)]$。

考虑两种场景：场景 1 为全连接网络，待定位节点数为 20，节点间通信距离可覆盖整个网络；场景 2 为非全连接网络，待定位节点数设为 40，节点间通信距离设为 200m。各节点在六条道路上随机生成初始状态，之后沿各条道路进行运动，节点运动时加速度将在一定范围内随机变化，绝对速度限制为 $v\in[-10\text{m/s}, 10\text{m/s}]$，绝对加速度限制为 $a\in[-5\text{m/s}^2, 5\text{m/s}^2]$。设 UWB 的更新频率为 20Hz，IMU 的更新频率为 100Hz，各观测噪声标准差分别为 $\sigma_d=0.005d$，$\sigma_\alpha=\sigma_\beta=\pi/60\text{rad}$，$\sigma_a=0.1\text{m/s}^2$，$\sigma_w=\pi/60\text{rad/s}$。设粒子滤波的粒子数为 $N_p=150$，有效粒子数阈值为总粒子数的 50%。另外，由于各节点在分布式场景主要对其邻域局部几何结构进行估计，因此在评价性能时，并不以融合后的全局网络相对误差为指标，而是分别对各节点局部几何结构计算标准化的 RMSE，并对它们取均方根，作为整个网络的平均性能。

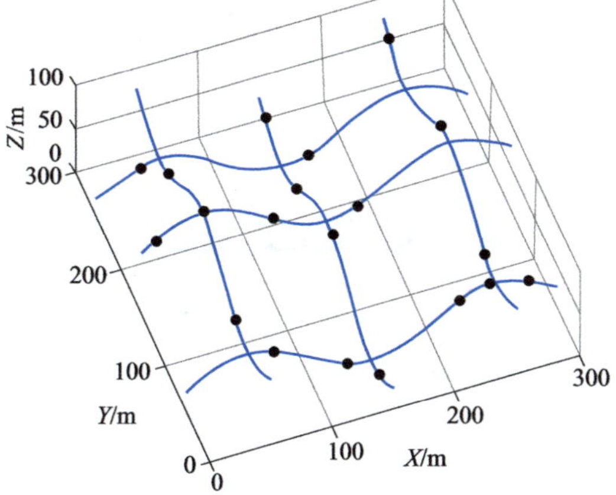

图 4－10　空时协作相对定位场景示意图

图 4－11 描述了两个场景下的相对定位误差随时间的变化。可以看到，初始时由静态相对定位算法得到的相对误差较大，而通过多源信息融合时间协作后，随着时间的演进，定位性能相比初始状态均有一定提升，两个场景下均在 1s 内收敛至稳态，空时协作相比单纯的空间协作带来了 15%～25% 的性能增益。场景 2 虽然节点数更多，但由于通信距离的限制，节点连接状态更差，各节点所能获取的邻域信息更少，故而定位性能反而更差。另外，我们放大了场景 1 在达到稳态后在 1～1.5s 之间的性能曲线细节，可以看到定位误差随时间呈锯齿状变化，最低点对应粒子滤波结果，随着航迹推算的进行，由于累积误差漂移，相对误差逐渐增大，而随着下一次粒子滤波的到来，相对误差将重新被拉回至原来的较低水平，这也体现出空时协作多源信息融合的重要性。

下面进一步考虑绝对定位场景，在原来场景 1 和场景 2 的基础上，增加 8 个位置已知的锚点，使其分布于仿真区域的外围四周。图 4－12 描述了两个场景下绝对定位误差随时间的变化。可以看到总体的变化趋势以及性能关系与相对定位场景基本一致，场景 1 中由于各节点均可获得全部新增的绝对信息，全程的绝对定位性能均略优于相对定位场景，场景 2 则由于通信距离限制，每个节点仅能与平均约 4 个锚点间拥有通信连接，因此初始性能略差于相对定位，但随着时间协作的展开，稳定状态下性能仍略优于相对定位。至此，验证了所提算法在绝对定位场景的可迁移性。

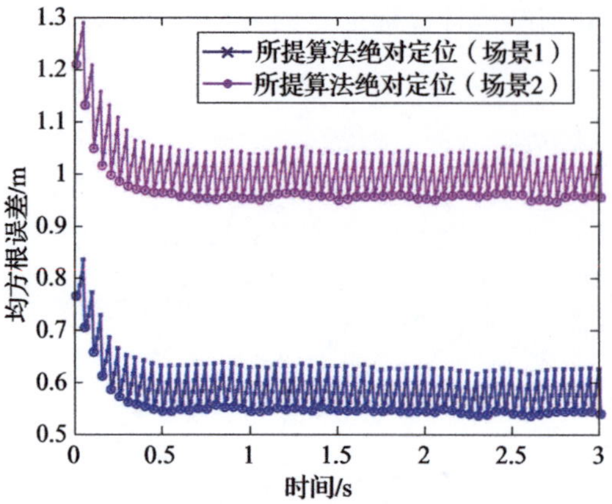

图 4-11　空时协作动态相对定位场景下性能随时间的变化

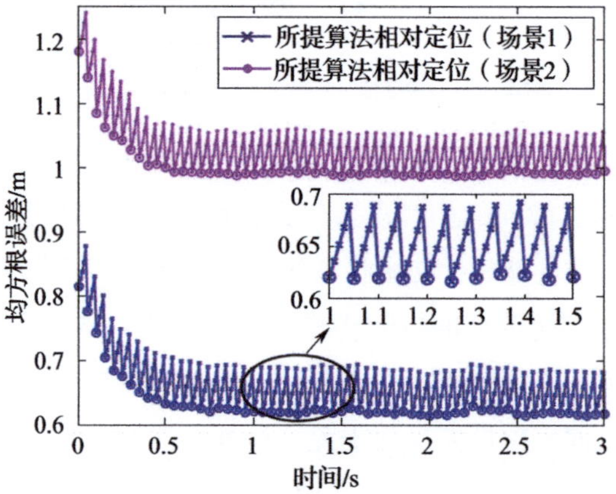

图 4-12　空时协作动态绝对定位场景下性能随时间的变化

4.5.3　协同平台实测结果

为了进一步验证所提定位算法在实际硬件系统的可实现性，下面展示在协同平台进行实验的实测结果。实验运动范围为 25m × 15m × 3m 的三维空间，节点状态的真值由 FZMotion 动作捕捉系统提供。为更好验证三维定位能力，采用地面无人车加空域无人机运动的形式，无人车与无人机上配备有 UWB 天线阵列、IMU 传感器以及用于数据解算的树莓派。如图 4-13 所示，考虑三个场景：场景 1 为 4 辆无人车跟随 1 架无人机作 U 形轨迹运动；场景 2 为 4 辆无人车在四角静止，4 辆无人车在中间区域运动（它们为静默节点，不主动发送 UWB 信号，仅进行被动定位），两架无人机分别作悬停与直线往返运动；场景 3 为 4 辆无人车在双车道进行超车活动。

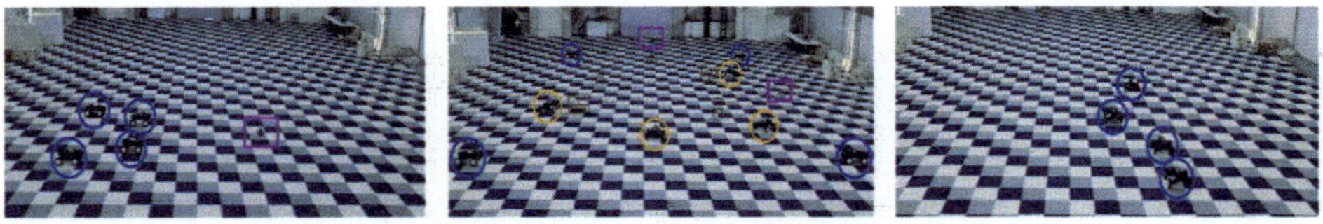

图 4-13　协同平台实测场景图

各场景下的相对定位轨迹如图 4-14 所示，测距、测角以及相对定位误差见表 4-2 所示。可以看到，在场景 1 与 2 的大部分时间以及场景 3 中，各节点运动相对平缓，定位性能最好，误差能维持在 6～10cm 的范围。而当无人机进行高加速度的速度剧变（如急转弯、快速掉头等）时，由于各节点相对状态的快速变化，定位性能在一定程度恶化，因此场景 1 和 2 最终的主动节点平均性能在 15～20cm 范围。对于静默节点，由于缺乏足够的节点间相互协作，最终定位性能比主动节点稍差一些，RMSE 约 30cm。至此，我们通过实测验证了所提空时协作多源融合算法的可实现性，并取得了亚米级至厘米级的定位精度，以及百赫兹级的定位更新频率，为实际车联网系统的应用提供了有效参考。

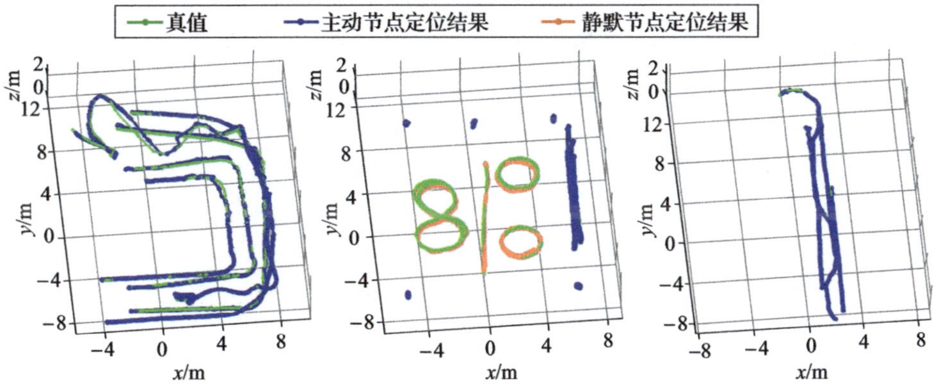

图 4-14　协同平台实测定位结果图

表 4-2　各场景下测距、测角及相对定位误差

RMSE	场景 1	场景 2		场景 3
	主动节点	静默节点	主动节点	主动节点
测距	6.22cm	4.90cm	—	4.26cm
方位角	4.8°	5.7°	6.6°	4.4°
俯仰角	2.5°	4.4°	2.4°	2.5°
相对定位	16.84cm	19.20cm	30.71cm	6.23cm

4.6 本章小结

在本章中，我们研究了网络协同定位技术在车联网中的应用。车联网系统的基本功能依赖于精确的位置信息，为解决传统 GNSS 定位的精度受限与信号遮挡下的鲁棒性问题，可将协同定位方法应用到车联网中，利用车辆之间的通信交互实现高精度鲁棒的网络定位，挖掘系统的空时协作增益。本章概括了车联网中协作定位技术的相关背景，介绍了协作相对定位的基础概念，分析了相对误差的线性子空间近似，并进一步确立了定位性能的理论极限。然后，提出了分布式协同定位算法，基于网络节点间的天线阵列测量，设计了基于局部几何结构定位与分布式几何结构融合的空间协作相对定位算法，并进一步提出融合惯导测量的多源融合动态定位算法，实现基于坐标基准动态对齐的空时协作分布式相对定位。在存在卫星或基站等锚节点的情况下，所设计的相对定位方案经过调整可以迁移至绝对定位场景。最后，将所提算法应用到了车联网仿真场景与系统实测中，实验结果表明，所提算法具有较好的性能与效率，并具有硬件可实现性，可为实际车联网中协作定位系统的设计提供参考。

第 5 章
协同决策与规划

5.1 背景介绍

5.1.1 协同驾驶对车辆安全的意义

当前，安全问题是制约高等级自动驾驶车辆大规模应用的主要原因之一，已成为智能车辆技术与产业发展的重点问题。

自动驾驶车辆的安全问题主要包括功能安全问题、信息安全问题和预期功能安全问题等部分。其中，功能安全问题指由硬件失效或软件崩溃等原因导致的安全风险，而信息安全问题主要是车辆内外部信息通信过程中存在的安全问题。然而，即使软硬件与通信系统均正常运行，车辆某些依赖于内部或外部环境的系统，由于其本身的预期功能或性能限制，在系统不同的工作环境下，可能存在由于系统的预期功能或性能限制引起的潜在危险行为，具体表现为目标感知失效、行为预测误差、自车决策激进等形式，这就是预期功能安全问题。

当前，大多数自动驾驶车辆的决策规划系统都以感知与预测结果作为输入，因此决策规划系统的预期功能安全性对于感知、预测系统的准确性有较高要求。若感知、预测系统产生较大误差，决策规划系统很可能做出不合理决策。为了解决上述问题，一方面可以提高现有感知、预测算法的可靠程度，但此种方式在自动驾驶领域“长尾效应”愈发严重的当下成本高昂。另一方面，可以引入车辆与外部进行通信的技术（V2X 技术或 V2V 技术），通过提供额外的确定性的信息，提高车辆行驶的安全性。

5.1.2 车辆智能网联技术简介

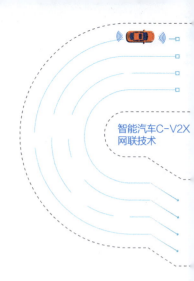

V2X 技术又称车用无线通信技术，V 代表车辆，X 代表道路、人、车等一切可以连接的设备或交通参与者，两方通过 C-V2X、DSRC 等通信技术进行信

息交换。V2V 技术则是 V2X 技术的一个特例，即通信双方都为车辆的 V2X 技术。

根据国际自动机工程师学会（SAE）发布的标准[323]，智能网联汽车可根据传递信息的内容与方式不同分为以下四个级别。

1）状态共享（Status-sharing）：交通参与者共享自身的状态与部分感知结果。

2）意图共享（Intent-sharing）：交通参与者共享自身规划的未来行为。

3）共识寻求（Agreement-seeking）：多个交通参与者寻求达成同一通行目标。

4）系统协作（Prescriptive）：交通参与者执行智慧交通系统分配的通行方式。

如图 5-1 所示，与自动驾驶车辆的经典模块架构相对比，上述智能网联车辆分级可大致看作是网联信息分别对感知、预测、决策、规划模块的赋能。对于能够通信的目标，状态共享和意图共享可直接替代感知、预测模块的相关处理，将感知、预测模块由深度学习模块导致的误差转化为定位系统与通信时延导致的误差，并且赋予车辆超视距感知能力。共识寻求能够在一定范围内将不同车辆间的博弈转化为合作，防止车辆激进决策造成的潜在危险。系统协作则直接从整体的角度优化交通流的效率与安全性，为每个智能网联车辆分配路径，进一步确保运动规划的安全性。

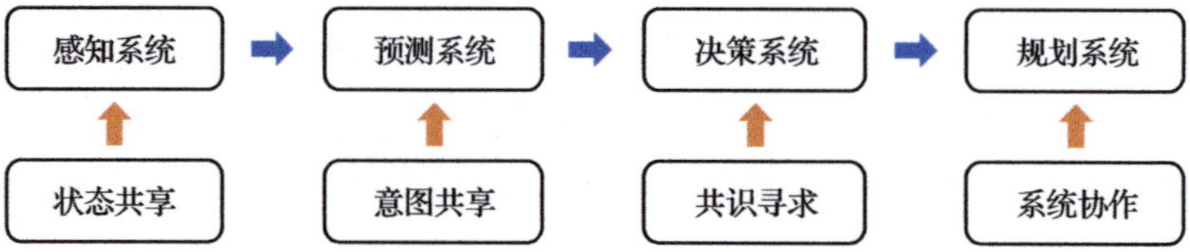

图 5-1 智能网联车辆分级与自动驾驶车辆架构关系

总的来说，将网联技术引入智能车辆，能够为部分仅靠单车难以解决的自动驾驶安全问题带来解决的可能性，对高等级智能车辆的进一步大规模应用有推动的作用。

5.2 信息共享条件下决策规划技术

5.2.1 研究领域简介

在信息共享阶段，可共享的信息大致分为状态与意图两种。状态共享中，状态一般指交通参与者某一时刻在空间中的坐标、速度、加速度等信息，在自动驾驶车辆中此类信息通常由感知模块获取。而意图共享中，意图信息可以有多种形式，如交通参与者规划的未来轨迹、交通参与者未来一段时间的状态范围、交通参与者将要执行的行为等，在自动驾驶车辆中此类信息通常由预测模块获取。对于智能车辆安全，网联信息可避开一部分由深度学习模块造成的潜在安全问题，如车辆识别错误、预测轨迹偏移等，达到优化车辆行驶安全的目的。

从通信功能的角度来说，在信息共享阶段通信模块仅完成状态信息与意图信息的交换，不会参与任何后续决策规划系统的处理，如图 5－2 所示。从直觉认识来说，车辆在具有感知自身状态的能力后，只需要装备通信模块即可满足通信要求，理应是最先实现的智能网联车辆形态。

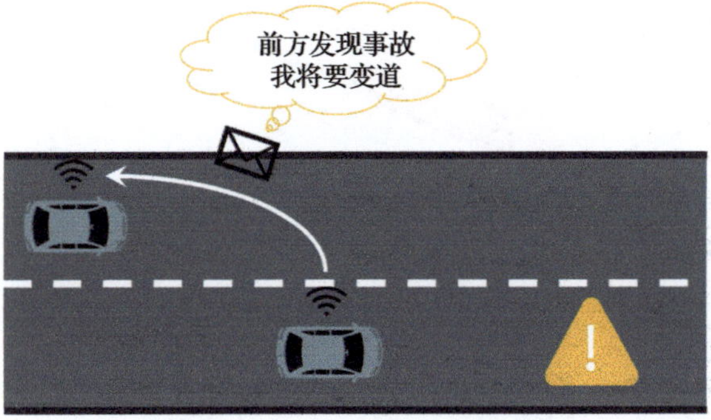

图 5－2　信息共享通信功能示意

从学术研究的角度来说，研究者一方面可以利用网联的额外确定性信息，为智能网联车辆设计新的决策规划方法，提高其安全性与通行效率。另一方面，研究者可以将现有自动驾驶软件流程中针对相关目标的感知与预测模块处理结果直接替换为接收到的网联信息，减少神经网络模块带来的风险与不可解释性，进而评估网联模块的引入为自动驾驶车辆带来的增益。

综上所述，在信息共享阶段，学术研究的主要问题可归纳为：

1）如何利用网联赋予车辆的额外信息。

2）如何评估网联模块在系统中使用带来的收益。

5.2.2　状态共享阶段技术研究现状

学术界很早就对状态共享条件下的智能车辆决策规划方法进行了探索。

在 2013 年，有研究者借鉴可达集的思路开发了一种针对汇入场景的协作式车辆避撞方法[324]，如图 5-3 所示。此方法假设主路与匝道的车辆均沿设定路径行驶，并且在二者交汇处规定了冲突区域，根据两车不能同时出现在冲突区域内这一条件，得到发生冲突的状态空间集合（冲突集 *B*）。之后两车在接收到相互的共享状态的基础上，利用可达集的思路，根据冲突集计算出无法避免冲突的状态集合（捕获集 *C*），进而采取控制措施使得不同道路上的车辆同时远离捕获集，最终完成协作避免碰撞的功能。

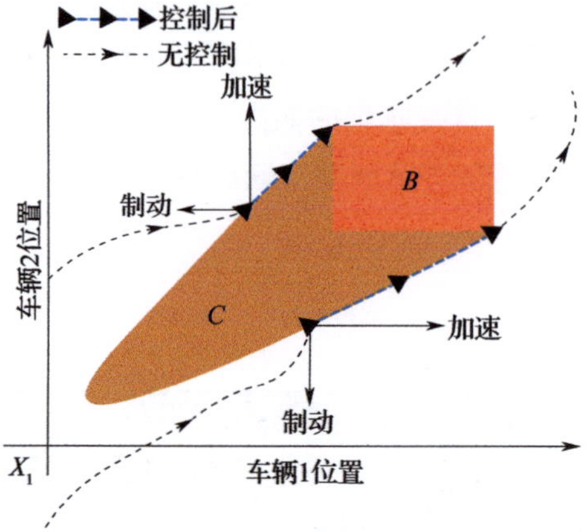

图 5-3　状态共享条件下汇入场景协作避撞方法示意图[324]

早年间，因为车辆的感知能力不强，一些研究者将通信作为获取周围车辆状态的唯一手段，开发了一些决策规划方法。2014 年有研究者针对换道场景，提出了一种换道预警系统[325]。该系统通过车间通信获取周围车辆的相对位置与相对速度，通过对目标车道前后车辆的最小安全距离分析，为自车在换道过程中提供预警信息。2016 年有研究者针对换道场景，设计了一种基于车间通信的换道运动规划方法[326]。由于网联信息的存在，目标车辆的状态可被自车准确获取。在这样的条件下，文中将换道的轨迹规划问题建模为约束优化问题，同时考虑多方面约束，提升智能网联车辆在换道过程中的整体表现。

2020 年有研究者针对汇入场景，进行了基于 V2X 通信的通行冲突分析并提出了汇入决策方法[327]。文中假设主路与匝道的车辆均沿设定路径行驶，将两车同时出现在汇入处的冲突区域内定义为冲突。在状态共享的条件下，文中根据车辆状态分别对两车通过冲突区域的可行时间窗口进行了分析并将二者对比，进而提出了一种能够使自车决策无冲突的通行先后顺序的纵向速度规划方法，提高了决策规划的合理性、安全性。

后来，随着车辆感知能力的增强，有研究者开始将自车的感知结果与通信获得的他车状态结合起来，为自车带来增益。在 2022 年有研究者提出一种结合自车感知与网联信息帮助运动规划的方法[328]。文中提出了一种智能网联车辆软件架构，网联状态信息与自车感知信息通过加权平均相结合，在不同的内外部环境条件下采取差异化的权重，以提高系统在多种条件下的性能表现。

虽然学术界对状态共享条件下的决策规划方法探索起步较早，但是此领域的发展较为缓慢。一个原因是状态信息作为感知系统信息的补充，能够提供的额外信息较少，创新的空间较小。另一个原因是实验条件的限制使得符合实际的感知不可靠的环境难以创造，高校的研究人员很难从实验角度评估状态共享对自动驾驶的增益，因此难以引起更广泛的注意。

5.2.3 意图共享阶段技术研究现状

意图共享的前提条件是车辆能够提取自身的意图，所以只有当自车具有自主决策能力时才有可能进行意图共享。因此，学术界对此条件下的决策规划方法探索开始较晚，近几年才有所发展。

2022 年有研究者针对汇入场景，开发了基于状态与意图共享的通行冲突分析算法，并提出了一种无冲突的汇入决策方法[329]。该团队将意图定义为，智能网联车辆进行规划时自车速度、加速度所处的区间。从本质上来说，此种意图就等同于车辆申请在未来某段时间内占用一部分车道的空间。文中提出，当智能网联车辆需要切换车道时，自车可获取目标车道的目标车辆状态与未来意图，基于此信息计算出不会发生碰撞的纵向状态集合，从而支持汇入决策。此外，文中还评估了意图共享相对于状态共享的提升，发现意图共享能够使自车在汇入过程中做出的决策更加清晰且更加安全。该团队在 2023 年针对换道场景拓展已有的冲突分析方法，扩大了它的使用范围[330]。如图 5-4 所示，文中将目标车辆从一辆车增加到前后共两辆车，并且考虑了通信时延与自车系统时延的问题，利用类似的冲突分析方法对车辆此场景中的决策方法进行了研究，从更多角度评估了意图共享相对于状态共享的增益，并提出了一种纵向速度规划方法，让车辆主动“寻求”换道，以提高换道行为的成功率。

2023 年有研究者提出利用车间通信技术同时进行协同感知与协同规划，以提升轨迹规划的安全性与合理性[331]。该团队将意图定义为自动驾驶车辆规划的路径，利用路口空间的平面代价图或热力图进行信息传递。文中提出，智能网联车辆将规划轨迹发出后，其他车辆将收到的路径与协同感知结果相结合，形成路口空间的平面规划代价热力图，在此基础上利用深度学习的方法进行轨迹规划。

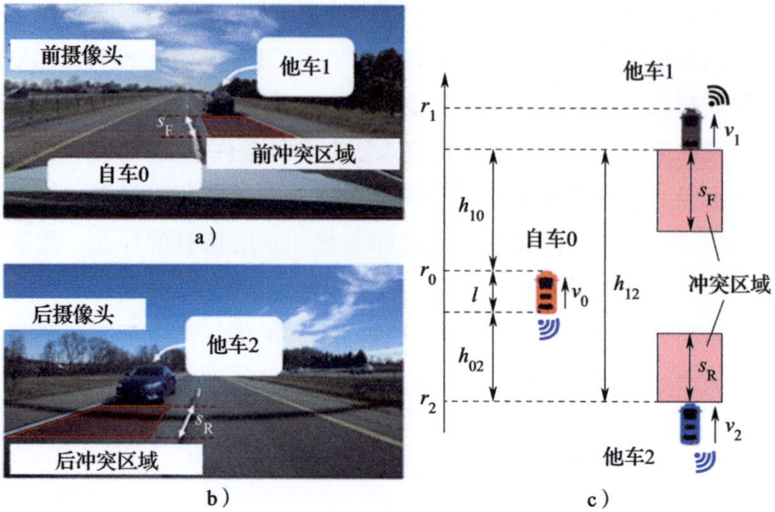

图5-4　换道场景示意图

学术界对意图共享条件下的决策规划方法探索起步较晚，此研究领域的发展还不是很成熟。当前，各研究团队对于意图的定义还没有取得共识，研究范式还未形成。但近几年来此领域也取得了一定发展，已经有研究者提出了有学术价值的研究方向与研究方式。

5.2.4　相关决策规划方法评价方式汇总

此领域内一个重要的研究问题是如何评估网联模块在系统中使用带来的收益。但是，领域内研究范式还未成熟，各研究团队使用的评价方式也不尽相同，并不存在一套公认的合理评价体系。因此，本节对状态与意图共享领域内的决策规划方法评价指标与体系进行总结。

2018 年以前，自动驾驶车辆的智能水平还不高，感知、决策能力还不够强，很难应用于实际场景，所以较早期的研究[324-326]都没有涉及网联情况与单车智能相对比的部分。而在之后，如文献[328]中，研究者在某几个固定场景内对比了网联方法与单车方法计算出的轨迹，从而说明网联方法做出了更优的决策规划。

在密歇根团队[327,329,330]的研究中，研究者计算出场景中车辆根据位移、速度状态的决策变化分界线，将纵向状态空间分割为不同部分。在同一场景中，在状态共享与意图共享的不同状态空间分割相对比，即可得出不换道决策转变为换道决策的部分，显示出网联信息的增益作用，如图 5-5 所示。

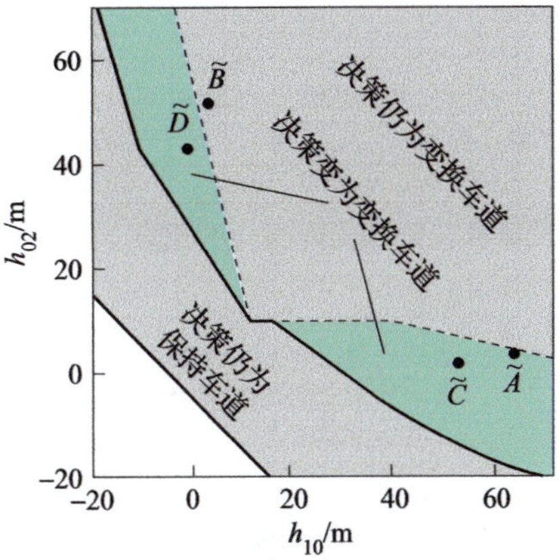

图 5-5 决策状态空间变化区域评价方法示意图[330]

在其他研究[331]中，因为其方法通过深度学习模块计算自车轨迹，会最终输出多个备选项，所以研究中借鉴了深度学习领域较为常用的评估思路，将输出的前 k 条（k 一般选取为 1、5、10 等）轨迹同环境交互发生碰撞的比例作为指标，评价信息共享对决策规划的增益。

对于单车决策规划方法的评价，学术界一般会使用平均速度、设定行为的执行时间等指标来评价其通行效率，使用距障碍物距离、碰撞概率等指标来评价其安全性，使用路径曲率、加速度积分等指标来评价其舒适性，评价方法多元且合理。然而，当前状态与意图共享领域内对于决策规划方法的评价还不成熟，有较大的发展空间。

5.2.5 信息共享决策规划实车验证与应用

当前，随着智能网联车辆技术的发展，对基于信息共享的决策规划方法进行实地实验的条件已经成熟，有研究团队已经对此类方法开展了实车实验。来自密歇根大学安娜堡分校的研究团队对基于意图共享的协作式汇入冲突分析算法以及此过程中的通信情况进行了实验[332-334]。他们所使用的实验设备以及信息形式如图 5-6 所示。

在算法实验部分，由于实验条件的限制，该团队选择在一个简单的汇入场景中对信息共享方法进行实验——目标车道上只有一辆车，自车需要决定从该车的前或者后汇入。此处为了能够让驾驶员保证实验安全，算法的主要输出结果变更为对驾驶员的冲突风险提示。算法实验主要分为静态实验与动态实验两种。出于安全考虑，静态实验中采取了自车静止，目标车道车辆向前行驶的方

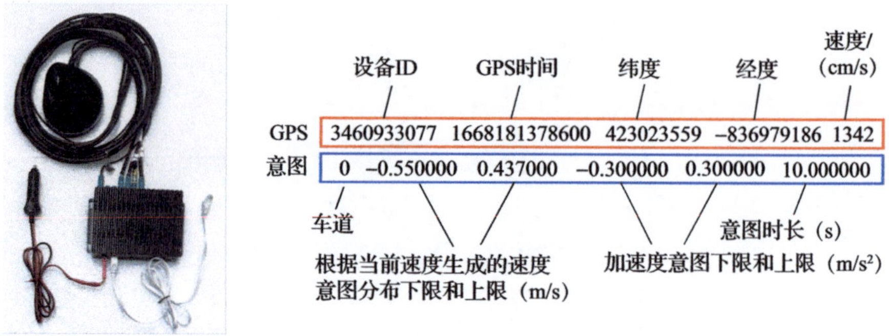

a）V2X设备　　b）意图信息示例

图5-6　实验设备与通信协议示意图[332]

法进行实验，验证冲突分析方法的可靠性以及意图共享对决策的增益。实验结果显示，意图共享能够避免“假阴性”（要发生冲突时无提示）并减少“假阳性”（不会发生冲突时发出提示）。在动态实验中，人类驾驶员操纵自车完成汇入任务，但时间与方式均被指定，在此过程中验证冲突分析方法在多种情况下的可靠性。实验结果显示，提出的方法能够通过提供无“假阴性”的警告信号提高车辆的安全性，并且在汇入过程中自动纠正“假阳性”的警告信号。

在通信实验部分，该团队在人类驾驶员控制的车辆上，使用 V2XOBU 通过 WSMP 协议传输意图数据，对通信丢包率以及不同通信状况对于警告系统的影响进行了测试与验证。不同意图数据包大小情况下，普通高速（场景中仅包含直道）与复杂高速（场景中包含立交等复杂道路结构）场景中的丢包率测试结果如图 5-7 所示。此实验为后续实验的场景设定提供了较为重要的参考。由于需要保证实验的可重复性，通信状况对警告系统的影响实验使用了经验丰富的人类驾驶员在高速场景中实际采集的驾驶数据进行模拟实验，在不同的状况中

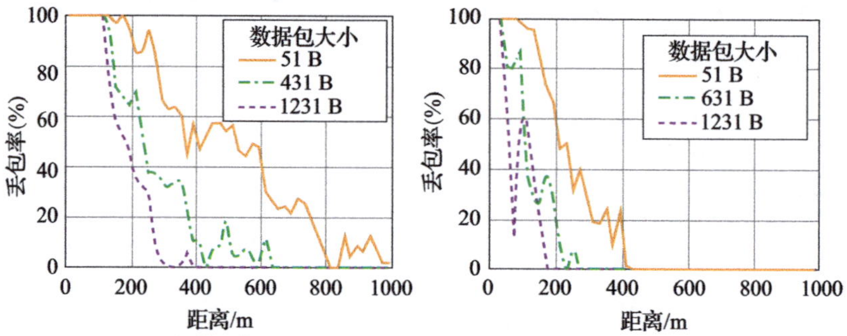

a）普通高速　　b）复杂高速

图5-7　高速场景丢包率测试结果[333]

对警告系统进行测试。实验考虑了意图发送频率、意图持续时长、通信丢包比例等多种因素，获得多种情况下意图共享对于系统的增益，从而更好地指导未来落地、标准化等工作。

5.2.6　小结

本节对基于状态与意图共享的智能网联车辆换道与汇入决策规划方法进行了综述。该领域的研究问题可归结为如何利用网联信息和如何评估网联信息对系统的提升。针对第一个问题，对状态共享阶段的决策规划方法，学术界很早就开始进行相关探索，但近年由于创新空间小、合适的实验条件难以创造等原因，领域发展缓慢；对意图共享阶段的决策规划方法，学术界探索较晚，发展还不成熟，研究范式还未形成。针对第二个问题，和单车的决策规划方法评价相比，各研究团队使用的评价指标不同，还未形成一套有效的评价体系，有较大的发展空间。而当前已经有团队在进行信息共享的实车验证，探索如何对基于状态与意图共享的决策方法进行测试与成果转化。总的来说，状态与意图共享虽然在直觉上是最容易实现的网联形态，但是针对此阶段的决策规划方法研究发展还不成熟，有很大的发展空间。

5.3　共识寻求条件下决策规划技术

5.3.1　研究领域简介

在共识寻求中，共识一般指多个车辆需要共同完成的一个驾驶目标，如某车辆需要在左后方有一车辆的情况下向左变道，两车可通过寻求共识形成左后侧车辆让行该车的决策，快速、安全地令该车完成换道的驾驶目标。在多个车辆间产生交互或冲突的情况下，不同车辆按照共同的决策行驶可避免因交互、冲突产生的不安全风险，达到优化行车安全的目的。

对共识寻求来说，网联模块不仅要完成信息的传递与确认，还需要根据接收到的网联信息指导决策规划系统，完成车辆间的共同决策，参与到车辆决策规划的过程中。从上述条件来看，为了实现上述功能，智能网联车辆不仅需要装备通信模块，还可能需要从软件层面进行修改，以适应通信信息对决策规划结果的要求。

从学术研究的角度来说，研究者一方面需要确定信息传递与确认的方式，保证多个车辆间能够达成共同决策，另一方面也要规定共识的形式，确保多个车辆能够按照共同决策完成驾驶任务。在共识寻求阶段中，网联信息会主要影响车辆的决策系统，即类似换道、让行、停车等离散行为，而较少涉及后续的运动规划系统，因此领域内的主要研究内容不包括轨迹生成方法。

综上所述，对于共识寻求阶段，学术研究的主要问题可归纳为：设计通信流程与通信内容，使不同车辆间能够达成共识，如图 5-8 所示。

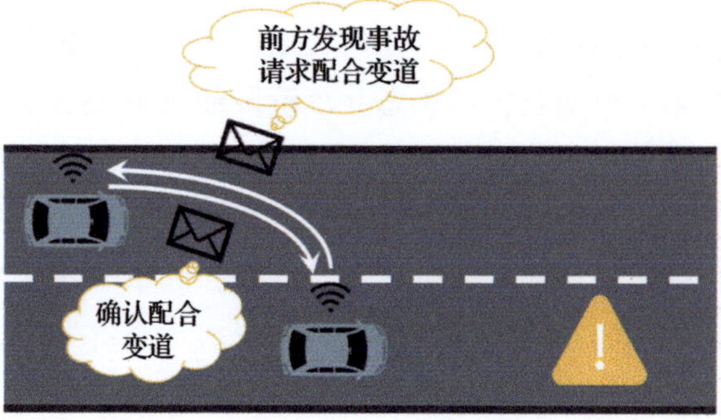

图5-8　共识寻求通信功能示意

5.3.2　通信机制设计

为了使不同车辆达成共同决策并开展协作，通信方式的设计非常重要。共识的达成至少需要包含“请求”与“确认”两个阶段，通信过程较为复杂，在机动车交通这样的复杂动态环境中需要特殊设计来保证通信机制的正常工作。

部分研究者设计了基于阶段的协商机制。2018 年有研究者提出了一种三阶段的共识形成机制[335]。第一轮为投票，所有的交通参与者提出自己的建议；第二轮为同步，所有参与者同步并确定共识内容；第三轮为持续的通信同步来确保协作内容的执行。2019 年有研究者提出一种三阶段的轨迹协商机制[336]，分别为请求、承诺、确认：需要他车协作的车辆发出请求，他车准备接受请求时计算出多条备选轨迹返回给请求车辆，最后请求车辆选择出轨迹并通知所有车辆开始进行协作，如图 5-9 所示。

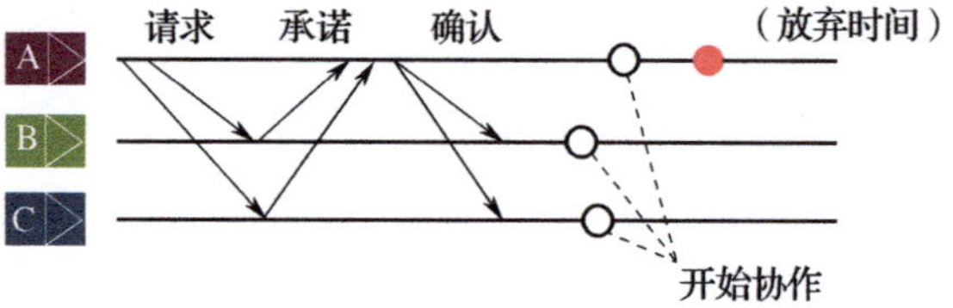

图5-9　轨迹协商机制示意图

部分研究者设计了执行序列化流程的协商方法。2019 年有研究者提出了一种序列化的协商与共识执行流程[337]。车辆间通过发送“请求”与“承诺”信息，形成多车共识。共识形成后车辆进行约束检查，最后即可开始协作。2020 年有研究者提出一种能够实现复杂交互的通信协议[338]。此方法依次完成请求、确认、提议调整、协作初始化、协作执行、协作终止等流程，过程中按不同流程传递不同信息来保证协作的顺利完成。如图 5－10 所示。

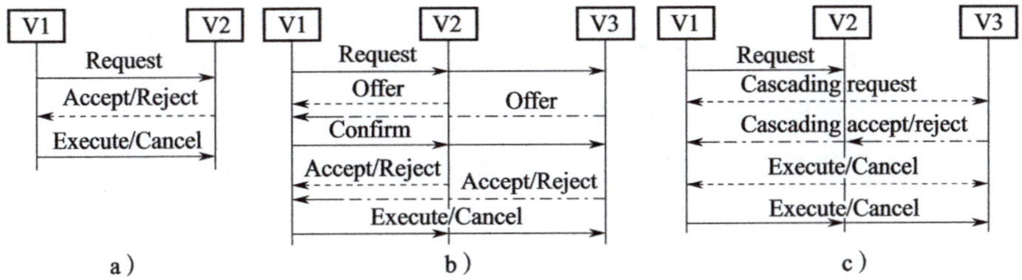

图 5－10　协作过程信息流示意

2019 年 IMAGinE 项目提出一种隐式的多车协商方式[338]。此方法中，参与协作的车辆需生成多条可选轨迹，并向周围车辆持续发送可选的轨迹结果，最终参与协作的车辆根据同一套评价体系选出自车需要执行的轨迹，完成车辆间协作，过程中并未显式地出现“确认”的信息。

2021 年有研究者对通信过程中的信息与信息流进行了更深入的设计[339]，将多于两车情况下的通信过程也考虑进来，保证系统在更复杂的情况下正常工作。此后，该团队 2023 年在上述研究的基础上对多车协作的复杂度与可能性进行了进一步研究[340－341]，证明在高速汇入场景中多车协作的有效性。

随着近年来车辆智能与网联技术的发展，学术界对基于车间协商的决策方法开展了广泛研究。由于通信机制在协商中的重要性，许多研究者提出保证协商与协作成功进行的通信方法。研究者对其中部分方法在仿真、实车等环境中开展了可行性与有效性验证，证明它们可以应用于智能网联车辆。

5.3.3　多车共识形式

由于针对车间协商的标准还不够精细，目前各个研究团队提出的不同方法采用的共识形式也有所不同。而不同车辆最终的共识形式实际上也是某种通信机制，对这些内容进行总结很有必要。

目前，研究中主要有以下三种共识形式。

第一种是不同车辆间利用相同的代价函数分布式地达成共识。此种方法在 2016 年就有研究者提出[342]，不同车辆间通过共享相同的代价函数，使用蒙特卡洛树搜索的方法求解交通参与者的最优行为。IMAGinE 项目中使用的隐式协商方法同样属于此范畴[338]，不同车辆利用相同的代价函数与安全约束选择出同一组轨迹，再给到控制器执行。

第二种是车辆申请在一定时间内占用道路上的一部分空间来达成共识。在一部分研究中[337,343]，研究者提出用空间预留的方法达成共识，不同车辆在预留的空间内进行运动规划，从而解决多车行驶过程中产生的冲突。

第三种是车辆根据自车的决策规划结果请求他车以某条轨迹行驶从而达成共识。目前较多基于车间协商的决策方法都使用此类共识形式[336,324,339]。

5.3.4 共识寻求决策规划方法示范项目简介

由于共识寻求中所有车辆的行为都可以被“控制”，容易进行验证与测试，基于此概念的示范项目在世界上很多地方都有出现，如欧洲的 IMAGinE 项目、美国的 CARMA 项目等。本节对其中的代表 IMAGinE 项目进行介绍。

在决策规划方法方面，IMAGinE 项目中进行的研究与示范主要集中在共识寻求阶段，提出了多种能够用于协同驾驶的决策规划方法及对应通信机制与共识形式。项目中有研究者提出基于隐式协商方法的协作方式[338]，使用定义相同的轨迹代价函数达成共识，设计通信数据的内容完成请求与执行动作，并且在德国某试验场进行了测试用例的实现与展示。项目中有研究者在通信机制设计的基础上[335]提出了基于角色的协作驾驶方式[344]，通过通用的协作流程以及对每一个驾驶场景中不同角色的设定，从而完成如汇入、换道、队列等不同场景中的协同驾驶。项目中有研究者于仿真条件下，在汇入场景中对简单协商驾驶方法对交通流的改善程度进行了测试。项目中有研究者测试了 V2X 通信对协作过程时间开销的影响，从而发现了现有信息发送方式中存在的低效部分。

此外，除了决策规划方法相关的内容，项目中还有针对网联协同驾驶的协同感知、仿真环境、V2X 消息集等内容的研究与实验验证。详细信息可前往其官方网站查询（www. imagine-online. de）。

5.3.5 小结

本节对基于共识寻求的智能网联车辆换道与汇入决策规划方法进行了综述。

由于通信机制在共识寻求阶段的重要性，此领域内研究的主要内容为通信机制、信息内容等。许多研究者提出了不同的通信机制，保证不同车辆间能够达成共识，无冲突地使每个车辆都达成各自的目标。在不同的研究中，车辆所使用的共识也有多种形式。近年来此领域的发展较快，相关文献数量不断增加，也有示范项目如 IMAGinE 等对基于共识寻求的决策规划方法进行研究与示范。但是在高度动态的交通场景中，采取复杂通信机制达成的共识很容易因为时效性不足而失效，同时参与者数量的增多会导致通信机制的复杂性进一步增加，使达成共识的时间增长，难以保证时效性。因此，这一领域还有进一步发展的可能性与必要性。

5.4 系统协作条件下决策规划技术

5.4.1 研究领域简介

在系统协作阶段的设想中，所有智能网联车辆都执行智慧交通系统分配的任务，不需要自车进行决策、规划。例如对于汇入场景，所有区域内的车辆将状态发送给路侧设施，路侧设施通过计算得到最优的通行顺序与通行速度，随后区域内的车辆按照路侧设施的引导安全高效地通过汇入区域，如图 5－11 所示。因此对于系统协同阶段，智能网联车辆的决策规划系统可全部被通信系统替代，车辆变成了智慧交通系统的执行器。在微观交通层面，若智慧交通系统的求解方法合理，不同车辆间不产生冲突或交互，集中求解的方法不存在由此产生的安全风险。在宏观交通层面，所有车辆均可被控制，对交通流通行效率的优化空间较大。

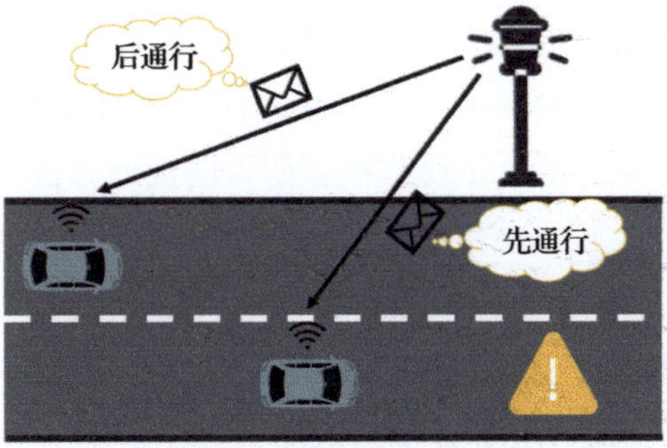

图 5－11　系统协同通信功能示意

对系统协同来说，网联模块需要传递路侧分发的序列或轨迹信息，并用此信息完全替代智能车辆决策规划模块的输出。此阶段对智能网联汽车没有很高的要求，只要能够执行接收到的轨迹，但需要问题求解设备与其通信模块具有非常高的可靠性，且问题求解时间、通信过程时延都必须非常短，否则失去时效性的信息会对整个系统的安全性与高效性产生干扰。因此，系统协同在所有网联阶段中最难实现。

从学术研究的角度来说，对于此阶段内的通行方法，研究者只需要考虑如何根据车辆当前状态最快地规划出最优的未来轨迹，问题定义较为明确。

综上所述，对于系统协同阶段，学术研究的主要问题可归纳为：使用或开发优化算法，从整体角度求解多个车辆的最优轨迹。

5.4.2 换道与汇入场景协同决策规划方法

近些年，协同换道方法研究领域发展较为迅速。由于问题定义清晰，且所有交通参与者都可被控制，研究者通过优化、搜索等方式对多车的规划轨迹进行求解，提出了多种系统协同的换道方法。

为了求解系统协同条件下的换道问题，一个思路是从行为层面求解不同车辆的策略。有研究者提出了基于匹配的方法[345]。文中为固定场景中的所有协作方式定义了策略模板，通过场景匹配、约束检查、行为选择等一系列处理得到多个车辆的最优行为方式，而后利用树搜索求解运动规划轨迹。有研究者提出了基于部分可观马尔可夫决策过程的行为决策方法[346]。文中将决策变量抽象为离散行为变量，如激进、温和、保守等，通过构建包含多个车辆行为的决策树同时求解出考虑所有车辆最优的行为方式，并基于此进行进一步的运动规划。

一个思路是直接求解多车的轨迹规划问题。有研究者提出了基于分层优化的车道交换方法[347]。其中换道问题被建模为以最小化执行时间为目标的约束优化问题，并提出一种两阶段的求解方法，同时通过通信交换中间结果实现非中心化求解。有研究者提出了协作换道的纵向规划方法[348]。这是一种在目标车道保留安全换道区域的协作换道方法，通过对目标车道的车辆进行纵向速度规划与控制确保车辆换至目标车道行为的顺利进行，如图 5-12 所示。有研究者针对超车场景提出了一种多车协作换道的方法[349]。其中，问题被建模为多阶段的轨迹规划问题，通过求解多个约束优化问题令多个车辆完成换道任务中的协作。

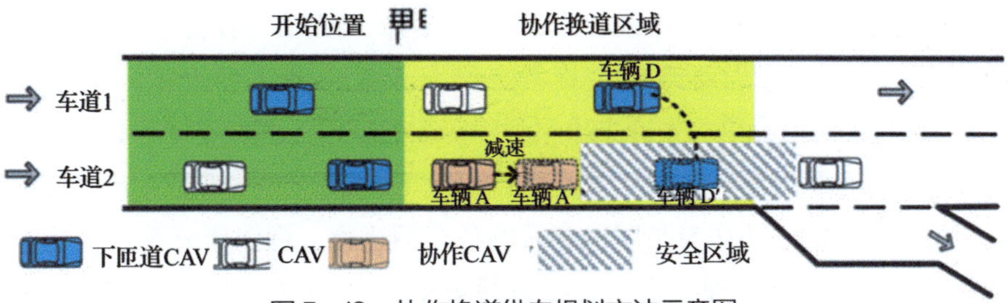

图 5-12　协作换道纵向规划方法示意图

一些研究者在协同流程、框架设计的基础上来求解协作换道问题。有研究者提出在车辆分组的基础上进行协同规划的方法[350]。此方法设计了车辆分组的方式，根据场景中车辆的不同组别建立分层优化问题并求解来完成协作换道规划。有研究者对系统协作过程进行流程设计，保证协作的顺利进行[351]。当协作开始时，自车发起请求，通过建立优化问题求解自车与周围车辆的最优状态，而后通过车间通信发送给他车执行。

还有研究者提出使用基于 RSS 势场的方法进行协作决策与规划[352]。此方法使用 RSS 势场对自车与目标车道车辆进行速度规划，将规划后的速度发给目标车道车辆并执行，从而完成协作。此外，还有一些研究者通过多智能体强化学习的方法解决协同换道问题[353]，以及在多智能体强化学习中引入路权、合作等因素[354]。

虽然汇入场景本质上需要车辆执行换道行为，但是汇入与换道问题在系统协同的层面依然存在一些区别。汇入场景和换道相比，一方面引入了限制，即换道行为被限制在一定区域内，另一方面也引入了更多的空间，即换道前的准备区域更长，使车辆到达换道区域时不产生冲突的准备空间更大。因此，学术界对于系统协同阶段的汇入问题也进行了大量的研究。

在 2015 年，有研究者针对不同车道两车辆的汇入问题进行了研究[355]。此研究提出使用类似 MPC 的优化方法，以道路中心线为参考线进行速度规划，从而完成两个车辆间的合作通行。2021 年有研究者提出利用路侧设施解决车辆的冲突[356]。此方法要求区域内所有智能网联车辆将自车规划的路径发送给路侧设施，路侧设施经判断与运算后将无冲突的指导路径发送至车辆，从而达到无冲突通行的目标。

在汇入场景中，由于汇入点可固定，一个有效降低问题复杂度的方法是将不同车道上的车辆按照与汇入点的距离投影到同一坐标系中，形成一个虚拟的车列，进而对此车列进行控制，如图 5-13 所示。经过处理后，对虚拟车列的规划、控制还可以使用当前已经较为成熟的车列控制方法与技巧[357]，以提高整体的性能。遵循上述思路，2017 年就有研究者提出基于虚拟车列的汇入方法[358]。此方法利用简单的先进先出原则确定车辆序列，进而利用分布式的最优控制方法进行车队控制，完成汇入。在此假设下，求解汇入问题可转化为求解两个子问题——汇入顺序与顺序确定后的各车辆速度，许多研究都按照此思路展开。对于汇入顺序，现有求解方法包括规则法[359-361]、树搜索法[362]、博弈论法[363]等。而对于车辆速度，现有求解方法包括最优控制[360,362]、MPC 控制[359]、分层 MPC 控制[361]等。此外，也有研究者提出了将原问题直接建模为混合整数规划问题并求解的方法[364]。

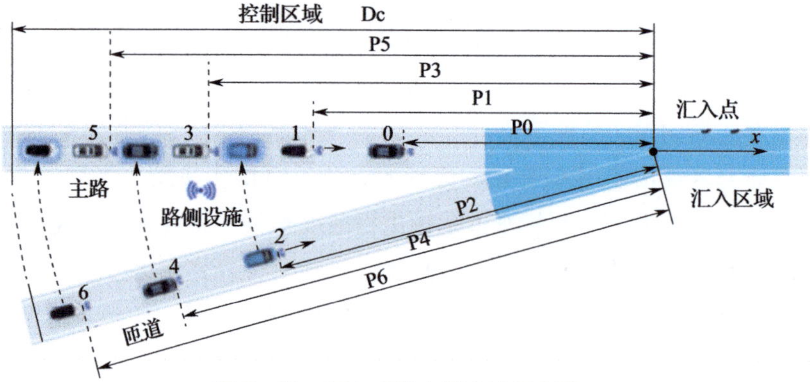

图 5-13 汇入虚拟车列方法示意图

近几年来，由于投影的简化方式忽略了过程中的换道过程，且假设场景中所有车辆均为智能网联车辆，模型与实际情况的符合程度较低。学术界有研究者引入更加复杂、符合实际交通情况的模型，对新问题的求解方法进行了研究。一个复杂化的方向是假设主车道有多条车道，更符合实际生活中的高速汇入场景[365-366]。复杂化的方向还包括假设车流由人类驾驶员与自动驾驶系统同时驾驶，进而将人类驾驶员作为系统中的不可控因素建模，在此条件下对智能网联车辆进行控制[366-367]。此外，还可以考虑通信时延对于虚拟车列控制的影响，此处不再赘述。

除了虚拟车列的方法，还有研究者提出基于博弈论的协同汇入决策方法[368]。文中从较为微观的角度建模了有限数量车辆在汇入场景中的博弈模型，通过求解博弈问题指导多车的共同决策。而与换道问题相同，本问题同样可使用多智能体强化学习的方法求解[369]。

虽然学术界对系统协同阶段的换道、汇入方法研究较多，但是因为系统协同对于通信模块、路侧设施、安全性的要求过高，所以当前很难找到利用实车验证或实现类似方法的研究或项目。而道路上网联汽车的渗透率也非常低，此类系统在实际应用过程中的潜在问题难以寻找。上述因素制约了研究的进一步精细与深入，同时也制约了此类换道与汇入方法在现实生活中的示范与应用。

5.4.3　路口场景协同决策规划方法

近些年，路口场景的协同决策规划方法研究领域发展同样较为迅速，相关研究数量增长较快。根据交通信号的存在与否，路口通行的决策规划方法可进一步分为有信号路口与无信号路口决策规划方法。

对于智能网联车辆在有信号路口的整体决策，交通信号灯对车辆的通行时间窗口有强约束。针对此种场景，研究者提出了在不同条件下对此类路口最优通行问题的建模与求解方法。

有研究者在单个标准十字路口中，在红绿灯固定的情况下使用基于规则与速度轨迹参考的方法规划车辆的通行[370]。在相同条件下，有研究者提出车辆速度分层规划的方法，在进行规划时，为每个车辆首先选择行为模式，然后在选定的行为模式下建立并求解相应的优化问题做出速度规划[371]。

研究者还考虑将交通信号与车辆运动规划联合优化，针对标准信号灯十字路口场景，构建出车辆速度与交通信号相位的联合优化问题，同时优化智能网联车辆的燃油经济性与交通通行效率[372]。有研究者使用多智能体深度强化学习的方法，求解上述联合优化问题，实现大规模多智能体场景训练，能够对交通信号与车辆速度进行统一控制[373]。

此外，为了使研究中建立的问题更贴近现实，此领域内的研究者考虑了多种对场景的限制条件，并在对应条件下进行交通规划。有研究者考虑信号灯状态已知但时长未知的条件，通过数据驱动的方法建立约束，使用动态规划求解最优控制问题[374]。有研究者考虑智能网联车辆与人类驾驶车辆混行的场景，采取虚拟车列[375]、多智能体强化学习[376-377]等方法求解优化问题。还有研究者考虑车辆在接近路口的过程中需要进行强制变道的场景[378]，对该条件下的车辆通行建立混合整数规划问题，进而得到最优通行方式。

对于智能网联车辆在无信号路口的整体协同决策，由于不存在交通信号对车辆通行时间窗口的强约束，研究问题的形式相比于有信号路口更加精简一些，但解决思路大体上是相似的。

2012 年有研究者设计了基于 V2X 通信的路口通行系统，包括路权协商、信号策略、通信协议等部分[379]。此系统中，车辆通过路权协商得到通行顺序，而后建立一个通行时间优化问题，通过蚁群优化算法求解通过时间最小的控制方法，性能同多种方法相比都有提升。

在无信号路口的通行决策中，由于此场景下协同规划问题的简洁性，基于虚拟车列的方法可很好地适用，多数针对此场景的研究也采用了虚拟车列的方法对规划问题进行了简化[380-381]，如图 5-14 所示。此类方法大多将接近路口的道路根据与路口距离划分成多个不同区域，对不同区域内的车辆进行分阶段的处理。与汇入场景相同的是，路口虚拟车列方法也可以分为通行顺序决定与速度规划两个子问题，本节在此不再赘述，感兴趣的读者可自行查阅相关的文献。值得注意的是，此类简化方法中通常将路口简化为一个点，不考虑路口内可行驶空间的情况。

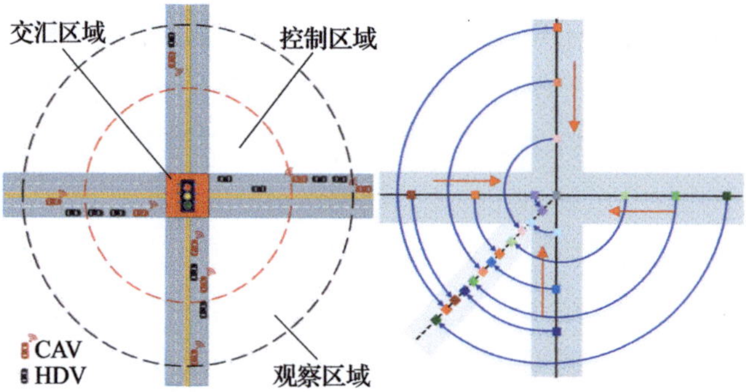

图 5-14　路口虚拟车列方法示意图

除了使用虚拟车列方法，此问题还可以直接使用基于优化的轨迹规划方法求解。与虚拟车列方法不同的是，此类方法一般会考虑利用路口内的可行驶空间使车辆通过，更精细地规划车辆在路口的通行轨迹。有研究者针对路口车辆的二维运动规划，提出了基于优化的方法[382]，根据智能网联车辆与路口距离，将多个车辆分为不同的批次，利用分层分阶段优化方法计算出多个车辆的二维轨迹，达到快速且无碰撞地使大量车辆通过路口的目的。有研究者提出将此轨迹规划问题建立为最优控制问题[383]，采用 iLQR 与 ADMM 算法求解，在分布式求解的条件下获得多车协同规划的轨迹。

此外，还有研究者从博弈论的角度，在 V2V 通信良好的假设上对车辆在路口通行状态下的协作、非协作行为进行了建模与分析[384]，针对两车冲突、三车冲突的情况进行了举例研究并计算了上述情况中的纳什均衡点，并最终得到了上述某些情况的简化博弈模型，从而指导针对多个智能网联车辆的集中决策规划方法开发。也有研究者使用深度学习与树搜索相结合的方法[385]，在多种情况下得到接近最优的通行顺序，从而得到整体问题的规划结果。

与其他领域相同，近年来此研究领域内针对现实条件的研究数量也逐渐增多。比如有研究者针对混行环境提出了一种基于图推理的协同决策方法[386]，通过建立图模型并进行图搜索确定通过路口的车辆的交互顺序，从而进行优化求解提高通行效率、燃油经济性与行驶礼貌度。此外，通信时延、区域内换道、运动模型偏差等因素也都在可能的考虑范围内，需要进一步研究。

智能网联车辆的整体协同决策规划是车联网技术发展的最终目标，网联信息与车辆的功能模块强耦合，理论上交通系统与其中所有的车辆都能够达到最优性能。然而现阶段由于技术、法规的限制，我们距离它还非常遥远，已有研究也大多处在理论推导与仿真、原型验证阶段，测试、落地还难以实现。

5.4.4　小结

本章对系统协同阶段的智能网联车辆换道与汇入决策规划方法进行了综述。此领域内对研究问题的定义清晰，即寻找多个车辆通过区域的最优轨迹。对换道问题来说，研究者可使用优化方法直接求解轨迹规划问题，也可以在流程设计、行为设定等基础上进行问题求解。对汇入问题来说，研究者一般会借助虚拟车列的简化方法，将原问题简化成两个子问题求解。对路口通行问题来说，基于优化、博弈论、虚拟车列等原理的方法都被用于问题的求解。由于此阶段问题定义清晰且创新空间较大，近年来整个领域的发展较快。但是客观通信条件与车辆安全的限制使得研究中的方法难以落地，学术成果转化困难，此阶段研究成果与实际应用之间可能仍存在一条较大的鸿沟。

5.5　本章小结

在智能车辆安全问题日益凸显的今天，网联技术作为能够降低智能车辆安全风险的技术，正在受到越来越多的重视。在此大背景下，本章对智能网联车辆的决策规划技术进行了介绍。

根据网联等级的不同，本章对信息共享、共识寻求、系统协同条件下的车辆决策规划方法进行了总结。在信息共享阶段，主要研究内容为如何利用网联信息以及如何评估网联信息对系统的提升。对于第一个问题，学术界的研究进展较为缓慢，基于状态共享的方法创新空间较小，而基于意图共享的方法研究范式还不成熟；对于第二个问题，当前还未形成一套有效的评价体系，有较大的发展空间。在共识寻求阶段，主要研究内容为通信的方法、信息等。研究者提出了多种通信机制与共识形式，保证不同车辆间能够达成协作。近年来此领域发展较快，相关文献数量不断增加，也有示范项目进行实车验证。但由于通信机制的复杂性与网联车辆的低渗透率，目前还难以在道路交通层面产生影响。在系统协同阶段，主要研究内容为寻找多个车辆完成驾驶任务的最优轨迹。由于问题定义清晰且创新空间较大，近年来领域发展迅速，学术成果丰富多样。但是客观通信条件与车辆安全的限制使得现有研究中提出的方法难以落地，学术成果转化困难，当前的仿真实验与未来的真正上路之间还有很远的距离，各网联级别决策规划技术研究内容与当前困难汇总如图 5-15 所示。

网联级别	信息共享	共识寻求	系统协同
主要研究内容	如何利用网联信息以及如何评估网联信息对系统的提升	通信的方法、信息、形式等	寻找多个车辆完成驾驶任务的最优轨迹
当前困难	研究范式还未形成，领域发展缓慢	通信机制复杂且网联车辆渗透率低	车辆安全问题与客观通信条件仍有较大限制

图 5-15　各网联级别决策规划技术研究内容与当前困难汇总

总结来说，智能网联车辆的决策规划技术还有较大发展空间，领域内还有很多需要解决的问题。

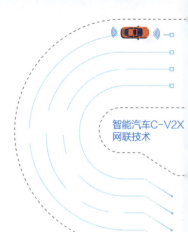

第6章
V2X通信与标准研究进展

V2X（Vehicle-to-Everything）是将车辆与交互对象连接的一种信息通信技术，其中V代表车辆，X代表与车交互信息的对象，当前X主要包含车、人、路侧基础设施以及网络。V2X交互的信息模式包括车与车之间（Vehicle-to-Vehicle，V2V）、车与路之间（Vehicle-to-Infrastructure，V2I）、车与人之间（Vehicle-to-Pedestrian，V2P）、车与网络之间（Vehicle-to-Network，V2N）的交互，具体如图6-1所示。

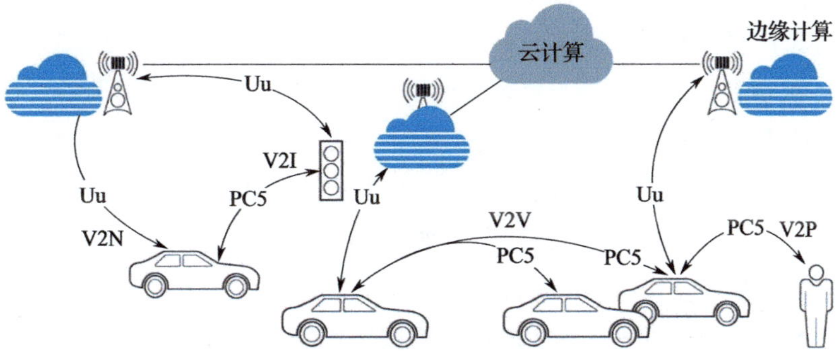

图6-1　V2X地面网络架构示意图（来源：Qualcomm）

1）V2V是指通过车载终端进行车辆间的通信。车载终端可以实时获取周围车辆的车速、位置、行车情况等信息，车辆间也可构成一个互动平台，实时交换文字、图片和视频等信息。V2V通信主要用于避免或减少交通事故、车辆监督管理等。

2）V2I是指车载设备与路侧基础设施（如红绿灯、摄像头、路侧单元等）进行通信，路侧基础设施也可以获取附近区域车辆的信息并发布各种实时信息。V2I通信主要用于实时信息服务、车辆监控管理、不停车收费等。

3）V2P是指弱势交通群体（包括行人、骑行者等）使用用户设备（如手机、笔记本计算机等）与车载设备进行通信。V2P 通信主要用于避免或减少交通事故、信息服务等。

4）V2N 是指车载设备通过接入网/核心网与云平台连接并进行数据交互，对获取的数据进行存储和处理，提供车辆所需要的各类应用服务。V2N 通信主要用于车辆导航、车辆远程监控、紧急救援、信息娱乐服务等。

6.1 C-V2X 通信技术

C-V2X（Cellular-V2X）是基于 4G/5G/6G 等蜂窝网络通信技术演进形成的车用无线通信技术，包含基于 LTE 网络的 LTE-V2X 以及未来 5G 网络的 NR-V2X 系统。借助已存在的 LTE 网络设施来实现 V2V、V2I、V2P、V2N 的信息交互，这项技术最吸引人的地方是它能紧跟变革，适应更复杂的安全应用场景，满足低延迟、高可靠性和带宽要求。

C-V2X 针对的工作场景既有蜂窝网络覆盖的场景，也支持没有蜂窝网络部署的场景，包括集中式（C-V2X-Cell，广域蜂窝式）和分布式（C-V2X-Direct，短程直通式）两种方式，提供两种通信接口，分别为 Uu 接口（终端与蜂窝网络之间）和 PC5 接口（终端与终端之间）。当支持 C-V2X 的终端设备（如车载终端、智能手机、路侧单元等）处于蜂窝网络覆盖内时，可在蜂窝网络的控制下使用 Uu 接口；无论是否有网络覆盖，均可以采用 PC5 接口进行 V2X 通信。C-V2X 将 Uu 接口和 PC5 接口相结合，彼此相互支撑，共同用于 V2X 业务传输，形成有效的冗余来保障通信可靠性。

C-V2X 作为核心技术，PC5 接口支持调度式的资源分配方式（TM3）和终端自主式的资源分配方式（TM4），如图 6－2 所示。PC5 接口的两种传输模式见表 6－1。

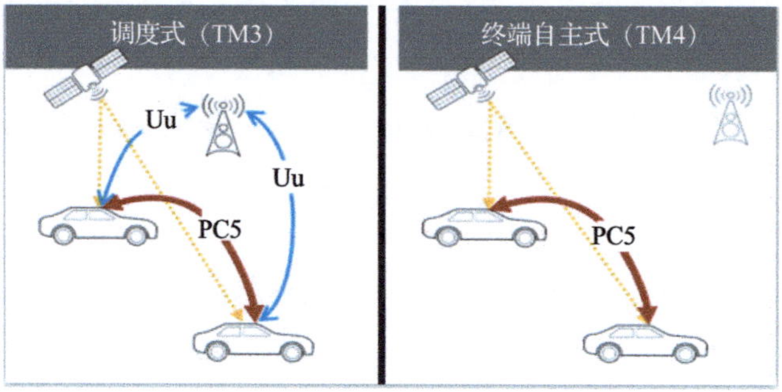

图6－2　PC5 接口的两种工作模式（来源：Rohde & Schwarz）

表 6-1　PC5 接口的两种传输模式

模式	传输模式介绍
TM3	借助基站 eNB，控制信令通过接口 Uu 实现 V2V 数据的调度和接口管理 采用动态的方式进行资源的调度，车车间采用 PC5 接口通信 利用全球导航卫星系统（GNSS）进行时间同步
TM4	V2V 数据调度和接口的管理基于车车间的分布算法实现 利用全球导航卫星系统进行时间同步

6.1.1　通信类型：广播、组播和单播

单播是将一条信息从单个源传输到指定目的地的方式。此方法用于 1 对 1 通信。当只有一个源和一个接收者时，这种类型的传输非常有用。例如，V2X 服务器可能会向特定车辆的 V2X 客户端发送消息。

组播（多播）是将一条信息从单个源传输到多个目的地。该方法用于一对多通信，例如团体交流。传输的来源相同，但接收者不止一个。例如，安装在路边基础设施中的 V2X 服务器可以向满足某些分类标准的选定车辆组的 V2X 客户端发送消息。与下面的广播传输不同，多播接收器/客户端仅在它们决定通过加入特定多播组来接收信息流时才会接收信息流。多播传输可以节省流量带宽，与 N 个单独的单播相比，带宽最多可节省 $1/N$。

广播是将一条信息从单个源传输到所有其他连接的目的地。这也可能涉及多个传输，其中传输源可以不同，因此是 N 对 M。该方法用于未指定数量的车辆之间的 CAV 通信。例如，向周围的车辆发送交通灯信息和/或路标信息，其中路侧单元可以发送速度限制警报信息，该信息可以被附近的多个车辆接收，并且同时其他路侧单元也可以发送速度限制警报信息，如图 6-3 所示。

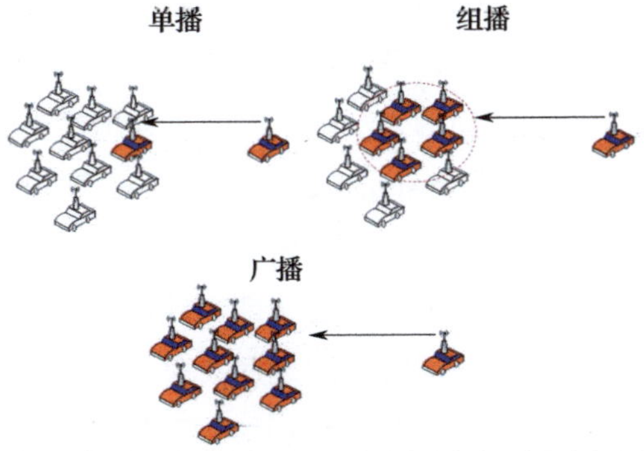

图 6-3　V2X 单播、组播和广播通信示意图

6.1.2 单天线到多天线系统

多输入多输出系统（Multi-Input Multi-Output，MIMO）是一种用来描述多天线无线通信系统多重路径传输的抽象数学模型，能利用发射端的多个天线各自独立发送信号，同时在接收端用多个天线接收并恢复原信息。该技术最早是由马可尼于 1908 年提出的，他利用多天线来抑制信道衰落（fading）。根据收发两端天线数量，相对于普通的单输入单输出系统（Single-Input Single-Output，SISO），MIMO 此类多天线技术尚包含早期所谓的“智能天线”，亦即单输入多输出系统（Single-Input Multi-Output，SIMO）和多输入单输出系统（Multi-Input Single-Output，MISO），如图 6-4 所示。

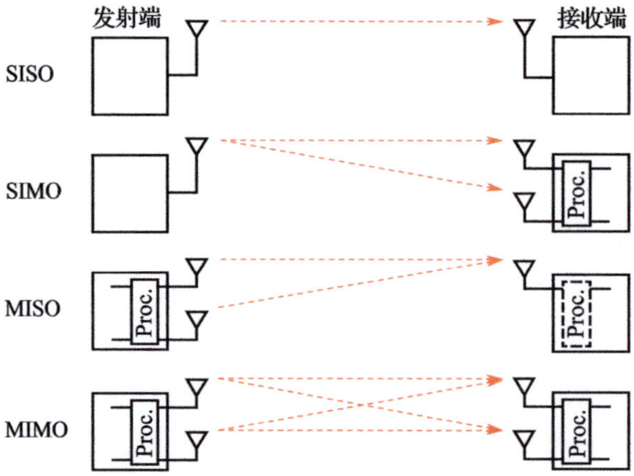

图 6-4　SISO 到 MIMO 信道的天线方案

20 世纪 90 年代，全世界无线通信领域均针对多天线系统进行研究，希望实现能指向接收者的波束成型技术（Beamforming），即所谓的智能天线——一种能使波束聪明地追踪接收者（即移动电话）的技术，就像一道自手电筒射出的光束可追踪一位在黑暗中移动的人一样。智能天线借由波束对其指向（亦即对目标接收者）的相长干涉（constructive interference，建设性干涉）及同时间该波束对目标接收者指向以外其他方向的相消干涉（destructive interference，破坏性干涉）来实现信号增益，以实现上述智能天线的优点，并对此发送单位上的多天线间，采用一较窄的天线间距来实现此波束。一般以发送信号的一半波长作为实体的天线间距，以满足空间上的采样定理且避免旁瓣辐射（grating lobes），亦即空间上的混叠。

波束成型技术的缺点是在都市环境中，信号容易朝向建筑物或移动的车辆等目标分散，因而模糊其波束的集中特性（即相长干涉），丧失多数的信号增益及减少干扰的特性。然而此项缺点却随着空间多样及空分复用技术在 20 世纪 90 年代末的发展，突然转变为优势。这些方法利用多径（multipath propagation）现象来增加数据吞吐量、发送距离，或减少误码率。这些类型的系统在选择实体的天线间距时，通常以大于被发送信号的波长的距离为目标，以确保 MIMO 频道间的低关系性及高分集阶数（diversity order）。

6.2 国内外标准研究进展

车联网（V2X）标准体系可分为无线和应用两大部分。目前，国际上主流的车联网无线通信技术有 DSRC（IEEE 802.11p）和基于蜂窝技术的 C-V2X 两条技术路线，而应用层标准则由各国家和地区根据区域性的应用定义进行制定。

1. DSRC 标准

DSRC 标准由 IEEE 基于 Wi-Fi 制定，标准化流程可以追溯至 2004 年，主要基于三套标准：第一个标准是 IEEE 802.11p，它定义了汽车相关的“专用短距离通信（DSRC）”物理标准；第二个是 IEEE 1609，标题为“车载环境无线接入标准系列（WAVE）”，定义了网络架构和流程；第三个是 SAE J2735 和 SAE J2945，定义了消息包中携带的信息，该数据包括来自汽车上的传感器信息，例如位置、行进方向、速度和制动信息。

2. C-V2X 标准

C-V2X 由 3GPP 通过拓展通信 LTE 标准制定，并向 5G 演进。标准工作始于 2015 年，各工作组主要从业务需求、系统架构、安全研究和空口技术 4 个方面开展工作。业务需求由 SA1 工作组负责，系统架构由 SA2 工作组负责，安全方面由 SA3 工作组负责，空口技术由 RAN 工作组负责。

3GPP C-V2X 标准化工作分为 3 个阶段：第 1 阶段基于 LTE 技术满足 LTE-V2X 基本业务需求，对应 LTE Rel-14 版本；第 2 阶段基于 LTE 技术满足部分 5G-V2X 增强业务需求（LTE-eV2X），对应 LTE Rel-15 版本；第 3 阶段基于 5G NR（5G 新空口）技术实现全部或大部分 5G-V2X 增强业务需求，对应 5G NR Rel-16、Rel-17 版本。

6.3 V2X 消息集定义

V2X 消息集主要包括美国 SAE J2735 消息字典、欧洲 ETSI（欧洲电信标准化协会）CAM/DENM、中国汽车工程学会（SAE-China）应用层及数据交互标准等。《基于 LTE 的车联网无线通信技术—消息层技术要求》行业标准中规定了 V2X 的通信要求，遵循“消息帧（MsgFrame）-消息体（Message）-数据帧（DataFrame）-数据元素（DataElement）”层层嵌套的逻辑，如图 6-5 所示；消息则采用抽象语法标记（abstract syntax notation one，ASN. 1）进行定义[387]，实现了跨平台和不同编程语言的兼容。

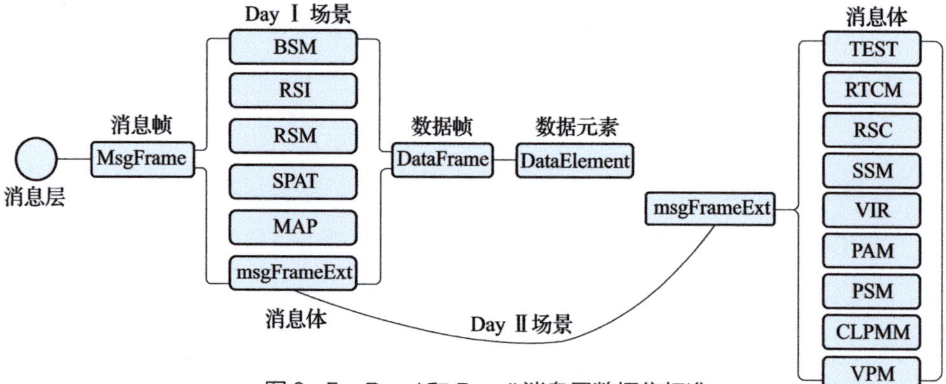

图 6-5　Day Ⅰ 和 Day Ⅱ 消息层数据集标准

《合作式智能运输系统　车用通信系统应用层及应用数据交互标准　第二阶段》在第一阶段标准定义的 5 类最基本的消息体（BSM、RSI、RSM、SPAT 和 MAP）的基础上，结合 C-V2X 技术迭代与行业需求演进，定义了第二阶段的 12 个应用场景和 PAM、CLPMM、PSM、RSC、RTCM、SSM、VIR、VPM 和 TEST 等 9 个新交互消息（表 6-2），进一步丰富了 V2X 应用场景，为更安全、智能、协作的驾驶场景实现提供基础。Day Ⅱ 新消息均嵌套于 Day Ⅰ 标准定义的消息帧格式中，实现版本的兼容性演进。

表 6-2　V2X 消息体的缩略语及具体含义

缩略语	V2X 消息体（Message）	消息体含义
BSM	Basic Safety Message	车辆基本安全消息
RSI	Roadside Information	交通事件及交通标志消息
RSM	Road Safety Message	道路安全消息
SPAT	Signal Phase and Timing Message	信号灯消息

（续）

缩略语	V2X消息体（Message）	消息体含义
MAP	Map Message	地图信息
TEST	Test Message	测试消息
RTCM	RTCM Correction Message	GPS卫星信号的校正信息
RSC	Road Side Unit Configuration Message	路侧单元配置消息
SSM	Signal Status Message	信号状态消息
VIR	Vehicle Information Report	车辆信息报告
PAM	Parking Availability Message	停车位可用性消息
PSM	Personal Safety Message	个人安全消息
CLPMM	Curve Line Point Map Message	曲线线点地图消息
VPM	Vehicle Performance Message	车辆性能消息

相对于基于车车、车路间的状态共享，通过自身的算法判断来提前消减冲突或获知交通信息的Day Ⅰ应用场景，Day Ⅱ中的场景则升级为车、路、人之间的意图和感知共享，并实现了主体之间的引导和协作，体现了“车路协同”的理念。从通信模式可以看到，相比Day Ⅰ，Day Ⅱ中有更多的V2V、V2I场景出现；从触发方式看，除了周期性发送，还有更多事件触发的方式出现。

场景主要包括安全、效率、信息服务和交通管理等。因此，Day Ⅱ定义的系统和应用越来越关注和利用路侧（边缘端）的能力，也越来越关注行车过程中，在特定环境和路况下的具体环节。同时，应用场景的用户视角也从单纯的车端扩展，兼顾了交通管理方、行人以及场端。Day Ⅰ和Day Ⅱ场景在真正实现时，当然不是相互独立的。在整个出行和驾驶的过程中，在适当的情况下及时触发，并以合理的形式作用于驾驶行为。网联协同驾驶与主要信息需求见表6-3。

表6-3 网联协同驾驶与主要信息需求

网联化等级名称	典型信息
辅助信息交互	1. 电子导航地图、静态高精度地图信息、天气信息 2. 道路交通标志、道路线型、交通标线 3. 交通标线数据、道路杆状物、路侧防护设施数据等
协同感知	包括辅助信息交互，以及： 1. 车辆状态信息和行驶意图信息 2. 路侧状态信息和未来趋势信息 3. VRU的状态信息 4. 车辆感知的其他交通参与者的状态信息 5. 路侧感知的其他交通参与者的状态信息

（续）

网联化等级名称	典型信息
协同决策	包括辅助信息交互、协同感知消息，以及： 1. 与其他交通参与者以产生决策为目的的交互信息 2. 路径规划、车速引导等信息
协同控制	包括辅助信息交互、协同感知、协同决策消息，以及对其他交通参与者的指令信息

6.4 V2X 协议栈网络层设计及应用层开发

V2X 消息构造以及消息内容填充是协议栈需要实现的主要功能。上层应用通过协议栈接口对协议栈进行消息注入与传出，通过创建本地套接字方式进行通信。图 6-6 所示为协议栈数据流，其中 V2X 相关信息在消息层创建消息帧并填充，消息帧编码后送入网络层，网络层根据消息类型对消息帧进行封装并送入接入层，接入层对数据包封装后交给物理层由相应的空中接口发送。

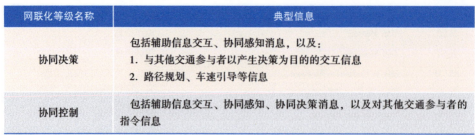

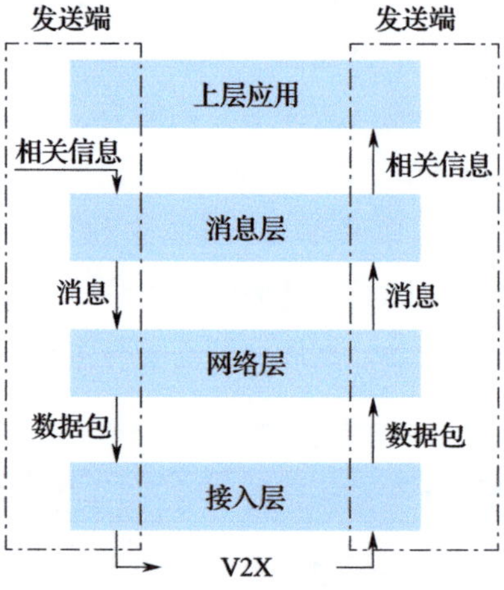

图 6-6　协议栈数据流

在接收端，接入层在指定频段接收到数据包后先进行筛选，拆封帧头送入网络层，网络层根据数据子层封装的帧头再次筛选，剥离数据子层帧头送入应用层解码，最终将信息交给上层应用。协议栈各层之间均为模块化设计，每一层开发完成后都进行独立封装，每层相关接口与其他层进行交互。V2X 应用程序处理流程如图 6-7a 所示。

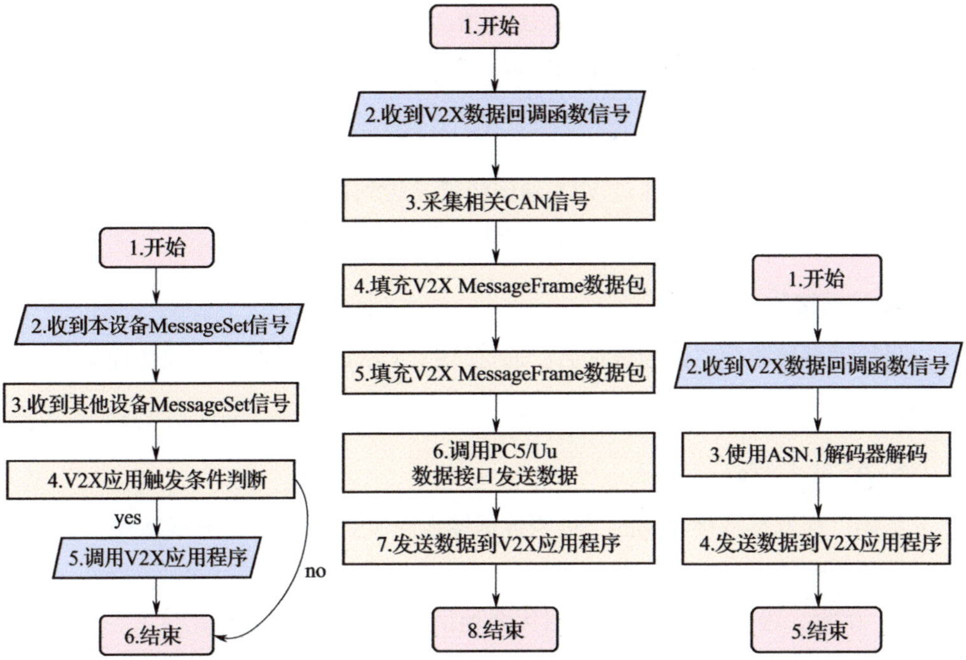

a）应用程序处理流程　　b）数据发送流程　　c）数据接收流程

图 6-7　V2X 应用程序处理流程及数据包发送和接收过程

其中 ASN. 1 是一种标准的数据描述语言，用于描述数据结构并支持跨平台的数据交换。在 V2X 通信中，ASN. 1 常用于定义和编解码数据消息。以下是 V2X 数据发送过程中涉及的 ASN. 1 编解码的详细流程。

1. 定义 ASN. 1 规范

首先，定义需要传输的数据结构的 ASN. 1 规范。这些规范通常由标准组织（如 IEEE、ETSI）制定，描述了 V2X 消息的格式。例如，一条基本的 V2X 消息可能包含车辆位置、速度和方向等信息。

2. ASN. 1 编码

在发送数据之前，车辆上的通信单元需要将要发送的消息按照 ASN. 1 规范进行编码。编码过程就是将数据结构转换为一个紧凑的二进制格式，便于传输。

编码步骤如下：

1）创建数据结构：根据 ASN. 1 规范创建消息的数据结构。

2）填充数据：将实际数据填充到数据结构中。

3）编码数据：使用 ASN. 1 编码工具将数据结构转换为二进制格式。常用的编码规则包括 BER（Basic Encoding Rules）、DER（Distinguished Encoding Rules）和 PER（Packed Encoding Rules）等。

3. 数据发送

编码后的二进制数据通过 V2X 通信协议发送到目标设备（如其他车辆或路侧单元）。常用的 V2X 通信协议包括 DSRC 和 C-V2X。

4. 数据接收

目标设备接收到二进制数据后，通过 ASN.1 解码工具将其还原为原始数据结构。

5. ASN.1 解码

解码过程就是将接收到的二进制数据转换回 ASN.1 定义的数据结构。

解码步骤如下：

1）接收二进制数据：接收通过无线通信传输的二进制数据。

2）解码数据：使用 ASN.1 解码工具将二进制数据解码为数据结构。

3）解析数据：从数据结构中提取实际的数据值。

图 6-7b、c 分别展示了 V2X 消息集合（MessageSet）数据包发送和接收过程。

第 7 章
车辆通信信道模型

7.1 背景介绍

5G 的成功商用为日常生活带来了实质性的变化，如自动驾驶、万物互联等，然而随之也产生了更大的数据量需求，进而催生了第 6 代移动通信。相较于 5G，6G 在带宽、时延、覆盖等性能方面均需要有更大的提升。6G 空天地一体化网络将充分利用不同轨道卫星、无人机、高空平台等空中资源，以及地面蜂窝移动网络、物联网、云计算等技术，实现多层次、多连接、多接入的新型融合架构。6G 空天地一体化网络架构主要包含以下几个部分。

1）天基网络：由多颗卫星组成，包括同步卫星、中轨/低轨卫星、中继卫星等。这些卫星将形成一个多层次、多连接的多源数据传输和处理系统，为全球用户提供高速、可靠、连续的通信服务。

2）空基网络：由无人机、高空平台等设备组成，这些设备可以部署在空中，为地面用户提供灵活、高效的通信服务。同时，空基网络还可以与天基网络进行协同，实现更广泛的覆盖和更高的通信性能。

3）地基网络：由地面基站、物联网设备等组成，这些设备可实现与用户的直接连接和数据传输。地基网络将与天基网络和空基网络协同工作，形成一个覆盖全球的无缝通信网络。

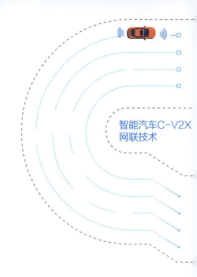

在 6G 空天地一体化网络架构中，天基、空基和地基网络将深度融合，形成一个统一的通信网络。这个网络将支持多种接入方式、多种业务类型和多种应用场景，为用户提供极致、可靠、连续的通信服务。空基网络中的无人机作为小型飞行设备，其本身具有的诸多优点可使 6G 移动通信变得更为便捷。因此，无人机辅助通信是 6G 移动网络中不可或缺的潜在技术。基于其自身的多功能、

高移动、易部署和低成本等优势，无人机可以被用作空域辅助通信平台，例如，在高密度通信用户场景下，可以部署无人机作为临时基站或者中继来辅助无线通信，增加用户容量。此外，无人机也可以作为具有高移动性的终端用户，在环境监测等场景中负责数据采集。具体而言，无人机辅助通信具有如下优势。

1）视距信道：无人机可以悬停或盘旋在空中，因而与地面用户间的信道主要为直射链路。由于可以通过直射链路而无需折射或散射，无人机与地面通信设备间的信道条件质量高、衰减小。因此，通过无人机辅助，可以有效提升接收端的信噪比，进而实现高质量通信。

2）高移动性：无人机作为小型飞行器，可以通过遥控终端进行控制。由于空中并无遮挡且其自身的位置不固定，可以实时调整部署以实现应急通信。此外，对于一些非突发但临时的应用场景，无人机通信也可以方便快捷地部署。

3）低成本组网：无人机可以灵活部署，应用于复杂多变的场景及环境。由多架无人机组成的蜂群可以在不同的应用场景下构建稳定的通信网络，并且可以多次再部署。因而，可以利用无人机进行低成本临时组网，以应对不同类型的需求。

因此，本章重点介绍车辆与无人机 A2G（Air-to-Ground）和车辆与车辆（V2V）信道模型的研究进展。对于 A2G 通信主要关注建筑物对通信链路的影响。对于 V2V 通信则主要关注不同车辆对通信链路的影响。

7.2 城市环境 A2G 通信中基于几何方法的直通通路概率分析

Line-of-Sight（LoS）路径对于 V2V 通信和 A2G 通信的可靠性至关重要，但由于障碍物存在的随机性，LoS 路径的存在难以被预测。Zhu 等[388]基于地理统计信息和菲涅耳（Fresnel）域，建立了城市场景下三维（3D）A2G 通道的一般随机 LoS 概率模型。通过考虑建筑物高度分布、建筑物空间位置、载波频率和发射机高度等因素，该模型能够适用于不同频段和高度的场景。此外，为了得到闭环表达式并降低计算复杂度，该方法还使用机器学习方法建立了近似参数模型来估计模型参数，并通过仿真实验验证了其性能。

城市场景是 A2G 通信应用中最典型的场景，其中随机分布的建筑物是主要的障碍物和遮挡物。在城市环境中，LoS 路径意味着发射机和接收机连线没有被任何建筑物遮挡，因此，LoS 概率可以被定义为：

$$P_{\text{LoS}} = \prod_{i=0}^{N_b} P_i = \prod_{i=0}^{N_b} P(h_i < h_{\text{LoS}}) \tag{7-1}$$

式中，h_i 表示建筑物高度，h_{LoS}表示允许的最大建筑物高度，N_b 是 LoS 路径上的建筑数量，而NLoS概率可以由 $P_{\text{NLoS}} = 1 - P_{\text{LoS}}$得到。

考虑到无线电辐射不仅集中在光路上，Fresnel 域是电场强度随障碍物的影响（如阻挡、衍射和反射）而变化的区域。通常认为，LoS 路径仅在 Fresnel 区域完全被障碍物阻挡时才会被切断。而 Fresnel 域的椭圆方程可以表示为

$$\frac{x^2}{X^2} + \frac{y^2}{Y^2} + \frac{z^2}{Z^2} \leqslant 1 \tag{7-2}$$

其中椭圆的参数为

$$X = Z = \frac{\sqrt{n\lambda d_{\text{RX}}}}{2} \tag{7-3}$$

$$Y = \sqrt{\frac{n\lambda d_{\text{RX}}}{4} + \frac{d_{\text{RX}}^2}{4}} \tag{7-4}$$

式中，d_{RX}表示发射机和接收机之间的水平距离，n 表示 Fresnel 域的阶次，λ 为波长，可以通过 $\lambda = c/f$ 计算，其中 c 为光速，f 为 V2V 通信所用电磁波频率。根据惠更斯 - 菲涅耳原理，一阶 Fresnel 域内的场强是总场强的一半，因此在 V2V 通信和 A2G 通信相关研究中通常取 $n = 1$。

根据 Fresnel 域，可以计算得到允许的最大建筑物高度为

$$h'_{\text{LoS}} = h_{\text{LoS}} - \Delta h = h_{\text{TX}} - \frac{d_{\text{LoS}}}{d_{\text{RX}}}(h_{\text{TX}} - h_{\text{RX}}) - R_{\text{LoS}}\cos\theta \tag{7-5}$$

式中，h_{RX}和 h_{TX}分别表示作为接收机的车辆和作为发射机的无人机的高度，θ 表示俯仰角，d_{LoS}表示从发射机到遮挡物之间的距离，而 R_{LoS}可通过计算得到：

$$R_{\text{LoS}} = \frac{d_{\text{LoS}}}{d_{\text{RX}}}\sqrt{n\lambda d_{\text{RX}}}, \quad d_{\text{LoS}} \leqslant \frac{d_{\text{RX}}}{2} \tag{7-6}$$

$$R_{\text{LoS}} = \frac{d_{\text{RX}} - d_{\text{LoS}}}{d_{\text{RX}}}\sqrt{n\lambda d_{\text{RX}}}, \quad d_{\text{LoS}} > \frac{d_{\text{RX}}}{2} \tag{7-7}$$

现有研究通常用 α、β、γ 三个参数来描述城市场景，其中 α 表示被建筑物占据的面积比例，β 表示建筑物的平均数量，γ 描述建筑物高度的概率分布，有

$$P(h) = \frac{h}{\gamma^2}\exp\left(-\frac{h^2}{2\gamma^2}\right) \tag{7-8}$$

因此，结合建筑物尺寸和一阶 Fresnel 域的影响，建筑物高度低于 h_{LoS}的概率可以重写为

$$P_i = P(h_i < h'_{\mathrm{LoS}}) = \int_0^{h'_{\mathrm{LoS}}} P(h)\mathrm{d}h = 1 - \exp\left[-\frac{(h'_{\mathrm{LoS}})^2}{2\gamma^2}\right] \tag{7-9}$$

此外，由建筑物占比和数量信息，可得

$$N_b = \mathrm{floor}(d_{\mathrm{RX}}\sqrt{\alpha\beta}/1000) \tag{7-10}$$

其中 floor(x)表示向下取整函数，并且建筑物的平均宽度 W 也可以表示为

$$W = 1000\sqrt{\alpha/\beta} \tag{7-11}$$

最终，结合以上信息，结果可以表示为

$$P_{\mathrm{LoS}} = \prod_{i=1}^{N_b}\left\{1 - \exp\left\{-\frac{\left[h_{\mathrm{TX}} - \frac{d_i}{d_{\mathrm{RX}}}(h_{\mathrm{TX}} - h_{\mathrm{RX}}) - \frac{\sqrt{\lambda d_{\mathrm{RX}}}\min(d_i,\ d_{\mathrm{RX}} - d_i)}{\sqrt{d_{\mathrm{RX}}^2 + (h_{\mathrm{TX}} - h_{\mathrm{RX}})^2}}\right]^2}{2\gamma^2}\right\}\right\} \tag{7-12}$$

式中，d_i 表示从发射机到第 i 幢建筑物的距离，可以表示为

$$d_i = \frac{(i-0.5)d_{\mathrm{RX}}}{\mathrm{floor}(d_{\mathrm{RX}}\sqrt{\alpha\beta}/1000)} + \frac{W}{2} \tag{7-13}$$

图 7-1 描述了给出模型在不同通信高度下的 LoS 概率，其中，对应参数为 $h_{\mathrm{RX}}=1.5\mathrm{m}$，$f=6\mathrm{GHz}$，$\alpha=0.5$，$\beta=300$ 和 $\gamma=50$。显然，LoS 概率随着发射机高度的增大而增大。如果将需求的 LoS 概率定为 0.6，则 $h_{\mathrm{TX}}=30\mathrm{m}$、300m、800m、1500m 时，对应的最大通信距离分别为 70.2m、157.6m、305.9m、515.4m。

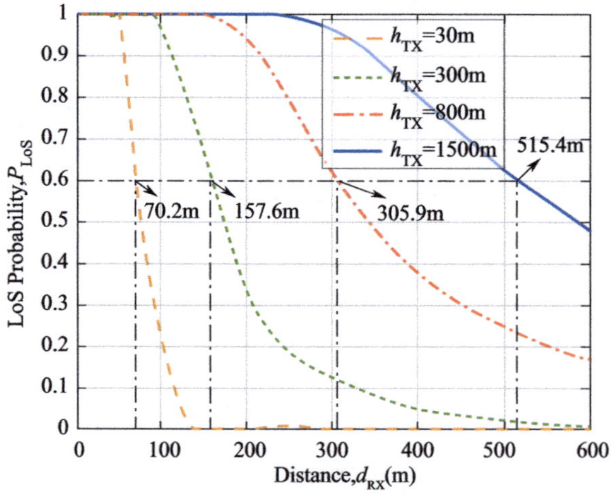

图 7-1　不同通信高度下的 LoS 概率[388]

图 7-2 描述了给出模型在城市场景中不同俯仰角下的 LoS 概率，并和 RT 仿真数据进行了对比。类似地，如果将需求的 LoS 概率定为 0.6，则 standard Urban($\alpha=0.3$，$\beta=500$，$\gamma=15$)、Dense urban($\alpha=0.5$，$\beta=300$，$\gamma=20$)和

High-rise urban($\alpha=0.5$, $\beta=300$, $\gamma=50$)场景下，对应的最大通信俯仰角分别为 32.5°、50.6°、72.6°。

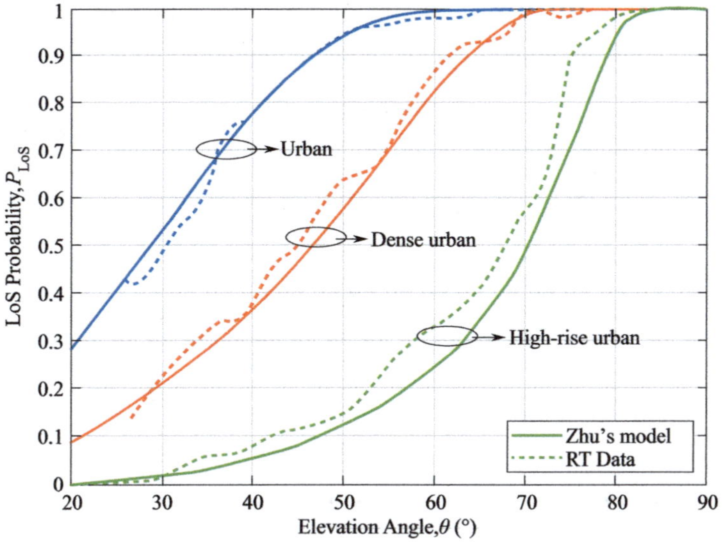

图 7-2　城市场景不同俯仰角下的 LoS 概率[388]

7.3 城市环境 A2G 通信中基于几何方法的 LoS 和 NLoS 概率分析

更进一步地，Pang 等[389]同样考虑城市环境下的 A2G 通信，针对 Line-of-Sight(LoS)路径、地面反射(GS)路径和建筑物反射(BS)路径提出了三个随机概率模型，该模型考虑了建筑物的宽度、高度以及分布，并且 Fresnel 域和发射机高度的影响也被考虑进来，仿真结果表明该模型在不同的频段和高度均有着良好的性能。

A2G 信道通常由 LoS 路径和多种 NLoS 路径(如 GS 路径和 BS 路径等)组成，并且 LoS 路径、GS 路径和 BS 路径提供了超过 99% 的接收能量，因此研究者主要关注这三种路径的出现概率及信道特征。

Pang 等同样采用 α、β、γ 三个参数来描述城市场景，其中 α 表示被建筑物占据的面积比例，β 表示建筑物的平均数量，γ 描述建筑物高度的概率分布，建筑物高度服从 Rayleigh 分布，有

$$F(h)=\frac{h}{\gamma^2}\exp\left(-\frac{h^2}{2\gamma^2}\right) \tag{7-14}$$

式中，h 为建筑物高度。类似地，d_{TR}表示发射机和接收机之间的水平距离，h_{RX}和 h_{TX}分别表示接收机和发射机的高度，图7-3中建筑物平均宽度可以表示为

$$W=1000\sqrt{\alpha/\beta} \tag{7-15}$$

而街道平均宽度则可以表示为

$$V=1000/\sqrt{\beta}-W \tag{7-16}$$

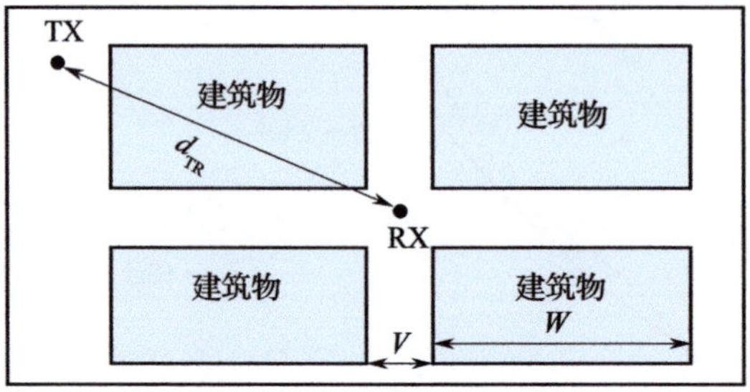

图7-3　A2G典型场景

因此，传播路径上的平均建筑物数量可以表示为

$$E[N]=\text{floor}(d_{TR}\sqrt{\alpha\beta}/1000) \tag{7-17}$$

其中 floor(x)表示向下取整函数。

同样地，在考虑一阶 Fresnel 域的影响后，有

$$R_i=\frac{d_i}{d_{TR}}\sqrt{\lambda d_{TR}},\ d_i\leqslant\frac{d_{TR}}{2} \tag{7-18}$$

$$R_i=\frac{d_{TR}-d_i}{d_{TR}}\sqrt{\lambda d_{TR}},\ d_i>\frac{d_{TR}}{2} \tag{7-19}$$

式中，d_i 表示第 i 幢建筑和发射机之间的距离，可以表示为

$$d_i=\frac{(i-0.5)d_{TR}}{\text{floor}(d_{TR}\sqrt{\alpha\beta}/1000)}+\frac{W}{2} \tag{7-20}$$

LoS 路径存在意味着发射机和接收机之间的 Fresnel 域没有被任何建筑物遮挡，所以 LoS 概率可以表示为

$$P_{LoS}=\prod_{i=1}^{E[N]}P_{i,LoS}=\prod_{i=1}^{E[N]}P(h_i<h_{i,LoS}) \tag{7-21}$$

式中，$P_{i,LoS}$表示第 i 幢建筑物未遮挡 LoS 路径的概率，h_i 表示第 i 幢建筑物的高度，$h_{i,LoS}$表示第 i 幢建筑物不遮挡 LoS 路径的最大高度。考虑到建筑物高度服从 Rayleigh 分布，则

$$P_{i,LoS}=P(h_i<h_{i,LoS})=\int_0^{h_{i,LoS}}F(h)\mathrm{d}h=1-\exp\left[-\frac{(h_{i,LoS})^2}{2\gamma^2}\right] \tag{7-22}$$

式中，$h_{i,\mathrm{LoS}}$ 可表示为

$$h_{i,\mathrm{LoS}} = h_{\mathrm{TX}} - \frac{d_i}{d_{\mathrm{TR}}}(h_{\mathrm{TX}} - h_{\mathrm{RX}}) - \frac{R_i}{\cos\theta_1} \tag{7-23}$$

且

$$\cos\theta_1 = \frac{d_{\mathrm{TR}}}{\sqrt{(d_{\mathrm{TR}})^2 + (h_{\mathrm{TX}} - h_{\mathrm{RX}})^2}} \tag{7-24}$$

结合以上内容，LoS 概率可以表示为

$$P_{\mathrm{LoS}} = \prod_{i=1}^{E[N]} \left(1 - \exp\left\{ - \frac{\left[h_{\mathrm{TX}} - \frac{d_i}{d_{\mathrm{TR}}}(h_{\mathrm{TX}} - h_{\mathrm{RX}}) - \frac{\sqrt[\sqrt{\lambda d_{\mathrm{TR}}}]{d_{\mathrm{TR}}^2 + (h_{\mathrm{TX}} - h_{\mathrm{RX}})^2}\min(d_i, d_{\mathrm{TR}} - d_i)}{(d_{\mathrm{TR}})^2} \right]^2}{2\gamma^2} \right\}\right) \tag{7-25}$$

图 7-4 描述了给出模型在不同距离和俯仰角下的 LoS 概率，并与已有模型和 RT 仿真数据进行了对比，在图 7-4a 中，$f=28\mathrm{GHz}$，$h_{\mathrm{TR}}=3000\mathrm{m}$，而在图 7-4b 中，$f=28\mathrm{GHz}$，$h_{\mathrm{TR}}=30\mathrm{m}$、$120\mathrm{m}$、$500\mathrm{m}$。

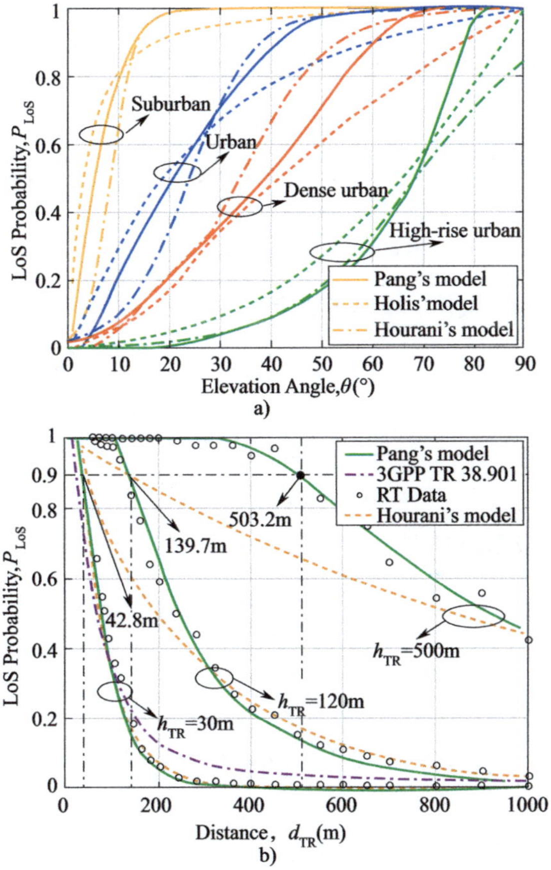

图 7-4　不同距离和俯仰角下的 LoS 概率 [389]

GS 传播路径由三部分组成，即入射路径、反射路径和菲涅耳反射区，将发射机的镜像位置和接收机之间的菲涅尔域穿过地面的部分称为菲涅耳反射区，记为 G，第 i 幢建筑物未遮挡 GS 路径的概率可以表示为

$$P_{i,\mathrm{GS}} = P(h_i < h_{i,\mathrm{GS}}) = \int_0^{h_{i,\mathrm{GS}}} F(h)\,\mathrm{d}h = 1 - \exp\left[-\frac{(h_{i,\mathrm{GS}})^2}{2\gamma^2}\right] \tag{7-26}$$

值得注意的是，与 LoS 情况不同，当且仅当入射路径未被发射机和 G 之间的建筑物遮挡且反射路径未被接收机和 G 之间的建筑物遮挡时 GS 路径存在。而发射机和 G 之间的距离为

$$d_{\mathrm{TG}} = \frac{d_{\mathrm{TR}} h_{\mathrm{TX}}}{h_{\mathrm{TX}} + h_{\mathrm{RX}}} \tag{7-27}$$

且

$$\cos\theta_2 = \frac{d_{\mathrm{TR}}}{\sqrt{(d_{\mathrm{TR}})^2 + (h_{\mathrm{TX}} + h_{\mathrm{RX}})^2}} \tag{7-28}$$

则入射路径上的平均建筑物数量为

$$E[N^I] = \mathrm{floor}(d_{\mathrm{TG}}\sqrt{\alpha\beta}/1000) \tag{7-29}$$

考虑菲涅尔域的情况下，第 i 幢建筑物不遮挡入射路径的最大高度为

$$h_{i,\mathrm{GSI}} = \frac{d_{\mathrm{TG}} - d_i}{d_{\mathrm{TG}}} h_{\mathrm{TX}} - \frac{R_i}{\cos\theta_2} \tag{7-30}$$

所以，入射路径不被第 i 幢建筑物遮挡的概率为

$$P_{i,\mathrm{GSI}} = 1 - \exp\left\{-\frac{\frac{d_{\mathrm{TG}} - d_i}{d_{\mathrm{TG}}} h_{\mathrm{TX}} - \left[\frac{\sqrt{n\lambda d_{\mathrm{TR}}}\sqrt{d_{\mathrm{TR}}^2 + (h_{\mathrm{TX}} + h_{\mathrm{RX}})^2}\min(d_i, d_{\mathrm{TR}} - d_i)}{(d_{\mathrm{TR}})^2}\right]^2}{2\gamma^2}\right] \tag{7-31}$$

类似地，对于反射路径有

$$E[N^R] = \mathrm{floor}(d_{\mathrm{TR}} - d_{\mathrm{TG}})\sqrt{\alpha\beta}/1000 \tag{7-32}$$

$$h_{i,\mathrm{GSR}} = \frac{d_i - d_{\mathrm{TG}}}{d_{\mathrm{TR}} - d_{\mathrm{TG}}} h_{\mathrm{RX}} - \frac{R_i}{\cos\theta_2} \tag{7-33}$$

$$P_{i,\mathrm{GSR}} = 1 - \exp\left(-\frac{d_i - d_{\mathrm{TG}}}{d_{\mathrm{TR}} - d_{\mathrm{TG}}} h_{\mathrm{RX}} - \frac{\left(\frac{\sqrt{n\lambda d_{\mathrm{TR}}}\sqrt{d_{\mathrm{TR}}^2 + (h_{\mathrm{TX}} + h_{\mathrm{RX}})^2}\min(d_i, d_{\mathrm{TR}} - d_i)}{(d_{\mathrm{TR}})^2}\right)^2}{2\gamma^2}\right) \tag{7-34}$$

因此，最终的 GS 路径概率模型为

$$P_{\mathrm{GS}}=\prod_{i=1}^{E[N^I]}P_{i,\mathrm{GSI}}\prod_{i=1}^{E[N^R]}P_{i,\mathrm{GSR}} \tag{7-35}$$

图 7-5 描述了给出模型在不同距离下的 GS 概率，并与已有模型和 RT 仿真数据进行了对比，其中 $h_{\mathrm{TR}}=200\mathrm{m}$，在图 7-5a 中，$f=1.4\mathrm{GHz}$，而在图 7-5b 中，$f=5\mathrm{GHz}$。

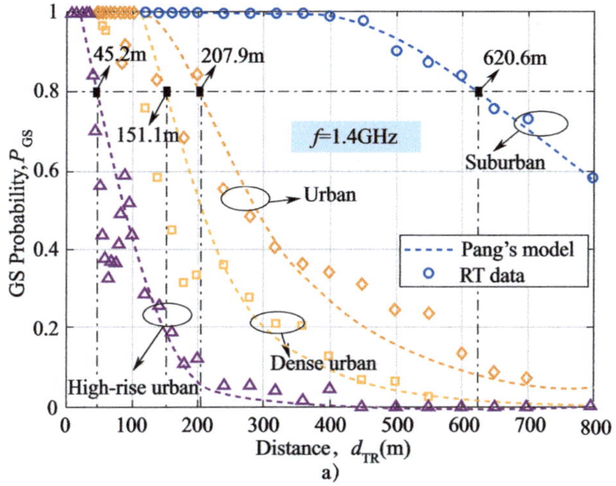

a)

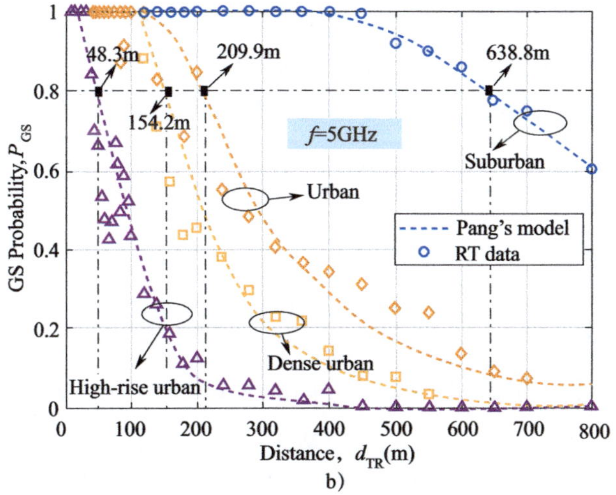

b)

图 7-5　不同距离下的 GS 概率[389]

在散射过程中，有必要确保入射和散射建筑物不会堵塞入射路径和散射路径，因此散射路径概率模型可以表示为

$$P_{\mathrm{BS}}=1-\prod_{i=1}^{E[N]}\left(1-P_{i,S}\left(\prod_{m=1}^{E[N^F]}P_{i,m,F}\right)\left(\prod_{n=1}^{E[N^B]}P_{i,n,B}\right)\right) \tag{7-36}$$

式中，$E[N^F]$为发射机与散射区域之间的平均建筑物数量，可以表示为

$$E[N^F]=\text{floor}((d_i\sqrt{\alpha\beta}/1000)) \tag{7-37}$$

而$E[N^B]$为接收机和散射区域之间的平均建筑物数量，可以表示为

$$E[N^B]=\text{floor}((d_{\text{TR}}-d_i)\sqrt{\alpha\beta}/1000) \tag{7-38}$$

类似地，第i幢建筑物进入菲涅尔域的概率为

$$P_{i,S}=\exp\left(-\frac{\left[h_{\text{TX}}-\frac{d_i}{d_{\text{TR}}}(h_{\text{TX}}-h_{\text{RX}})-\frac{\sqrt{\lambda d_{\text{TR}}}\sqrt{d_{\text{TR}}^2+(h_{\text{TX}}-h_{\text{RX}})^2}\min(d_i,\ d_{\text{TR}}-d_i)}{(d_{\text{TR}})^2}\right]}{2\gamma^2}\right) \tag{7-39}$$

此外，发射机与散射区域之间第m幢建筑未遮挡入射路径的概率为

$$P_{i,m,F}=P(h_{i,m}<h_{i,m,F})=\int_0^{h_{i,m,F}}F(h)\mathrm{d}h=1-\exp\left[-\frac{(h_{i,m,F})^2}{2\gamma^2}\right] \tag{7-40}$$

最大允许高度为

$$h_{i,m,F}=\frac{(d_i-d_{i,m,\text{TF}})(h_{\text{TX}}-h_{i,S})}{d_i}+h_{i,S} \tag{7-41}$$

式中，$d_{i,m,\text{TF}}$为发射机与第m幢建筑物之间的水平距离，可以表示为

$$d_{i,m,\text{TF}}=\frac{(i-0.5)d_i}{\text{floor}(d_i\sqrt{\alpha\beta}/1000)}+\frac{W}{2} \tag{7-42}$$

类似地，接收机与散射区域之间第n幢建筑未遮挡散射路径的概率为

$$P_{i,n,B}=P(h_{i,n}<h_{i,n,B})=\int_0^{h_{i,n,B}}F(h)\mathrm{d}h=1-\exp\left[-\frac{(h_{i,n,B})^2}{2\gamma^2}\right] \tag{7-43}$$

最大允许高度为

$$h_{i,n,B}=\frac{(d_{\text{TR}}-d_{i,n,\text{TB}})(h_{\text{TX}}-h_{i,S})}{d_{\text{TR}}-d_i}+h_{\text{RX}} \tag{7-44}$$

式中，$d_{i,n,\text{TB}}$为接收机与第n幢建筑物之间的水平距离，可以表示为

$$d_{i,n,\text{TB}}=\frac{(i-0.5)d_i}{\text{floor}(d_i\sqrt{\alpha\beta}/1000)}+\frac{W}{2} \tag{7-45}$$

7.4 毫米波 V2V 通信中车辆遮挡建模及性能分析

受到以上关于无人机 A2G 通信 LoS 概率研究的启发，研究者开始尝试将无人机 A2G 通信信道研究的相关方法用于 V2V 通信的研究中，Dong 等[390]考虑了

多车辆遮挡情况、不同的车辆高度和不同的交通流密度，推导出了高速场景中 V2V 通信的信噪比（SNR）分布和通信服务概率的模型，并且考虑了发射车辆（TxV）和接收车辆（RxV）在同一车道和在不同车道的情况。其中，交通流分布由泊松点过程表示。

Dong 等考虑了多车道高速公路场景，交通流密度为 ρ 的车辆随机分布，并且车辆被简化为尺寸为 $w_v \times l_v \times h_v$ 的长方体，此时的传播路径损失为

$$\mathrm{PL}(k) = \mu_{\mathrm{LoS}} + A(k) + \chi = 32.4 + 20\log_{10} d_{\mathrm{tr}} + 20\log_{10} f_c + A(k) + \chi \tag{7-46}$$

式中，d_{tr}表示发射车辆和接收车辆之间的距离，f_c 表示载波频率，$\chi \sim N(0,\ \sigma_{\mathrm{sh}}^2)$ 表示对数正态分布的衰减量，$A(k) \sim N(\mu(k),\ \sigma^2(k))$表示由于 k 辆车遮挡产生的额外衰减量。假设各衰减量和遮挡相互独立，则

$$\mathrm{PL}(k) \sim N(\mu_{\mathrm{PL}}(k),\ \sigma_{\mathrm{PL}}^2(k)) = N[\mu_{\mathrm{LoS}} + \mu(k),\ \sigma_{\mathrm{sh}}^2 + \sigma^2(k)] \tag{7-47}$$

而信噪比 $\gamma(k)$则可以表示为

$$\gamma(k) = P_t + G_t + G_r - \mathrm{PL}(k) - P_n \tag{7-48}$$

式中，P_t 表示发射功率，G_t 和 G_r 分别表示发射和接收天线的增益，P_n 表示噪声功率。

相关研究认为当遮挡车辆进入一阶 Fresnel 椭圆时，LoS 路径会受到影响。假设车辆高度服从高斯分布，即 $h_v \sim N(\mu_v,\ \sigma_v^2)$，则对于距离发射车辆 d_{tb}、距离接收车辆 d_{br}处的遮挡 B，遮挡处的一阶 Fresnel 椭圆有效高度为

$$\tilde{h} = (h_r - h_t)\frac{d_{\mathrm{tb}}}{d_{\mathrm{tr}}} + h_t - 0.6\,\tilde{r} \tag{7-49}$$

式中，h_t 和 h_r 分别表示发射车辆和接收车辆的高度，$\tilde{r}$ 为一阶 Fresnel 椭圆在对应位置的半径，可以表示为

$$\tilde{r} = \sqrt{\lambda_c \frac{d_{\mathrm{tb}} d_{\mathrm{br}}}{d_{\mathrm{tb}} + d_{\mathrm{br}}}} \tag{7-50}$$

式中，λ_c 表示波长。因此，

$$\tilde{h} \sim N(\tilde{\mu},\ \tilde{\sigma}^2) \tag{7-51}$$

式中，均值 $\tilde{\mu} = \mu_v - 0.6\,\tilde{r}$，方差 $\tilde{\sigma}^2 = \sigma_v^2$。当车辆高度 h_v 大于 $\tilde{r}$ 时，会发生遮挡，因此，在已知遮挡车辆 B 的情况下，LoS 路径被遮挡的概率为

$$P(\mathrm{NLoSv} \mid d_{\mathrm{tr}},\ B) = Q\left(\frac{h_{\mathrm{eff}} - \mu_{\mathrm{eff}}}{\sigma_{\mathrm{eff}}}\right) \tag{7-52}$$

式中，$\mu_{\mathrm{eff}} = \mu_v - \tilde{\mu}$，$\sigma_{\mathrm{eff}}^2 = \sigma_v^2 + \tilde{\sigma}^2$，$Q(x)$表示高斯 Q 函数。

在 M 车道高速场景中，发射车辆和接收车辆在同一车道的概率为 $1/M$，发射车辆和接收车辆在不同车道的概率为 $1-1/M$。当发射车辆和接收车辆在同一车道时，可以认为发射车辆、接收车辆和可能产生遮挡的车辆均在一条直线上，假设车辆之间的安全跟车距离为 d_s，则车辆有效长度为 $d_a = l_v + d_s$，发射车辆和接收车辆之间的有效距离为 $d_{\text{eff}} = d_{\text{tr}} - l_v$，如图 7-6 所示。因此，当发射车辆和接收车辆在同一车道时，它们之间存在车辆的最大值为

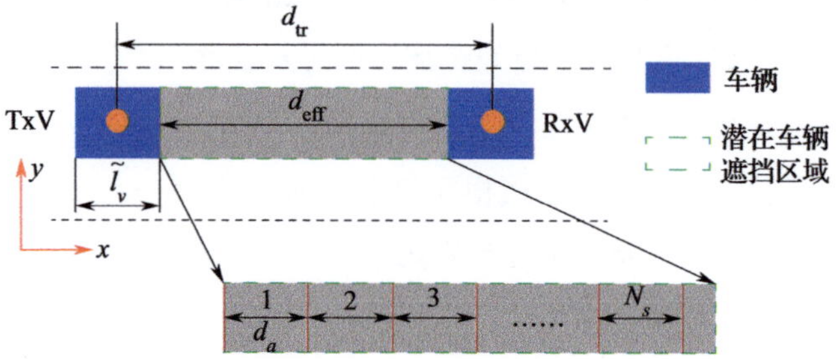

a）同一车道

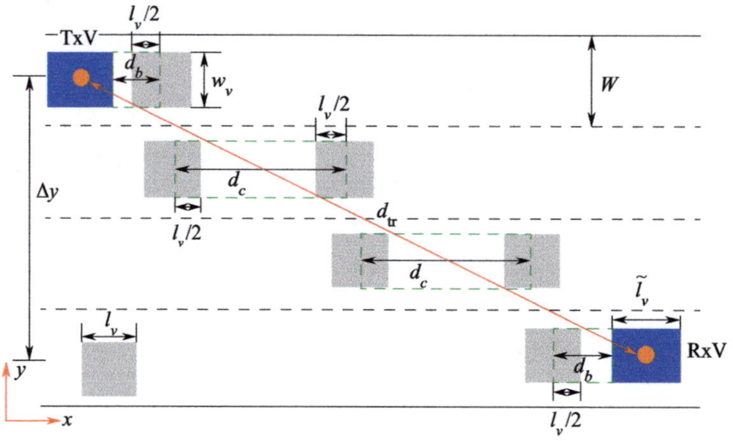

b）不同车道

图 7-6　发射车辆和接收车辆在相同或不同车道时的典型场景[390]

$$N_s = \left\lfloor \frac{d_{\text{eff}}}{d_a} \right\rfloor \tag{7-53}$$

进而，这条车道可以被划分为 N_s 块，则总共有 k 辆车产生遮挡的概率服从伯努利分布，可以表示为

$$P_{\text{SL}}(\text{NLoSv}^{(k)} \mid d_{\text{tr}}) = \binom{N_s}{k} P_a^k (1-P_a)^{N_s-k} \tag{7-54}$$

式中，P_a 表示每一块被车辆遮挡的概率，可以表示为

$$P_a = P(\text{NLoS}v \mid d_{\text{tr}}, B)P(B) = Q\left(\frac{h_{\text{eff}} - \mu_{\text{eff}}}{\sigma_{\text{eff}}}\right)\Gamma \mathrm{e}^{-\Gamma} \tag{7-55}$$

此时，同一车道的车辆服从线性泊松点过程，$\Gamma = \rho d_a$。

而当发射车辆和接收车辆在不同车道时，遮挡车辆可以分为两类，即与发射车辆或接收车辆在同一车道的遮挡车辆，和与发射车辆和接收车辆均不在同一车道的遮挡车辆。对于前一种情况，有

$$d_b = \frac{w_v \sqrt{d_{\text{tr}}^2 - \Delta y^2}}{2\Delta y} \tag{7-56}$$

而对于后一种情况，有

$$d_c = \frac{w_v \sqrt{d_{\text{tr}}^2 - \Delta y^2}}{\Delta y} + lv \tag{7-57}$$

式中，$\Delta y = nW$ 表示发射车辆和接收车辆之间的横向距离。在 d_b 和 d_c 区域内产生遮挡的概率分别记为 P_b 和 P_c，可以通过式（7-55）计算，分别取 $\Gamma = \rho d_b$ 和 $\Gamma = \rho d_c$。因此，总共有 k 辆车产生遮挡的概率为

$$P(K = k) = \sum_{A \in Q_k} \prod_{i \in A} P_i \prod_{i \in A^c} (1 - P_j) \tag{7-58}$$

式中，Q_k 表示从$\{1, \cdots, n+1\}$选出所有 k 分块的集合，A^c 为 A 在$\{1, \cdots, n+1\}$中的补集。例如，当 $n=2$ 且 $k=2$ 时，$Q_2 = \{\{1, 2\}, \{2, 3\}, \{1, 3\}\}$。考虑到 $P(\Delta y = nW) = 2\dfrac{M-n}{M^2}$，当发射车辆和接收车辆不在同一车道时有 k 辆车产生遮挡的概率为

$$P_{\text{DL}}(\text{NLoS}v^{(k)} \mid d_{\text{tr}}) = \frac{2(M-1)}{M^2}\binom{n+1}{k}P_b^k(1-P_b)^{n+1-k} + \sum_{n=2}^{M-1} \frac{2(M-n)}{M^2} \sum_{A \in Q_k} \prod_{i \in A} P_i \prod_{i \in A^c} (1 - P_j) \tag{7-59}$$

进一步地，当发射车辆和接收车辆距离为 d_{tr}时，总的遮挡概率可以表示为

$$P(\text{NLoS}v^{(k)} \mid d_{\text{tr}}) = P_{\text{DL}}(\text{NLoS}v^{(k)} \mid d_{\text{tr}}) + \frac{1}{M}P_{\text{SL}}(\text{NLoS}v^{(k)} \mid d_{\text{tr}}) \tag{7-60}$$

图 7-7 描述了给出模型在不同 V2V 通信距离下的遮挡概率，并和仿真数据进行了对比，考虑了天线置于车顶和保险杠处的情况以及车辆密度分别为 $\rho = 10\text{veh/km}$ 和 $\rho = 50\text{veh/km}$ 的情况。

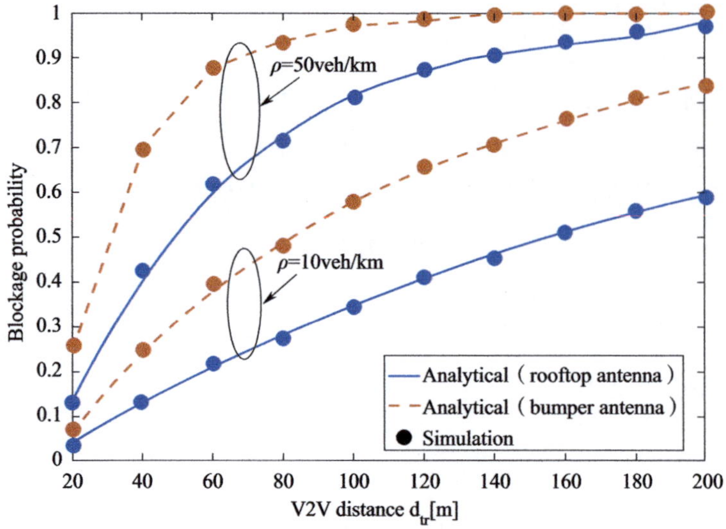

图 7-7　不同通信距离下的遮挡概率[390]

7.5 混合交通场景下毫米波 V2V 通信的 NLoS 概率分析

从路径损失模型可以看出，在 LoS 和 NLoS 情况下 V2V 通信的路径损失会有较大差别，因此，研究存在直连链路的概率 P_{LoS} 具有关键意义。3GPP 的模型及相关扩展研究中根据测量和统计结果，给出了城市和高速场景下 LoS、NLoS 等情况的概率。此外，还有研究者通过研究 Tx、Rx 和遮挡物之间的几何关系，试图给出针对不同场景具体的 P_{LoS} 计算方法。

特别是毫米波频段的 V2V 通信由于其具有相较于 sub-6GHz 频段通信更高的频率，毫米波通信对车辆或其他潜在障碍物的遮挡也更加敏感，其他车辆对毫米波频段 V2V 通信的遮挡会造成其路径损失的大幅提高，进而显著影响其性能，所以针对毫米波频段 V2V 通信，研究存在直连链路的概率 P_{LoS} 很有价值。

针对这一问题，Tian 等[391]提出了基于机器学习的方法用于预测 A2G 毫米波通信中的 LoS 概率，该方法使用了基于贝叶斯优化的全连接神经网络。类似地，Wu 等[392]选择使用基于机器学习的方法用于预测城市环境中的 LoS 和 NLoS 概率，该方法使用了支持向量机和梯度增强决策树方法。

机器学习的方法虽然有效，但受可解释性和泛化性所限，目前使用较广的仍然是基于几何关系的方法。Gapeyenko 等[393]提出了一种将城市栅格化的无人机（UAV）通信 LoS 概率预测模型，该方法将建筑物遮挡用栅格表示，基于特定的建筑特征（高度、尺寸和密度）分布，推导出了 LoS 概率的闭合表达式。类似地，Saboor 等[394]提出了一种用于一般城市环境的基于几何的三维 LoS 概率模型，推导分析出的结果和仿真结果、3GPP 测量数据均有较高吻合度。此外，Hmamouche 等[395]基于第一 Fresnel 椭圆建模了 A2G 通信中的 LoS 概率，Pang 等[389]除了基于几何方法分析了 LoS 概率之外，还分析了地面镜面反射路径的概率，并在城市场景中构建散射路径。

受到以上关于无人机 A2G 通信 LoS 概率研究的启发，研究者开始尝试将无人机 A2G 通信信道研究的相关方法用于 V2V 通信的研究中，Eshteiwi 等[396]研究存在一辆遮挡车辆的场景，假设其高度服从高斯分布，推导了这一场景下的 V2V 通信中断概率，但这一研究仅局限在单一车辆遮挡的场景，没有考虑多车辆遮挡的情况。而 Abd El Ghafour 等[397]考虑了大型车辆对 V2V 通信的影响，采用 Nakagami-m 衰减和 Nakagami-N-Gamma shadowed 衰减建模大型车辆的影响。Dong 等[390]考虑了多车辆遮挡情况、不同的车辆高度和不同的交通流密度，推导出了高速场景中 V2V 通信的信噪比（SNR）分布和通信服务概率的模型，并且考虑了发射车辆（TxV）和接收车辆（RxV）在同一车道和在不同车道的情况。

在通过几何关系研究 LoS 概率的过程中，一种常见的交通流建模方式是将交通流建模为车辆密度为 ρ 的泊松点过程，遮挡车辆常常被简化为 $w_v \times l_v \times h_v$ 长方体，并且其车辆高度 h_v 服从高斯分布，即 $h_v \sim N(\mu_v, \sigma_v^2)$，其中 μ_v 和 σ_v^2 分布表示该高斯分布的均值和方差。

从电磁波的角度，进入到第一 Fresnel 椭圆区域的车辆会对 V2V 通信的直连链路产生影响，而第一 Fresnel 椭圆可以表示为[398-399]

$$\frac{x^2}{X^2} + \frac{y^2}{Y^2} + \frac{z^2}{Z^2} \leqslant 1 \tag{7-61}$$

其中椭圆的参数为

$$X = Z = \frac{\sqrt{\lambda d_{\mathrm{tr}}}}{2} \tag{7-62}$$

$$Y = \sqrt{\frac{\lambda d_{\mathrm{tr}}}{4} + \frac{d_{\mathrm{tr}}^2}{4}} \tag{7-63}$$

式中，d_{tr}为 TxV 和 RxV 的间距，λ 为波长，可以通过 $\lambda = c/f$ 计算，其中 c 为光速，f 为 V2V 通信所用电磁波频率。进而，遮挡车辆处的第一 Fresnel 椭圆的半径可以被推导得到，即

$$r = \sqrt{\lambda \frac{d_{\mathrm{tb}}(d_{\mathrm{tr}} - d_{\mathrm{tb}})}{d_{\mathrm{tr}}}} \tag{7-64}$$

式中，d_{tb}是遮挡车辆和 TxV 之间的距离。在此基础上，为了保证 V2V 通信直连链路不被遮挡，即第一 Fresnel 椭圆不被遮挡，允许的最高车辆高度为

$$h_{LoS} = h_t - \frac{d_{tb}(h_t - h_r)}{d_{tr}} - \frac{r}{\cos\theta} \tag{7-65}$$

式中，h_t 为 TxV 的高度，h_r 为 RxV 的高度，θ 为 LoS 路径与地面之间的夹角，满足

$$\cos\theta = \frac{d_{tr}}{\sqrt{d_{tr}^2 + (h_{tx} - h_{rx})^2}} \tag{7-66}$$

当遮挡车辆高度 h_v 大于最大允许高度 h_{LoS}，即 $h_{eff} = h_v - h_{LoS} > 0$ 时，V2V 通信 LoS 路径会被遮挡，因此，当某处存在潜在遮挡车辆时，该车辆会产生遮挡的概率为

$$P_{NLoS \mid B} = Q\left(-\frac{\mu_{eff}}{\sigma_{eff}}\right) \tag{7-67}$$

式中，$Q(\cdot)$为标准正态分布的尾部分布函数，且

$$\mu_{eff} = \mu_v - h_t - (h_r - h_t)\frac{d_{tb}}{d_{tr}} + r \tag{7-68}$$

$$\sigma_{eff} = \sqrt{2\sigma_v^2} \tag{7-69}$$

在 M 车道高速场景中，TxV 和 RxV 在同一车道的概率为 $1/M$，TxV 和 RxV 在不同车道的概率为 $1-1/M$。四车道道路 V2V 通信场景如图 7-8 所示，当 TxV 和 RxV 在同一车道时，可以认为 TxV、RxV 和可能产生遮挡的车辆均在一条直线上，假设车辆之间的安全跟车距离为 d_s，则车辆有效长度为 $d_a = l_v + d_s$，TxV 和 RxV 之间的有效距离为 $d_{eff} = d_{tr} - l_v$。因此，当 TxV 和 RxV 在同一车道时，它们之间存在车辆的最大值为

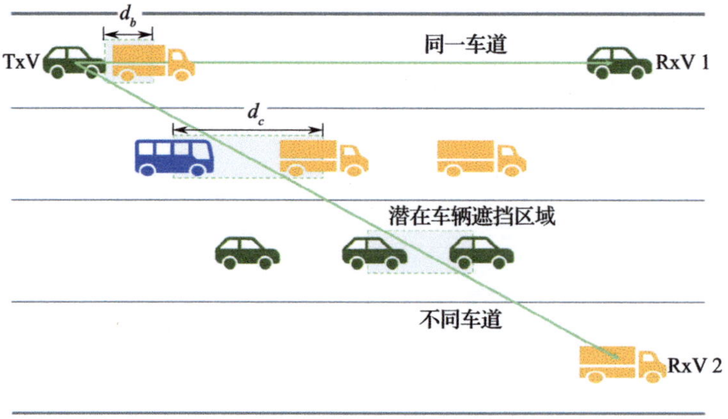

图 7-8　四车道道路 V2V 通信场景

$$N_s = \left\lfloor \frac{d_{\text{eff}}}{d_a} \right\rfloor \tag{7-70}$$

进而，这条车道可以被划分为 N_s 块，每一块中车辆仍服从泊松点过程，且车辆密度为 ρ 时，生成率为 $\lambda_a = \rho d_a$，所以每一块中存在车辆的概率均为

$$P_B = 1 - e^{-\lambda_a} \tag{7-71}$$

因此，第 k 块中产生了遮挡的概率为

$$P_k = P_{\text{NLoS}\mid\text{B}} P_B = Q\left(-\frac{\mu_{\text{eff}}}{\sigma_{\text{eff}}}\right)(1 - e^{-\lambda_a}) \tag{7-72}$$

所以，当 TxV 和 RxV 在同一车道时，产生遮挡的总概率为

$$P_{\text{SL,NLoS}} = 1 - \prod_{k=1}^{N_s} (1 - P_k) \tag{7-73}$$

而当 TxV 和 RxV 在不同车道时，TxV 和 RxV 之间的横向距离为 nW 的概率为

$$P(\Delta y = nW) = \frac{2(M-n)}{M^2} \tag{7-74}$$

式中，W 为车道宽度，M 为总车道数。当 TxV 和 RxV 在不同车道时，遮挡车辆可能和 TxV 或 RxV 在同一车道，此时可能影响 V2V 通信直连链路的区域长度可以表示为

$$d_b = \frac{w_v \sqrt{d_{\text{tr}}^2 - \Delta y^2}}{2\Delta y} \tag{7-75}$$

在此区域内，可能存在的车辆最大值为

$$N_b = \left\lfloor \frac{d_b}{d_a} \right\rfloor \tag{7-76}$$

并且，该区域内的车辆仍服从泊松点过程，且车辆密度为 ρ 时，生成率为

$$\lambda_b = \rho d_b \tag{7-77}$$

因此，在这一长度为 d_b 的区域内存在 k 辆车的概率为

$$P(K = k \mid d_b) = \frac{\lambda_b^k}{k!} e^{-\lambda_b} \tag{7-78}$$

综合以上内容，和 TxV 或 RxV 在同一车道的车辆并不对 V2V 通信直连链路产生影响的概率为

$$P_{\text{LoS,b}} = e^{-\lambda_b} + \sum_{k=1}^{N_b} \frac{\lambda_b^k}{k!} e^{-\lambda_b} \left[1 - Q\left(-\frac{\mu_{\text{eff}}}{\sigma_{\text{eff}}}\right)\right]^k \tag{7-79}$$

类似地，当 TxV 和 RxV 在不同车道时，遮挡车辆可能和 TxV 与 RxV 均在不同车道，此时可能影响 V2V 通信直连链路的区域长度可以表示为

$$d_c = \frac{w_v\sqrt{d_{\text{tr}}^2-\Delta y^2}}{\Delta y}+l_v \tag{7-80}$$

在此区域内，可能存在的车辆最大值为

$$N_c = \left\lfloor \frac{d_c}{d_a} \right\rfloor \tag{7-81}$$

并且，该区域内的车辆仍服从泊松点过程，且车辆密度为 ρ 时，生成率为

$$\lambda_c = \rho d_c \tag{7-82}$$

因此，在这一长度为 d_c 的区域内存在 k 辆车的概率为

$$P(K=k|d_c) = \frac{\lambda_c^k}{k!}\mathrm{e}^{-\lambda_c} \tag{7-83}$$

综合以上内容，和 TxV 和 RxV 均在不同车道的车辆并不对 V2V 通信直连链路产生影响的概率为

$$P_{\text{LoS,c}} = \mathrm{e}^{-\lambda_c} + \sum_{k=1}^{N_c}\frac{\lambda_c^k}{k!}\mathrm{e}^{-\lambda_c}\left[1-Q\left(-\frac{\mu_{\text{eff}}}{\sigma_{\text{eff}}}\right)\right]^k \tag{7-84}$$

结合以上两部分，当 TxV 和 RxV 在不同车道时，有车辆对 V2V 通信直连链路产生遮挡的概率为

$$P_{\text{DL,NLoS}} = \sum_{n=1}^{M-1}\frac{2(M-n)}{M^2}(1-P_{\text{LoS},b}^2P_{\text{LoS},c}^{n-1}) \tag{7-85}$$

再结合 TxV 和 RxV 在相同车道和不同车道时有车辆对 V2V 通信直连链路产生遮挡的概率，总的 V2V 通信 LoS 遮挡概率为

$$P_{\text{NLoS}} = \frac{1}{M}P_{\text{SL,NLoS}} + P_{\text{DL,NLoS}} \tag{7-86}$$

在此基础上，研究者通过仿真实验对以上基于几何关系的 V2V 通信 LoS 概率模型进行了验证，相关实验参数见表 7-1，结果如图 7-9 所示。

表 7-1　仿真参数设置

参数	符号	取值	参数	符号	取值
车辆宽度	W_v	1.8m	车道数	M	3
车辆长度	l_v	5m	TxV 高度	h_t	1.5m
车辆高度均值	μ_v	1.5m	RxV 高度	h_r	1.5m
车辆高度标准差	σ_v	0.08m	电磁波频率	f	28GHz
安全距离	d_s	2.5m			

图 7-9 展示了高速公路场景中车辆密度分别为 $\rho=10\text{veh/km}$ 和 $\rho=50\text{veh/km}$ 时，NLoS 概率随 TxV 和 RxV 间距 d_{tr} 变化的趋势。结果表明，当 TxV 和 RxV 间

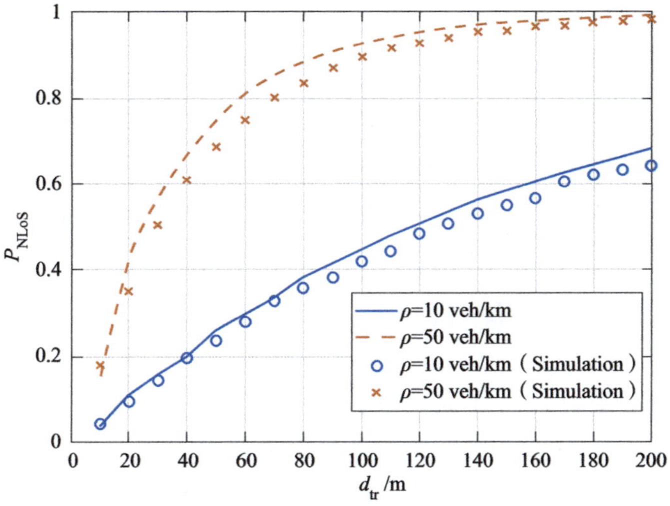

图 7-9　高速场景不同间距 d_{tr} 下的 NLoS 概率

距 d_{tr} 增大或车辆密度 ρ 增大时，V2V 通信被车辆遮挡的概率均会随之增大。并且，在车辆密度 ρ 较大的情况下，当 TxV 和 RxV 间距 d_{tr} 达到 200m 时，V2V 通信直连链路被遮挡的概率会超过 90%，这意味着此时 V2V 通信会面临严重的遮挡问题。此外，相关结果还表明当车辆密度 ρ 较小时，NLoS 概率随 TxV 和 RxV 间距 d_{tr} 的增长接近线性，而当车辆密度 ρ 较大时，NLoS 概率随 TxV 和 RxV 间距 d_{tr} 的增长则具有明显的非线性性质，此时 NLoS 概率的增长率也更大。

图 7-10 展示了高速公路场景中 TxV 和 RxV 高度分别为 $(h_t,\ h_r) = (1.5\text{m},$

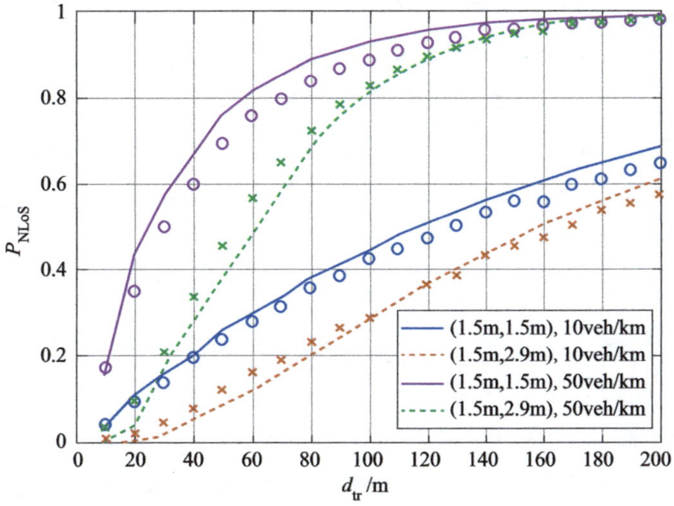

图 7-10　高速场景 TxV 和 RxV 高度不同时不同间距 d_{tr} 下的 NLoS 概率

1.5m)，$(h_t, h_r) = (1.5\text{m}, 2.9\text{m})$，车辆密度分别为 $\rho = 10\text{veh/km}$ 和 $\rho = 50\text{veh/km}$ 时，NLoS 概率随 TxV 和 RxV 间距 d_{tr} 变化的趋势。从理论来看，当 TxV 和 RxV 高度增加时，V2V 通信被车辆遮挡的概率会显著下降，而仿真结果也验证了这一点。不管是低车辆密度场景还是高车辆密度场景的结果都表明增加 TxV 和 RxV 高度有益于降低 V2V 通信被车辆遮挡的概率，保障直连链路的通畅。

7.6 V2X 通信信道特性

与传统的蜂窝网络通信不同，V2X 通信具有以下特点。

1)工作频段高。目前对 V2X 的研究大多集中在 5.2~5.9GHz 频段，带宽为 20MHz，高于传统蜂窝网络的工作频段，频段的升高使信号的传播能力变差，受周围环境的影响更加严重。

2)发射端天线高度低。传统蜂窝网络基站一般架设在数十米的高度，天线周围环境较为空旷，发射端信号受散射体影响较小。而 V2X 发射端天线一般架设在信号灯或者车顶上，高度较低，一般在 10m 以内，因此发射信号除了受到高大建筑物的遮挡以外，也容易受到周围车辆的遮挡，产生阴影衰落，且不同类型的车辆造成的阴影衰落程度也不同。

3)接收端移动性高。V2X 的通信场景一般发生在行驶的车辆之间，车辆的高速移动使信道不具备广义平稳(Wide-Sense Stationary，WSS)特性，且车辆之间的网络拓扑也会随着收发端的移动而产生剧烈变化，进而导致信道特性的变化。因此，传统蜂窝网络中的信道模型不再适用于 C-V2X 场景。

4)受环境影响大。由于实际道路的复杂性，车辆可能行驶在高速、城区、十字路口、隧道、立交桥、停车场等多种场景中，每一种场景下的信道都有独特的特点。因此，想要充分认识 V2X 信道，必须针对不同场景开展信道测量与建模工作，其中城区、乡村、高速公路为研究的热点场景。

无线信号的衰落与通信系统工作频段密切相关，图 7-11 展示了车联网通信使用的潜在频段[400]。目前，V2V 信道特征主要在 5.9GHz 频段测量，2.4GHz (IEEE 802.11b/g)和 5GHz (IEEE 802.11a)频段也受到广泛关注。毫米波频段主要包括 38GHz、42GHz、60GHz 和部分 E 波段(76~81GHz)。信道统计知识是分析和设计毫米波 V2V 通信系统的关键，在 V2V 信道测量时，应重点考虑一些关键问题，如天线位置、车辆流密度和运动方向等。在对无线信道特性进行描述时，通常关注其大尺度衰落特性与小尺度衰落特性。大尺度衰落特性有助于规划通信网络的覆盖范围等工作，小尺度衰落特性有助于设计接收机和评估关键传输技术性能等工作，二者对于无线通信系统的设计尤为重要。

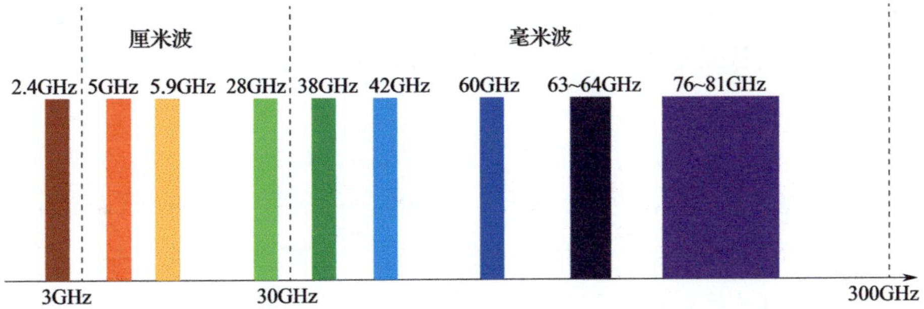

图 7－11　V2V 通信的潜在频段

7.7 路径损失模型

与传统的无线通信信道不同，V2V 通信可能会遇到天线高度低、外部物体多(可能导致反射、衍射和散射)以及车辆速度高等问题。此外，V2V 通信受到交通环境影响较大，而交通环境因许多参数而不同，如地理结构、交通模式、道路类型、车辆、建筑物、行人和周围物体的密度以及人们的驾驶习惯。这也就意味着，即使都是城市环境，在不同的城市或国家对应的交通环境仍有一定区别，城市环境的一些参数，如环境中的车辆、建筑结构、行人/建筑密度、车道数量和路边停放的车辆数量，可能因国家和地区而异。因此，相关研究通常会区分高速、郊区和城市场景，考虑交通流密度，测量并建立 V2V 通信信道模型。

Zeynep 等[401]测量并研究了城市、郊区和高速场景的路径损失模型，并整理过往研究的测量结果和建模的模型参数(路径损失指数 n、参考距离 d_0、相对介电常数 ϵ_r 和参考距离处的路径损失 PL_{d_0} 等)，为方便起见，表中用 H 表示高速场景，SU 表示郊区场景，U 表示城市场景，HD 和 LD 分别表示高车流密度和低车流密度场景。在现有的研究中，高速环境通常被定义为多车道道路，道路周围很少或没有建筑物和树木，车辆在其中快速行驶。郊区环境是指市中心以外的地方，交通和建筑较少，那里的交通流速度比高速公路环境慢，并且道路周围可能有树木，相对车道之间可能有中央分隔带。而城市环境中，建筑物通常密集而高，交通流繁忙而缓慢，发射天线和接收天线之间通常会存在障碍，路边还有红绿灯、标志、行人和其他物体。

在 V2V 通信中常用的路径损失模型包括 log-distance 路径损失模型、two-ray 路径损失模型、log-ray 路径损失模型等。其中，在 log-distance 路径损失模型中，平均接收信号强度由发射机(Tx)和接收机(Rx)之间距离的指数变化来表示，即

$$\mathrm{PL}(d)=\mathrm{PL}_{d_0}+10n\log(d/d_0),\ d>d_0 \tag{7-87}$$

式中，PL(d)表示 Tx 和 Rx 之间距离为 d 时的路径损失(dB)，d_0 为参考距离(m)，PL_{d0}为 Tx 和 Rx 之间距离为 d_0 时路径损失(dB)，n 为路径损失指数。通常，随着阻止传输信号到达接收器的障碍物密度增加，路径损失也会增加，n 也会增加。在 log-distance 路径损失模型中，参考距离 d_0 的选择很关键。

尽管 log-distance 路径损失模型被广泛使用，但 two-ray 路径损失模型在某些场景和情况下有更好的性能，特别是在 Tx 和 Rx 之间有直连链路(LoS)的情况下。而在 two-ray 路径损失模型中，总电场由直连射线和地面反射射线的电场相加得到，即

$$E_{\text{two-ray}}(d,t)=\frac{E_0d_0}{d'}\cos\left[\omega_c\left(t-\frac{d'}{c}\right)\right]+\Gamma\frac{E_0d_0}{d''}\cos\left[\omega_c\left(t-\frac{d''}{c}\right)\right] \tag{7-88}$$

式中，d_0 为参考距离(m)，E_0 为 d_0 处的自由空间电场(V/m)，d'为直连链路中 Tx 和 Rx 之间的距离，d''为反射光线从 Tx 经过地面反射到 Rx 之间的距离，Γ 表示地面反射系数，ω_c 表示角频率，c 表示光速，t 表示时间。因此，最终接收的信号强度可以通过总电场计算得到，即

$$P_{\text{two-ray}}(d)=P_dA_e=\frac{E^2_{\text{two-ray}}G_r\lambda^2}{480\pi^2} \tag{7-89}$$

式中，P_d 为功率通量密度(W/m^2)，A_e 为有效天线孔径，G_r 为接收天线的增益，λ 为波长。

实际上，two-ray 路径损失模型的直接射线对应于 log-distance 路径损失模型，其中参数 n 为 2（如在自由空间中），但在 V2V 通信中，n 的实际值可以小于或大于 2，当 n 不等于 2 时，尽管它在特性上遵循 two-ray 模型，但在 two-ray 模型和测量数据之间会出现一些拟合误差，而 log-ray 路径损失模型结合 log-distance 路径损失模型和 two-ray 路径损失模型用以解决这一问题。在 log-ray 路径损失模型中，总电场为

$$E_{\log-ray}(d,t)=E_0\left(\frac{d_0}{d'}\right)^{n/2}\cos\left[\omega_c\left(t-\frac{d'}{c}\right)\right]+\Gamma E_0\left(\frac{d_0}{d''}\right)^{n/2}\cos\left[\omega_c\left(t-\frac{d''}{c}\right)\right] \tag{7-90}$$

式中各符号含义与 two-ray 路径损失模型中一致，最终接收的信号强度可以通过总电场计算得到，即

$$P_{\log-ray}(d)=\frac{E_{\log-ray}^2 G_r\lambda^2}{480\pi^2} \tag{7-91}$$

此外，除以上大量在 sub-6GHz 频段测量工作之外，第三代合作伙伴计划（3GPP）指定了如何在毫米波频率下对 V2V 信道进行建模。在 3GPP 的建模中，除了对高速场景和城市场景进行了区分外，还对环境遮挡和车辆遮挡进行了区分。在 V2V 系统中，路径损失被分为 Line of Sight（LoS，传播路径不会被车辆或环境物体阻挡）、Vehicle Non Line of Sight（NLoSv，LoS 路径被车辆等动态障碍物遮挡）、Non Line of Sight（NLoS，LoS 路径被建筑物等环境障碍物遮挡）三种状态。在此基础上，3GPP 给出了在城市和高速场景下 LoS 和 NLoS 情况对应的概率，见表 7－2。

表 7－2　3GPP 模型中 LoS 和 NLoS 概率

场景	高速		城市
$P_{\text{LoS}}(d)$	$d<475\text{m}$ $\min\{1,(2.1013\cdot10^{-6})d^2-0.002d+1.0193\}$	$d<475\text{m}$ $\max\{0,0.54-0.001(d-475)\}$	$\min\{1,1.05e^{-0.0114d}\}$
$P_{\text{NLoS}}(d)$	$1-P_{\text{LoS}}(d)$		

在 3GPP 模型的基础上，Boban 等[402]提出了一种扩展模型，考虑了 NLoSv 情况。在高速场景中，LoS 情况和 NLoS 情况对应概率为

$$P_*^H(d)=\min\{1,\max\{0,ad^2+bd+c\}\} \tag{7-92}$$

式中，d 为 Tx 和 Rx 距离，a、b、c 均为参数，$*$ 表示在 LoS 和 NLoS 情况时分别对应不同 a、b、c 的取值。而在城市场景中，*LoS* 情况和 *NLoSv* 情况对应概率为

$$P_*^U(d)=\min\{1,\max\{0,f(d)\}\} \tag{7-93}$$

式中，d 为 Tx 和 Rx 距离，$f(d)$ 为关于 d 的函数，$*$ 表示在 LoS 和 NLoSv 情况时分别对应不同的 $f(d)$ 函数。此扩展模型在城市和高速场景中不同车辆密度下的参数取值见表 7－3 和表 7－4。

表 7-3 扩展模型中 LoS、NLoSv 和 NLoS 概率

概率	密度	a	b	c	$f(d)$
$P_{LoS}(d)$	低密度	1.5×10^{-6}	-0.0015	1	$0.8548\times e^{-0.0064d}$
	中密度	2.7×10^{-6}	-0.0025	1	$0.8372\times e^{-0.0114d}$
	高密度	3.2×10^{-6}	-0.003	1	$0.8962\times e^{-0.0170d}$
$P_{NLoS}(d)$	低密度	-2.9×10^{-7}	0.00059	0.0017	$1-P^{U}_{LoS}(d)-P^{U}_{NLoSv}(d)$
	中密度	-3.7×10^{-7}	0.00061	0.0150	
	高密度	-4.1×10^{-7}	0.00067	0	
$P_{NLoSv}(d)$	低密度	$1-P^{H}_{LoS}(d)-P^{H}_{NLoS}(d)$			$1/0.0396d\times e^{\frac{(\ln d-5.2718)^2}{3.4827}}$
	中密度				$1/0.0312d\times e^{\frac{(\ln d-5.0063)^2}{2.4544}}$
	高密度				$1/0.0242d\times e^{\frac{(\ln d-5.0115)^2}{2.2092}}$

表 7-4 V2V 通信路径损失

场景	城市	高速
PL_{LoS}	$38.77+16.7\log_{10}d+18.2\log_{10}f_c+\chi_a$	$32.4+20\log_{10}d+20\log_{10}f_c+\chi_a$
PL_{NLoSv}	$PL_{LoS}+A_{NLoSv}$	$PL_{LoS}+A_{NLoSv}$
PL_{NLoS}	$36.85+30\log_{10}d+18.9\log_{10}f_c+\chi_a$	$36.85+30\log_{10}d+18.9\log_{10}f_c+\chi_a$

更进一步，3GPP 还给出了 LoS、NLoS 和 NLoSv 等不同状态下的路径损失计算方法，其中 f_c 为通信载波频率，χ_a 代表阴影（周围物体引起的信号功率波动的影响），A_{NLoSv} 建模为平均值 μ_a 和标准差 σ_a 的对数正态随机变量，且当 Tx 天线和 Rx 天线的最低高度大于障碍物遮挡高度时，$\mu_a=\sigma_a=0$，当 Tx 天线和 Rx 天线的最大高度小于障碍物遮挡高度时，$\mu_a=9+\max\{0,15\log_{10}d-41\}$ dB，$\sigma_a=4.5$dB，其他情况时，$\mu_a=5+\max\{0,15\log_{10}d-41\}$ dB，$\sigma_a=4$dB。

7.8 本章小结

信道遮挡模型是研究无线通信系统中信号传播特性的一个重要方面。在 A2G 和 V2V 通信中，信道遮挡现象会显著影响通信的可靠性和性能。本章总结了当前关于 A2G 和 V2V 信道遮挡模型的研究进展。信道遮挡模型主要分为两类：几何模型和统计模型。几何模型基于几何光学理论，考虑了障碍物的位置、大小、形状等因素，通过计算射线的直射、反射、绕射等路径来分析信号传播特性。统计模型基于大量测量数据，通过统计方法建立信号传播模型，主要考虑信号衰减、多径效应等。

对于 A2G 信道遮挡模型研究了不同地形条件（如城市）下的信道遮挡特性，分析了建筑物对信号传播的影响，讨论了不同频段下的信道遮挡特性。针对 V2V 信道遮挡模型研究了车辆移动、环境变化（如交通流量）对信道遮挡的影响，分析了不同类型车辆对信号传播的影响，也讨论了不同频段下的信道遮挡特性。

智能汽车C-V2X网联技术

第 8 章 感知辅助 V2X 通信

8.1 背景介绍

在未来的车辆到一切（Vehicle-to-Everything，V2X）网络中，感知和通信功能将相互交织。为了为自动驾驶汽车提供高精度定位和高吞吐量通信服务，5G 毫米波（Millimeter Wave，mmWave）和大规模多输入多输出（massive Multi-Input-Multi-Output，mMIMO）技术已被认为是有前景的解决方案。与仅具有基本定位能力的 4G 设备相比，毫米波频谱上可用的大带宽以及 mMIMO 天线阵列提供了 10cm 量级的距离分辨力和小于 1°的角分辨力[403]。此外，5G 毫米波技术还允许以小于 1s 的延迟进行 Gbit/s 数据传输[403]，这有利于高移动性车辆应用。

要充分发挥 mmWave 通信系统中 mMIMO 天线阵列定向传输带来的高数据速率的优势，发射器（Transmitter，TX）和接收器（Receiver，RX）波束必须完全对准[404]。此外，在用户设备（User Equipment，UE）有较强移动性时，还需要实时更新最佳波束以实现波束跟踪。然而，高移动性车载通信场景中的波束对准和跟踪面临以下两个难题。

1）波束对准的准确性。根据文献[405]中的实验数据，在波束宽度为 7°的情况下，18°的波束对准偏差会使链路预算降低约 17dB，使最大吞吐量降低达 6Gbit/s。

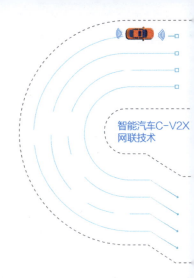

2）波束切换的快速性。由于无线信道的快速变化，对于高定向性窄波束的波束训练会造成巨大的开销，尤其是在高移动性场景中[406]。由于信道出发角（Angle of Departure，AoD）和到达角（Angle of Arrival，AoA）变化迅速，

这意味着波束训练需要迅速完成，并且波束更新频率需要随着信道变化速度的增加而大大增加。

鉴于上述背景，通信感知一体化（Integrated Sensing and Communication，ISAC）为 mmWave 高移动性场景中的波束跟踪提供了一种新的解决方案。具体来说，mmWave 通信系统较传统通信系统所具有的更高的频段、更宽的带宽、更大规模的天线阵列使高精度、高分辨感知成为可能，从而可以在同一系统中实现 ISAC，使通信与感知功能相辅相成。通信节点通过发送和接收无线信号，可以更好地感知和理解周围物理世界。通过从无线信号中获取距离、速度、角度等物理信息，可以提供高精度定位、动作识别、目标的检测和追踪、成像等广泛的新服务[407]。同时，无线电感知所提供的高精度定位、成像和环境重构能力可以帮助提升 mmWave 通信性能，例如更准确的波束成形、更低的信道状态信息（Channel State Information，CSI）追踪开销[408]，实现“感知辅助通信”（Sensing-Assisted Communication）。

8.1.1 高移动性场景中的波束跟踪与预测

mmWave 波束对准用于确定最佳波束方向，以提供最佳波束成形增益。然而，定向链路建立后，由于用户的移动性以及环境的快速变化，先前的波束对准将很快出现偏差，轻微的波束偏差可能会造成严重的性能损失，导致数据传输速率降低或链路意外中断[409]。因此，波束跟踪对保持定向通信质量至关重要，并有助于加速波束训练过程。一方面，如果波束跟踪频率过高，会大量占用数据传输资源进而降低通信速率。反之，如果波束跟踪频率过低，将无法有效跟踪高速运动的 UE，若跟踪失败，只能通过波束扫描等方案重新建立基站（Base Station，BS）与 UE 之间的连接，导致更大的训练开销。因而，波束跟踪的频率与 UE 移动速度需要相匹配。现有关于波束跟踪与预测的研究主要有基于贝叶斯统计的方案以及基于机器学习的方案。

基于贝叶斯统计的研究主要包括基于卡尔曼滤波（Kalman Filtering，KF）及其变种的方案[410-413]以及基于粒子滤波[414]（Particle Filtering，PF）的方案。文献[410]提出了一种基于 KF 的波束跟踪方法，用于跟踪目标 AoD/AoA 的波动，并可以对信道的突然变化（如阻塞）做出调整。扩展卡尔曼滤波（Extended KF，EKF）是针对目标状态转移或观测中存在的非线性所提出的 KF 变种，它通过局部一阶线性化来解决非线性问题，通常需要计算雅可比矩阵。

文献[411]提出了一种基于 EKF 的波束跟踪方法，用于跟踪单个时变的最佳波束对。为进一步克服 EKF 的不足，文献[413]提出了一种基于无迹卡尔曼滤波（Unscented KF，UKF）的波束跟踪方法，在系统非线性的情况下同时跟踪和预测发射和接收波束方向。PF 的概念是以蒙特卡洛方法为基础的，它使用粒子群来表达目标状态的概率分布，可应用于任何状态空间模型。由于 PF 在非线性和非高斯系统中的优越性，它可广泛应用于高移动场景下的波束跟踪[415]。文献[414]给出了基于序列重要性重采样 PF 以及辅助 PF 的波束跟踪方法以建立鲁棒和精确的波束跟踪，实现了较 EKF 更好的跟踪性能。

一方面，基于 KF 的波束跟踪与预测算法首先需要建立动态信道模型。另一方面，考虑到机器学习算法拥有很强的自适应学习能力，可以很好地捕捉复杂的信道和环境动态，因而其是波束跟踪与预测的一个重要解决方案。文献[416]采用了长短期记忆（Long Short-Term Memory，LSTM）框架来创建预测模型，利用历史 CSI 信息来估计和预测车载通信场景下的信道。而文献[417]则基于 LSTM 结构，通过包括信干噪比（Signal to Interference plus Noise Ratio，SINR）及接收信号功率在内的历史测量来预测最佳波束。此外，文献[418]提出了一种基于信道指纹数据库的波束跟踪方法，该数据库包含波束成形增益与用户位置之间的映射关系，可显著提高波束跟踪效率。文献[419]提出基于深度 Q 学习的在线波束跟踪方案，以最大化视距（Line-of-Sight，LoS）信道的接收 SINR。

8.1.2　基于感知辅助的波束跟踪与预测

上述波束跟踪与预测的方案大多是基于通信角度的设计，即使用预先设计的码本或导频发送通信信号给 UE，UE 接收信号并测量信号强度或者估计 AoA/AoD 等信息后将其反馈给 BS，以便 BS 能够动态设计波束成形矢量实现与 UE 之间的波束对准。但频繁地发送导频信息以及上行反馈会造成巨大的通信开销。ISAC 是未来 6G 无线通信系统的关键技术[420-421]，通过将感知和通信系统设计为共享相同的频带和硬件，可以进一步提高 mmWave 频谱效率并降低硬件成本，同时通过集成感知与通信功能显著降低波束配置开销。如图 8-1 所示，根据 3GPP 最新的讨论㊀，ISAC 系统中根据感知信号的 TX 和 RX 是否是同一设备以

㊀ https://www.3gpp.org/ftp/TSG_RAN/WG1_RL1/TSGR1_116b/Docs/R1-2402600.zip。

及相应的设备类型，可将感知分为六种类型：BS 单站感知、BS 双站感知、UE 单站感知、UE 双站感知、BS 到 UE 的双站感知、UE 到 BS 的双站感知。其中，ISAC 通信节点通过使用无线电信号感知信道以及目标状态等信息，有助于提高波束对准与跟踪的准确性并降低相应的开销。

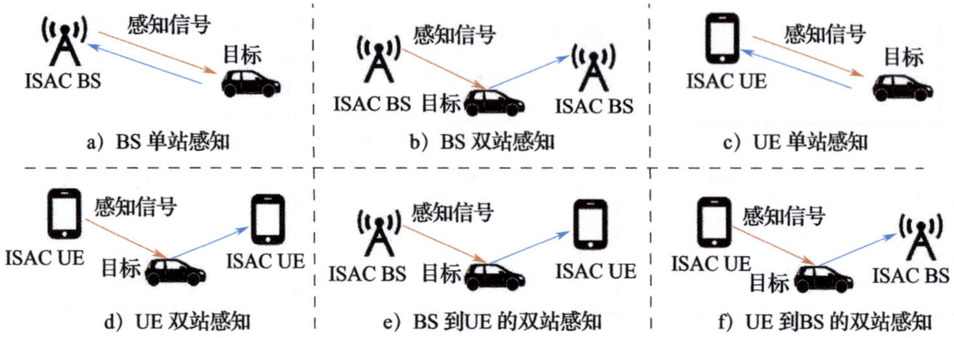

图 8-1 ISAC 系统中的六种感知模式

为同时实现感知与通信功能，双功能雷达通信（Dual Functional Radar Commu-nication，DFRC）[422]系统的研究近年来引起了学术界和工业界的广泛关注，它使单个设备能够提供雷达感知和通信的双重功能，并且无需单独发送任何感知信号。文献[423]使用了经典的雷达线性调频信号作为信息传输和感知的载体。然而，这种方案只能支持相当低的数据传输速率。此外，为了利用正交频分复用（Orthogonal Frequency Division Multiplexing，OFDM）波形良好的时频去耦特性，文献[424]提出将 OFDM 通信信号用于雷达感知，其中时延和多普勒参数可以被独立估计。此外，文献[425]研究了使用正交时频空（Orthogonal Time Frequency Space，OTFS）调制的联合雷达参数估计与通信系统，在多径时频选择性信道中，提出了一种高效的近似最大似然算法用于估计目标的距离和速度，并展示了 OTFS 在保持通信速率的同时，能够实现与现有雷达波形相当的雷达估计性能。除了频域之外，先进 MIMO 技术的快速发展使 DFRC 能够探索空间域，以促进 ISAC 的实现。文献[426]为 DFRC 部署了 MIMO 雷达，其使用主瓣实现目标检测，同时可以通过自适应控制旁瓣功率来传输通信信息。为了进一步提高雷达和通信的整体性能，文献[422]开发了一种联合发射波束成形方案，以在通信服务质量的约束下优化雷达目标感知精度。

为了在高移动性通信场景中实现更准确的波束对准以及更快的通信速率，对应于图 8-1 中的 BS 单站感知场景，文献[427]为车辆到基础设施（Vehicle-to-Infrastructure，V2I）通信开发了一种雷达辅助波束对准方法，其中除通信系统外，还在 BS 上部署了额外的雷达设备，这不可避免地导致较高的硬件成本。有鉴于此，文献[428]设计了一种基于 EKF 的 ISAC 感知辅助 V2I 波束跟踪与预波束成形方案。其中 BS 发射下行 ISAC 信号与目标车辆进行通信，同时接收后向回波以跟踪和预测目标车辆的运动参数，并基于预测的目标运动参数设计下一时隙的最佳预波束。该方案与传统方案的对比如图 8－2 所示，与图 8－2b 所示的基于通信反馈的方案相比，文献[428]所提方案无需上行链路反馈，能够避免频繁发送导频进行波束跟踪所带来的通信开销。为进一步提高该方法的性能，文献[429]利用消息传递技术来预测基于贝叶斯框架的目标运动参数，与基于 EKF 的 ISAC 方法相比，所提出的方案具有相对较低的计算复杂度，并且波束跟踪性能得到提升。文献[430]提出一种基于 PF 的 V2I 波束跟踪方案，其目标跟踪性能优于文献[428]中的 EKF 方案。文献[431]进一步提出了在车联网中基于深度学习的 ISAC 预波束成形方法，通过利用历史信道特征直接预测下一时隙的波束成形矩阵，以最大化 ISAC 系统的平均可达和速率并保证车辆的运动参数估计精度。此外，针对复杂场景中的 ISAC 波束跟踪，文献[432]提出了一种无需显式状态演化模型的目标跟踪方案，实现了在曲线道路下的波束跟踪与预波束成形。文献[433]提出了一种基于道路几何感知的 ISAC 波束跟踪与预波束成形方法，通过在 V2I 网络中应用路标坐标系统和交互多模型 EKF（Interacting Multiple Model EKF，IMM. EKF）框架，以提高在复杂三维道路几何形状上行驶车辆的波束跟踪精度和通信速率。

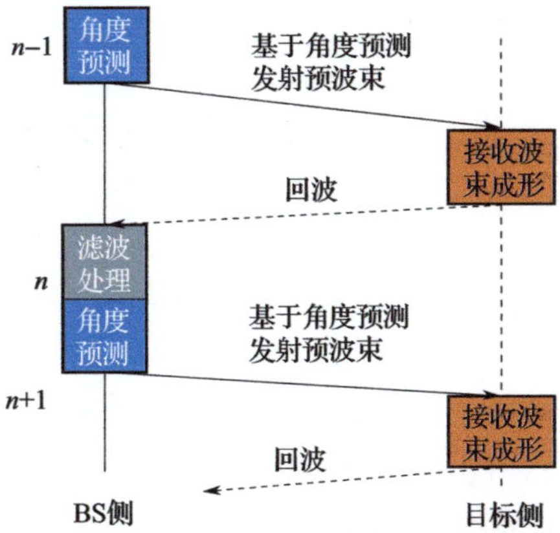

a）基于感知辅助的EKF波束跟踪示意图[428]

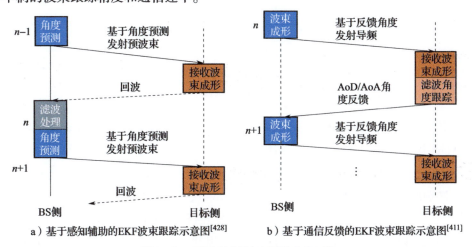

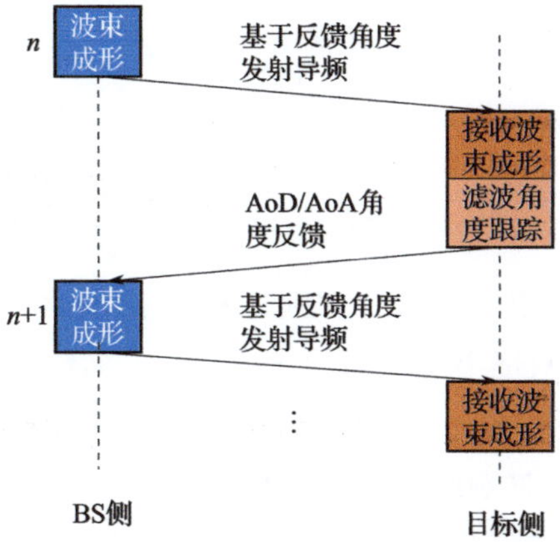

b）基于通信反馈的EKF波束跟踪示意图[411]

图 8－2　不同 EKF 波束跟踪方案对比

本章基于现有关于感知辅助 V2X 通信的相关研究，分别利用 ISAC 后向回波以及 ISAC 多径回波设计了基于感知辅助的 V2X 波束跟踪及预波束成形方案。

8.2 基于后向回波的感知辅助 V2X 通信

本节使用 ISAC 后向回波为存在障碍物场景中的 V2X 通信设计鲁棒性的波束跟踪与与波束成形方案。具体地，考虑到 mmWave 通信对阻塞很敏感，在现实车载通信场景中应考虑障碍物对通信链路的影响。此时，为确保对目标车辆跟踪的准确性，必须识别目标车辆接收到的 ISAC 后向回波信号是来自于目标车辆还是障碍物。为了填补上述技术空白，本节提出一种基于非视距（Non Line of Sight，NLoS）链路识别和 EKF 的具有鲁棒性的波束跟踪与预波束成形框架，其与现有方案的对比如图 8-3 所示。具体地，该方案在更新车辆跟踪状态和预波束成形之前进行 NLoS 识别以判断当前 LoS 链路是否被障碍物阻塞。若被阻塞，BS 可及时调整目标跟踪以及通信链路以避免目标丢失或链路中断。

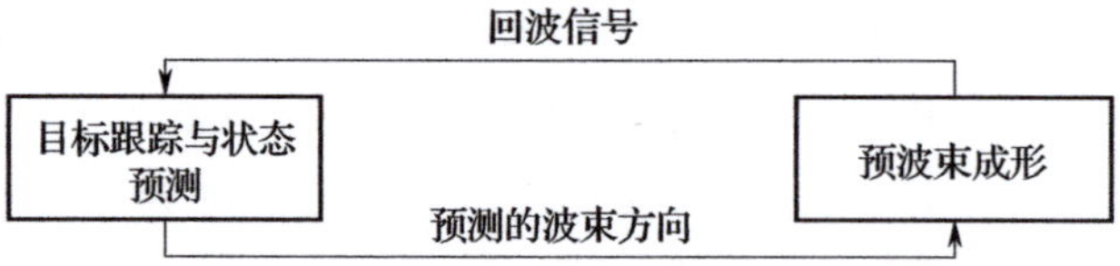

a）LoS场景中的车联网波束跟踪与预波束成形方案[428]

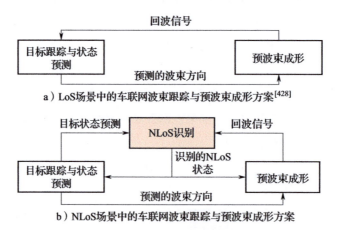

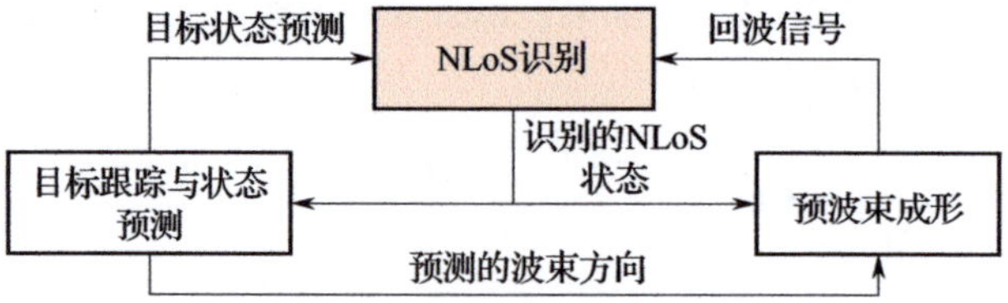

b）NLoS场景中的车联网波束跟踪与预波束成形方案

图8-3　具有 NLoS 识别的预波束成形方案与现有方案对比

其中，NLoS 识别是无线通信中的一个重要问题，对此已有很多研究。现有的 NLoS 识别方法大致可分为三类：①基于距离估计统计量差异的判别方法[434-435]，即基于障碍物和目标车辆与 BS 之间的距离差异进行判断；②基于信道脉冲响应序列的统计参数差异的判别方法[436]；③基于周围环境感知的判别方法[437]。以上三类方法均通过 UE 端接收信号并将 NLoS 识别结果反馈至 BS，通常计算成本以及通信资源成本高昂。本节提出利用基于 ISAC 回波信号提取的目标状态参数和 EKF 预测的目标状态参数来进行动态 NLoS 识别，该技术避免了

UE识别NLoS状态后通过上行通信反馈给BS的开销，复杂度较低，因此对高动态V2I通信颇具吸引力。如图8－3b所示，该方案根据回波信号推断出的目标运动参数和基于目标跟踪算法预测出的目标车辆状态信息，BS可基于假设检验方法识别NLoS状态并确定回波信号来自于目标车辆还是障碍物。后一种情况意味着目标车辆与BS之间的LoS链路被阻断。因此，BS可以切换到对阻塞不敏感的Sub-6G频段与目标车辆进行通信，以保证必要的信息传输（如与车辆安全相关的信息）。此外，如果回波信号不是由目标车辆反射的，则从回波信号中提取的状态参数并不代表目标车辆的真实运动参数。因此，BS应跳过当前时隙的观测数据对目标车辆进行跟踪。另一方面，如果回波信号来自于目标车辆（即当前链路识别为LoS），那么从回波信号中提取的状态参数可用于对目标车辆的跟踪，BS将相应地向目标车辆预测方向发射定向波束以保持与目标车辆的毫米波通信链路。

8.2.1　系统模型

考虑一个V2I通信系统，其中BS为单个目标车辆服务，如图8－4所示。BS配备有具有N_t个发射天线和N_r个接收天线的ULA。这允许BS接收回波信号以感知目标车辆的状态，包括其距离、速度、多普勒频移以及反射系数，同时确保BS向车辆不间断进行下行链路数据传输。目标车辆沿与BS天线阵列平行的直道行驶。在目标跟踪与预波束成形过程中，BS与目标车辆之间的LoS链

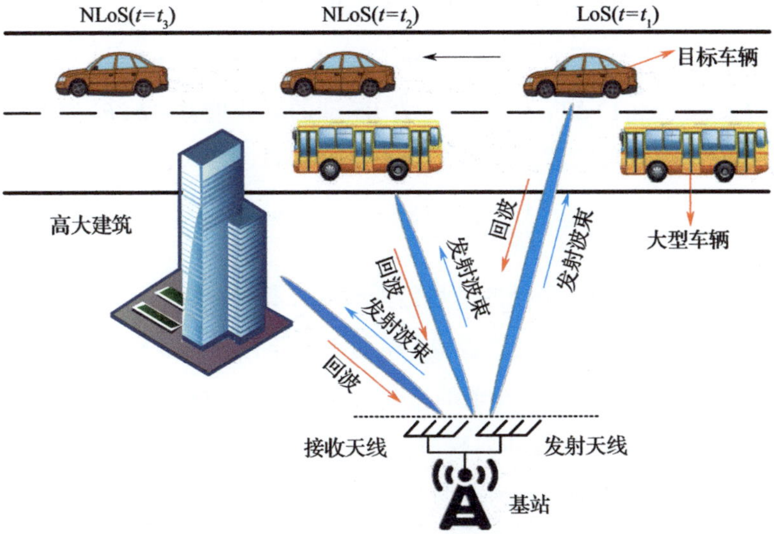

图8－4　具有NLoS识别的后向回波感知辅助V2I预波束成形系统模型

路可能会被相邻车道上的大型车辆（如 $t=t_2$）或周围建筑物（如 $t=t_3$）等障碍物阻挡从而导致 V2I 链路中断。为聚焦 BS 端的信号处理与 NLoS 链路识别，假设车辆具有单个天线。在 NLoS 链路存在的场景中，为确保 BS 和目标车辆之间的可靠感知和通信，所提出的方案包括在 NLoS 链路场景中的链路状态识别、目标跟踪以及预波束成形。

1. 后向回波感知信号模型

将在第 n 个时隙发送的下行链路 ISAC 信号表示为 $s_n(t)$ 并假设 $\mathbb{E}(|s_n(t)|^2)=1$，则 BS 经 N_t 个天线传输的下行信号可以表示为

$$\boldsymbol{s}_n(t)=\boldsymbol{f}_n s_n(t) \in \mathbb{C}^{N_t\times 1} \tag{8-1}$$

式中，$n\Delta T \leqslant t<(n+1)\Delta T$；$\boldsymbol{f}_n \in \mathbb{C}^{N_t\times 1}$ 为发送波束成形矢量，具体可表示为

$$\boldsymbol{f}_n=\sqrt{p_n}\boldsymbol{a}(\hat{\theta}_{n|n-1}) \tag{8-2}$$

式中，p_n 为第 n 个时隙的发送功率；$\hat{\theta}_{n|n-1}$ 为车辆在第 $n-1$ 个时隙对第 n 个时隙的一步预测角度，$\boldsymbol{a}(\theta)$ 为发送天线导向矢量，具体表示为

$$\boldsymbol{a}(\theta)=\frac{1}{\sqrt{N_t}}[1, \mathrm{e}^{-\mathrm{j}\pi\cos\theta}, \cdots, \mathrm{e}^{\mathrm{j}\pi(N_t-1)\cos\theta}]^{\mathrm{T}} \tag{8-3}$$

其中 ULA 天线采用标准半波长天线间距。通过使用波束成形矢量 $\boldsymbol{f}_n$，波束将向预测的目标车辆角度方向发射定向波束以建立可靠通信链路。

在第 n 个时隙中，如果 BS 和目标车辆之间为 LoS 链路，则 BS 接收到的目标车辆在第 n 个时隙期间的后向回波信号可以表示为

$$\boldsymbol{r}_n^{\mathrm{los}}(t)=\zeta\beta_n^{\mathrm{los}}\mathrm{e}^{\mathrm{j}2\pi\mu_n^{\mathrm{los}}t}\boldsymbol{b}(\theta_n)\boldsymbol{a}^{\mathrm{H}}(\theta_n)\boldsymbol{f}_n s_n(t-\tau_n^{\mathrm{los}})+\boldsymbol{z}_n(t) \tag{8-4}$$

式中，$n\Delta T \leqslant t<(n+1)\Delta T$；$\zeta=\sqrt{N_t N_r}$ 为 BS 端的天线增益；$\boldsymbol{b}(\theta)$ 为 BS 接收天线阵列对应的接收导向矢量，与 $\boldsymbol{a}(\theta)$ 具有类似的表达方式，具体为

$$\boldsymbol{b}(\theta)=\frac{1}{\sqrt{N_r}}[1, \mathrm{e}^{-\mathrm{j}\pi\cos\theta}, \cdots, \mathrm{e}^{\mathrm{j}\pi(N_r-1)\cos\theta}]^{\mathrm{T}} \tag{8-5}$$

另外，$\tau_n^{\mathrm{los}}=2d_n^{\mathrm{los}}/c$ 是 LoS 路径的信号传播时延，其中 d_n^{los} 表示 LoS 情况下目标车辆与 BS 之间的距离；$\mu_n^{\mathrm{los}}=2v_n^{\mathrm{los}}\cos\theta_n f_c/c$ 是 LoS 路径下的多普勒频移，其中 v_n^{los} 和 θ_n 分别表示 LoS 情况下目标车辆的速度以及回波的 AoA；$\boldsymbol{z}_n(t)\in\mathbb{C}^{N_r\times 1}$ 是均值为零、方差为 σ_s^2 的加性复高斯白噪声，即 $\boldsymbol{z}_n(t)\sim\mathcal{CN}(\boldsymbol{0}_{N_r\times 1}, \sigma_s^2\boldsymbol{I}_{N_r\times N_r})$。$\beta_n^{\mathrm{los}}=|\beta_n^{\mathrm{los}}|\mathrm{e}^{\mathrm{j}\phi}$ 是包含路径损耗和 RCS 的复反射系数，其中假设 ϕ 已知。根据雷达方程[438]，可将反射系数 β_n^{los} 建模为 dB 形式：

$$\rho_n^{\mathrm{los}} \triangleq |\beta_n^{\mathrm{los}}|[\mathrm{dB}] = \left[\frac{\lambda\,|\varepsilon_n^{\mathrm{los}}|}{(4\pi)^{3/2}(d_n^{\mathrm{los}})^2}\right][\mathrm{dB}]$$
$$= -22.7 + 10\log_{10}|\varepsilon_n^{\mathrm{los}}| - 10\log_{10} f_c[\mathrm{GHz}] - 20\log_{10} d_n^{\mathrm{los}}[\mathrm{m}] \tag{8-6}$$

式中，$\varepsilon_n^{\mathrm{los}}$ 为目标车辆在第 n 个时隙的雷达散射截面（Radar Cross Section，RCS）。在本节中，假设目标车辆属于斯特林 I 类目标[439]，即 RCS 在所有时隙内保持恒定。

另一方面，如果 BS 和目标车辆之间的 LoS 链路被障碍物阻挡，则在 BS 处接收到的后向回波信号是下行 ISAC 信号经过障碍物反射回到 BS 的，具体表示为

$$\boldsymbol{r}_n^{\mathrm{nlos}}(t) = \zeta\beta_n^{\mathrm{nlos}} \mathrm{e}^{\mathrm{j}2\pi\mu_n^{\mathrm{nlos}}t} \boldsymbol{b}(\theta_n)\boldsymbol{a}^{\mathrm{H}}(\theta_n)\boldsymbol{f}_n s_n(t-\tau_n^{\mathrm{nlos}}) + z_n(t) \tag{8-7}$$

式中，τ_n^{nlos}、μ_n^{nlos}、β_n^{nlos} 分别为对应于 NLoS 情况下的时延、多普勒频移以及反射系数。注意，由于目标车辆和障碍物被建模为点目标，因此接收到的回波信号，无论是由目标车辆还是障碍物反射的，都具有相同的回波到达角（AoA），为 θ_n。记比较式（8－4）和式（8－7）中的信号模型，目标车辆和障碍物反射的回波信号在以下参数方面有所不同。

1）时延：由于障碍物位于 BS 和目标车辆之间，因此障碍物与 BS 之间的距离小于目标车辆与 BS 之间的距离。因此，障碍物与目标车辆对应的时延不同，可将时延差异建模为 $\tau_n^{\mathrm{los}} = \tau_n^{\mathrm{nlos}} + \tau_n^{\mathrm{b}}$，其中 $\tau_n^{\mathrm{b}} > 0$ 为 NLoS 差异因子。

2）多普勒频移：由于障碍物与目标车辆的速度可能不同，因此其对应的多普勒频移可能不同。可将多普勒频移差异建模为 $\mu_n^{\mathrm{los}} = \mu_n^{\mathrm{nlos}} + \mu_n^{\mathrm{b}}$，其中 μ_n^{b} 为 NLoS 差异因子。

3）反射系数：由于障碍物可能与目标车辆具有不同的尺寸、表面材料和到 BS 的距离，因此障碍物和目标车辆对应的反射系数可能不同。具体地，基于式（8－6）中给出的反射系数，可将障碍物和目标车辆反射系数的差异建模为 $\rho_n^{\mathrm{los}} = \rho_n^{\mathrm{nlos}} + \rho_n^{\mathrm{b}}$，其中 ρ_n^{b} 为 NLoS 差异因子。

需要说明的是，基于式（8－6），LoS 与 NLoS 情况下的反射系数差异以比例的形式体现，即

$$k = \frac{\beta_n^{\mathrm{nlos}}}{\beta_n^{\mathrm{los}}} = \frac{\varepsilon_n^{\mathrm{nlos}}\,(d_n^{\mathrm{los}})^2}{\varepsilon_n^{\mathrm{los}}\,(d_n^{\mathrm{nlos}})^2} \tag{8-8}$$

使用 dB 形式的反射系数 ρ_n 可将两种情况下反射系数的差异转化为差值，从而能够与时延差异和多普勒频移差异的建模一致。

LoS 与 NLoS 情况下的回波信号参数差异通过 ρ_n^{b}、τ_n^{b} 和 μ_n^{b} 来表征，可以将其建模为随机变量。其中上标“b”代表阻塞。ρ_n^{b}、τ_n^{b} 和 μ_n^{b} 的概率密度函数（Probability Density Function，PDF）取决于实际通信环境，例如障碍物的类型和分布，可以根据实地测试和数据拟合来确定。在接下来的讨论中，假设 ρ_n^{b}、τ_n^{b} 和 μ_n^{b} 的 PDF 是已知的，并分别用 $p(\rho_n^{\mathrm{b}})$、$p(\tau_n^{\mathrm{b}})$ 和 $p(\mu_n^{\mathrm{b}})$ 表示，其中 $\tau_n^{\mathrm{b}}=\dfrac{2d_n^{\mathrm{b}}}{c}$，$\mu_n^{\mathrm{b}}=\dfrac{2v_n^{\mathrm{b}}f_c\cos\theta_n}{c}$。

2. 通信信号模型

由于下行链路通信和感知共享相同的 ISAC 发射信号，因此在 LoS 链路条件下在车辆处接收到的下行链路通信信号表示为

$$y_n^{\mathrm{los}}(t)=\sqrt{N_{\mathrm{t}}}\alpha^{\mathrm{los}}\boldsymbol{a}^{\mathrm{H}}(\theta_n)\boldsymbol{f}_n s_n(t-\tau_{n,C}^{\mathrm{los}})+z_n^{C}(t) \tag{8-9}$$

式中，$n\Delta T\leqslant t<(n+1)\Delta T$；$\tau_{n,C}^{\mathrm{los}}=d_n^{\mathrm{los}}/c$ 为时延；$z_n^C(t)\sim\mathcal{CN}(0,\sigma_C^2)$ 是均值为零、方差为 σ_C^2 的加性复高斯白噪声；α_n^{los} 为路径损耗系数，可以根据文献[440]将其建模为

$$|\alpha_n^{\mathrm{los}}|^2[\mathrm{dB}]=-\mathrm{FSPL}(f_c,1\mathrm{m})[\mathrm{dB}]-10\varrho\log_{10}(d_n^{\mathrm{los}})-\chi_\sigma \tag{8-10}$$

式中，ϱ 为路损因子；$\mathrm{FSPL}(f_c,1\mathrm{m})[\mathrm{dB}]=20\log_{10}\left(\dfrac{2\pi f_c}{c}\right)$ 表示在载波频率 f_c 下参考距离 1m 处的自由空间路径损耗，单位为 dB；χ_σ 是具有标准偏差 σ 的对数正态阴影衰落随机变量。而当目标车辆与 BS 之间的 LoS 链路被障碍物阻挡时，对应的路径损耗为

$$|\alpha_n^{\mathrm{nlos}}|^2=\Gamma|\alpha_n^{\mathrm{los}}|^2 \tag{8-11}$$

式中，Γ 为毫米波频段的穿透损耗。则目标车辆侧的接收端信噪比（Signal-to-Noise Ratio，SNR）可表示为

$$\mathrm{SNR}_n=\frac{N_{\mathrm{t}}|\alpha_n^{\mathrm{los}}|^2|\boldsymbol{a}^{\mathrm{H}}(\theta_n)\boldsymbol{f}_n|^2}{\sigma_C^2} \tag{8-12}$$

根据香农定理，基于式（8-12），目标车辆侧的下行可达通信速率可以推导得

$$\begin{aligned}C_n^{(1)}&=W^{(1)}\log_2(1+\mathrm{SNR}_n)\\&=W^{(1)}\log_2\left[1+\frac{p_n|\alpha_n^l|^2}{N_{\mathrm{t}}\sigma_C^2}\frac{\sin^2(\pi N_{\mathrm{t}}\Theta_n/2)}{\sin^2(\pi\Theta_n/2)}\right]\end{aligned} \tag{8-13}$$

式中，$l\in\{\mathrm{LoS},\mathrm{NLoS}\}$；$W^{(1)}$ 为毫米波频段的带宽；$\Theta_n=\cos(\hat{\theta}_{n|n-1})-\cos(\theta_n)$

表示 BS 对目标车辆 AoA 的预测误差。从式（8-13）中可以看出，下行可达速率随着预测 AoA$\hat{\theta}_{n|n-1}$的准确性增加而增加。

而当当前链路状态被识别为 NLoS 时，可以将 BS 切换到对链路阻塞敏感性不高的 Sub-6G 频段进行通信，以避免障碍物造成的 V2I 链路中断。此时，BS 通过单天线与目标车辆进行通信。与式（8-10）以及式（8-11）类似，此时 BS 和目标车辆之间链路的路径损耗模型可以建模为

$$h_n[\mathrm{dB}] = -\mathrm{FSPL}(f_c', 1\mathrm{m})[\mathrm{dB}] - 10\varrho\log_{10}(d_n^{\mathrm{los}}) - \chi_\sigma - \Gamma'[\mathrm{dB}] \tag{8-14}$$

式中，f_c'为 Sub-6G 频段的载波频率；Γ'为 Sub-6G 频段障碍物造成的损耗。在此基础上，目标车辆处的接收 SNR 可表示为

$$\mathrm{SNR}_n^{(2)} = \frac{h_n p_n}{\sigma_{C,1}^2} \tag{8-15}$$

式中，$\sigma_{C,1}^2$为 Sub-6G 频段的噪声方差。由于 Sub-6G 频段的带宽与 mmWave 不一致，因而其噪声与 σ_C^2 不一致。此时，目标车辆处的可达通信速率由下式给出：

$$C_n^{(2)} = W^{(2)}\log_2[1 + \mathrm{SNR}_n^{(2)}] \tag{8-16}$$

式中，$W^{(2)}$表示 Sub-6G 频带的通信带宽。通常情况下 mmWave 频段 $W^{(1)} \gg W^{(2)}$，同等接收 SNR 情况下，mmWave 通信由于大带宽因而通信速率较 Sub-6G 通信大大提升。但在 BS 与目标车辆之间的 LoS 链路被障碍物阻挡时，由于 mmWave 穿透损耗远大于 Sub-6G 频段，其对应的 SNR 远小于 Sub-6G 信号的 SNR，从而会导致其通信速率相比 Sub-6G 频段反而更低，即 $C_n^{(1)} < C_n^{(2)}$。因此，在当前 V2I 链路为 NLoS 时，使用低频通信能够获得更高的通信速率，但前提是需要准确判断当前链路是否为 NLoS 链路，否则反而会丧失 LoS 信道条件下 mmWave 大规模 MIMO 带来的通信速率增益。

3. 问题分解与建模

当目标车辆与 BS 之间存在随机障碍物时，要利用 ISAC 信号感知辅助目标跟踪以及预波束成形进而提升 V2I 链路的可靠性，在每个时隙都有以下两个主要问题需要解决。

1）目标跟踪与状态预测：作为波束跟踪以及预波束成形的前提，需要设计存在障碍物场景中的目标车辆状态跟踪和预测的方案。需要注意的是，链路状态（LoS/NLoS）决定了回波信号是否可以用作目标车辆跟踪的观测输入。假设单次 NLoS 链路持续的时隙数量小于 N_b，其具体取决于障碍物的大小、目标车辆与障碍物的相对运动速度等因素。然后，可将第 $n+1$ 个时隙中车辆状态的预

测表示为

$$\hat{\boldsymbol{x}}_{n+1}^{\mathrm{p}}=\boldsymbol{q}(\mathcal{S}_n;\ \mathcal{I}_n),\tag{8-17}$$

式中，$\mathcal{S}_n$ 和$\mathcal{I}_n$ 表示过去 N_b 个时隙中 BS 接收到的 ISAC 回波信号以及识别出的链路状态，具体分别表示为

$$\begin{aligned}\mathcal{S}_n&=\{\boldsymbol{r}_n(t),\ \boldsymbol{r}_{n-1}(t),\ \cdots,\ \boldsymbol{r}_{n+1-N_b}(t)\}\\ \mathcal{I}_n&=\{b_n,\ b_{n-1},\ \cdots,\ b_{n+1-N_b}\}\end{aligned}\tag{8-18}$$

式中，$b_{n-i}\in\{0,1\}$，$i=0,1,\cdots,N_b-1$ 为过去 N_b 个时隙的 NLoS 标志。其中 $b_{n-i}=0$ 表示第 $n-i$ 个时隙被识别为 LoS 链路，$b_{n-i}=1$ 表示第 $n-i$ 个时隙被识别为 NLoS 链路。详细的基于 EKF 的目标车辆状态跟踪与预测方案和 $\boldsymbol{q}(\cdot)$ 的设计将在 8.2.2 节中进行详细说明。

2）NLoS 链路识别：基于式（8-4）以及式（8-7）中描述的两种链路状态下的 ISAC 回波信号模型，第 n 个时隙的 NLoS 识别问题可以建模为以下二元假设检验（Binary Hypotheis Test，BHT）问题：

$$\boldsymbol{r}_n(t)=\begin{cases}\mathcal{H}_0:\ \boldsymbol{r}_n^{\mathrm{los}}(t)\\ \mathcal{H}_1:\ \boldsymbol{r}_n^{\mathrm{nlos}}(t)\end{cases}\tag{8-19}$$

式中，假设$\mathcal{H}_0$ 代表 LoS 链路，而$\mathcal{H}_1$ 代表 NLoS 链路，BHT 问题的具体解决方法将在 8.2.3 节中进行详细阐述。

8.2.2 NLoS 场景中基于 EKF 的目标跟踪

根据 8.2.1 节中的问题建模，为了实现在 NLoS 场景中对目标车辆进行波束跟踪以及预波束成形，首先需要考虑在 NLoS 场景的目标跟踪与状态预测。具体地，在目标车辆运动的过程中，若目标与 BS 之间存在障碍物（如大型车辆与建筑物），则当前时隙的回波来自于障碍物而非目标车辆，因而需要考察当前的回波观测是否来自目标车辆，即是否为可用观测，进而能够及时调整目标跟踪方案，避免目标丢失。接下来就具体的目标车辆状态转移以及回波观测模型阐述 NLoS 场景中的目标跟踪方法。

1. 车辆状态转移模型

目标车辆跟踪是进行有效预波束成形的重要步骤。目标车辆的运动由状态转移模型描述，如图 8-5 所示。以 BS 为坐标系的原点，将目标车辆在第 n 个时隙的状态表示为 $\boldsymbol{x}_n=[d_n,v_n,\theta_n,\rho_n]^{\mathrm{T}}$，其中 θ_n 定义为发送波束与 x 轴正方向之间的夹角。

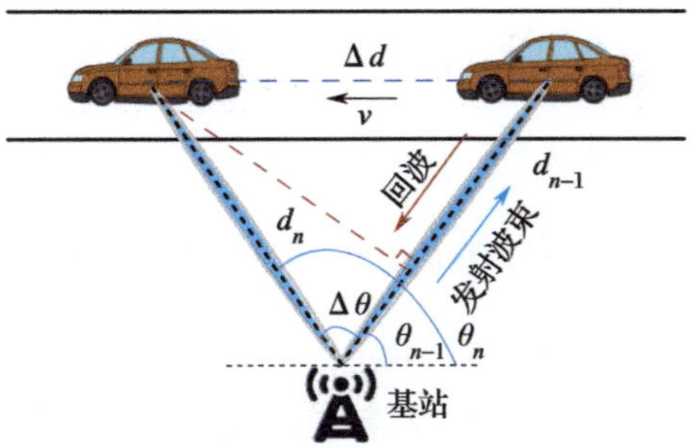

图 8-5　所考虑的 V2I 网络目标状态演化模型

假设目标车辆的速度在每个时隙内保持恒定，持续时间为 ΔT，因此车辆位移为 $\Delta d = v\Delta T$。对于目标距离 d_n、角度 θ_n 以及速度 v_n 的状态转移分析已在文献 [428] 中给出。而在分析反射系数的 dB 形式 ρ_n 的演变时，基于式（8-6）有

$$\begin{aligned}\rho_n &= \rho_{n-1} - 20\log_{10}\left(\frac{d_n}{d_{n-1}}\right)\\ &\approx \rho_{n-1} - 20\log_{10}\left(1 - \frac{\Delta d\cos\theta_{n-1}}{d_{n-1}}\right)\\ &\approx \rho_{n-1} + \frac{20}{\ln 10}\frac{\Delta d\cos\theta_{n-1}}{d_{n-1}}\end{aligned} \tag{8-20}$$

其中最后一行的近似为 $y = \log_{10}x$ 在 $x = 1$ 处的一阶泰勒展开，因为车辆与 BS 之间的距离在 ΔT 内不会发生太大变化，即 $\Delta d \ll d_{n-1}$。然后，可以将目标车辆的状态转移模型总结为

$$d_n = d_{n-1} - \hat{v}_{n-1}\Delta T\cos\hat{\theta}_{n-1} + w_d \tag{8-21}$$

$$v_n = v_{n-1} + w_v \tag{8-22}$$

$$\theta_n = \theta_{n-1} + \hat{d}_{n-1}^{-1}\hat{v}_{n-1}\Delta T\sin\hat{\theta}_{n-1} + w_\theta \tag{8-23}$$

$$\rho_n = \rho_{n-1} + 20(\ln 10)^{-1}\hat{d}_{n-1}^{-1}\hat{v}_{n-1}\Delta T\cos\hat{\theta}_{n-1} + w_\rho \tag{8-24}$$

式中，w_d，w_v，w_θ 和 w_ρ 表示相应的状态转移噪声，假设其均为零均值高斯分布，方差分别为 σ_d^2，σ_v^2，σ_θ^2 和 σ_ρ^2。

2. 基于 EKF 的目标跟踪

对于接收到的 $\boldsymbol{r}_n^l(t)$，$l \in \{\text{LoS}, \text{NLoS}\}$，可以通过匹配滤波技术[441]从回波信号的时延多普勒域中获得目标车辆的距离和速度。经过匹配滤波后，在 BS 处的输出可以表示为对反射物体距离和速度的观测：

$$
\begin{aligned}
\tilde{\boldsymbol{r}}_{\tau_n} &= \zeta \sqrt{p_n}\beta_n^l \boldsymbol{b}(\theta_n)\, \boldsymbol{a}^{\mathrm{H}}(\theta_n)\boldsymbol{a}(\hat{\theta}_{n|n-1}) \times \\
&\quad \int_0^{\Delta T} s_n(t-\tau_n^l)s_n^*(t-\tau)\mathrm{e}^{-\mathrm{j}2\pi(\mu-\mu_n^l)t}\mathrm{d}t + \tilde{\boldsymbol{z}}_r \\
&= \zeta \sqrt{p_n G}\beta_n^l \boldsymbol{b}(\theta_n)\, \boldsymbol{a}^{\mathrm{H}}(\theta_n)\boldsymbol{a}(\hat{\theta}_{n|n-1}) \times \\
&\quad \delta(\tau-\tau_n^l;\mu-\mu_n^l) + \tilde{\boldsymbol{z}}_{\mathrm{r}}
\end{aligned} \tag{8-25}
$$

式中，$\delta(\tau;\mu)$ 为归一化的匹配滤波输出函数[442]，若 $\tau=0$ 且 $\mu=0$，则 $\delta(\tau;\mu)=1$，否则 $\delta(\tau;\mu)<1$；G 为匹配滤波增益；$\tilde{\boldsymbol{z}}_{\mathrm{r}}$ 为匹配滤波的输出高斯噪声。然后，目标车辆对应的时延和多普勒频移可通过寻找 $\tilde{\boldsymbol{r}}_n$ 的峰值位置来进行估计，具体可表示为

$$
\tilde{\tau}_n = 2d_n/c + z_{\tau_n}, \quad \tilde{\mu}_n = 2v_n f_c \cos\theta_n / c + z_{\mu_n} \tag{8-26}
$$

式中，z_{τ_n} 和 z_{μ_n} 是均值为零、方差为 $\sigma_{n,1}^2$ 和 $\sigma_{n,2}^2$ 的观测噪声。基于估计的时延 $\tilde{\tau}_n$ 和多普勒频移 $\tilde{\mu}_n$，进一步可以得到包含角度 θ_n 和反射系数 ρ_n 信息的接收信号 $\tilde{\boldsymbol{r}}_n$，由下式给出：

$$
\begin{aligned}
\tilde{\boldsymbol{r}}_n &= \int_0^{\Delta T} \boldsymbol{r}_n(t)s_n^*(t-\tilde{\tau}_n)\mathrm{e}^{-\mathrm{j}2\pi\tilde{\mu}_n t}\mathrm{d}t \\
&= \sqrt{G}\zeta\beta_n \boldsymbol{b}(\theta_n)\, \boldsymbol{a}^{\mathrm{H}}(\theta_n)\boldsymbol{f}_n + \bar{\boldsymbol{z}}_n \\
&= \sqrt{G}\zeta 10^{\frac{\rho_n}{10}}\mathrm{e}^{\mathrm{j}\phi}\boldsymbol{b}(\theta_n)\, \boldsymbol{a}^{\mathrm{H}}(\theta_n) f_n + \bar{\boldsymbol{z}}_n,
\end{aligned} \tag{8-27}
$$

式中，$\bar{\boldsymbol{z}}_n \sim \mathcal{CN}(\boldsymbol{0}_{N_r\times 1}, \sigma_s^2 \boldsymbol{I}_{N_r\times N_r})$ 表示不同接收天线处的噪声样本；基于式 (8-27)，BS 可以基于多信号分类（MUltiple SIgnal Classification，MUSIC）算法估计出回波信号的 AoA。具体地，$\bar{\boldsymbol{r}}_n$ 的协方差可以推导为

$$
\boldsymbol{R} = \mathbb{E}\{\bar{\boldsymbol{r}}_n \bar{\boldsymbol{r}}_n^{\mathrm{H}}\} = |\beta_n|^2 \tilde{\zeta}^2\, |\boldsymbol{a}^{\mathrm{H}}(\theta_n)\boldsymbol{f}_n|^2 \boldsymbol{b}(\theta_n)\boldsymbol{b}^{\mathrm{H}}(\theta_n) + \sigma_s^2 \boldsymbol{I}_{N_r\times N_r} \tag{8-28}
$$

然后可将 $\boldsymbol{R}$ 特征值分解为 $\boldsymbol{R}=\boldsymbol{U}_s\boldsymbol{\Lambda}_s\boldsymbol{U}_s^{\mathrm{H}}+\boldsymbol{U}_N\boldsymbol{\Lambda}_N\boldsymbol{U}_N^{\mathrm{H}}$，其中 $\boldsymbol{U}_s$ 为最大特征值所对应的特征矢量组成的信号子空间，而 $\boldsymbol{U}_N$ 为另外 $\boldsymbol{N}_{\mathrm{r}}-1$ 个特征矢量组成的噪声子空间。则回波的 AoA 可以通过谱峰搜索估计为

$$
\tilde{\theta}_n = \underset{\theta}{\operatorname{argmin}}\, \boldsymbol{b}^{\mathrm{H}}(\theta_n)\boldsymbol{U}_N \boldsymbol{U}_N^{\mathrm{H}}\boldsymbol{b}(\theta_n) \tag{8-29}
$$

基于回波 AoA 的估计 $\tilde{\theta}_n$，反射系数 $\boldsymbol{\beta}_n$ 的估计可表示如下：

$$
\tilde{\beta}_n = \frac{\boldsymbol{b}^{\mathrm{H}}(\tilde{\theta}_n)\,\tilde{\boldsymbol{r}}_n}{\sqrt{G}\zeta} + z_{\beta_n} \tag{8-30}
$$

式中，z_{β_n}为对应的估计噪声，满足均值为零、方差为 $\sigma^2_{\beta_n}$ 的复高斯分布。则当反射系数估计误差较小时，其 dB 形式 ρ_n 的估计值可近似如下：

$$\tilde{\rho}_n = 10\log_{10}\left(\frac{|\boldsymbol{b}^{\mathrm{H}}(\tilde{\theta}_n)\tilde{\boldsymbol{r}}_n|}{\sqrt{G}\zeta}\right) + z_{\rho_n} \tag{8-31}$$

式中，z_{ρ_n}为均值为零、方差为 $\sigma^2_{n,3}$ 的加性高斯白噪声。需要注意的是，由于 ρ_n 为反射系数 β_n 的 dB 形式，即 $\beta_n = 10^{\frac{\rho_n}{10}}$。根据式（8-30）以及式（8-31），一般情况下 $\tilde{\rho}_n$ 是一个左偏分布并且 z_{ρ_n} 并不服从高斯分布。而在 8.2.3 节中，z_{ρ_n} 的高斯分布特性对于简化假设检验问题、降低 NLoS 链路识别复杂度至关重要。因而，这里将 z_{ρ_n} 近似建模为高斯白噪声，其方差为

$$\sigma^2_{n,3} = \frac{50}{(\ln 10)^2}\frac{\sigma^2_{\beta_n}}{|\beta|^2} \tag{8-32}$$

ρ_n 估计方差的推导过程将在附录 A.1 中给出。至此，对于观测噪声 $\sigma^2_{n,1}$、$\sigma^2_{n,2}$ 和 $\sigma^2_{n,3}$，根据文献[441]，测量噪声的方差与回波信号的接收 SNR 成反比，因而可将观测噪声方差建模为

$$\sigma^2_{n,i} = \frac{a_i^2\sigma_s^2}{Gp_n\zeta^2\ |\beta_n|^2\ \ |\varrho_n|^2},\ i=1,\ 2,\ \sigma^2_{\beta_n} = \frac{a_\beta^2\sigma_s^2}{Gp_n\zeta^2\ |\beta_n|^2\ \ |\varrho_n|^2} \tag{8-33}$$

式中，$\varrho_n = \boldsymbol{a}^{\mathrm{H}}(\theta_n)\boldsymbol{a}(\hat{\theta}_{n|n-1})$ 表示波束成形增益因子，如果一步预测角度 $\hat{\theta}_{n|n-1}$ 与实际角度 θ_n 完全匹配，则ϱ_n的模等于 1，否则小于 1；$\sigma^2_{n,1}$、$\sigma^2_{n,2}$和 $\sigma^2_{\beta_n}$ 由发射功率 p_n、匹配滤波增益 G、天线增益 ζ、波束成形增益因子 ϱ_n以及反射系数决定；a_1、a_2 以及 a_β 是取决于具体系统部署、ISAC 信号波形和参数估计算法等因素的常数。从式（8-33）中的噪声模型中可以看出，噪声方差在很大程度上取决于角度预测的准确度。而在式（8-13）中，角度预测精度对下行通信速率同样有很大影响，因而，提高目标角度跟踪与预测精度至关重要。

通过将目标车辆在第 n 个时隙的状态矢量表示为 $\boldsymbol{x}_n = [d_n,\ v_n,\ \theta_n,\ \rho_n]^{\mathrm{T}}$，并将观测矢量表示为 $\boldsymbol{y}_n = [\tilde{\tau}_n,\ \tilde{\mu}_n,\ \tilde{\boldsymbol{r}}_n^{\mathrm{T}}]^{\mathrm{T}}$，则式（8-21）~式（8-24）、式(8-26) 和式（8-27）中的模型可以被总结为

$$\begin{cases} \text{状态转移模型：} \boldsymbol{x}_n = \boldsymbol{g}(\boldsymbol{x}_{n-1}) + \boldsymbol{w}_n \\ \text{观测模型：} \boldsymbol{y}_n = \boldsymbol{h}(\boldsymbol{x}_n) + \boldsymbol{z}_n \end{cases} \tag{8-34}$$

式中，$\boldsymbol{w}_n = [w_d,\ w_v,\ w_\theta,\ w_\rho]^{\mathrm{T}}$ 为状态转移噪声矢量，其协方差矩阵为 $\boldsymbol{Q}_s = \mathrm{diag}(\sigma_d^2,\ \sigma_v^2,\ \sigma_\theta^2,\ \sigma_\rho^2)$；$\boldsymbol{z}_n = [z_{\tau_n},\ z_{\mu_n},\ \bar{\boldsymbol{z}}_n^{\mathrm{T}}]^{\mathrm{T}}$ 为观测噪声矢量，其协方差矩阵为

$\boldsymbol{Q}_{n,m}=\mathrm{diag}(\sigma_{n,1}^2,\sigma_{n,2}^2,\sigma_s^2\boldsymbol{I}_{N_r\times N_r}^{\mathrm{T}})$。通过推导出 $\boldsymbol{g}(\cdot)$ 和 $\boldsymbol{h}(\cdot)$ 的雅可比矩阵，可以基于 EKF 对目标车辆进行跟踪与状态预测。

特别地，在第 n 个时隙中，当车辆运动过程中出现 LoS 链路被障碍物阻挡的情况时，回波信号来自于基站与目标车辆之间的障碍物，此时由于回波信号中时延、多普勒频移以及反射系数均为与障碍物相关的参数，回波 $\boldsymbol{y}_n$ 不可以用作观测矢量以免引起目标跟踪误差。一个简单的方案是 BS 直接跳过当前时隙的 ISAC 回波观测，使用基于目标车辆状态转移模型对当前目标车辆状态信息的预测 $\hat{\boldsymbol{x}}_n^{\mathrm{P}}$ 作为第 n 个时隙的车辆状态估计。基于此方案，使用 EKF 的目标车辆跟踪和状态预测的过程总结如下：

第 1 步，状态预测：

$$\hat{\boldsymbol{x}}_n^{\mathrm{P}}=\boldsymbol{g}(\hat{\boldsymbol{x}}_{n-1})\tag{8-35}$$

第 2 步，线性化：

$$\boldsymbol{G}_{n-1}=\left.\frac{\partial \boldsymbol{g}}{\partial \boldsymbol{x}}\right|_{\boldsymbol{x}=\hat{\boldsymbol{x}}_{n-1}},\quad \boldsymbol{H}_n=\left.\frac{\partial \boldsymbol{h}}{\partial \boldsymbol{x}}\right|_{\boldsymbol{x}=\hat{\boldsymbol{x}}_n^{\mathrm{P}}}\tag{8-36}$$

第 3 步，均方误差矩阵预测：

$$\boldsymbol{M}_{n|n-1}=\boldsymbol{G}_{n-1}\boldsymbol{M}_{n-1|n-1}\boldsymbol{G}_{n-1}^{\mathrm{H}}+\boldsymbol{Q}_s\tag{8-37}$$

第 4 步，卡尔曼增益计算：

$$\boldsymbol{K}_n=\boldsymbol{M}_{n|n-1}\boldsymbol{H}_n^{\mathrm{H}}(\boldsymbol{Q}_{n,m}+\boldsymbol{H}_n\boldsymbol{M}_{n|n-1}\boldsymbol{H}_n^{\mathrm{H}})^{-1}\tag{8-38}$$

第 5 步，状态追踪：

$$\hat{\boldsymbol{x}}_n=\begin{cases}\hat{\boldsymbol{x}}_n^{\mathrm{P}}+\boldsymbol{K}_n[\boldsymbol{y}_n-\boldsymbol{h}_2(\hat{\boldsymbol{x}}_n^{\mathrm{P}})], & b_n=0\\ \hat{\boldsymbol{x}}_n^{\mathrm{P}}, & b_n=1\end{cases}\tag{8-39}$$

第 6 步，均方误差矩阵更新：

$$\boldsymbol{M}_{n|n}=(\boldsymbol{I}-\boldsymbol{K}_n\boldsymbol{H}_n)\boldsymbol{M}_{n|n-1}\tag{8-40}$$

本节给出了在 NLoS 场景中的目标跟踪与状态预测方案，即解决了问题式（8-17）。接下来将具体描述在第 n 个时隙中的 NLoS 识别方案，即解决假设检验问题式（8-19）并获取 b_n。

8.2.3 基于 NLoS 识别的预波束成形设计

本节所设计的 NLoS 场景下的预波束成形方案主要包括三个步骤。首先，BS 从 ISAC 回波信号中提取目标车辆的运动参数。接下来，BS 通过 EKF 来预测和跟踪目标车辆的状态。然后，BS 利用从 ISAC 回波中提取的目标车辆运动参数和目标跟踪过程中预测的车辆状态矢量，通过 NLoS 链路识别回波信号是来自于目标车辆还是其他障碍物。如果 LoS 链路存在，则 BS 将基于 EKF 预测的角度信息在下一时隙设计朝向目标车辆的最优波束成形矢量。否则，它需要切换到对障碍物不敏感的 Sub-6G 通信模式以维持必要的数据通信。下面将具体介绍在基于 EKF 的目标跟踪过程中 NLoS 链路识别的解决方案。

1. 基于假设检验的 NLoS 链路识别

根据 8.2.1 节中的分析，来自障碍物的回波信号与来自目标车辆的回波信号具有不同的信号参数，包括反射系数 ρ_n、时延 τ_n 和多普勒频移 μ_n，因而可以将与 NLoS 识别有关的参数矢量化表示为 $\boldsymbol{s}_n=[\rho_n, \tau_n, \mu_n]^{\mathrm{T}}$。在第 n 个时隙，一方面，BS 基于上一时隙的目标车辆状态估计 $\hat{\boldsymbol{x}}_{n-1}$ 以及状态转移模型可以得到当前时隙目标车辆的状态预测；另一方面，BS 通过接收 ISAC 回波信号可以提取出当前时隙反射物体的状态观测。基于预测状态矢量与观测状态矢量，可以设计基于参数的假设检验方案以解决式（8-19）中所提出的 NLoS 识别问题。

具体地，预测状态矢量 $\hat{\boldsymbol{x}}_n^{\mathrm{p}}=[\hat{d}_n^{\mathrm{p}}, \hat{v}_n^{\mathrm{p}}, \hat{\theta}_n^{\mathrm{p}}, \hat{\rho}_n^{\mathrm{p}}]^{\mathrm{T}}$ 可通过 $\hat{\boldsymbol{x}}_n^{\mathrm{p}}=\boldsymbol{g}(\hat{\boldsymbol{x}}_{n-1})$ 获取，进而可以得到预测的参数矢量为 $\hat{\boldsymbol{s}}_n^{\mathrm{p}}=[\hat{\rho}_n^{\mathrm{p}}, \hat{\tau}_n^{\mathrm{p}}, \hat{\mu}_n^{\mathrm{p}}]^{\mathrm{T}}$，其中

$$\hat{\tau}_n^{\mathrm{p}}=\frac{2\hat{d}_n^{\mathrm{p}}}{c},\ \hat{\mu}_n^{\mathrm{p}}=\frac{2\hat{v}_n^{\mathrm{p}} f_c \cos\hat{\theta}_n^{\mathrm{p}}}{c} \tag{8-41}$$

其中，$\hat{d}_n^{\mathrm{p}}$、$\hat{v}_n^{\mathrm{p}}$、$\hat{\theta}_n^{\mathrm{p}}$ 以及 $\hat{\rho}_n^{\mathrm{p}}$ 对应的参数预测方差可由 EKF 中预测协方差矩阵 $\boldsymbol{M}_{n|n-1}$ 的主对角元素确定，分别表示为 $\sigma_{n,\mathrm{p},i}^2$，$i=1, 2, 3, 4$。对应地，$\hat{\boldsymbol{s}}_n^{\mathrm{p}}$ 的协方差矩阵可根据式（8-41）求得

$$\boldsymbol{Q}_n^{\mathrm{p}}=\mathbf{diag}\left(\sigma_{n,\mathrm{p},4}^2, \frac{4\sigma_{n,\mathrm{p},1}^2}{c^2}, \frac{4f_c^2\sigma_{v,\mathrm{R}}^2}{c^2}\right) \tag{8-42}$$

其中，$\hat{\rho}_n^{\mathrm{p}}$ 以及 $\hat{\tau}_n^{\mathrm{p}}$ 的方差可以通过简单代数计算得到。而由于多普勒频移的预测 $\hat{\mu}_n^{\mathrm{p}}$ 对应的是目标车辆的径向速度而非实际速度，因而式（8-42）中第三项径向速度的方差 $\sigma_{v,\mathrm{R}}^2$ 不仅与目标车辆实际速度的预测方差 $\sigma_{n,\mathrm{p},2}^2$ 有关，还和角度的预测方差 $\sigma_{n,\mathrm{p},3}^2$ 有关。具体地，径向速度的预测可表示为 $\hat{v}_{n,\mathrm{R}}^{\mathrm{p}}=\hat{v}_n^{\mathrm{p}}\cos\hat{\theta}_n^{\mathrm{p}}$，其中 $\hat{v}_n^{\mathrm{p}}\sim\mathcal{N}(v_n, \sigma_{n,\mathrm{p},2}^2)$，$\hat{\theta}_n^{\mathrm{p}}\sim\mathcal{N}(\theta_n, \sigma_{n,\mathrm{p},3}^2)$。当多普勒观测误差较小时，可将 $\hat{v}_{n,\mathrm{R}}^{\mathrm{p}}$ 近似成均值为 $v_n\cos\theta_n$、方差为 $\sigma_{n,\mathrm{p},2}^2\cos^2\hat{\theta}_n^{\mathrm{p}}+(\hat{v}_n^{\mathrm{p}})^2\sigma_{n,\mathrm{p},3}^2\sin^2\hat{\theta}_n^{\mathrm{p}}$ 的高斯分布，其中方差为基于一阶泰勒近似的结果，具体计算过程可参考附录 A.2。因而有

$$\sigma_{v,\mathrm{R}}^2\approx\sigma_{n,\mathrm{p},2}^2\cos^2\hat{\theta}_n^{\mathrm{p}}+(\hat{v}_n^{\mathrm{p}})^2\sigma_{n,\mathrm{p},3}^2\sin^2\hat{\theta}_n^{\mathrm{p}} \tag{8-43}$$

另一方面，基于式（8-26）和式（8-31）可以获得观测参数矢量 $\tilde{\boldsymbol{s}}_n=[\tilde{\rho}_n,\ \tilde{\tau}_n,\ \tilde{\mu}_n]^{\mathrm{T}}$。给定 $\hat{\boldsymbol{s}}_n^{\mathrm{p}}$ 和 $\tilde{\boldsymbol{s}}_n$，通过定义 $\boldsymbol{\Phi}_n=\hat{\boldsymbol{s}}_n^{\mathrm{p}}-\tilde{\boldsymbol{s}}_n$，可以将式（8-19）中提出的 NLoS 识别 BHT 问题转换为以下基于参数的表示形式：

$$\mathcal{H}_0:\begin{cases}\Phi_{n,1}=w_{\rho_n}\\ \Phi_{n,2}=w_{\tau_n}\\ \Phi_{n,3}=w_{\mu_n}\end{cases},\ \mathcal{H}_1:\begin{cases}\Phi_{n,1}=\rho_n^{\mathrm{b}}+w_{\rho_n}\\ \Phi_{n,2}=\tau_n^{\mathrm{b}}+w_{\tau_n}\\ \Phi_{n,3}=\mu_n^{\mathrm{b}}+w_{\mu_n}\end{cases} \tag{8-44}$$

式中，$\Phi_{n,i}$ 为 $\boldsymbol{\Phi}_n$ 的第 i 个元素；w_{ρ_n}，w_{τ_n}，w_{μ_n} 是均值为 0、方差分别为 $\sigma_{\rho_n}^2$，$\sigma_{\tau_n}^2$，$\sigma_{\mu_n}^2$ 的高斯白噪声，具体地，根据式（8-42）以及当前时隙回波参数估计的方差，可以得到噪声向量 $[w_{\rho_n},\ w_{\tau_n},\ w_{\mu_n}]^{\mathrm{T}}$ 的协方差矩阵为

$$\boldsymbol{Q}_e=\mathbf{diag}\left(m_{4,4}+\sigma_{n,3}^2,\ \frac{4m_{1,1}}{c^2}+\sigma_{n,1}^2,\ \frac{4f_c^2\sigma_{v,\mathrm{R}}^2}{c^2}+\sigma_{n,2}^2\right) \tag{8-45}$$

为便于表达，将由于 NLoS 链路产生的差异因子表示为 $\boldsymbol{b}_n=[\rho_n^{\mathrm{b}},\ \tau_n^{\mathrm{b}},\ \mu_n^{\mathrm{b}}]^{\mathrm{T}}$。为解决式（8-44）中基于参数的假设检验问题，根据具有未知参数假设检验的贝叶斯方法[438]，可以设计如下假设检验判决器：

$$L(\boldsymbol{\Phi}_n)=\frac{\int p(\boldsymbol{\Phi}_n\mid \boldsymbol{b}_n;\mathcal{H}_1)p(\boldsymbol{b}_n)\mathrm{d}\boldsymbol{b}_n}{p(\boldsymbol{\Phi}_n;\mathcal{H}_0)}\underset{\mathcal{H}_0}{\overset{\mathcal{H}_1}{\gtrless}}\gamma \tag{8-46}$$

式中，$p(\boldsymbol{b}_n)$ 为差异因子 $\boldsymbol{b}_n$ 的 PDF，γ 为由虚警概率确定的判别阈值。假设噪声矢量 $[w_{\rho_n},\ w_{\tau_n},\ w_{\mu_n}]^{\mathrm{T}}$ 独立于 $\boldsymbol{b}_n$ 和 $\boldsymbol{\Phi}_n$，则可以得到

$$L(\boldsymbol{\Phi}_n)=\int_{\mathbb{R}^3}\exp\left[\left(\boldsymbol{\Phi}_n-\frac{\boldsymbol{b}_n}{2}\right)^{\mathrm{T}}\boldsymbol{Q}_e^{-1}\boldsymbol{b}_n\right]p(\boldsymbol{b}_n)\mathrm{d}\boldsymbol{b}_n\underset{\mathcal{H}_0}{\overset{\mathcal{H}_1}{\gtrless}}\gamma \tag{8-47}$$

为了简单起见，假设 $\boldsymbol{b}_n$ 的三个参数是相互独立的，则 $p(\boldsymbol{b}_n)=p(\rho_n^{\mathrm{b}})p(\tau_n^{\mathrm{b}})p(\mu_n^{\mathrm{b}})$。那么式（8-47）可以简化为

$$L(\boldsymbol{\Phi}_n)=\prod_{i=1}^{3}k_{n,i}\underset{\mathcal{H}_0}{\overset{\mathcal{H}_1}{\gtrless}}\gamma \tag{8-48}$$

式中

$$k_{n,i}=\int_{\mathbb{R}}\exp\left[\left(\Phi_{n,i}-\frac{b_{n,i}}{2}\right)(\boldsymbol{Q}_e^{-1})_{i,i}b_{n,i}\right]p(b_{n,i})\mathrm{d}b_{n,i},\ i=1,2,3 \tag{8-49}$$

式中，$b_{n,i}$ 为 $\boldsymbol{b}_n$ 的第 i 个元素；$(\boldsymbol{Q}_e^{-1})_{i,i}$ 为 $\boldsymbol{Q}_e^{-1}$ 的第 $(i,\ i)$ 个元素。给定 $p(\boldsymbol{b}_n)$ 以及判决门限 γ，可以根据式（8-48）实时解决该 NLoS 链路识别问题。

2. 基于目标跟踪与 NLoS 识别的预波束设计

基于 8.2.2 节中所描述的 NLoS 场景中目标跟踪方案以及 8.2.3 节中描述的 NLoS 链路识别方案，可以总结出在考虑 NLoS 链路的情况下，BS 端 ISAC 感知辅助目标跟踪与预波束成形方案第 n 个时隙的具体执行流程，如图 8-6 所示。

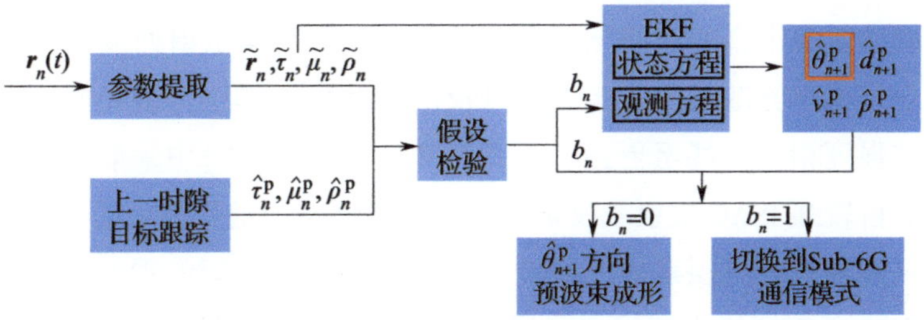

图 8-6　BS 端基于 NLoS 识别的感知辅助 V2I 预波束成形执行流程

在第 n 个时隙，BS 向上一时隙对当前时隙的预波束方向 $\hat{\theta}_n^{\mathrm{P}}$ 发射定向波束并接收到 ISAC 回波 $\boldsymbol{r}_n(t)$，BS 从 $\boldsymbol{r}_n(t)$ 中提取出基于时延、多普勒频移以及反射系数的观测值，如式（8-26）和式（8-31）。一方面，基于时延、多普勒频移和反射系数的观测 $\tilde{\tau}_n$、$\tilde{\mu}_n$、$\tilde{\rho}_n$ 以及上一时隙目标跟踪所获得的对目标状态的一步预测 $\hat{\tau}_n^{\mathrm{P}}$、$\hat{\mu}_n^{\mathrm{P}}$、$\hat{\rho}_n^{\mathrm{P}}$，BS 可通过基于参数估计的 BHT 来判断当前时隙的链路状态 b_n。基于链路状态 b_n 以及从 ISAC 回波信号中获得的状态信息观测 $\boldsymbol{y}_n=[\tilde{\tau}_n, \tilde{\mu}_n, \tilde{\boldsymbol{r}}_n^{\mathrm{T}}]^{\mathrm{T}}$，BS 通过 EKF 可对目标车辆进行跟踪并给出下一时隙的预波束方向 $\hat{\theta}_{n+1}^{\mathrm{P}}$；另一方面，需要基于预波束方向以及链路状态 b_n 对该 V2I 通信链路进行必要调整。具体地，如果当前时隙被判断为 NLoS，即 $b_n=1$，则可以将当前时隙的 V2I 通信链路转为受阻塞影响较小的 Sub-6G 频段进行通信，此时尽管 BS 与目标车辆之间的通信带宽变小，但由于低频段信号对障碍物具有较低的穿透损耗，可以维持重要的信息传输。如果当前时隙被判断为 LoS，即 $b_n=0$，则 BS 可在 mmWave 频段基于预波束方向 $\hat{\theta}_{n+1}^{\mathrm{P}}$ 对目标车辆进行预波束成形，实现高速率信息传输。

8.3 基于多径回波的感知辅助 V2X 通信

第 8.2 节中设计了基于 ISAC 后向回波信号感知辅助波束跟踪以及预波束成形的方案，其将目标车辆建模为点目标，并只考虑使用后向散射回波进行目标状态感知。如图 8-7a 所示，此时车辆将全向同性地散射入射电磁波，由于后向散射回波的传播路径最短，其是 BS 端接收到的最强回波。在实际场景中，由于大规模天线阵列产生的窄波束，目标车辆在距离域和角度域上是扩展的。如图 8-7b 所示，目标车辆的外表面可以被看作是多个粗糙表面的集合，由于车辆表面形状的影响，目标车辆将各向异性地散射入射电磁波。这意味着，对于 BS 处的单站感知，除了后向散射回波之外，还可能存在较强的多径回波，特别是在反射或散射源丰富的道路场景中。此时，尽管后向散射回波的传播距离较短，但由于目标车辆散射的各向异性以及周围环境的作用，多径回波可能与后向散射回波强度相当，甚至更强。因此，文献[428-429]中采取的方案可能会由于忽略源自较强 ISAC 散射或反射分量的多径回波而遭受显著的性能损失。本节将基于定向散射模型探索多径回波与后向散射回波之间的强度关系，并提出了一种在 V2I 通信网络中利用多径回波的感知辅助波束跟踪以及预波束成形方案。与图 8-3a 中的方案不同，多径回波作为包含目标车辆状态信息的额外观测被 BS 利用，以提高目标跟踪精度并增强预波束成形性能。

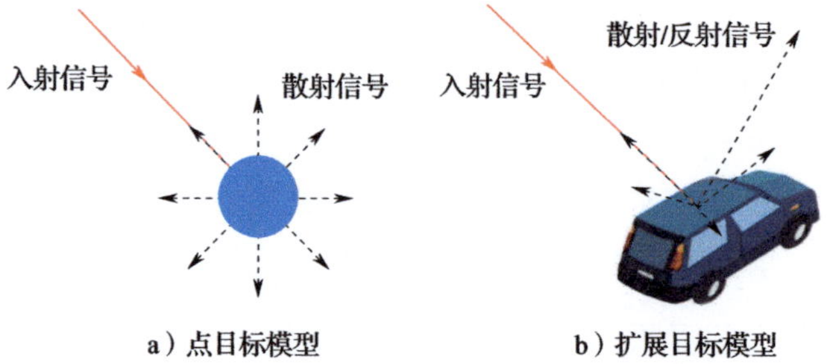

图 8-7　两种不同的目标模型所对应的散射特性

8.3.1　系统模型

考虑图 8-8 所示的毫米波 V2I 通信系统。目标车辆具有单个天线，BS 配备具有 N_t 个阵元的发射天线阵列和独立的具有 N_r 个阵元的接收天线阵列。由分离的天线阵列引起的接收波束和发射波束之间的角度差可以通过阵列的相对位置来进行补偿。在每个时隙，BS 向目标车辆发射携带通信数据的定向波束。BS 发射的波束部分被目标车辆接收，还有一部分经目标车辆或周围环境中的散射体以回波的形式回到 BS，用于跟踪车辆位置并辅助预波束成形。需要注意的是，除了后向散射回波之外，由于车辆处的各向异性散射模式以及周围环境中丰富的反射以及散射源（例如图 8-8 中的路边建筑物），BS 还可能接收到来自不同方向的多径回波。具体地，如图 8-8 所示，在所考虑的 V2I 通信场景中，

BS 可能接收到以下两种回波。

1）来自目标的后向散射回波，即 BS→目标车辆→BS（记为 BTB），在图 8-8 中标记为红色。

2）来自路边散射墙面的多径回波，即 BS→目标车辆→路边散射墙面→BS（记为 BTWB），在图 8-8 中标记为橙色。为了简洁，图 8-8 中只显示了一条多径回波，但实际上，由于车辆表面以及路边墙壁的随机漫散射，可能存在不止一条多径回波。

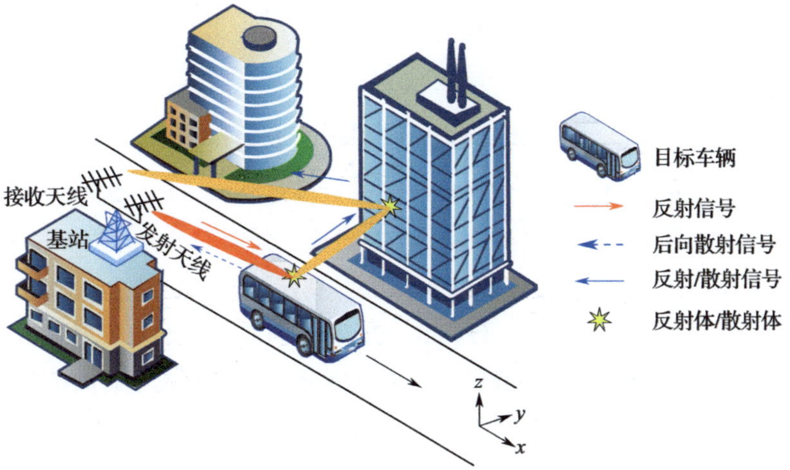

图 8-8　基于多径回波的感知辅助 V2I 波束跟踪与预波束成形的系统模型

图 8-9 给出了所考虑场景中多径回波的信号传播模型。其中有目标车辆以及路边墙面两个表面，根据信号入射角 θ_i 和离开角 θ_s 之间的关系，在每个表面处可以对入射信号进行反射（记为 R）或散射（记为 S）。具体地，对散射和反射进一步描述如下：

1）反射：信号反射由两个参数来表征，即离开角 $\theta_s=\theta_i$ 和反射衰减 $A_R\in[0,1]$，其中反射衰减可通过计算菲涅耳反射系数来确定[443]。需要注意的是，信号反射在三维空间中还应满足入射信号、反射表面的法线以及发射信号在同一平面内。

2）散射：信号散射由三个参数来表征：①远离角 θ_s，通常不等于入射角。②散射衰减 $A_S\in[0,1]$。需要注意的是，反射衰减系数与散射衰减系数需要满足 $A_R^2+A_S^2\leqslant 1$，因为将有部分入射信号功率被表面吸收。③散射方向性参数 α_R，其用于描述经散射表面散射后的波瓣宽度。在粗糙表面，散射具有较小的方向性，即具有较宽的散射波瓣，此时 $\alpha_R\to 0$。而在光滑表面，散射具有较大的方向性，此时 $\alpha_R \to \infty$。因此，α_R 与表面粗糙度相关，其典型的取值范围为 $\alpha_R \in \{1, \cdots, 11\}$[444-445]。

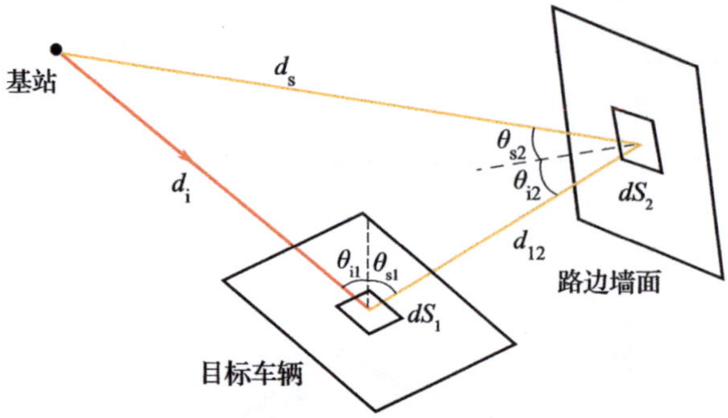

图8-9　所考虑 V2I 通信场景中的信号传播模型

对于后向散射回波 BTB，信号经历的散射满足 $\theta_s = -\theta_i$。此外，对于多径回波 BTWB，存在三种可能的多径信号传播模式，分别表示为 SR、SS、RS。其中 SR 表示 BS 发射的信号先被目标车辆散射到路边墙面，然后被墙面反射回 BS，SS 表示信号经过两次散射回到 BS，RS 表示回波依次经历反射和散射。接下来，将首先通过引入合适的散射模型来具体分析多径回波与后向散射回波之间的强度大小，然后将具体介绍基于 ISAC 多径回波的目标跟踪和预波束成形方案的通信信号以及感知模型。

1. 多径回波散射模型

本小节中使用定向散射模型来建模图 8-8 所示道路场景中的信号散射。现有研究已提出各种描述 mmWave 信号在粗糙表面散射传播机制的模型，如常用的定向散射模型[444]和 RCS 模型[446]。RCS 型的起源可追溯到雷达理论，该理论旨在检测远场中的大型金属物体，例如飞机和船舶。因此，RCS 模型通常假设散射物体是完美导体，但对于实际无线环境来说并不总是满足。此外，RCS 模型依赖于基于现场测量的经验值，并且取决于 TX 和 RX 的相对位置，因此很难分析。另一方面，大量实地测量已经证明定向散射模型对于无线通信环境中散射模式描述的有效性[444,447]。接下来将基于定向散射模型，以 SR 多径回波为例，比较后向散射回波和多径回波的强度大小。

1）后向散射回波。根据文献[447]中描述的单瓣定向散射模型，对于具有入射角 θ_i 的信号，可以根据单瓣 DS 模型计算任意特定离开角 θ_s 方向上的散射信号强度。需要注意的是，这里只考虑入射角 $\theta_i \in [0, \pi/2]$ 和离开角 $\theta_s \in$

[$-\pi/2$, $\pi/2$]，这样设置包含任意的散射方向。那么，后向散射回波对应于图 8-9 中的离开角 $\theta_{s1}=-\theta_{i1}$。根据定向散射模型[444,447]，BS 处的后向散射信号功率可以表示为

$$
\begin{aligned}
P_{r1} &= P_t \frac{A_{S1}^2}{d_i^4} \frac{dS_1 \cos\theta_{i1}}{F_{\alpha_{R1}}} \left(\frac{1+\cos 2\theta_{i1}}{2} \right)^{\alpha_{R1}} \\
&= P_t \frac{A_{S1}^2}{d_i^4} \frac{dS_1}{F_{\alpha_{R1}}} (\cos\theta_{i1})^{2\alpha_{R1}+1}
\end{aligned} \tag{8-50}
$$

式中，为了简单起见，将发射和接收天线的天线增益均设置为 1；P_t 为发射信号功率；A_{S1} 为车辆表面的散射衰减系数；dS_1 是目标车辆表面单元的尺寸；$2\theta_{i1}=\theta_i-\theta_s$ 为入射信号镜面反射方向与离开方向之间的角度；α_{R1} 为表示车辆表面散射方向性的参数；$F_{\alpha_{R1}}$ 为在散射表面为归一化总散射功率而定义的常数，具体表达式可参考文献[447]。从式（8-50）中可以看出，随着入射角度 $\theta_{i1}\in[0,\pi/2]$ 的增加，后向散射回波功率将会急剧下降。

2）具有 SR 信号传播模式的多径回波。BS 发送的信号经过车辆表面的一次散射和路边墙面的一次反射后，对应的具有 SR 信号传播模式的多径回波功率由下式给出：

$$
P_{r2,SR} = P_t \underbrace{\frac{A_{S1}^2 dS_1 \cos\theta_{i1}}{d_i^2 \quad F_{\alpha_{R1}}} \left(\frac{1+\cos\psi_{R1}}{2} \right)^{\alpha_{R1}}}_{\text{散射损耗}} \underbrace{\frac{A_{R2}^2}{(d_{12}+d_s)^2}}_{\text{反射损耗}} \tag{8-51}
$$

式中，ψ_{R1} 是在车辆表面处入射信号镜面反射方向与散射信号离开方向之间的角度；A_{R2} 是路边墙面的反射衰减系数。需要注意的是，由于 BS 单站感知中信号传播路径的闭合性，给定以下两个前提条件：①路边墙壁处 $\theta_{i2}=\theta_{s2}$ 且路边墙面法线、入射信号、反射信号在同一平面内；②根据基站、目标车辆和路边墙面的位置信息，可以求得目标车辆表面的散射远离角 θ_{s1}。

当 $P_{r1}<P_{r2,SR}$ 时，具有 SR 信号传播模式的多径回波功率强于后向散射回波。此时经过简单的数学运算，可以得到以下表达式：

$$
\left(\frac{\cos\theta_{i1}}{\cos\dfrac{\psi_{R1}}{2}} \right)^{\alpha_{R1}} < \frac{A_{R2} d_i}{(d_{12}+d_s)} \tag{8-52}
$$

在图 8-8 所示的三维场景中，由于 BS 与目标车辆之间的高度差异带来的较大仰角，入射角满足 $\theta_{i1}\geqslant\theta_{th}=\left|\arctan\dfrac{\Delta y}{\Delta z}\right|$，其中 Δy 和 Δz 是 BS 和目标车辆在 y 轴和 z 轴方向上的位置差异。从式（8-52）中可以看出，由于路边墙面的存在，车辆表面的散射角 ψ_{R1} 较小，同时入射角 θ_{i1} 较大，这种情况下具有 SR 信号

传播模式的多径回波功率很有可能比后向散射回波更强。

为了进行直观的比较，以图 8-8 中的场景为例对多径回波以及后向散射回波之间的强度关系进行数值仿真验证。设置 BS 的位置为$[0,0,8]^{\mathrm{T}}$，目标车辆在直线$[x,12,0]^{\mathrm{T}}$，$-20\leq x\leq 20$ 上行驶。分别设置车辆表面的散射衰减系数以及路边墙面的反射衰减系数为$A_{\mathrm{S1}}=0.5$ 及$A_{\mathrm{S2}}=0.5$。此外，为简单起见，设置$dS_1=dS_2=1$以及$P_{\mathrm{t}}=0\mathrm{dBm}$。假设车辆与路边墙面之间的距离为$d_{\mathrm{vw}}$，则墙面的方程为$y=10+d_{\mathrm{vw}}$。图 8-10 中对比了目标车辆沿道路行驶时后向散射回波（图中以虚线表示）和传播模式为 SR 的多径回波（图中用实线表示）的信号功率，其中α_{R1}为车辆表面的散射方向性参数。从图中可以看出，对于后向散射回波，当目标车辆远离基站时功率急剧下降，此时对应于较大的θ_{i1}，这与式（8-50）中分析的一致，且散射方向性参数α_{R1}越大，该现象越显著。对于$\alpha_{\mathrm{R1}}=2$，当θ_{i1}增大时，传播模式为 SR 的多径回波功率比后向散射回波的功率更大，这意味着当车辆远离 BS 时，多径回波中包含了较后向散射回波更加准确的车辆运动状态信息。而对于$\alpha_{\mathrm{R1}}=4$，传播模式为 SR 的多径回波功率在所有车辆位置处均大于后向散射回波。

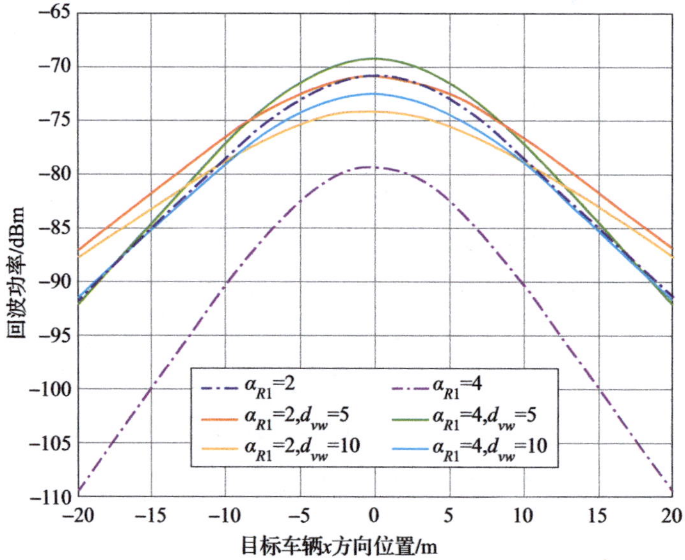

图 8-10　后向散射回波和传播模式为 SR 的多径回波的功率比较

2. 通信信号模型

在第 n 个时隙中，BS 向目标车辆发射 ISAC 定向波束，目标车辆接收到的下行 ISAC 信号表示为

$$y_{n,C}(t)=\sqrt{N_{\mathrm{t}}}\alpha_{n,C}\boldsymbol{a}^{\mathrm{H}}(\theta_{\mathrm{T},n})\boldsymbol{f}_n s_n(t-\tau_{n,C})+z_C(t) \tag{8-53}$$

式中，$n\Delta T \leqslant t < (n+1)\Delta T$；$\tau_{n,C}$为时延；$z_C(t) \sim \mathcal{CN}(0, \sigma_C^2)$为加性复高斯白噪声；$\alpha_{n,C}$为路径损耗系数，其建模与式（8-10）一致；$\boldsymbol{a}(\theta_{\mathrm{T},n})$为发射天线的阵列导向向量，与式（8-3）中的一致；$\boldsymbol{f}_n$ 表示发射波束成形矢量，具体表示为$\boldsymbol{f}_n = \sqrt{p_n}\boldsymbol{a}_n(\hat{\theta}_{\mathrm{T},n|n-1})$，其中 $\hat{\theta}_{\mathrm{T},n|n-1}$为一步预测角度。目标跟踪与预波束成形的目的是准确估计和预测目标车辆的角度 $\theta_{\mathrm{T},n}$，从而控制波束发射方向并确保可靠的通信性能。假设 $s_n(t)$具有单位功率，则接收端的 SNR 为

$$\Gamma_n^C = p_n N_{\mathrm{t}} \,|\alpha_{n,C}|^2 \quad |\varrho_n|^2/\sigma_C^2 \tag{8-54}$$

式中，ϱ_n为波束成形增益因子，与式（8-33）中的定义一致。此时，第 n 个时隙下行链路可达通信速率可以表示为

$$R_n = \log_2(1+\Gamma_n^C) \tag{8-55}$$

3．多径回波感知信号模型

为了增强高移动性 V2I 场景中角度跟踪与预测的性能，ISAC 信号的多径回波可被 BS 用于目标车辆跟踪。在第 n 个时隙中，BS 接收到由目标车辆和周围环境产生的 $\boldsymbol{M}_n$ 个可分辨的回波信号，具体表示为

$$\boldsymbol{r}_n(t) = \zeta_n \sum_{\ell=0}^{M_n-1} \beta_{n,\ell} \mathrm{e}^{\mathrm{j}2\pi\gamma_{n,\ell}t} \boldsymbol{b}(\theta_{\mathrm{R},n,\ell})\, \boldsymbol{a}^{\mathrm{H}}(\theta_{\mathrm{T},n})\, \boldsymbol{f}_n s_n(t-\tau_{n,\ell}) + \boldsymbol{z}_{\mathrm{r}}(t) \tag{8-56}$$

式中，$\zeta_n = \sqrt{N_{\mathrm{t}}N_{\mathrm{r}}}$为天线阵列增益；$\beta_{n,\ell}$为第$\ell$个回波的信道增益；$\tau_{n,\ell}$、$\gamma_{n,\ell}$和$\theta_{\mathrm{R},n,\ell}$分别为第$\ell$个回波的时延、多普勒和 AoA；$\boldsymbol{z}_{\mathrm{r}}(t) \sim \mathcal{CN}(\boldsymbol{0}_{N_{\mathrm{r}}\times 1}, \sigma_{\mathrm{s}}^2\boldsymbol{I}_{N_{\mathrm{r}}\times N_{\mathrm{r}}})$为加性复高斯白噪声；$\boldsymbol{b}(\theta_{\mathrm{R},n,\ell})$为接收导向矢量，其表达式与式（8-5）中一致。

接下来可以通过匹配滤波技术确定时延多普勒域中多径回波对应的信号传播距离和目标车辆的速度。其中，回波信号通过匹配滤波器的输出可表示为

$$\begin{aligned} \tilde{\boldsymbol{r}}_n &= \zeta_n \sqrt{p_n} \sum_{\ell=0}^{M_n-1} \beta_{n,\ell} \boldsymbol{b}(\theta_{\mathrm{R},n,\ell})\, \boldsymbol{a}_n^{\mathrm{H}}(\theta_{\mathrm{T},n})\, \boldsymbol{a}_n(\hat{\theta}_{\mathrm{T},n|n-1}) \times \\ &\quad \int_0^{\Delta T} s_n(t-\tau_{n,\ell}) s_n^*(t-\tau) \mathrm{e}^{-\mathrm{j}2\pi(\gamma-\gamma_{n,\ell})t} \mathrm{d}t + \tilde{\boldsymbol{z}}_{\mathrm{r}} \\ &= \zeta_n \sqrt{p_n G} \sum_{\ell=0}^{M_n-1} \beta_{n,\ell} \boldsymbol{b}(\theta_{\mathrm{R},n,\ell})\, \boldsymbol{a}_n^{\mathrm{H}}(\theta_{\mathrm{T},n})\, \boldsymbol{a}_n(\hat{\theta}_{\mathrm{T},n|n-1}) \times \\ &\quad \delta(\tau-\tau_{n,\ell};\gamma-\gamma_{n,\ell}) + \tilde{\boldsymbol{z}}_{\mathrm{r}} \end{aligned} \tag{8-57}$$

式中，$\delta(\tau;\gamma)$为归一化的匹配滤波输出函数，需要注意的是，$\delta(\tau;\gamma)$在时延和多普勒域中具有窄主瓣特性，因而有较高的距离和速度分辨率，并且当 $\tau=0$

且$\gamma=0$时，$\delta(\tau;\gamma)=1$；G为匹配滤波增益；$\tilde{z}_{\mathrm{r}}$为匹配滤波器的输出高斯白噪声。通过搜索相应的时延多普勒频谱峰值位置，即可估计第ℓ个回波对应的时延和多普勒频移，具体表示为

$$\tilde{\tau}_{n,\ell}=\frac{d_{n,\ell}}{c}+z_{\tau_{n,\ell}},\ \tilde{\gamma}_{n,\ell}=\frac{2v_{n,\ell}f_c\cos(\theta_{\mathrm{T},n})}{c}+z_{\gamma_{n,\ell}} \tag{8-58}$$

式中，$d_{n,\ell}$是第ℓ个回波的传播距离；$v_{n,\ell}$是目标车辆的速度。对于第ℓ个回波，根据估计的时延$\tilde{\tau}_{n,\ell}$和多普勒频移$\tilde{\gamma}_{n,\ell}$，接收到关于$\theta_{\mathrm{R},n,\ell}$的信号样本为

$$\bar{\boldsymbol{r}}_{n,\ell}=\zeta_n\beta_{n,\ell}\boldsymbol{b}(\theta_{\mathrm{R},n,\ell})\boldsymbol{a}_n^{\mathrm{H}}(\theta_{\mathrm{T},n})\boldsymbol{a}_n(\hat{\theta}_{\mathrm{T},n|n-1})+\bar{\boldsymbol{z}}_{\mathrm{r}} \tag{8-59}$$

式中，$\bar{z}_{\mathrm{r}}\sim\mathcal{CN}(\mathbf{0}_{N_{\mathrm{r}}\times1},\ \sigma_\theta^2\boldsymbol{I}_{N_{\mathrm{r}}\times N_{\mathrm{r}}})$表示由$p_n$和$G$归一化的测量噪声。这里假设$\delta(\tau;\gamma)$的旁瓣可以忽略不计，$M_n$个回波信号可以完全分离。与式（8-28）及式（8-29）类似，可以通过MUSIC算法估计$\theta_{\mathrm{R},n,\ell}$为

$$\tilde{\theta}_{\mathrm{R},n,\ell}=\theta_{\mathrm{R},n,\ell}+z_{\theta_{n,\ell}} \tag{8-60}$$

在本节中，除目标车辆外，只考虑静止散射体产生的多径回波，因而$\gamma_{n,\ell}$（$\ell=0,\cdots,M_n-1$）在不存在估计误差的情况下彼此一致。$z_{\tau_{n,\ell}}$、$z_{\theta_{n,\ell}}$和$z_{\gamma_{n,\ell}}$表示测量噪声，它们是均值为零、方差为$\sigma_{n,\ell}^2(1)$、$\sigma_{n,\ell}^2(2)$和$\sigma_{n,\ell}^2(3)$的高斯白噪声，也可基于式（8-33）进行建模，其对应的参数分别为a_i，$i=1,2,3$。为了便于表达，对多个回波的观测按时延估计进行升序排序表示为

$$\mathbb{O}_n=\{\boldsymbol{o}_{n,0},\boldsymbol{o}_{n,1},\cdots,\boldsymbol{o}_{n,M_n-1}\} \tag{8-61}$$

式中，$\boldsymbol{o}_{n,\ell}$对应的观测噪声矩阵为

$$\boldsymbol{Q}_{m,n,\ell}=\mathbf{diag}[\sigma_{n,\ell}^2(1),\ \sigma_{n,\ell}^2(2),\ \sigma_{n,\ell}^2(3)] \tag{8-62}$$

$\boldsymbol{o}_{n,0}=[\tau_{n,0},\ \theta_{\mathrm{R},n,0},\ \gamma_{n,0}]^{\mathrm{T}}$是从后向散射回波中提取的观测矢量，$\boldsymbol{o}_{n,\ell}=[\tau_{n,\ell},\ \theta_{n,\mathrm{R},\ell},\ \gamma_{n,\ell}]^{\mathrm{T}},\ell=1,\cdots,M_n-1$是从多径回波中提取的观测矢量，$\boldsymbol{o}_{n,1}$对应于传播模式为SR的多径回波，因为它在多径回波中具有最小的传播时延。

8.3.2 基于多径回波的预波束成形设计

由于多径回波的功率与后向散射回波相当，甚至比反向散射回波更强，并且更强的多径回波将为目标车辆的运动参数估计带来具有较小误差的额外观测，因此使用多径回波有望提高波束跟踪以及预波束成形的精度。本节中所提出的基于多径回波的预波束成形的解决方案描述如下：首先，目标车辆与BS可以通过传统波束训练方法进行初始化并建立V2I通信链路。BS发射的信号被目标车辆接收以用于通信，并且BS接收来自目标车辆和路边墙面的多径回波以用于目

标感知。然后，BS 基于多径回波估计目标车辆的运动参数，并利用车辆的运动学方程进行目标状态的一步预测。根据目标车辆角度的一步预测，BS 可以设计对应的发射预波束成形矢量 $\boldsymbol{f}_n$ 并继续与目标车辆通信。与文献[428]中提出的波束跟踪预波束成形方案不同，本节同时利用后向散射和多径回波来增强车辆跟踪精度，能够进一步提高波束跟踪与预波束成形性能。

8.3.3　粒子滤波

现有的预波束成形框架使用 EKF 进行目标跟踪[428]。然而，EKF 不能利用多径回波来增强目标跟踪的性能，因为 EKF 的观测空间是恒定的，这与多个回波(包括后向散射回波和多径回波)产生的多个观测矢量不相符合。此外，EKF 的实现基于非线性状态转移及观测模型的一阶线性化，这种近似在观测非线性的情况下会导致目标跟踪性能下降。为此，本节提出了一种基于 PF 的目标跟踪方法，适用于多径回波对应的多个状态观测。

在第 n 个时隙中，可将目标车辆的状态矢量和观测矢量分别表示为 $\boldsymbol{x}_n=[\boldsymbol{p}_n^{\mathrm{T}},\ \boldsymbol{v}_n^{\mathrm{T}}]^{\mathrm{T}}$ 以及 $\boldsymbol{y}_n$，其中 $\boldsymbol{p}_n=[\boldsymbol{p}_n(1),\ \boldsymbol{p}_n(2)]^{\mathrm{T}}$ 为目标车辆的二维位置，$\boldsymbol{v}_n=[\boldsymbol{v}_n(1),\ \boldsymbol{v}_n(2)]^{\mathrm{T}}$ 为目标车辆的二维运动速度。需要注意的是，观测矢量 $\boldsymbol{y}_n$ 是基于观测 $\mathbb{O}_n$ 设计的，将在 8.3.4 节中给出。假设目标车辆的运动状态在 ΔT 内保持恒定，状态转移模型可以由下式给出：

$$\boldsymbol{x}_n=\boldsymbol{G}\boldsymbol{x}_{n-1}+\boldsymbol{w}_n \tag{8-63}$$

式中，$\boldsymbol{G}=[\boldsymbol{I}_{2\times2},\ \Delta T\boldsymbol{I}_{2\times2};\ \boldsymbol{0}_{2\times2},\ \boldsymbol{I}_{2\times2}]$ 为状态转移矩阵；$\boldsymbol{w}_n$ 是状态转移噪声矢量，其协方差矩阵为 $\boldsymbol{Q}_{\mathrm{s}}=\mathbf{diag}(\sigma_{p(1)}^2,\ \sigma_{p(2)}^2,\ \sigma_{v(1)}^2,\ \sigma_{v(2)}^2)$。基于以上状态转移模型，接下来将具体介绍基于 PF 的目标跟踪方法。

PF 是一种序列蒙特卡洛方法，它采用重要性抽样和离散随机测量近似概率分布的概念来递归计算相关的概率分布[448]。顺序重要性抽样方法从已知的重要性分布 $q(\boldsymbol{x}_{0:n}\mid\boldsymbol{y}_{1:n})$ 中进行抽样，其中 $\boldsymbol{x}_{0:n}$ 为目标的状态轨迹($\boldsymbol{x}_0$，$\boldsymbol{x}_1$，…，$\boldsymbol{x}_n$)、$\boldsymbol{y}_{1:n}$ 为对目标的观测序列($\boldsymbol{y}_1$，$\boldsymbol{y}_2$，…，$\boldsymbol{y}_n$)。$\boldsymbol{x}_{0:n}$ 的期望可推导为

$$\mathbb{E}(\boldsymbol{x}_{0:n})=\int\boldsymbol{x}_{0:n}p(\boldsymbol{x}_{0:n}\mid\boldsymbol{y}_{1:n})\mathrm{d}\boldsymbol{x}_{0:n}=\int\boldsymbol{x}_{0:n}\frac{p(\boldsymbol{x}_{0:n}\mid\boldsymbol{y}_{1:n})}{q(\boldsymbol{x}_{0:n}\mid\boldsymbol{y}_{0:n})}q(\boldsymbol{x}_{0:n}\mid\boldsymbol{y}_{0:n})\mathrm{d}\boldsymbol{x}_{0:n} \tag{8-64}$$

通过使用重要性分布代替后验分布 $p(\boldsymbol{x}_{0:n}\mid\boldsymbol{y}_{1:n})$ 进行采样，并利用蒙特卡洛

算法，$\boldsymbol{x}_{0:n}$的期望可简化为和的形式，即

$$\mathbb{E}(\boldsymbol{x}_{0:n}) = \frac{\frac{1}{N_p}\sum_{i=1}^{N_p}\boldsymbol{x}_{0:n}^{(i)}w(\boldsymbol{x}_{0:n}^{(i)})}{\frac{1}{N_p}w(\boldsymbol{x}_{0:n}^{(i)})} = \sum_{i=1}^{N_p}\boldsymbol{x}_{0:n}^{(i)}\tilde{w}(\boldsymbol{x}_{0:n}^{(i)}) \tag{8-65}$$

式中，$\boldsymbol{x}_{0:n}^{(i)}$为第 n 个时隙的第 i 个粒子，N_p 为粒子的数量，$w(\boldsymbol{x}_{0:n}^{(i)})$为重要性权重，表示为

$$w(\boldsymbol{x}_{0:n}^{(i)}) = \frac{p(\boldsymbol{y}_{1:n} \mid \boldsymbol{x}_{0:n})p(\boldsymbol{x}_{0:n})}{q(\boldsymbol{x}_{0:n} \mid \boldsymbol{y}_{1:n})} \tag{8-66}$$

此外，$\tilde{w}(\boldsymbol{x}_{0:n}^{(i)})$为归一化权重，表示为

$$\tilde{w}(\boldsymbol{x}_{0:n}^{(i)}) = \frac{w(\boldsymbol{x}_{0:n}^{(i)})}{\sum_{i=1}^{N_p}w(\boldsymbol{x}_{0:n}^{(i)})} \tag{8-67}$$

式中，$\boldsymbol{x}_{0:n}^{(i)}$为来自 $q(\boldsymbol{x}_{0:n} \mid z_{1:n})$的一个样本。则重要性权重的递归表达式可推导为

$$\begin{aligned} w(\boldsymbol{x}_n^{(i)}) &= w(\boldsymbol{x}_n^{(i-1)})\frac{p(\boldsymbol{y}_{1:n} \mid \boldsymbol{x}_{0:n})p(\boldsymbol{x}_{0:n})q(\boldsymbol{x}_{0:n-1} \mid \boldsymbol{y}_{1:n-1})}{p(\boldsymbol{y}_{1:n-1} \mid \boldsymbol{x}_{0:n-1})p(\boldsymbol{x}_{0:n-1})q(\boldsymbol{x}_{0:n} \mid \boldsymbol{y}_{1:n})} \\ &= w(\boldsymbol{x}_n^{(i-1)})\frac{p(\boldsymbol{y}_n \mid \boldsymbol{x}_n)p(\boldsymbol{x}_n \mid \boldsymbol{x}_{n-1})}{q(\boldsymbol{x}_n \mid \boldsymbol{x}_{0:n-1}, \boldsymbol{y}_{1:n})} \end{aligned} \tag{8-68}$$

其中根据文献[448]，一个常用的重要性分布是 $q(\boldsymbol{x}_n \mid \boldsymbol{x}_{0:n-1}, \boldsymbol{y}_{1:n}) = p(\boldsymbol{x}_n \mid \boldsymbol{x}_{n-1})$，其在式（8-63）已被建模。此时，可以得到

$$w(\boldsymbol{x}_n^{(i)}) = w(\boldsymbol{x}_n^{(i-1)})p(\boldsymbol{y}_n \mid \boldsymbol{x}_n^{(i)}) \tag{8-69}$$

在给定状态转移和观测模型的情况下，在算法 8.1 中总结了所提出的 PF 算法的详细步骤。其中重要性抽样的目的是消除具有较小权重的粒子，并保留较大权重的粒子。在本文中使用基于粒子权重归一化的随机均匀重要性抽样算法，该算法通过生成服从 $U(0, 1)$均匀分布的随机数来确定粒子是否被选择。最后，根据随机重要性抽样获得的粒子索引和相应的新样本值 $\boldsymbol{x}_n^{(i)}$，$i=1$，…，N_p，目标车辆的估计状态可以表示为 $\hat{\boldsymbol{x}}_n = \sum_{i=1}^{N}\tilde{w}_n^{(i)}\boldsymbol{x}_n^{(i)}$。

接下来，将具体给出 PF 算法中观测矢量 $\boldsymbol{y}_n$ 的选取以及其对应的似然概率的计算。

算法 8.1 基于 PF 的目标状态跟踪算法

初始化： 粒子数 $N_p=500$，时隙数 $N_s=100$，初始状态估计 $\hat{\boldsymbol{x}}_0$，设置初始粒子状态 $\boldsymbol{x}_0^{(j)}$，粒子重要性权重 $w(\boldsymbol{x}_0^{(j)})=\frac{1}{N_p}$，$j=1, 2, \cdots, N_p$

for $n=1:N_s$ **do**

　根据 $\mathbb{O}_n$ 设计观测矢量 $\boldsymbol{y}_n$

　for $j=1:N_p$ **do**

　　根据状态转移模型预测粒子 $\boldsymbol{x}_n^{(j)}$ 的状态为 $\boldsymbol{x}_n^{(j)}=\boldsymbol{G}_{n-1}\boldsymbol{x}_{n-1}^{(j)}$

　　计算粒子 $\boldsymbol{x}_n^{(j)}$ 对应的似然概率为 $p(\boldsymbol{y}_n \mid \boldsymbol{x}_n^{(j)})$

　　$w(\boldsymbol{x}_n^{(j)})=w(\boldsymbol{x}_n^{(j-1)})p(\boldsymbol{y}_n \mid \boldsymbol{x}_n^{(j)})$

　end for

　设置 $\tilde{w}(\boldsymbol{x}_n^{(i)})=w(\boldsymbol{x}_n^{(i)})/\sum_{i=1}^{N_p}w(\boldsymbol{x}_n^{(i)})$，$i=1, \cdots, N_p$

　设置 $\hat{\boldsymbol{x}}_n=\mathbb{E}(\text{resampling}(\boldsymbol{x}_n^{(j)}, \tilde{w}(\boldsymbol{x}_n^{(j)})))$

end for

8.3.4　基于多径回波的 PF 设计

对于基于多径回波的目标跟踪，本节不考虑反射或散射超过两次的多径回波，因为它们的强度可以忽略不计。给定固定的 BS，路边墙面的位置可以通过固定的虚拟锚点（Virtual Anchor，VA）$\boldsymbol{p}_{\mathrm{VA}}\in\mathbb{R}^2$确定，其是 BS 相对于路边墙面的镜面对称点，如图 8－11a 所示。图 8－11 中进一步展示了 8.3.1 节中描述的四种回波的传播路径，其可以根据 VA 的作用分为以下三种类型。

1）后向散射回波：散射点实际上是目标车辆，其位置可以在不使用 VA 的情况下通过观测的 AoA 和时延来确定。

2）具有传播模式 SR 的回波（标记为红色）：由于 VA、路边墙面上的散射点 A 和目标位于同一直线上，给定 $\boldsymbol{p}_n$ 和 $\boldsymbol{p}_{\mathrm{VA}}$ 即可确定点 A 的位置，而不依赖相应回波的 AoA。

3）具有传播模式 SS 或 RS 的回波（标记为蓝色）：在这种情况下，路边墙面上的散射点 B/C 只能通过对应回波的观测 AoA 以及 VA 的位置来确定。

需要注意的是，只有额外的环境先验信息可用时，多径回波提供的信息才有利于目标定位与跟踪[449]。在本节中可将 VA 的位置视为先验信息，其将提供有关多径回波的一些额外信息，即散射/反射点被限制在 BS 已知的特定表面上，如图 8－11 中的点 A 和点 B。

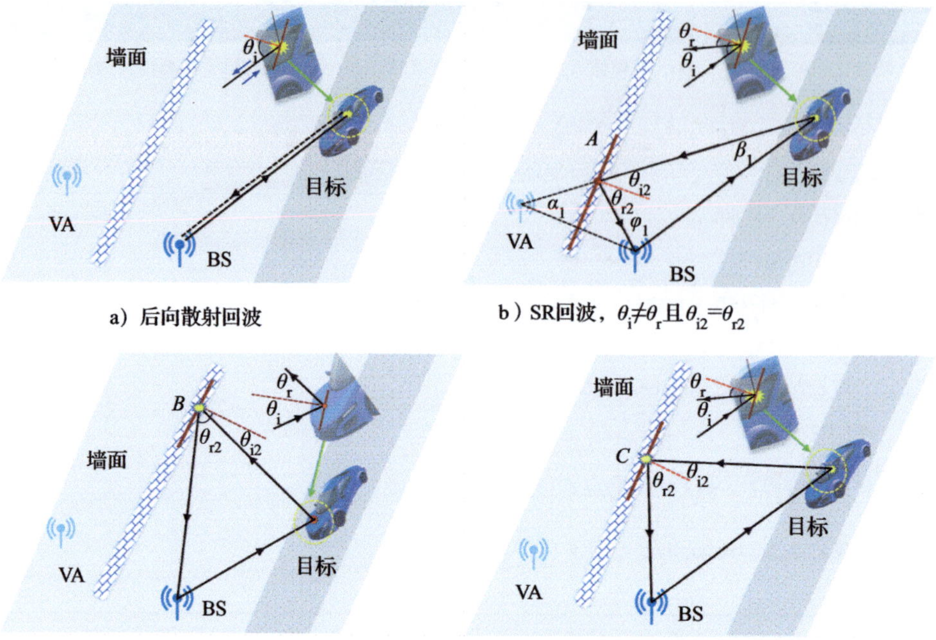

a）后向散射回波　　b）SR回波，$\theta_i \neq \theta_r$且$\theta_{i2}=\theta_{r2}$

c）RS回波，$\theta_i=\theta_r$且$\theta_{i2}\neq\theta_{r2}$　　d）SS回波，$\theta_i\neq\theta_r$且$\theta_{i2}\neq\theta_{r2}$

图8-11　四种不同类型回波的传播路径

首先仅考虑使用后向散射回波 $\varepsilon_{n,0}$ 进行波束跟踪与预波束成形，可将 PF 的观测矢量表示为

$$\boldsymbol{y}_n^{\mathrm{C},1}=\boldsymbol{o}_{n,0}\triangleq\boldsymbol{h}_1(\boldsymbol{x}_n)+\boldsymbol{z}_{n,1}=\begin{bmatrix}\dfrac{2}{c}\|\boldsymbol{p}_n-\boldsymbol{p}_{\mathrm{b}}\|\\ \arctan\dfrac{\boldsymbol{p}_n(2)-\boldsymbol{p}_{\mathrm{b}}(2)}{\boldsymbol{p}_n(1)-\boldsymbol{p}_{\mathrm{b}}(1)}\\ \dfrac{2\boldsymbol{v}_n^T(\boldsymbol{p}_n-\boldsymbol{p}_{\mathrm{b}})f_c}{c\|\boldsymbol{p}_n-\boldsymbol{p}_{\mathrm{b}}\|}\end{bmatrix}+\boldsymbol{z}_{n,1}\tag{8-70}$$

式中，$\boldsymbol{p}_{\mathrm{b}}=[\boldsymbol{p}_{\mathrm{b}}(1),\ \boldsymbol{p}_{\mathrm{b}}(2)]^{\mathrm{T}}$ 是 BS 的二维位置矢量；$\boldsymbol{z}_{n,1}\sim\mathcal{N}(\boldsymbol{0}_{3\times1},\ \boldsymbol{Q}_{1,m})$ 是测量噪声矢量，其中 $\boldsymbol{Q}_{1,m}=\boldsymbol{Q}_{m,n,0}$ 为噪声协方差矩阵。基于 $\boldsymbol{y}_n^{\mathrm{C},1}$ 并通过将残差矢量表示为 $\boldsymbol{e}_{n,1}=\boldsymbol{h}_1(\boldsymbol{x}_n)-\boldsymbol{y}_n^{\mathrm{C},1}$，对应的 PF 似然概率可以表示为

$$p(\boldsymbol{y}_n^{\mathrm{C},1}\mid\boldsymbol{x}_n)=A_1\exp\left(-\frac{1}{2}\boldsymbol{e}_{n,1}^{\mathrm{T}}\boldsymbol{Q}_{m,n,0}^{-1}\boldsymbol{e}_{n,1}\right)\tag{8-71}$$

式中，$A_1=[8\pi^3\det(\boldsymbol{Q}_{m,n,0})]^{-\frac{1}{2}}$。

进一步地，考虑只有两个回波 $\varepsilon_{n,0}$ 和 $\varepsilon_{n,1}$ 由 BS 接收的情况，即后向散射回波以及具有传播模式 SR 的多径回波（对应图 8-11 中的红色实线）。在这种情况下，回波 $\varepsilon_{n,1}$ 可以被视为在 VA 处对目标车辆的观测，因为 BS 和 VA 相对于墙面镜像对称。给定 $\boldsymbol{p}_{\mathrm{VA}}$、$\boldsymbol{o}_{n,0}$ 以及 $\boldsymbol{o}_{n,1}$，可以将 PF 的观测矢量设置为

$$
\boldsymbol{y}_n^{\mathrm{C},2}=[\boldsymbol{o}_{0,n}^{\mathrm{T}},\boldsymbol{o}_{1,n}^{\mathrm{T}}]^{\mathrm{T}}\triangleq\boldsymbol{h}_2(\boldsymbol{x}_n)+\boldsymbol{z}_{n,2}=\begin{bmatrix}\dfrac{2}{c}\|\boldsymbol{p}_n-\boldsymbol{p}_{\mathrm{b}}\|\\ \arctan\dfrac{[\boldsymbol{p}_n(2)-\boldsymbol{p}_{\mathrm{b}}(2)]}{[\boldsymbol{p}_n(1)-\boldsymbol{p}_{\mathrm{b}}(1)]}\\ \dfrac{2\boldsymbol{v}_n^{\mathrm{T}}(\boldsymbol{p}_n-\boldsymbol{p}_{\mathrm{b}})f_c}{c\|\boldsymbol{p}_n-\boldsymbol{p}_{\mathrm{b}}\|}\\ \dfrac{1}{c}(\|\boldsymbol{p}_n-\boldsymbol{p}_{\mathrm{b}}\|+\|\boldsymbol{p}_n-\boldsymbol{p}_{\mathrm{VA}}\|)\\ \arctan\dfrac{[\boldsymbol{p}_n(2)-\boldsymbol{p}_{\mathrm{VA}}(2)]}{[\boldsymbol{p}_n(1)-\boldsymbol{p}_{\mathrm{VA}}(1)]}\\ \dfrac{2\boldsymbol{v}_n^{\mathrm{T}}(\boldsymbol{p}_n-\boldsymbol{p}_{\mathrm{b}})f_c}{c\|\boldsymbol{p}_n-\boldsymbol{p}_{\mathrm{b}}\|}\end{bmatrix}+\boldsymbol{z}_{n,2}
\tag{8-72}
$$

式中，$\boldsymbol{z}_{n,2}\sim\mathcal{N}(\boldsymbol{0}_{6\times1},\boldsymbol{Q}_{2,m})$ 是测量噪声矢量，其中 $\boldsymbol{Q}_{2,m}=\mathrm{Blkdiag}(\boldsymbol{Q}_{m,n,0},\boldsymbol{Q}_{m,n,1})$ 为噪声协方差矩阵。将残差向量表示为 $\boldsymbol{e}_{n,2}=\boldsymbol{h}_2(\boldsymbol{x}_n)-\boldsymbol{y}_n^{\mathrm{C},2}$，则对应的 PF 似然概率可以表示为

$$
p(\boldsymbol{y}_n^{\mathrm{C},2}\mid\boldsymbol{x}_n)=A_2\exp\left(-\frac{1}{2}\boldsymbol{e}_{n,2}^{\mathrm{T}}\boldsymbol{Q}_{2,m}^{-1}\boldsymbol{e}_{n,2}\right)
\tag{8-73}
$$

式中，$A_2=[8\pi^3\det(\boldsymbol{Q}_{2,m})^{1/2}]^{-1}$。

此外，考虑具有传播模式为 SS 或 RS 的多径回波（如图 8-11 中的蓝色实线所示），此时观测矢量 $\boldsymbol{y}_n^{\mathrm{C},3}=[\boldsymbol{o}_{n,0}^{\mathrm{T}},\boldsymbol{o}_{n,1}^{\mathrm{T}},\cdots,\boldsymbol{o}_{n,M_n-1}^{\mathrm{T}}]^{\mathrm{T}}$。其中对于多径回波 $\varepsilon_{n,\ell}$ 的观测 $\boldsymbol{o}_{n,\ell}=[\tau_{n,\ell},\theta_{n,\mathrm{R},\ell},\gamma_{n,\ell}]^{\mathrm{T}}$，在不存在估计误差的情况下，可以得到以下关于距离的关系式：

$$
\|\boldsymbol{p}_n-\boldsymbol{p}_{\mathrm{b}}\|+\|\boldsymbol{p}_n-\boldsymbol{p}_\ell^{\mathrm{s}}\|+\|\boldsymbol{p}_\ell^{\mathrm{s}}-\boldsymbol{p}_{\mathrm{b}}\|=c\tau_{n,\ell}
\tag{8-74}
$$

式中，$\boldsymbol{p}_\ell^{\mathrm{s}}$ 为对应于 $\varepsilon_{n,\ell}$ 的墙面散射点位置，其估计值 $\hat{\boldsymbol{p}}_\ell^{\mathrm{s}}$ 可通过解以下方程得到：

$$
\begin{cases}y=\tan(\theta_{n,\mathrm{R},\ell})[x-\boldsymbol{p}_{\mathrm{b}}(1)]+\boldsymbol{p}_{\mathrm{b}}(2)\\ \sqrt{[x-\boldsymbol{p}_{\mathrm{b}}(1)]^2+[y-\boldsymbol{p}_{\mathrm{b}}(2)]^2}=\sqrt{[x-\boldsymbol{p}_{\mathrm{VA}}(1)]^2+[y-\boldsymbol{p}_{\mathrm{VA}}(2)]^2}\end{cases}
\tag{8-75}
$$

由于 AoA 估计误差以及墙面散射点位置估计误差的存在，式（8-74）中的等式通常不成立。将多径回波 $\varepsilon_{n,\ell}$ 对应于式（8-74）的距离观测残差表示为 $e_{n,d}^{\ell}=d(\boldsymbol{p}_n,\hat{\boldsymbol{p}}_\ell^{\mathrm{s}})-c\tau_{n,\ell}$，其中 $d(\cdot,\cdot)$ 为定义式（8-74）左侧的距离函数，则

对应于 M_n-2 个多径回波的距离观测残差矢量为 $\boldsymbol{e}_{n,d}\in\mathcal{R}^{(M_n-2)\times 1}$。则当考虑具有传播模式为 SS 或 RS 的多径回波时的似然概率可以表示为

$$p(\boldsymbol{y}_n^{\mathrm{C},3}\mid\boldsymbol{x}_n)=p(\boldsymbol{y}_n^{\mathrm{C},3}\mid\boldsymbol{x}_n)A_3\exp\left(-\frac{1}{2}\boldsymbol{e}_{n,d}^{\mathrm{T}}\boldsymbol{Q}_{3,m}^{-1}\boldsymbol{e}_{n,d}\right)\tag{8-76}$$

式中，$A_3=\left[(2\pi)^{\frac{M_n-2}{2}}\det(\boldsymbol{Q}_{3,m})^{\frac{1}{2}}\right]^{-1}$；$\boldsymbol{Q}_{3,m}$是对应的观测协方差矩阵，若 $\boldsymbol{p}_\ell^{\mathrm{s}}$的位置估计准确，则协方差矩阵为 $\boldsymbol{Q}_{3,m}=\mathbf{diag}\left[c^2\sigma_{n,2}^2(1),\ \cdots,\ c^2\sigma_{n,M_n-1}^2(1)\right]$。

给定似然概率 $p(\boldsymbol{y}_n^{\mathrm{C},1}\mid\boldsymbol{x}_n)$、$p(\boldsymbol{y}_n^{\mathrm{C},2}\mid\boldsymbol{x}_n)$或者 $p(\boldsymbol{y}_n^{\mathrm{C},3}\mid\boldsymbol{x}_n)$，目标跟踪可根据算法 8.1 描述的 PF 来执行。其中，在第 n 个时隙，基于上一时隙对当前时隙目标状态信息的预测$\hat{\boldsymbol{x}}_n^{\mathrm{p}}$，可以设计预波束成形矢量为 $\boldsymbol{f}_n=\sqrt{p_n}\boldsymbol{a}_n(\hat{\theta}_n^{\mathrm{p}})$，其中 $\hat{\theta}_n^{\mathrm{p}}=\arctan\dfrac{\hat{\boldsymbol{x}}_n^{\mathrm{p}}(2)}{\hat{\boldsymbol{x}}_n^{\mathrm{p}}(1)}$为基于目标位置预测计算的目标角度预测。

8.4 数值仿真结果

在本节中基于 MATLAB 给出了数值仿真结果，以验证基于后向 ISAC 回波信号的感知辅助 V2I 波束跟踪与预波束成形方案和基于 ISAC 多径回波信号的感知辅助 V2I 波束跟踪与预波束成形方案的有效性。

8.4.1 基于后向回波的感知辅助 V2I 预波束成形

考虑图 8-12 所示的仿真场景，目标车辆从道路的右侧进入 BS 覆盖区域，然后从 BS 前面经过，并逐渐移动到 BS 左侧。在目标车辆运动过程中，其与 BS 之间可能会出现障碍物。不失一般性，将 BS 以及目标的初始位置坐标设置为 $[0,\ 0]^{\mathrm{T}}$ 和$[40,\ 10]^{\mathrm{T}}$，目标初始运动速度设置为 $v=20\mathrm{m/s}$，其中 $t\in[0\mathrm{s},\ 4\mathrm{s}]$。其余仿真参数见表 8-1。需要注意的是，由于时隙持续时间 ΔT 很短，两个相邻时隙的目标车辆状态之间的差异很小，因此状态转移方差应该设置得足够小。所有结果均基于 MATLAB 的 1000 次独立蒙特卡洛模拟。

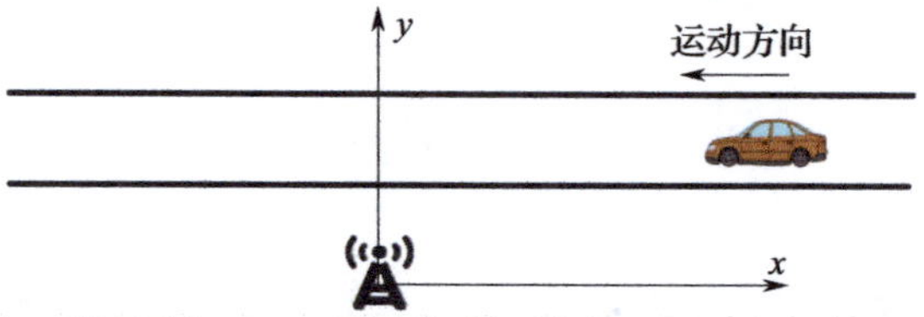

图 8-12 基于后向 ISAC 回波的感知辅助 V2I 预波束成形仿真场景

表 8-1　基于后向回波的感知辅助 V2I 预波束成形的基本仿真参数

参数	值	参数	值	参数	值	参数	值
f_c	28GHz	$W^{(1)}$	100MHz	f_c'	5.9GHz	$W^{(2)}$	20MHz
ΔT	20ms	N_s	200	σ_d	0.1m	σ_θ	0.01°
σ_v	0.1m/s	σ_ρ	0.01	a_1	2×10^{-7}	a_2	5×10^{3}
a_β	1	G	1	σ_s^2	-174dBm/Hz	σ_C^2	-174dBm/Hz
p_n	23dBm	$\varepsilon_n^{\text{los}}$	5+5j	N_t	32	N_r	32

首先，图 8-13 用均方根误差（Root Mean Squared Error，RMSE）的形式显示了在无障碍物的情况下 EKF 对目标车辆角度和距离的跟踪性能。可以观察到，采用 EKF 技术的情况下，距离和角度的估计误差被限制在 0.5m 和 0.1°的水平。对于小型天线阵列的情况（天线数为 16、32 或 64），目标车辆距离以及角度的跟踪误差随时间先减小后增大，与可达速率曲线类似。这是因为当目标车辆向 BS 移动时，反射系数变得更大，从而导致更高的 SNR。相反，当目标车辆离开时，SNR 下降。额外的一个情况是，当发射与接收天线数目 $N_t=N_r=128$ 时，对目标车辆角度的跟踪性能比较小天线阵列的跟踪性能差。这是因为较大的天线阵列通常产生较窄的波束，而窄波束出现波束失准的概率较大，尤其是当目标车辆高速移动并靠近 BS 时。因为根据式（8-23），当目标车辆靠近 BS 且角度接近 90°时，$\sin\theta_{n-1}$ 接近于 1 且 $\hat{d}_{n-1}$ 接近于 BS 与目标车辆之间的最

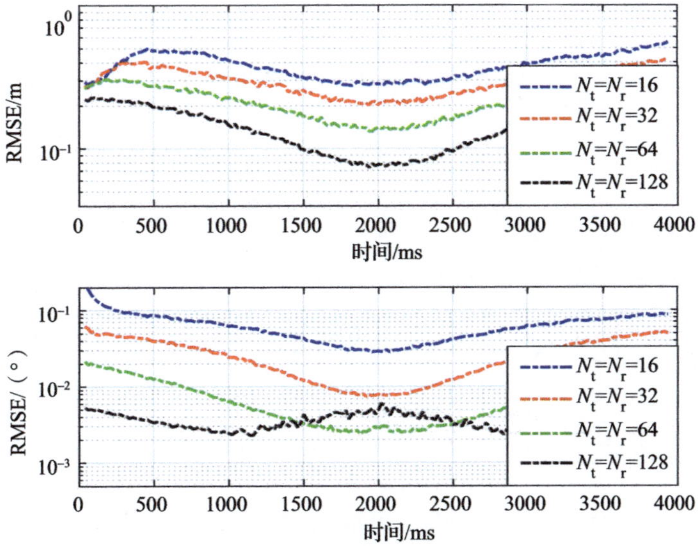

图 8-13　无障碍物时基于 EKF 的目标跟踪性能

短距离 $d_0\sin\theta_0$。因而，在此种情况下，目标车辆产生相同位移导致的角度变化 $\frac{\hat{v}_{n-1}\Delta T\sin\theta_{n-1}}{\hat{d}_{n-1}}$ 更大，更容易出现波束失准的情况。

为了验证所提出的基于假设检验的 NLoS 识别方法的有效性，考虑道路上的随机大型车辆阻挡，设置差异因子 ρ^b、τ^b 以及 μ^b 的 PDF 如下：

1）$p(\rho^b)$：一般情况下，障碍物的尺寸比目标车辆的尺寸更大（一般情况下材料相似，目标尺寸越大 RCS 越大）且与 BS 之间的距离更小。根据式（8－6）中反射系数的表达式，障碍物对应的反射系数更大，为便于计算，可设置反射系数差异因子的分布为 $\rho^b \sim \mathcal{N}(-2,\ 1^2)$，则式（8－44）中假设 $\mathcal{H}_1$ 中 $\Phi_{n,1} \sim \mathcal{N}(-2,\ 1^2+\sigma^2_{\rho_n})$。

2）$p(\tau^b)$：由于障碍物与 BS 之间的距离较 BS 与目标车辆之间的距离小，可根据文献［435］将距离差异分布设置为参数为 2 的瑞利分布，即 $\tau^b \sim \mathrm{Rayleigh}\left(2\cdot\frac{2}{c}\right)$。则式（8－44）中假设 $\mathcal{H}_1$ 中 $\Phi_{n,2}$ 的概率分布可通过对瑞利分布 PDF 与高斯分布 PDF 进行卷积求得，具体表示为

$$p(\Phi_{n,2}) = \frac{\sigma_{\tau_n}}{\sqrt{2\pi}\sigma_M^2}\exp\left(-\frac{\Phi_{n,2}^2}{2\sigma_{\tau_n}^2}\right) + \frac{\Phi_{n,2}\sigma_R}{\sigma_M^3}\exp\left(-\frac{\Phi_{n,2}^2}{2\sigma_i^2}\right)Q\left(-\frac{\Phi_{n,2}\sigma_R}{\sigma_M\sigma_{\tau_n}}\right) \tag{8-77}$$

式中，$Q(x) = \int_x^{\infty}\frac{1}{\sqrt{2\pi}}e^{-\frac{t^2}{2}}dt$ 为标准正态分布的互补累积分布函数；$\sigma_R = \frac{4}{c}$，$\sigma_M = \sqrt{\sigma^2_{\tau_n} + \sigma^2_R}$。

3）$p(\mu^b)$：可跟据文献[450]，将目标车辆与障碍物之间的速度差异分布设置为 $v^b \sim \mathcal{N}(0,\ 3^2)$，注意这里为绝对速度差异而非径向速度差异，可将随机变量 μ^b 的方差参考式（8－42）表示为 $\frac{4f_c^2\sigma^2_{v,R,b}}{c^2}$，其中 $\sigma^2_{v,R,b} = 3^2\cos^2\hat{\theta}^p_n$。那么假设 $\mathcal{H}_1$ 中 $\Phi_{n,3}$ 服从 $\Phi_{n,3} \sim \mathcal{N}\left(0,\ \frac{4f_c^2(\sigma^2_{v,R}+\sigma^2_{v,R,b})}{c^2} + \sigma^2_{n,2}\right)$。

给定上述差异因子的概率分布，可推出式（8－49）中 $k_{n,i}$，$i=1,2,3$ 的具体表达式为

$$
\begin{cases}
k_{n,1}=\dfrac{\sigma_{\rho_n}}{\sqrt{\sigma_{\rho_n}^2+\sigma^2}}\exp\left[\dfrac{-\sigma_{\rho_n}^2 m(m-2\Phi_{n,1})+\sigma^2\Phi_{n,1}^2}{2\sigma_{\rho_n}^2(\sigma_{\rho_n}^2+\sigma^2)}\right]\\
k_{n,2}=\dfrac{\sqrt{2\pi}\sigma_{\tau_n}\sigma_R\Phi_{n,2}}{\sigma_M^3}\exp\left(\dfrac{\sigma_R^2\Phi_{n,2}^2}{2\sigma_{\tau_n}^2\sigma_M^2}\right)\\
k_{n,3}=\dfrac{\sigma_{\mu_n}}{\sqrt{\sigma_{\mu_n}^2+\sigma^2}}\exp\left[\dfrac{\sigma^2\Phi_{n,3}^2}{2\sigma_{\mu_n}^2(\sigma_{\mu_n}^2+\sigma^2)}\right]
\end{cases}
\tag{8-78}
$$

式中，$k_{n,1}$的表达式中 $m=-2$、$\sigma=1$ 分别为 ρ_n^b 的均值和标准差；$k_{n,3}$的表达式中 $\sigma=\dfrac{3\times 2f_c\cos\hat{\theta}_n^{\mathrm{p}}}{c}$为 μ_n^{b} 的标准差。

图 8-14 显示了所提出的 NLoS 链路识别方法的检测概率（Probability of Detection，POD）相对于虚警概率（Probability of False Alarm，PFA）的性能，其中比较了使用五种不同差异因子组合的 NLoS 识别性能。每次仿真出现障碍物的时隙数为 50 并且是随机设置的。从图中可以看出，使用单个差异因子判别链路状态时，使用反射系数的差异因子 ρ^{b} 的性能最佳，而使用 μ^{b} 的性能最差。此外，用于 NLoS 识别的差异因子越多，NLoS 链路识别的性能越好。具体而言，当 PFA 设置为 5% 时，使用图 8-14 中的五个差异因子组合进行 NLoS 识别的 POD 分别约为 84.35%、92.3%、94.0%、97.6% 和 98.9%。

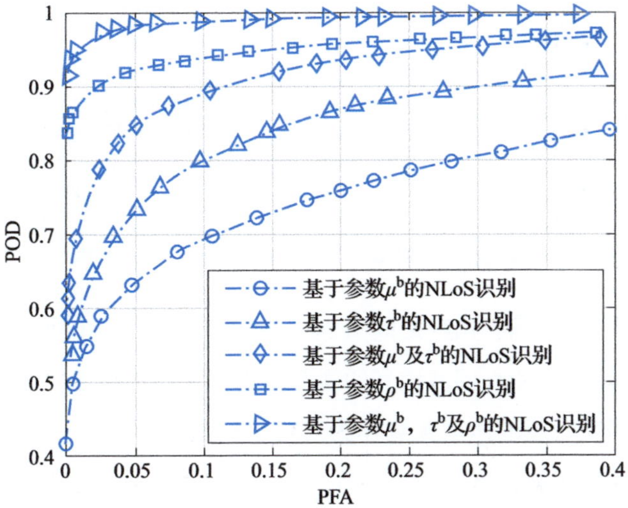

图 8-14　动态感知辅助 V2I 通信场景中 NLoS 链路识别性能

此外，图 8-15 展示了在 NLoS 场景中基于 EKF 的目标跟踪算法对目标角度 θ_n、距离 d_n、速度 v_n 以及反射系数 ρ_n 的跟踪性能。从图中可以看出，当目标车辆与 BS 之间存在随机障碍物时，使用基于假设检验的 NLoS 识别方法的情况下，BS 能够根据每个时隙的链路识别结果调整目标跟踪算法，从而准确地实现了对目标车辆状态的跟踪。

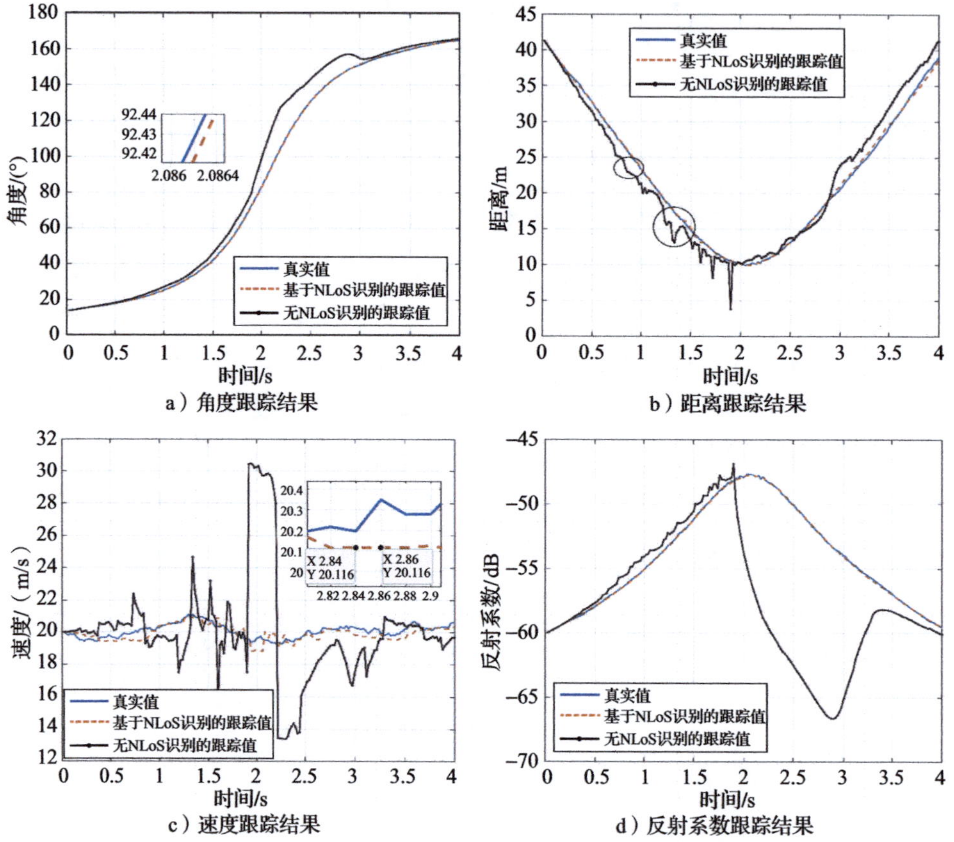

a）角度跟踪结果

b）距离跟踪结果

c）速度跟踪结果

d）反射系数跟踪结果

图 8-15　NLoS 场景中基于 EKF 的目标跟踪算法的跟踪性能

具体地，当目标车辆与 BS 之间为 NLoS 链路且被正确识别时（$b_n=1$），BS 将不会把当前时隙的 ISAC 回波信号的观测作为目标状态跟踪的输入，而是直接将上一时隙对当前时隙的速度预测作为目标车辆当前时隙的速度估计而不基于回波信号进行速度更新，这与图 8-15c 中 $t=2.84\sim2.86$s 处呈现的红色平直虚线一致。需要注意的是，目标速度的真实值由于状态转移噪声 w_v 的存在，实际上并不平滑；而在没有使用 NLoS 链路识别的情况下，BS 对目标跟踪的性能非常不稳定。具体地，由于障碍物的频繁出现，BS 将来自于障碍物的回波作为目标车辆跟踪算法的输入，导致对于目标车辆距离、角度以及反射系数的跟踪在仿真开始不久后就偏离实际值。尤其是对于反射系数的跟踪，其在目标车辆靠近 BS 时误差大大增加，并在之后完全脱离反射系数的真实轨迹。另外，从图 8－15b 中黑色圆圈圈出部分还可以看出，在目标距离跟踪的初始阶段，NLoS 链路的存在导致目标跟踪较真实值出现偏离，此后会出现这样一种情况：当后续时隙为 LoS 链路（即回波来自于目标车辆）时，EKF 仍然能够逐渐缩小跟踪误差并找回目标车辆的真实轨迹。但在这个过程中，障碍物的再次出现将使得目标跟踪轨迹再次偏离真实轨迹。因而，由于障碍物的随机出现，距离跟踪显示出先偏离再逐渐收敛之后再次偏离的现象。

进一步地，在图 8－16 中给出了所提出的基于 NLoS 识别方案在存在障碍物场景中下行可实现通信速率的 CDF，其中决策阈值 γ 是根据图 8－14 中使用差异因子 τ_n、μ_n 以及 ρ_n 的 NLoS 识别方法 5% 的 PFA 设置的。需要说明的是，每次仿真出现障碍物的时隙数为 50 并且是随机设置的，且图 8－16 给出的是有障碍物存在的时隙中的通信速率对比。此外，参考文献[440]与[451]，对于式（8－10）以及式（8－14）中给出的路损模型，分别设置路损因子、毫米波频段的穿透损耗、Sub－6G 频段的穿透损耗以及阴影衰落为 $\varrho=2$、$\Gamma[\mathrm{dB}]=45\mathrm{dB}$、$\Gamma'[\mathrm{dB}]=10\mathrm{dB}$、$\chi_\sigma=2.9\mathrm{dB}$。对于有 NLoS 识别的预波束成形，当存在障碍物且被 BS 正确识别时，BS 将转向 Sub-6G 通信模式以减少 mmWave 高穿透损耗带来的性能损失。两种方案的可达通信速率可分别由式（8－13）和式（8－16）计算得到。

从图 8－16 中可以看出，在有障碍物存在的 V2I 通信场景中，利用所提出的 NLoS 链路识别方案，可实现的通信速率高于未考虑 NLoS 识别的方案，通信性能提升约 300Mbit/s，这要归功于当 BS 和目标车辆之间的 LoS 链路被阻塞时从通信模式的调整中获得的增益。值得关注的是，在使用 NLoS 链路识别的情况下，存在一段较低的可达通信速率（黑色圆圈所圈部分）。这是因为在 PFA = 5% 时，基于假设检验的 NLoS 识别方案存在一定的漏警概率，即 $b_n=1$ 但被判别为 $b_n=0$，但 BS 仍然使用 mmWave 与目标车辆进行通信，但障碍物的存在会导致较低的通信速率。

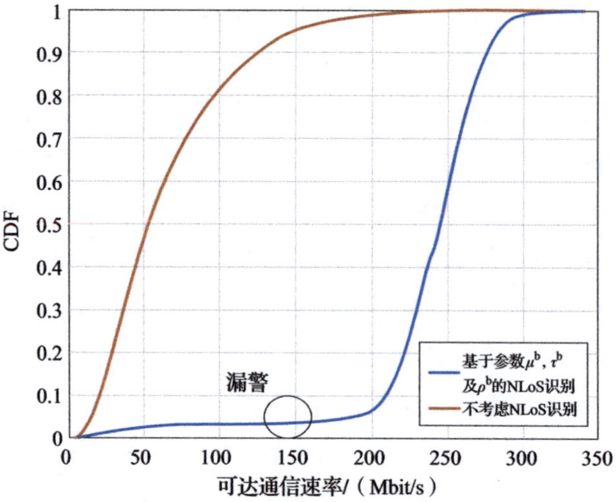

图 8-16　NLoS 场景中的可达通信速率对比

8.4.2　基于多径回波的感知辅助 V2I 预波束成形

与 8.4.1 节中仿真场景相同。设置 BS 位置为$[0,\ 0]^{\mathrm{T}}$，目标初始位置及初始速度分别为$\boldsymbol{p}_0=[15,\ 12]^{\mathrm{T}}$和$\boldsymbol{v}_0=[-15,\ 0]^{\mathrm{T}}$。设置路边墙面的物理范围为$\{(x,\ y)\mid -30\leqslant x\leqslant 30,\ y=15\}$，即 VA 的位置为$\boldsymbol{p}_{\mathrm{VA}}=[0,\ 30]^{\mathrm{T}}$。其余的仿真参数在表 8-2 中给出。

表 8-2　基于多径回波的感知辅助 V2I 预波束成形的基本仿真参数

参数	值	参数	值	参数	值	参数	值
f_c	28GHz	ΔT	20ms	N_s	100	N_p	500
p_n	23dBm	σ_s^2	-87dBm	N_t	64	N_r	64
σ_C^2	-87dBm	$\sigma_{\mathrm{p}(1)}$	0.2m	$\sigma_{\mathrm{p}(2)}$	0.2m	$\sigma_{\mathrm{v}(1)}$	0.2m/s
$\sigma_{\mathrm{v}(2)}$	0.2m/s	a_1	8×10^{-7}	a_2	4	a_3	2×10^4
α_{R1}	2	A_{S1}	0.5	dS_1	1	G	10

基于表 8-2 中的目标车辆散射参数，对于后向散射回波$\varepsilon_{n,0}$，其与回波功率有关的信道增益$\beta_{n,0}$的模值可通过式（8-50）计算得到。对于传播模式为 SR 和 RS 的多径回波，其信号传播路径是确定的，而所有剩余的多径回波（传播模式为 SS）都是随机散射分量[452]。因而可设置传播模式为 SS 的多径回波对应的墙面散射点在 A 点（图 8-11 中墙面上的镜面反射点）周围满足高斯随机

分布，其与 A 点之间的距离方差为 $\sigma_{\mathrm{DS},d}=2\mathrm{m}$。确定了墙面上的散射点，则传播模式为 SS 的信号传播路径可以确定。此外为简单起见，可以通过定义 $\Gamma_{\mathrm{N2L}}=|\beta_{n,\ell}|^2/|\beta_{n,0}|^2$ 来设置多径回波的信道增益 $\beta_{n,\ell}$，其中 Γ_{N2L} 为多径回波和后向散射回波之间的功率比。

首先，通过与以下波束跟踪算法进行比较来验证所提出的具有基于多径回波和 PF 的波束跟踪及预波束成形方案的优越性。

1）ABP 算法：BS 通过发射一对辅助波束来进行波束训练[453]。该方法属于传统基于通信范畴的波束跟踪方案，需要额外的导频和上行链路反馈，其开销远高于基于 ISAC 范畴的方案。对于 ABP 算法的仿真，不失一般性，将文献[453]中定义的半功率波束宽度设置为$\frac{\pi}{32}$。

2）EKF 算法：将后向散射回波测量值 $\boldsymbol{o}_{n,0}$ 与目标运动模型给出的状态预测相结合，以估计并跟踪目标真实状态[428]。针对 $\boldsymbol{o}_{n,0}$ 相对于状态矢量 $\boldsymbol{x}_n$ 的非线性，使用了一阶局部线性近似。

以上两种方法以及本章所用方法关于通信速率的对比如图 8-17 所示，其中 $M=1$ 表示只考虑后向散射回波（$\varepsilon_{n,0}$）的情况，即 $\boldsymbol{o}_{n,0}$ 被用作观测矢量。$M=2$ 表示只考虑后向散射回波以及传播模式为 SR 的多径回波（$\varepsilon_{n,1}$）的情况，即 $[\boldsymbol{o}_{n,0},\ \boldsymbol{o}_{n,1}]^{\mathrm{T}}$ 被用作观测矢量。

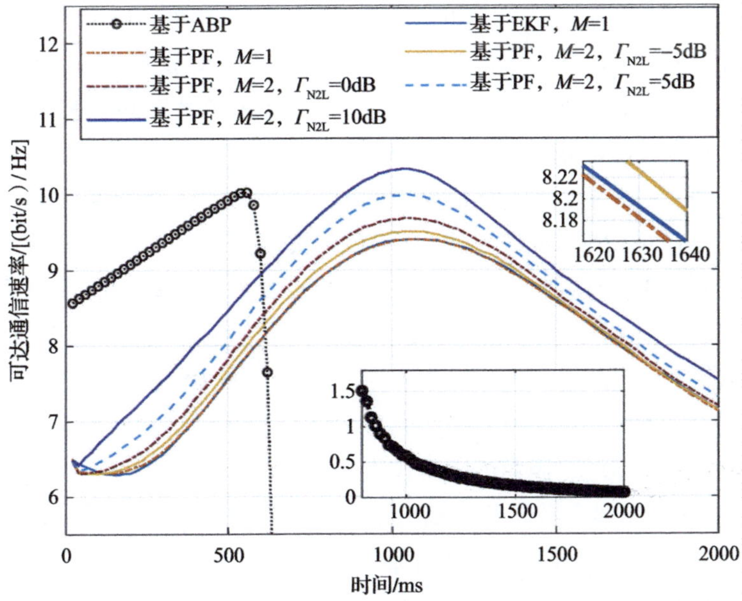

图 8-17　不同方法之间的可达通信速率比较

从图中可以观察到，基于 PF 的方案在 $t\in[0\text{s}, 0.6\text{s}]$ 区域内的下行通信性能不如基于 ABP 的算法。这是因为 ABP 是一种基于通信上下行反馈的波束跟踪算法，目标车辆接收的训练波束具有很高的 SNR，因而在目标车辆相对于 BS 角度变化缓慢的情况下，其角度估计精度以及可达通信速率高于使用 EKF 和 PF 的方法。然而，当车辆接近 BS 时，车辆角度变化更快且此时单个时隙内角度变化足够大，使得目标车辆脱离了 ABP 算法$\frac{\pi}{16}$的波束搜索范围，进而导致车辆轨迹丢失并且目标跟踪失败。基于 PF 和 EKF 的方法可实现通信速率曲线随时间先增加后减少，这是因为当目标车辆向 BS 移动时，信道增益变大，导致 SNR 增大。相反，当目标车辆远离 BS 时，SNR 下降。此外，当 $\boldsymbol{M}=1$ 时，基于 PF 的目标跟踪方案的通信性能较 EKF 稍差。具体原因如下：一方面，由于式（8-63）中的状态转移模型是线性的，基于 EKF 的方法只对非线性观测 $\boldsymbol{o}_{n,0}$ 使用了一阶局部线性化，其造成的目标跟踪性能损失较小。另一方面，粒子数目的不足以及观测噪声的快速变化会导致 PF 目标跟踪效果差，因此基于 PF 方法的通信性能不如基于 EKF 的方法。图 8-17 中还给出了考虑多径回波的情况下基于 PF 的目标跟踪方案对应的通信性能，其中仿真了四个不同的 Γ_{N2L}。通信性能随着 Γ_{N2L} 的增大而提升，在 $t=1\text{s}$ 时（目标车辆离 BS 最近）较仅使用后向散射回波的方案（$M=1$）的增益分别为 0.12(bit/s)/Hz、0.29(bit/s)/Hz、0.61(bit/s)/Hz 和 0.94(bit/s)/Hz。从图 8-17 可以看出，在已知 VA 位置的情况下，即使当 $\varepsilon_{n,1}$ 的强度低于 $\varepsilon_{n,0}$ 时（当 $\Gamma_{\text{N2L}}=-5\text{dB}$ 时），使用 $\varepsilon_{n,1}$ 仍然可以增强对目标车辆的跟踪和通信性能。此外，图 8-18 中通过角度估计误差的累积分布函数（Cumulative Distribution Function，CDF）进一步展示了基于 PF、EKF 以及 ABP 三种方案的角度跟踪性能，图中的结果与图 8-17 以及相关分析保持一致。

此外，图 8-19 显示了当其他多径回波 $\varepsilon_{n,\ell}$（$\ell>1$）的信息被利用时的目标角度跟踪误差的 CDF。此时，式（8-76）被用作 PF 中的似然概率，并且多径回波 $\varepsilon_{n,\ell}$（$\ell>1$）与后向散射回波的功率比设置为 $\Gamma_{\text{N2L}}=0\text{dB}$。从图中数据可以得到，在 CDF 为 0.65 处，额外的 3 个以及 8 个传播模式为 SS 或 RS 的多径回波分别较 $M=2$ 时的目标车辆角度估计误差减少了约 0.06°和 0.086°，$M=2$ 时的角度估计误差比 $M=1$ 减少约 0.08°。可以看出，更多的多径回波对目标跟踪带来的增益是边际递减的。因为传播模式为 SS 或 RS 的多径回波对应的似然概率式（8-76）中的距离参数是基于墙面散射点的估计值 $\hat{\boldsymbol{p}}_{\ell}^{s}$ 求得的，该估计值包含由测量的 $\theta_{n,\text{R},\ell}$ 引起的误差。由于 $\hat{\boldsymbol{p}}_{\ell}^{s}$ 估计误差的存在，实际上式（8-76）中观测协方差矩阵中距离残差对应的噪声方差大于 $c^2\sigma_{n,\ell}^2$（1）（$\ell>2$）。在 $M=10$

的情况下，通过对噪声进行松弛，即设置传播模式为 SS 或 RS 的多径回波对应的似然函数式（8-76）中观测协方差矩阵为 $\boldsymbol{Q}_{2,m}=\mathbf{diag}(2c^2\sigma_{n,2}^2(1),\cdots,2c^2\sigma_{n,M_n-1}^2(1))$，此时其 CDF 为 0.65 处对应的角度估计误差性能较不使用噪声松弛提升了约 0.02°。

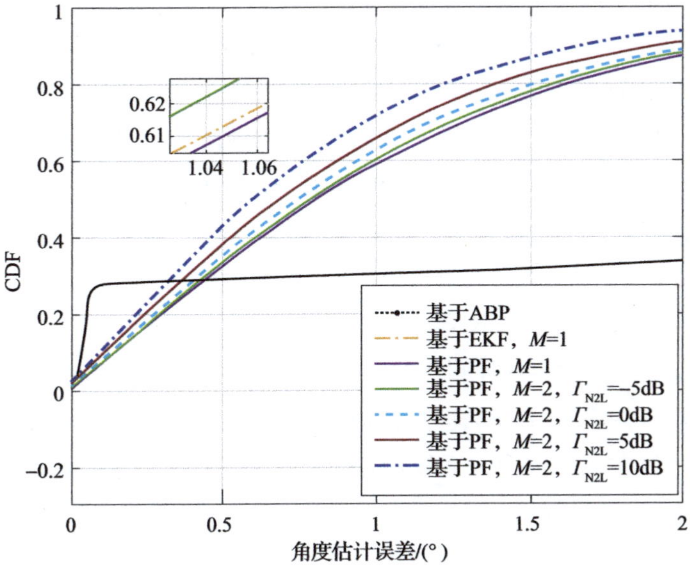

图 8-18　PF、EKF 和 ABP 三种方法目标角度跟踪误差的 CDF 比较

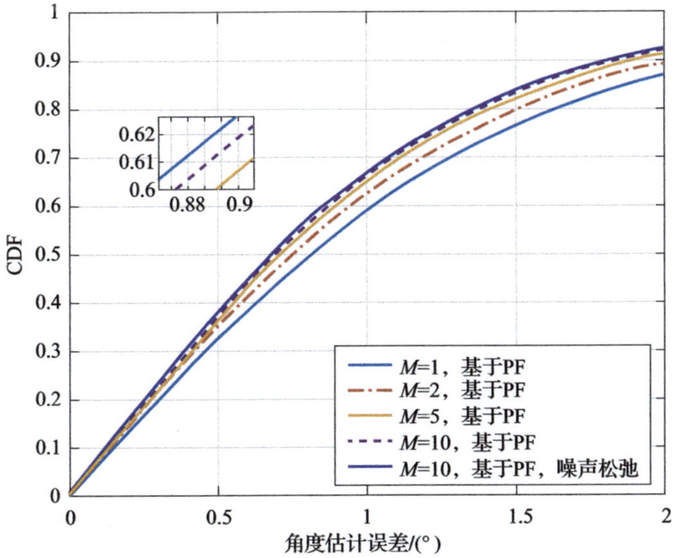

图 8-19　基于多径回波方案的目标角度跟踪误差 CDF

8.5 本章小结

本章介绍了毫米波动态车载通信中基于感知辅助的波束跟踪与预波束成形方法。首先利用部署在 BS 上的联合感知和通信能力为存在障碍物的 V2I 通信链路设计了具有 NLoS 识别的波束跟踪与预波束形成方案。其中为了跟踪目标车辆的角度变化，使用基于 EKF 的目标状态跟踪与预测框架，该框架建立在对回波信号的观测以及车辆的状态演化模型的基础上。数值结果表明该方案显著优于现有不考虑阻塞情况下的预波束成形方案。进一步地，通过将目标车辆视为扩展目标，本章证明了后向散射回波的功率并不总是 BS 接收到的最强回波。考虑到较强多径回波携带具有较小误差的车辆状态信息，在给定路边散射体的先验信息的情况下，本章提出一种利用 ISAC 多径回波的感知辅助 V2I 预波束成形方案，实现了在目标感知和通信速率方面的提升。数值仿真表明了所提出的基于多径回波的 V2I 预波束成形方案较现有仅基于后向散射回波方案在目标跟踪及通信性能方面的可观增益。

附　录

A.1　式(8－31)中 ρ_n 估计方差的推导

在式(8－30)中，z_{β_n}是均值为零、方差为 $\sigma^2_{\beta_n}$ 的复高斯随机变量。由于式(8－31)的非线性，可以使用一阶泰勒展开近似计算 ρ_n 的估计方差 $\sigma^2_{n,4}$。具体地，可将 β_n 以及其估计值表示为 $\beta_n = X_n + \mathrm{j}Y_n$ 和 $\tilde{\boldsymbol{\beta}}_n = \tilde{X}_n + \mathrm{j}\tilde{Y}$，其中 $\tilde{X}_n \sim \mathcal{N}\left(X_n, \dfrac{\sigma^2_{\beta_n}}{2}\right)$，$\tilde{Y}_n \sim \mathcal{N}\left(Y_n, \dfrac{\sigma^2_{\beta_n}}{2}\right)$。则可定义 $g(\boldsymbol{q}_n) \triangleq \rho_n = 10\log_{10}(\sqrt{X_n^2+Y_n^2})$，其中 $\boldsymbol{q}_n = [X_n, Y_n]^{\mathrm{T}}$。通过在反射系数的估计值 $\tilde{\boldsymbol{\beta}}_n$ 处进行一阶泰勒展开，可以得到

$$g(\boldsymbol{q}_n) \approx g(\tilde{\boldsymbol{q}}_n) + \left.\frac{\partial g}{\partial \boldsymbol{q}_n^{\mathrm{T}}}\right|_{\boldsymbol{q}_n=\tilde{\boldsymbol{q}}_n}(\boldsymbol{q}_n - \tilde{\boldsymbol{q}}_n) = g(\tilde{\boldsymbol{q}}_n) + \boldsymbol{G}_n(\boldsymbol{q}_n - \tilde{\boldsymbol{q}}_n) \tag{8-79}$$

式中，$\tilde{\beta} = g(\tilde{\boldsymbol{q}}_n)$，$\boldsymbol{G}_n = \left.\dfrac{\partial g}{\partial q_n^{\mathrm{T}}}\right|_{\boldsymbol{q}_n=\tilde{\boldsymbol{q}}_n} \in \mathbb{R}^{2\times 1}$为 $g(\boldsymbol{q}_n)$在反射系数的估计值 $\tilde{\beta}_n$ 处的雅可比矩阵，具体表示为

$$\boldsymbol{G}_n = \left[\frac{\partial g}{\partial X_n}, \frac{\partial g}{\partial Y_n}\right]_{\boldsymbol{q}_n=\tilde{\boldsymbol{q}}_n} = \frac{10}{\ln 10(\tilde{X}_n^2 + \tilde{Y}_n^2)}[\tilde{X}_n, \tilde{Y}_n] \tag{8-80}$$

可以将式(8－79)重新表示为

$$g(\tilde{\boldsymbol{q}}_n) \approx g(\boldsymbol{q}_n) + \boldsymbol{G}_n(\tilde{\boldsymbol{q}}_n - \boldsymbol{q}_n) \tag{8-81}$$

由于$\tilde{\boldsymbol{q}}_n \sim \mathcal{N}(\boldsymbol{q}_n, \Sigma_n)$，则 $g(\tilde{\boldsymbol{q}}_n)$的分布可以近似为 $g(\tilde{\boldsymbol{q}}_n) \sim \mathcal{N}(g(\boldsymbol{q}_n), \boldsymbol{G}_n\boldsymbol{\Sigma}_n\boldsymbol{G}_n^{\mathrm{T}})$，其中$\boldsymbol{\Sigma}_n = \mathbf{diag}\left(\dfrac{\sigma^2_{\beta_n}}{2}, \dfrac{\sigma^2_{\beta_n}}{2}\right)$。那么，反射系数的 dB 形式 ρ_n 的估计方差可以推导为

$$
\begin{aligned}
\sigma_{\rho_n}^2 &\approx \boldsymbol{G}_n \Sigma_n \boldsymbol{G}_n^{\mathrm{T}} \\
&= \left(\frac{10}{\ln 10(\tilde{X}_n^2+\tilde{Y}_n^2)}\right)^2 [\tilde{X}_n, \quad \tilde{Y}_n] \begin{bmatrix} \frac{\sigma_{\beta_n}^2}{2} & \\ & \frac{\sigma_{\beta_n}^2}{2} \end{bmatrix} \begin{bmatrix} \tilde{X}_n \\ \tilde{Y}_n \end{bmatrix} \\
&= \left(\frac{10}{\ln 10}\right)^2 \frac{\sigma_{\beta_n}^2}{2(\tilde{X}_n^2+\tilde{Y}_n^2)}
\end{aligned} \tag{8-82}
$$

A.2 式（8-42）中 $\sigma_{v,\mathrm{R}}^2$ 方差的推导

在式（8-42）中，径向速度的预测可表示为 $\hat{v}_{n,\mathrm{R}}^{\mathrm{P}} = \hat{v}_n^{\mathrm{P}}\cos\hat{\theta}_n^{\mathrm{P}}$，其中 $\hat{v}_n^{\mathrm{P}} \sim \mathcal{N}(v_n, \sigma_{n,\mathrm{p},2}^2)$，$\hat{\theta}_n^{\mathrm{P}} \sim \mathcal{N}(\theta_n, \sigma_{n,\mathrm{p},3}^2)$。可以使用一阶泰勒展开近似计算 $\hat{v}_{n,\mathrm{R}}^{\mathrm{P}}$ 的估计方差。具体地，可定义 $g(\boldsymbol{q}_n) \triangleq v_{n,\mathrm{R}} = v_n\cos\theta_n$，其中 $\boldsymbol{q}_n = [v_n, \theta_n]^{\mathrm{T}}$。通过在径向速度的预测值 $\hat{v}_{n,\mathrm{R}}^{\mathrm{P}}$ 处进行一阶泰勒展开，可以得到

$$
g(\boldsymbol{q}_n) \approx g(\hat{\boldsymbol{q}}_n^{\mathrm{P}}) + \left.\frac{\partial g}{\partial \boldsymbol{q}_n^{\mathrm{T}}}\right|_{\boldsymbol{q}_n=\hat{\boldsymbol{q}}_n^{\mathrm{P}}} (\boldsymbol{q}_n - \hat{\boldsymbol{q}}_n^{\mathrm{P}}) = g(\tilde{\boldsymbol{q}}_n) + \boldsymbol{G}_n(\boldsymbol{q}_n - \hat{\boldsymbol{q}}_n^{\mathrm{P}}) \tag{8-83}
$$

式中，$\hat{v}_{n,\mathrm{R}}^{\mathrm{P}} = g(\hat{\boldsymbol{q}}_n^{\mathrm{P}})$，$\boldsymbol{G}_n = \left.\frac{\partial g}{\partial \boldsymbol{q}_n^{\mathrm{T}}}\right|_{\boldsymbol{q}_n=\hat{\boldsymbol{q}}_n^{\mathrm{P}}} \in \mathbb{R}^{2\times 1}$ 为 $g(\boldsymbol{q}_n)$ 在径向速度的预测值 $\hat{v}_{n,\mathrm{R}}^{\mathrm{P}}$ 处的雅可比矩阵，具体表示为

$$
\boldsymbol{G}_n = \left[\frac{\partial g}{\partial v_n}, \frac{\partial g}{\partial \theta_n}\right]_{\boldsymbol{q}_n=\hat{\boldsymbol{p}}_n^{\mathrm{P}}} = [\cos\hat{\theta}_n^{\mathrm{P}}, \; -\hat{v}_n^{\mathrm{P}}\sin\hat{\theta}_n^{\mathrm{P}}] \tag{8-84}
$$

可以将式（8-83）重新表示为

$$
g(\hat{\boldsymbol{q}}_n^{\mathrm{P}}) \approx g(\boldsymbol{q}_n) + \boldsymbol{G}_n(\hat{\boldsymbol{q}}_n^{\mathrm{P}} - \boldsymbol{q}_n) \tag{8-85}
$$

由于 $\hat{\boldsymbol{q}}_n^{\mathrm{P}} \sim \mathcal{N}(\boldsymbol{q}_n, \Sigma_n)$，则 $g(\hat{\boldsymbol{q}}_n^{\mathrm{P}})$ 的分布可以近似为 $g(\hat{\boldsymbol{q}}_n^{\mathrm{P}}) \sim \mathcal{N}(g(\boldsymbol{q}_n), \boldsymbol{G}_n \Sigma_n \boldsymbol{G}_n^{\mathrm{T}})$，其中 $\Sigma_n = \mathrm{diag}(\sigma_{n,\mathrm{p},2}^2, \sigma_{n,\mathrm{p},3}^2)$。那么，径向速度的预测 $\hat{v}_{n,\mathrm{R}}^{\mathrm{P}}$ 的估计方差可以推导为

$$
\begin{aligned}
\sigma_{v,\mathrm{R}}^2 &\approx \boldsymbol{G}_n \Sigma_n \boldsymbol{G}_n^{\mathrm{T}} \\
&= [\cos\hat{\theta}_n^{\mathrm{P}}, \quad -\hat{v}_n^{\mathrm{P}}\sin\hat{\theta}_n^{\mathrm{P}}] \begin{bmatrix} \sigma_{n,\mathrm{p},2}^2 & \\ & \sigma_{n,\mathrm{p},3}^2 \end{bmatrix} \begin{bmatrix} \cos\hat{\theta}_n^{\mathrm{P}} \\ -\hat{v}_n^{\mathrm{P}}\sin\hat{\theta}_n^{\mathrm{P}} \end{bmatrix} \\
&= \sigma_{n,\mathrm{p},2}^2\cos^2\hat{\theta}_n^{\mathrm{P}} + (\hat{v}_n^{\mathrm{P}})^2\sigma_{n,\mathrm{p},3}^2\sin^2\hat{\theta}_n^{\mathrm{P}}
\end{aligned} \tag{8-86}
$$

参考文献

[1] CHITTA S, SUCAN I, COUSINS S. Moveit! [ROS topics][J]. IEEE Robotics & Automation Magazine, 2012, 19(1): 18 - 19.

[2] THRUN S, MONTEMERLO M, DAHLKAMP H, et al. Stanley: The robot that won the darpa grand challenge [J]. Journal of Field Robotics, 2006, 23(9): 661 - 692.

[3] VAN BRUMMELEN J, M, GRUYER D, et al. Autonomous vehicle perception: The technology of today and tomorrow[J]. Transportation Research Part C: Emerging Technologies, 2018, 89: 384 - 406.

[4] PADEN B, ČÁP M, YONG S Z, et al. A survey of motion planning and control techniques for self-driving urban vehicles[J]. IEEE Transactions on Intelligent Vehicles, 2016, 1(1): 33 - 55.

[5] LEVINSON J, ASKELAND J, BECKER J, et al. Towards fully autonomous driving: Systems and algorithms [C]//2011 IEEE Intelligent Vehicles Symposium (Ⅳ). New York: IEEE, 2011: 163 - 168.

[6] PADEN B, ČÁP M, YONG S Z, et al. A survey of motion planning and control techniques for self-driving urban vehicles[J]. IEEE Transactions on Intelligent Vehicles, 2016, 1(1): 33 - 55.

[7] ZENG W, LUO W, SUO S, et al. End-to-end interpretable neural motion planner [C]// Proceedings of the IEEE/CVF Conference on Computer Vision and Pattern Recognition. New York: IEEE, 2019: 8660 - 8669.

[8] BOJARSKI M, YERES P, CHOROMANSKA A, et al. Explaining how a deep neural network trained with end-to-end learning steers a car[Z]. 2017.

[9] SZEGEDY C, ZAREMBA W, SUTSKEVER I, et al. Intriguing properties of neural networks [Z]. 2013.

[10] VARGHESE J Z, BOONE R G, et al. Overview of autonomous vehicle sensors and systems [C]// International Conference on Operations Excellence and Service Engineering: volume 2015. [S. l. : s. n.], 2015.

[11] AYALA R, MOHD T K. Sensors in autonomous vehicles: A survey [J]. Journal of Autonomous Vehicles and Systems, 2021, 1(3): 031003.

[12] ZHANG B, APPIA V, PEKKUCUKSEN I, et al. A surround view camera solution for embedded systems [C]//Proceedings of the IEEE Conference on Computer Vision and Pattern Recognition Workshops. New York: IEEE, 2014: 662 - 667.

[13] WANDINGER U. Introduction to lidar[M]//Lidar: Range-resolved Optical Remote Sensing of the Atmosphere. Berlin: Springer, 2005: 1 - 18.

[14] 黄岩，张慧，兰吕鸿康，等. 汽车毫米波雷达信号处理技术综述 [J]. 雷达学报, 2023, 12 (5): 923 - 970.

[15] HOSUR P, SHETTAR R B, POTDAR M. Environmental awareness around vehicle using ultrasonic sensors [C]//2016 International Conference on Advances in Computing,

Communications and Informatics(ICACCI). New York: IEEE, 2016: 1154 – 1159.

[16] BOCUS M J, FAN R, GUO S. Autonomous driving perception: Fundamentals and applications [M]. New York: IEEE, Singapore: Springer Verlag, 2023.

[17] CHEN X, KUNDU K, ZHANG Z, et al. Monocular 3d object detection for autonomous driving [C]//Proceedings of the IEEE Conference on Computer Vision and Pattern Recognition. [S. l. : s. n.], 2016: 2147 – 2156.

[18] MOUSAVIAN A, ANGUELOV D, FLYNN J, et al. 3d bounding box estimation using deep learning and geometry[C]//Proceedings of the IEEE Conference on Computer Vision and Pattern Recognition. New York: IEEE, 2017: 7074 – 7082.

[19] LI B, OUYANG W, SHENG L, et al. Gs3d: An efficient 3d object detection framework for autonomous driving[C]//Proceedings of the IEEE/CVF Conference on Computer Vision and Pattern Recognition. New York: IEEE, 2019: 1019 – 1028.

[20] SHI X, YE Q, CHEN X, et al. Geometry-based distance decomposition for monocular 3d object detection[C]//Proceedings of the IEEE/CVF International Conference on Computer Vision. New York: IEEE, 2021: 15172 – 15181.

[21] MA X, ZHANG Y, XU D, et al. Delving into localization errors for monocular 3d object detection [C]//Proceedings of the IEEE/CVF Conference on Computer Vision and Pattern Recognition. New York: IEEE, 2021: 4721 – 4730.

[22] ZHANG Y, LU J, ZHOU J. Objects are different: Flexible monocular 3d object detection [C]// Proceedings of the IEEE/CVF Conference on Computer Vision and Pattern Recognition. New York: IEEE, 2021: 3289 – 3298.

[23] CHABOT F, CHAOUCH M, RABARISOA J, et al. Deep manta: A coarse-to-fine many-task network for joint 2d and 3d vehicle analysis from monocular image[C]//Proceedings of the IEEE Conference on Computer Vision and Pattern Recognition. New York: IEEE, 2017: 2040 – 2049.

[24] PARK D, AMBRUS R, GUIZILINI V, et al. Is pseudo-lidar needed formonocular 3d object detection? [C]// Proceedings of the IEEE/CVF International Conference on Computer Vision. New York: IEEE, 2021: 3142 – 3152.

[25] WENG X, KITANI K. Monocular 3d object detection with pseudo-lidar point cloud[C]// Proceedings of the IEEE/CVF International Conference on Computer Vision Workshops. New York: IEEE, 2019.

[26] XU B, CHEN Z. Multi-level fusion based 3d object detection from monocular images[C]// Proceedings of the IEEE Conference on Computer Vision and Pattern Recognition. New York: IEEE, 2018: 2345 – 2353.

[27] WANG Y, CHAO W L, GARG D, et al. Pseudo-lidar from visual depth estimation: Bridging the gap in 3d object detection for autonomous driving [C]//Proceedings of the IEEE/CVF Conference on Computer Vision and Pattern Recognition. New York: IEEE, 2019: 8445 – 8453.

[28] YOU Y, WANG Y, CHAO W L, et al. Pseudo-lidar + + : Accurate depth for 3d object detection in autonomous driving[Z]. 2019.

[29] QIAN R, GARG D, WANG Y, et al. End-to-end pseudo-lidar for image-based 3d object detection[C]// Proceedings of the IEEE/CVF Conference on Computer Vision and Pattern

Recognition. New York: IEEE, 2020: 5881 – 5890.

[30] CHEN Y, LIU S, SHEN X, et al. Dsgn: Deep stereo geometry network for 3d object detection [C]//Proceedings of the IEEE/CVF Conference on Computer Vision and Pattern Recognition. New York: IEEE, 2020: 12536 – 12545.

[31] READING C, HARAKEH A, CHAE J, et al. Categorical depth distribution network for monocular 3d object detection[C]//Proceedings of the IEEE/CVF Conference on Computer Vision and Pattern Recognition. New York: IEEE, 2021: 8555 – 8564.

[32] GUO X, SHI S, WANG X, et al. Liga-stereo: Learning lidar geometry aware representations for stereo-based 3d detector[C]//Proceedings of the IEEE/CVF International Conference on Computer Vision. New York: IEEE, 2021: 3153 – 3163.

[33] RODDICK T, KENDALL A, CIPOLLA R. Orthographic feature transform for monocular 3d object detection [Z]. 2018.

[34] LI Y, BU R, SUN M, et al. Pointcnn: Convolution on x-transformed points[J]. Advances in Neural Information Processing Systems, 2018.

[35] QI C R, YI L, SU H, et al. Pointnet + +: deep hierarchical feature learning on point sets in a metric space [C]//GUYON I, LUXBURG U V, BENGIO S, et al. Advances in Neural Information Processing Systems: volume 30. Curran Associates, Inc. [S. l. : s. n.], 2017.

[36] WANG Y, SUN Y, LIU Z, et al. Dynamic graph CNN for learning on point clouds[J]. ACM Transactions on Graphics(tog), 2019, 38(5): 1 – 12.

[37] SHI S, WANG X, LI H. Pointrcnn: 3d object proposal generation and detection from point cloud [C]//Proceedings of the IEEE/CVF Conference on Computer Vision and Pattern Recognition. New York: IEEE, 2019: 770 – 779.

[38] PAIGWAR A, ERKENT O, WOLF C, et al. Attentional pointnet for 3d-object detection in point clouds [C]//Proceedings of the IEEE/CVF Conference on Computer Vision and Pattern Recognition Work-shops. New York: IEE, 2019.

[39] PAN X, XIA Z, SONG S, et al. 3d object detection with pointformer[C]//Proceedings of the IEEE/CVF Conference on Computer Vision and Pattern Recognition. New York: IEEE, 2021: 7463 – 7472.

[40] ZHOU Y, TUZEL O. Voxelnet: End-to-end learning for point cloud based 3d object detection [C]// Proceedings of the IEEE Conference on Computer Vision and Pattern Recognition. New York: IEEE, 2018: 4490 – 4499.

[41] ZHOU Y, SUN P, ZHANG Y, et al. End-to-end multi-view fusion for 3d object detection in lidar point clouds[C]//Conference on Robot Learning. [S. l.]: PMLR, 2020: 923 – 932.

[42] YE M, XU S, CAO T. Hvnet: Hybrid voxel network for lidar based 3d object detection[C]//Proceedings of the IEEE/CVF Conference on Computer Vision and Pattern Recognition. New York: IEEE, 2020: 1631 – 1640.

[43] QI C R, SU H, MO K, et al. Pointnet: Deep learning on point sets for 3d classification and segmen-tation[C]//Proceedings of the IEEE Conference on Computer Vision and Pattern Recognition. New York: IEEE, 2017: 652 – 660.

[44] LANG A H, VORA S, CAESAR H, et al. PointPillars: Fast encoders for object detection from

point clouds[C]//Proceedings of the IEEE/CVF Conference on Computer Vision and Pattern Recognition(CVPR). New York: IEEE, 2019.

[45] FAN L, PANG Z, ZHANG T, et al. Embracing single stride 3d object detector with sparse transformer [C]//Proceedings of the IEEE/CVF Conference on Computer Vision and Pattern Recognition. New York: IEEE, 2022: 8458 – 8468.

[46] BARRERA A, GUINDEL C, BELTRÁN J, et al. Birdnet+: End-to-end 3d object detection in lidar bird's eye view [C]//2020 IEEE 23rd International Conference on Intelligent Transportation Systems(ITSC). New York: IEEE, 2020: 1 – 6.

[47] AGHDAM H H, HERAVI E J, DEMILEW S S, et al. Rad: Realtime and accurate 3d object detection on embedded systems[C]//Proceedings of the IEEE/CVF Conference on Computer Vision and Pattern Recognition. New York: IEEE, 2021: 2875 – 2883.

[48] MAN Y, GUI L Y, WANG Y X. Bev-guided multi-modality fusion for driving perception [C]// Proceedings of the IEEE/CVF Conference on Computer Vision and Pattern Recognition. New York: IEEE, 2023: 21960 – 21969.

[49] LI Y, HUANG B, CHEN Z, et al. Fast-bev: A fast and strong bird's-eye view perception baseline[J]. IEEE Transactions on Pattern Analysis and Machine Intelligence, 2024.

[50] SHI W, RAJKUMAR R. Point-gnn: Graph neural network for 3d object detection in a point cloud [C]//Proceedings of the IEEE/CVF Conference on Computer Vision and Pattern Recognition. New York: IEEE, 2020: 1711 – 1719.

[51] LI J, DAI H, SHAO L, et al. From voxel to point: Iou-guided 3d object detection for point cloud with voxel-to-point decoder [C]//Proceedings of the 29th ACM International Conference on Multimedia. [S. l.: s. n.], 2021: 4622 – 4631.

[52] HU J S, KUAI T, WASLANDER S L. Point density-aware voxels for lidar 3d object detection[C]// Proceedings of the IEEE/CVF Conference on Computer vision and Pattern Recognition. New York: IEEE, 2022: 8469 – 8478.

[53] FENG D, HAASE-SCHÜTZ C, ROSENBAUM L, et al. Deep multi-modal object detection and semantic segmentation for autonomous driving: Datasets, methods, and challenges [J]. IEEE Transactions on Intelligent Transportation Systems, 2020, 22(3): 1341 – 1360.

[54] VORA S, LANG A H, HELOU B, et al. Pointpainting: Sequential fusion for 3d object detection[C]// Proceedings of the IEEE/CVF Conference on Computer Vision and Pattern Recognition. New York: IEEE, 2020: 4604 – 4612.

[55] CHEN X, MA H, WAN J, et al. Multi-view 3d object detection network for autonomous driving [C]// Proceedings of the IEEE Conference on Computer Vision and Pattern Recognition. New York: IEEE, 2017: 1907 – 1915.

[56] YOO J H, KIM Y, KIM J, et al. 3d-cvf: Generating joint camera and lidar features using cross-view spatial feature fusion for 3d object detection[C]//Computer Vision-ECCV 2020: 16th European Conference, Glasgow, Berlin: Springer, 2020: 720 – 736.

[57] PANG S, MORRIS D, RADHA H. Clocs: Camera-lidar object candidates fusion for 3d object detection [C]//2020 IEEE/RSJ International Conference on Intelligent Robots and Systems (IROS). New York: IEEE, 2020: 10386 – 10393.

[58] SIAM M, GAMAL M, ABDEL-RAZEK M, et al. A comparative study of real-time semantic segmentation for autonomous driving[C]//Proceedings of the IEEE Conference on Computer Vision and Pattern Recognition Workshops. New York: IEEE, 2018: 587 – 597.

[59] HAN L, ZHENG T, XU L, et al. Occuseg: Occupancy-aware 3d instance segmentation[C]//Proceedings of the IEEE/CVF Conference on Computer Vision and Pattern Recognition. New York: IEEE, 2020: 2940 – 2949.

[60] MENG H Y, GAO L, LAI Y K, et al. Vv-net: Voxel vae net with group convolutions for point cloud segmentation [C]//Proceedings of the IEEE/CVF International Conference on Computer Vision. New York: IEEE, 2019: 8500 – 8508.

[61] ENGELMANN F, BOKELOH M, FATHI A, et al. 3d-mpa: Multi-proposal aggregation for 3d semantic in-stance segmentation [C]//Proceedings of the IEEE/CVF Conference on Computer Vision and Pattern Recognition. New York: IEEE, 2020: 9031 – 9040.

[62] YAN X, ZHENG C, LI Z, et al. Pointasnl: Robust point clouds processing using nonlocal neural networks with adaptive sampling[C]//Proceedings of the IEEE/CVF Conference on Computer Vision and Pattern Recognition. New York: IEEE, 2020: 5589 – 5598.

[63] LONG J, SHELHAMER E, DARRELL T. Fully convolutional networks for semantic segmentation[C]// Proceedings of the IEEE Conference on Computer Vision and Pattern Recognition. New York: IEEE, 2015: 3431 – 3440.

[64] BADRINARAYANAN V, KENDALL A, CIPOLLA R. Segnet: A deep convolutional encoder-decoder architecture for image segmentation[J]. IEEE Transactions on Pattern Analysis and Machine Intelligence, 2017, 39(12): 2481 – 2495.

[65] YANG M, YU K, ZHANG C, et al. Denseaspp for semantic segmentation in street scenes [C]//Proceedings of the IEEE Conference on Computer Vision and Pattern Recognition. New York: IEEE, 2018: 3684 – 3692.

[66] YUAN Y, HUANG L, GUO J, et al. Ocnet: Object context for semantic segmentation[J]. International Journal of Computer Vision, 2021, 129(8): 2375 – 2398.

[67] ZHENG S, LU J, ZHAO H, et al. Rethinking semantic segmentation from a sequence-to-sequence perspective with transformers[C]//Proceedings of the IEEE/CVF Conference on Computer Vision and Pattern Recognition. New York: IEEE, 2021: 6881 – 6890.

[68] RAZANI R, CHENG R, TAGHAVI E, et al. Lite-hdseg: Lidar semantic segmentation using lite harmonic dense convolutions[C]//2021 IEEE International Conference on Robotics and Automation(ICRA). New York: IEEE, 2021: 9550 – 9556.

[69] XU C, WU B, WANG Z, et al. Squeezesegv3: Spatially-adaptive convolution for efficient point-cloud segmentation[C]//Computer Vision-ECCV 2020: 16th European Conference, Glasgow. Berlin: Springer, 2020: 1 – 19.

[70] GENOVA K, YIN X, KUNDU A, et al. Learning 3d semantic segmentation with only 2d image super-vision[C]//2021 International Conference on 3D Vision(3DV). New York: IEEE, 2021: 361 – 372.

[71] KRISPEL G, OPITZ M, WALTNER G, et al. Fuseseg: Lidar point cloud segmentation fusing multi-modal data[C]//Proceedings of the IEEE/CVF Winter Conference on Applications of Computer Vision. New York: IEEE, 2020: 1874 – 1883.

[72] SINDAGI V A, ZHOU Y, TUZEL O. Mvx-net: Multimodal voxelnet for 3d object detection [C]//2019 International Conference on Robotics and Automation (ICRA). New York: IEEE, 2019: 7276 – 7282.
[73] XIE L, XIANG C, YU Z, et al. Pi-rcnn: An efficient multi-sensor 3d object detector with point-based attentive cont-conv fusion module[C]//Proceedings of the AAAI Conference on Artificial Intelli-gence. [S. l. : s. n.], 2020: 12460 – 12467.
[74] ZHUANG Z, LI R, JIA K, et al. Perception-aware multi-sensor fusion for 3d lidar semantic segmentation[C]//Proceedings of the IEEE/CVF International Conference on Computer Vision. New York: IEEE, 2021: 16280 – 16290.
[75] WENG X, WANG J, HELD D, et al. Ab3dmot: A baseline for 3d multi-object tracking and new evaluation metrics[Z]. 2020.
[76] PANG S, RADHA H. Multi-object tracking using poisson multi-bernoulli mixture filtering for autonomous vehicles [C]//ICASSP 2021 – 2021 IEEE International Conference on Acoustics, Speech and Signal Processing(ICASSP). New York: IEEE, 2021: 7963 – 7967.
[77] LI X, XIE T, LIU D, et al. Poly-mot: A polyhedral framework for 3d multi-object tracking [C]//2023 IEEE/RSJ International Conference on Intelligent Robots and Systems(IROS). New York: IEEE, 2023: 9391 – 9398.
[78] CHIU H K, PRIOLETTI A, LI J, et al. Probabilistic 3d multi-object tracking for autonomous driving[Z]. 2020.
[79] DAO M Q, FRÉMONT V. A two-stage data association approach for 3d multi-object tracking [J]. Sensors, 2021, 21(9): 2894.
[80] WENG X, YUAN Y, KITANI K. Ptp: Parallelized tracking and prediction with graph neural networks and diversity sampling[J]. IEEE Robotics and Automation Letters, 2021, 6(3): 4640 – 4647.
[81] ZAECH J N, LINIGER A, DAI D, et al. Learnable online graph representations for 3d multi-object tracking[J]. IEEE Robotics and Automation Letters, 2022, 7(2): 5103 – 5110.
[82] LONG M, CAO Y, WANG J, et al. Learning transferable features with deep adaptation networks[C]// International Conference on Machine Learning. [S. l.]: PMLR, 2015: 97 – 105.
[83] KUMAR A, KINI J, SHAH M, et al. Pc-dan: Point cloud based deep affinity network for 3d multi-object tracking (accepted as an extended abstract in jrdb-act workshop at cvpr21) [Z]. 2021.
[84] LUO C, YANG X, YUILLE A. Exploring simple 3d multi-object tracking for autonomous driving[C]// Proceedings of the IEEE/CVF International Conference on Computer Vision. New York: IEEE, 2021: 10488 – 10497.
[85] SUN P, CAO J, JIANG Y, et al. Transtrack: Multiple object tracking with transformer [Z]. 2020.
[86] DING S, REHDER E, SCHNEIDER L, et al. 3dmotformer: Graph transformer for online 3d multi-object tracking [C]//Proceedings of the IEEE/CVF International Conference on Computer Vision. New York: IEEE, 2023: 9784 – 9794.

[87] CHEN X, SHI S, ZHANG C, et al. Trajectoryformer: 3d object tracking transformer with predictive trajectory hypotheses[C]//Proceedings of the IEEE/CVF International Conference on Computer Vision. New York: IEEE, 2023: 18527 – 18536.

[88] JING L, YU R, KRETZSCHMAR H, et al. Depth estimation matters most: Improving per-object depth estimation formonocular 3d detection and tracking [C]//2022 International Conference on Robotics and Automation(ICRA). New York: IEEE, 2022: 366 – 373.

[89] ZHANG Y, SUN P, JIANG Y, et al. Bytetrack: Multi-object tracking by associating every detection box [C]//European Conference on Computer Vision. Berlin: Springer, 2022: 1 – 21.

[90] GAUTAM S, MEYER G P, VALLESPI-GONZALEZ C, et al. Sdvtracker: Real-time multi-sensor association and tracking for self-driving vehicles[C]//Proceedings of the IEEE/CVF International Conference on Computer Vision. New York: IEEE, 2021: 3012 – 3021.

[91] HUANG K, HAO Q. Joint multi-object detection and tracking with camera-lidar fusion for autonomous driving[C]//2021 IEEE/RSJ International Conference on Intelligent Robots and Systems(IROS). New York: IEEE, 2021: 6983 – 6989.

[92] ZHANG C, ZHANG C, GUO Y, et al. Motiontrack: end-to-end transformer-based multi-object tracking with lidar-camera fusion [C]//Proceedings of the IEEE/CVF Conference on Computer Vision and Pattern Recognition. New York: IEEE, 2023: 151 – 160.

[93] HUANG Y, DU J, YANG Z, et al. A survey on trajectory-prediction methods for autonomous driving [J]. IEEE Transactions on Intelligent Vehicles, 2022, 7(3): 652 – 674.

[94] AMMOUN S, NASHASHIBI F. Real time trajectory prediction for collision risk estimation between vehicles[C]//2009 IEEE 5Th International Conference on Intelligent Computer Communication and Processing. New York: IEEE, 2009: 417 – 422.

[95] BATZ T, WATSON K, BEYERER J. Recognition of dangerous situations within a cooperative group of vehicles[C]//2009 IEEE Intelligent Vehicles Symposium. New York: IEEE, 2009: 907 – 912.

[96] LEFKOPOULOS V, MENNER M, DOMAHIDI A, et al. Interaction-aware motion prediction for autonomous driving: A multiple model kalman filtering scheme[J]. IEEE Robotics and Automation Letters, 2020, 6(1): 80 – 87.

[97] ALTHOFF M, MERGEL A. Comparison of markov chain abstraction and monte carlo simulation for the safety assessment of autonomous cars[J]. IEEE Transactions on Intelligent Transportation Systems, 2011, 12(4): 1237 – 1247.

[98] SONG H, LUAN D, DING W, et al. Learning to predict vehicle trajectories with model-based planning [C]//Conference on Robot Learning. [S. l.]: PMLR, 2022: 1035 – 1045.

[99] SUTSKEVER I, VINYALS O, LE QV. Sequence to sequence learning with neural networks [J]. Advances in neural Information Processing Systems, 2014, 27.

[100] PHILLIPS D J, WHEELER TA, KOCHENDERFER M J. Generalizable intention prediction of human drivers at intersections[C]//2017 IEEE Intelligent Vehicles Symposium(Ⅳ). New York: IEEE, 2017: 1665 – 1670.

[101] NIKHIL N, TRAN M B. Convolutional neural network for trajectory prediction [C]// Proceedings of the European Conference on Computer Vision(ECCV) Workshops. [S. l.: s. n.], 2018.

[102] CHANDRA R, BHATTACHARYA U, BERA A, et al. Traphic: Trajectory prediction in dense and heterogeneous traffic using weighted interactions[C]//Proceedings of the IEEE/CVF Conference on Computer Vision and Pattern Recognition. New York: IEEE, 2019: 8483 - 8492.

[103] KIM H, KIM D, KIM G, et al. Multi-head attention based probabilistic vehicle trajectory prediction [C]//2020 IEEE Intelligent Vehicles Symposium(Ⅳ). New York: IEEE, 2020: 1720 - 1725.

[104] LI L L, YANG B, LIANG M, et al. End-to-end contextual perception and prediction with interaction transformer[C]//2020 IEEE/RSJ International Conference on Intelligent Robots and Systems(IROS). New York: IEEE, 2020: 5784 - 5791.

[105] LIU Y, ZHANG J, FANG L, et al. Multimodal motion prediction with stacked transformers [C]//Proceedings of the IEEE/CVF Conference on Computer Vision and Pattern Recognition. New York: IEEE, 2021: 7577 - 7586.

[106] XIA Z, LIU Y, LI X, et al. Scpnet: Semantic scene completion on point cloud[C]// Proceedings of the IEEE/CVF Conference on Computer Vision and Pattern Recognition. New York: IEEE, 2023: 17642 - 17651.

[107] WANG X, ZHU Z, XU W, et al. Openoccupancy: A large scale benchmark for surrounding semantic occupancy perception [C]//Proceedings of the IEEE/CVF International Conference on Computer Vision. New York: IEEE, 2023: 17850 - 17859.

[108] LI Z, YU Z, WANG W, et al. Fb-bev: Bev representation from forward-backward view transformations[C]//Proceedings of the IEEE/CVF International Conference on Computer Vision. New York: IEEE, 2023: 6919 - 6928.

[109] LI Z, YU Z, AUSTIN D, et al. Fb-occ: 3d occupancy prediction based on forward-backward view transformation[Z]. 2023.

[110] ZHANG Y, ZHU Z, DU D. Occformer: Dual-path transformer for vision-based 3d semantic occupancy prediction [C]//Proceedings of the IEEE/CVF International Conference on Computer Vision. New York: IEEE, 2023: 9433 - 9443.

[111] HUANG Y, ZHENG W, ZHANG Y, et al. Tri-perspective view for vision-based 3d semantic occupancy prediction[C]//Proceedings of the IEEE/CVF Conference on Computer Vision and Pattern Recognition. New York: IEEE, 2023: 9223 - 9232.

[112] SILVA S, WANNIGAMA S B, RAGEL R, et al. S2tpvformer: Spatio-temporal tri-perspective view for temporally coherent 3d semantic occupancy prediction[Z]. 2024.

[113] ZUO S, ZHENG W, HUANG Y, et al. Pointocc: Cylindrical tri-perspective view for point-based 3d semantic occupancy prediction[Z]. 2023.

[114] MING Z, BERRIO J S, SHAN M, et al. Occfusion: A straightforward and effective multi-sensor fusion framework for 3d occupancy prediction[Z]. 2024.

[115] SONG R, LIANG C, CAO H, et al. Collaborative semantic occupancy prediction with hybrid feature fusion in connected automated vehicles[C]//Proceedings of the IEEE/CVF Conference on Computer Vision and Pattern Recognition. New York: IEEE, 2024: 17996 - 18006.

[116] BANSAL A, SIKKA K, SHARMA G, et al. Zero-shot object detection[C]//Proceedings of the European Conference on Computer Vision(ECCV). [S. l. : s. n.], 2018: 384 – 400.

[117] CHURCH K W. Word2vec[J]. Natural Language Engineering, 2017, 23(1): 155 – 162.

[118] DEVLIN J, CHANG M W, LEE K, et al. Bert: Pre-training of deep bidirectional transformers for language understanding[Z]. 2018.

[119] WU J, LI X, XU S, et al. Towards open vocabulary learning: A survey [J]. IEEE Transactions on Pattern Analysis and Machine Intelligence, 2024.

[120] RADFORD A, KIM J W, HALLACY C, et al. Learning transferable visual models from natural language supervision[C]//International Conference on Machine Learning. [S. l.]: PMLR, 2021: 8748 – 8763.

[121] GU X, LIN T Y, KUO W, et al. Open-vocabulary object detection via vision and language knowledge distillation[Z]. 2021.

[122] ZHONG Y, YANG J, ZHANG P, et al. Regionclip: Region-based language-image pretraining [C]// Proceedings of the IEEE/CVF Conference on Computer Vision and Pattern Recognition. New York: IEEE, 2022: 16793 – 16803.

[123] ZHOU X, GIRDHAR R, JOULIN A, et al. Detecting twenty-thousand classes using image-level supervision[C]//European Conference on Computer Vision. Berlin: Springer, 2022: 350 – 368.

[124] WU X, ZHU F, ZHAO R, et al. Cora: Adapting clip for open-vocabulary detection with region prompting and anchor pre-matching[C]//Proceedings of the IEEE/CVF Conference on Computer Vision and Pattern Recognition. New York: IEEE, 2023: 7031 – 7040.

[125] KIM D, ANGELOVA A, KUO W. Region-aware pretraining for open-vocabulary object detection with vision transformers [C]//Proceedings of the IEEE/CVF Conference on Computer Vision and Pattern Recognition. New York: IEEE, 2023: 11144 – 11154.

[126] LI B, WEINBERGER K Q, BELONGIE S, et al. Language-driven semantic segmentation [Z]. 2022.

[127] ZHOU C, LOY CC, DAI B. Extract free dense labels from clip[C]//European Conference on Computer Vision. Berlin: Springer, 2022: 696 – 712.

[128] XU J, DE MELLO S, LIU S, et al. Groupvit: Semantic segmentation emerges from text supervision [C]//Proceedings of the IEEE/CVF Conference on Computer Vision and Pattern Recognition. New York: IEEE, 2022: 18134 – 18144.

[129] REN S, ZHANG A, ZHU Y, et al. Prompt pre-training with twenty-thousand classes for openvocabulary visual recognition[J]. Advances in Neural Information Processing Systems, 2023, 36: 12569 – 12588.

[130] ZHANG H, LI F, ZOU X, et al. A simple framework for open-vocabulary segmentation and detection [C]//Proceedings of the IEEE/CVF International Conference on Computer Vision. New York: IEEE, 2023: 1020 – 1031.

[131] ZHANG R, GUO Z, ZHANG W, et al. Pointclip: Point cloud understanding by clip[C]// Proceedings of the IEEE/CVF Conference on Computer Vision and Pattern Recognition. New York: IEEE, 2022: 8552 – 8562.

[132] JOUBERT N, REID T G, NOBLE F. Developments in modern GNSS and its impact on autonomous vehicle architectures[C]//2020 IEEE Intelligent Vehicles Symposium(Ⅳ). New York: IEEE, 2020: 2029-2036.

[133] ISLAM S, IQBAL A, MARZBAND M, et al. State-of-the-art vehicle-to-everything mode of operation of electric vehicles and its future perspectives[J]. Renewable and Sustainable Energy Reviews, 2022, 166: 112574.

[134] WU J, CUI Z, SHENG V S, et al. A comparative study of sift and its variants[J]. Measurement Science Review, 2013, 13(3): 122-131.

[135] MUR-ARTAL R, MONTIEL J M M, TARDOS J D. ORB-SLAM: A versatile and accurate monocular SLAM system[J]. IEEE Transactions on Robotics, 2015, 31(5): 1147-1163.

[136] YANG S, SCHERER S. Cubeslam: Monocular 3-d object SLAM[J]. IEEE Transactions on Robotics, 2019, 35(4): 925-938.

[137] TEED Z, DENG J. Droid-slam: Deep visual slam for monocular, stereo, and rgb-d cameras [J]. Advances in Neural Information Processing Systems, 2021, 34: 16558-16569.

[138] KOHLBRECHER S, VON STRYK O, MEYER J, et al. A flexible and scalable slam system with full 3d motion estimation[C]//2011 IEEE International Symposium on Safety, Security, and Rescue Robotics. New York: IEEE, 2011: 155-160.

[139] SEGAL A, HAEHNEL D, THRUN S. Generalized-icp. [C]//Robotics: Science and Systems: volume 2. [S. l.: s. n.], 2009: 435.

[140] SHAN T, ENGLOT B. Lego-loam: Lightweight and ground-optimized lidarodometry and mapping on variable terrain[C]//2018 IEEE/RSJ International Conference on Intelligent Robots and Systems(IROS). New York: IEEE, 2018: 4758-4765.

[141] GUO Y, WANG H, HU Q, et al. Deep learning for 3d point clouds: A survey[J]. IEEE Transactions on Pattern Analysis and Machine Intelligence, 2020, 43(12): 4338-4364.

[142] ZUO X, GENEVA P, LEE W, et al. Lic-fusion: Lidar-inertial-camera odometry[C]//2019 IEEE/RSJ International Conference on Intelligent Robots and Systems(IROS). New York: IEEE, 2019: 5848-5854.

[143] VON STUMBERG L, CREMERS D. Dm-vio: Delayed marginalization visual-inertial odometry[J]. IEEE Robotics and Automation Letters, 2022, 7(2): 1408-1415.

[144] CAMPOS C, ELVIRA R, RODRÍGUEZ J J G, et al. Orb-slam3: An accurate open-source library for visual, visual-inertial, and multimap slam[J]. IEEE Transactions on Robotics, 2021, 37(6): 1874-1890.

[145] LEVINSON J, THRUN S. Robust vehicle localization in urban environments using probabilistic maps [C]//2010 IEEE International Conference on Robotics and Automation. New York: IEEE, 2010: 4372-4378.

[146] SEIF H G, HU X. Autonomous driving in the icity—hd maps as a key challenge of the automotive industry[J]. Engineering, 2016, 2(2): 159-162.

[147] NILSSON J, SILVLIN J, BRANNSTROM M, et al. If, when, and how to perform lane change maneuvers on highways[J]. IEEE Intelligent Transportation Systems Magazine, 2016, 8(4): 68-78.

[148] PALATTI J, AKSJONOV A, ALCAN G, et al. Planning for safe abortable overtaking maneuvers in autonomous driving[C]//2021 IEEE International Intelligent Transportation Systems Conference(ITSC). New York: IEEE, 2021: 508 – 514.

[149] WANG Q, AYALEW B, WEISKIRCHER T. Predictive maneuver planning for an autonomous vehicle in public highway traffic [J]. IEEE Transactions on Intelligent Transportation Systems, 2018, 20(4): 1303 – 1315.

[150] TAŞ Ö Ş, SALSCHEIDER N O, POGGENHANS F, et al. Making bertha cooperate – team annieway's entry to the 2016 grand cooperative driving challenge[J]. IEEE Transactions on Intelligent Transportation Systems, 2017, 19(4): 1262 – 1276.

[151] DONG C, DOLAN J M, LITKOUHI B. Intention estimation for ramp merging control in autonomous driving[C]//2017 IEEE Intelligent Vehicles Symposium (Ⅳ). New York: IEEE, 2017: 1584 – 1589.

[152] IBERRAKEN D, ADOUANE L, DENIS D. Safe autonomous overtaking Maneuver based on inter-vehicular distance prediction and Multi-level Bayesian Decision-making [C]//2018 21st International Confer-ence on Intelligent Transportation Systems (ITSC). New York: IEEE, 2018: 3259 – 3265.

[153] IBERRAKEN D, ADOUANE L, DENIS D. Reliable risk management for autonomous vehicles based on sequential bayesian decision networks and dynamic inter-vehicular assessment[C]//2019 IEEE Intelligent Vehicles Symposium(Ⅳ). New York: IEEE, 2019: 2344 – 2351.

[154] GARZÓN M, SPALANZANI A. Game theoretic decision making for autonomous vehicles' merge manoeuvre in high traffic scenarios [C]//2019 IEEE Intelligent Transportation Systems Conference(ITSC). New York: IEEE, 2019: 3448 – 3453.

[155] HANG P, LV C, XING Y, et al. Human-like decision making for autonomous driving: A noncooper-ative game theoretic approach [J]. IEEE Transactions on Intelligent Transportation Systems, 2020, 22(4): 2076 – 2087.

[156] KURNIAWATI H, YADAV V. An online pomdpsolver for uncertainty planning in dynamic environment [C]//Robotics Research: The 16th International Symposium ISRR. Berlin: Springer, 2016: 611 – 629.

[157] HUBMANN C, BECKER M, ALTHOFF D, et al. Decision making for autonomous driving considering interaction and uncertain prediction of surrounding vehicles[C]//2017 IEEE Intelligent Vehicles Symposium(Ⅳ). New York: IEEE, 2017: 1671 – 1678.

[158] SCHMIDT M, WISSING C, NATTERMANN T, et al. A probabilistic model for discretionary lane change proposals in highway driving situations[J]. Forschung im Ingenieurwesen, 2021, 85: 485 – 500.

[159] QIAO Z, MUELLING K, DOLAN J, et al. Pomdp and hierarchical options mdp with continuous actions for autonomous driving at intersections[C]//2018 21st International Conference on Intelligent Transportation Systems(ITSC). New York: IEEE, 2018: 2377 – 2382.

[160] YAVAS U, KUMBASAR T, URE N K. A new approach for tactical decision making in lane changing: Sample efficient deep q learning with a safety feedback reward[C]//2020 IEEE Intelligent Vehicles Symposium(Ⅳ). New York: IEEE, 2020: 1156 – 1161.

[161] BERNHARD J, POLLOK S, KNOLL A. Addressing inherent uncertainty: Risk-sensitive behavior generation for automated driving using distributional reinforcement learning[C]//2019 IEEE Intelligent Vehicles Symposium(Ⅳ). New York: IEEE, 2019: 2148 – 2155.

[162] KAMRAN D, LOPEZ C F, LAUER M, et al. Risk-aware high-level decisions for automated driving at occluded intersections with reinforcement learning[C]//2020 IEEE Intelligent Vehicles Symposium(Ⅳ). New York: IEEE, 2020: 1205 – 1212.

[163] HOEL C J, TRAM T, SJÖBERG J. Reinforcement learning with uncertainty estimation for tactical decision-making in intersections[C]//2020 IEEE 23rd International Conference on Intelligent transportation Systems(ITSC). New York: IEEE, 2020: 1 – 7.

[164] PUSSE F, KLUSCH M. Hybrid online pomdp planning and deep reinforcement learning for safer self-driving cars[C]//2019 IEEE Intelligent Vehicles Symposium(Ⅳ). New York: IEEE, 2019: 1013 – 1020.

[165] ARTUNEDO A, VILLAGRA J, GODOY J. Real-time motion planning approach for automated driving in urban environments[J]. IEEE Access, 2019, 7: 180039 – 180053.

[166] MOUHAGIR H, CHERFAOUI V, TALJ R, et al. Using evidential occupancy grid for vehicle trajectory planning under uncertainty with tentacles[C]//2017 IEEE 20th International Conference on Intelligent Transportation Systems(ITSC). New York: IEEE, 2017: 1 – 7.

[167] STAHL T, WISCHNEWSKI A, BETZ J, et al. Multilayer graph-based trajectory planning for race vehicles in dynamic scenarios[C]//2019 IEEE Intelligent Transportation Systems Conference(ITSC). New York: IEEE, 2019: 3149 – 3154.

[168] TANZMEISTER G, WOLLHERR D, BUSS M. Grid-based multi-road-course estimation using motion planning[J]. IEEE Transactions on Vehicular Technology, 2015, 65(4): 1924 – 1935.

[169] FAN H, ZHU F, LIU C, et al. Baidu apollo em motion planner[Z]. 2018.

[170] ZHANG Y, CHEN H, WASLANDER S L, et al. Speed planning for autonomous driving via convex optimization[C]//2018 21st International Conference on Intelligent Transportation Systems(ITSC). New York: IEEE, 2018: 1089 – 1094.

[171] ZHU M, WANG X, WANG Y. Human-like autonomous car-following model with deep reinforcement learning[J]. Transportation Research Part C: Emerging Technologies, 2018, 97: 348 – 368.

[172] BOUTON M, NAKHAEI A, FUJIMURA K, et al. Cooperation-aware reinforcement learning for merging in dense traffic[C]//2019 IEEE Intelligent Transportation Systems Conference (ITSC). New York: IEEE, 2019: 3441 – 3447.

[173] KENDALL A, HAWKE J, JANZ D, et al. Learning to drive in a day[C]//2019 international conference on robotics and automation(ICRA). New York: IEEE, 2019: 8248 – 8254.

[174] ARADI S. Survey of deep reinforcement learning for motion planning of autonomous vehicles [J]. IEEE Transactions on Intelligent Transportation Systems, 2020, 23(2): 740 – 759.

[175] HU Y, YANG J, CHEN L, et al. Planning-oriented autonomous driving[C]//Proceedings of the IEEE/CVF Conference on Computer Vision and Pattern Recognition. New York: IEEE, 2023: 17853 – 17862.

[176] CHITTA K, PRAKASH A, GEIGER A. Neat: Neural attention fields for end-to-end autonomous driving [C]//Proceedings of the IEEE/CVF International Conference on Computer Vision. New York: IEEE, 2021: 15793 – 15803.

[177] WU P, JIA X, CHEN L, et al. Trajectory-guided control prediction for end-to-end autonomous driving: A simple yet strong baseline [J]. Advances in Neural Information Processing Systems, 2022, 35: 6119 – 6132.

[178] PRAKASH A, CHITTA K, GEIGER A. Multi-modal fusion transformer for end-to-end autonomous driving [C]//Proceedings of the IEEE/CVF Conference on Computer Vision and Pattern Recognition. New York: IEEE, 2021: 7077 – 7087.

[179] CODEVILLA F, SANTANA E, LÓPEZ A M, et al. Exploring the limitations of behavior cloning for autonomous driving [C]//Proceedings of the IEEE/CVF International Conference on Computer Vision. New York: IEEE, 2019: 9329 – 9338.

[180] ZHAO A, HE T, LIANG Y, et al. Sam: Squeeze-and-mimic networks for conditional visual driving policy learning[C]//Conference on Robot Learning. [S. l.]: PMLR, 2021: 156 – 175.

[181] HE K, ZHANG X, REN S, et al. Deep residual learning for image recognition [C]// Proceedings of the IEEE Conference on Computer Vision and Pattern Recognition. New York: IEEE, 2016: 770 – 778.

[182] XU H, GAO Y, YU F, et al. End-to-end learning of driving models from large-scale video datasets [C]// Proceedings of the IEEE Conference on Computer Vision and Pattern Recognition. New York: IEEE, 2017: 2174 – 2182.

[183] HU S, CHEN L, WU P, et al. St-p3: End-to-end vision-based autonomous driving via spatial-temporal feature learning[C]//European Conference on Computer Vision. Berlin: Springer, 2022: 533 – 549.

[184] SOBH I, AMIN L, ABDELKARIM S, et al. End-to-end multi-modal sensors fusion system for urban automated driving[Z]. 2018.

[185] SHAO H, WANG L, CHEN R, et al. Safety-enhanced autonomous driving using interpretable sensor fusion transformer[C]//Conference on Robot Learning. [S. l.]: PMLR, 2023: 726 – 737.

[186] CHEN D, ZHOU B, KOLTUN V, et al. Learning by cheating[C]//Conference on Robot Learning. [S. l.]: PMLR, 2020: 66 – 75.

[187] CODEVILLA F, MÜLLER M, LÓPEZ A, et al. End-to-end driving via conditional imitation learning[C]//2018 IEEE International Conference on Robotics and Automation (ICRA). New York: IEEE, 2018: 4693 – 4700.

[188] LIANG X, WANG T, YANG L, et al. Cirl: Controllable imitative reinforcement learning for vision-based self-driving[C]//Proceedings of the European Conference on Computer Vision (ECCV). [S. l. : s. n.], 2018: 584 – 599.

[189] CHEN D, KRÄHENBÜHL P. Learning from all vehicles[C]//Proceedings of the IEEE/CVF Conference on Computer Vision and Pattern Recognition. New York: IEEE, 2022: 17222 – 17231.

[190] CHITTA K, PRAKASH A, JAEGER B, et al. Transfuser: Imitation with transformer-based sensor fusion for autonomous driving [J]. IEEE Transactions on Pattern Analysis and Machine Intelligence, 2022.

[191] XIAO Y, CODEVILLA F, GURRAM A, et al. Multimodal end-to-end autonomous driving [J]. IEEE Transactions on Intelligent Transportation Systems, 2020, 23(1): 537-547.

[192] TOROMANOFF M, WIRBEL E, MOUTARDE F. End-to-end model-free reinforcement learning for urban driving using implicit affordances[C]//Proceedings of the IEEE/CVF Conference on Computer Vision and Pattern Recognition. New York: IEEE, 2020: 7153-7162.

[193] ZHOU B, KRÄHENBÜHL P, KOLTUN V. Does computer vision matter for action? [J]. Science Robotics, 2019, 4(30): eaaw6661.

[194] HANSELMANN N, RENZ K, CHITTA K, et al. King: Generating safety-critical driving scenarios for robust imitation via kinematics gradients [C]//European Conference on Computer Vision. Berlin: Springer, 2022: 335-352.

[195] FONG R, PATRICK M, VEDALDI A. Understanding deep networks via extremal perturbations and smooth masks [C]//Proceedings of the IEEE/CVF International Conference on Computer Vision. New York: IEEE, 2019: 2950-2958.

[196] CUI A, CASAS S, SADAT A, et al. Lookout: Diverse multi-future prediction and planning for selfdriving[C]//Proceedings of the IEEE/CVF International Conference on Computer Vision. New York: IEEE, 2021: 16107-16116.

[197] CASAS S, SADAT A, URTASUN R. Mp3: A unified model to map, perceive, predict and plan[C]// Proceedings of the IEEE/CVF Conference on Computer Vision and Pattern Recognition. New York: IEEE, 2021: 14403-14412.

[198] JIA X, WU P, CHEN L, et al. Think twice before driving: Towards scalable decoders for end-to- end autonomous driving[C]//Proceedings of the IEEE/CVF Conference on Computer Vision and Pattern Recognition. New York: IEEE, 2023: 21983-21994.

[199] SHAO H, WANG L, CHEN R, et al. Reasonnet: End-to-end driving with temporal and global reasoning [C]//Proceedings of the IEEE/CVF Conference on Computer Vision and Pattern Recognition. New York: IEEE, 2023: 13723-13733.

[200] RENZ K, CHITTA K, MERCEA O B, et al. Plant: Explainable planning transformers via object-level representations[Z]. 2022.

[201] HUSSEIN A, GABER M M, ELYAN E, et al. Imitation learning: A survey of learning methods[J]. ACM Computing Surveys(CSUR), 2017, 50(2): 1-35.

[202] OHN-BAR E, PRAKASH A, BEHL A, et al. Learning situational driving[C]//Proceedings of the IEEE/CVF Conference on Computer Vision and Pattern Recognition. New York: IEEE, 2020: 11296-11305.

[203] PENG Z, LI Q, LIU C, et al. Safe driving via expert guided policy optimization[C]// Conference on Robot Learning. [S. l.]: PMLR, 2022: 1554-1563.

[204] NG AY, RUSSELL S, et al. Algorithms for inverse reinforcement learning. [C]//ICML: Volume 1. [S. l. : s. n.], 2000: 2.

[205] ZHAO Y, WU K, XU Z, et al. Cadre: A cascade deep reinforcement learning framework for vision-based autonomous urban driving [C]//Proceedings of the AAAI Conference on Artificial Intelligence: Volume 36. [S. l. : s. n.], 2022: 3481-3489.

[206] ZENG W, WANG S, LIAO R, et al. Dsdnet: Deep structured self-driving network[C]// Computer Vision-ECCV 2020: 16th European Conference.. Berlin: Springer, 2020: 156-172.

[207] BOJARSKI M, CHOROMANSKA A, CHOROMANSKI K, et al. Visualbackprop: Efficient visualization of cnns for autonomous driving[C]//2018 IEEE International Conference on Robotics and Automation(ICRA). New York: IEEE, 2018: 4701 – 4708.

[208] SADAT A, CASAS S, REN M, et al. Perceive, predict, and plan: Safe motion planning through interpretable semantic representations [C]//Computer Vision-ECCV 2020: 16th European Conference. Berlin: Springer, 2020: 414 – 430.

[209] HECKER S, DAI D, VAN GOOL L. End-to-end learning of driving models with surround-view Cameras and Route Planners [C]//Proceedings of the European Conference on Computer Vision(ECCV). [S. l. : s. n.], 2018: 435 – 453.

[210] GEIGER A, LENZ P, STILLER C, et al. Vision meets robotics: The kitti dataset[J]. The International Journal of Robotics Research, 2013, 32(11): 1231 – 1237.

[211] SUN P, KRETZSCHMAR H, DOTIWALLA X, et al. Scalability in perception for autonomous driving: Waymo open dataset[C]//Proceedings of the IEEE/CVF Conference on Computer Vision and Pattern Recognition(CVPR). New York: IEEE, 2020.

[212] DOSOVITSKIYA, ROS G, CODEVILLA F, et al. CARLA: An open urban driving simulator [C]//Conference on robot learning(CoRL). [S. l.]: PMLR, 2017: 1 – 16.

[213] CARSIM A. Moving objects and sensors[Z]. 2020.

[214] RONG G, SHIN B H, TABATABAEE H, et al. Lgsvl simulator: A high fidelity simulator for autonomous driving [C]//2020 IEEE 23rd International Conference on Intelligent Transportation Systems(ITSC). New York: IEEE, 2020: 1 – 6.

[215] ZHANG Z, LINIGER A, DAI D, et al. End-to-end urban driving by imitating a reinforcement learning coach[C]//Proceedings of the IEEE/CVF International Conference on Computer Vision. New York: IEEE, 2021: 15222 – 15232.

[216] IMT-2020(5G)推进组. C-V2X 与单车智能融合功能及应用[Z]. 2023.

[217] FORSLING R, NOACK B, HENDEBY G. A quarter century of covariance intersection: Correlations still unknown?[J]. IEEE Control Systems Magazine, 2024, 44(2): 81 – 105.

[218] SINGER R A, KANYUCK A. Computer control of multiple site track correlation [J]. Automatica, 1971, 7(4): 455 – 463.

[219] BAR-SHALOM Y. On the track-to-track correlation problem[J]. IEEE Transactions on Automatic control, 1981, 26(2): 571 – 572.

[220] BAR-SHALOM Y, CAMPO L. The effect of the common process noise on the two-sensor fused-track covariance[J]. IEEE Transactions on Aerospace and Electronic Systems, 1986 (6): 803 – 805.

[221] CHANG K C, SAHA R K, BAR-SHALOM Y. On optimal track-to-track fusion[J]. IEEE Transactions on Aerospace and Electronic Systems, 1997, 33(4): 1271 – 1276.

[222] SUN S L, DENG Z L. Multi-sensor optimal information fusion kalman filter [J]. Automatica, 2004, 40(6): 1017 – 1023.

[223] JULIER S J, UHLMANN JK. A non-divergentestimation algorithm in the presence of unknown correlations[C]//Proceedings of the 1997 American Control Conference (Cat. No. 97CH36041): volume 4. New York: IEEE, 1997: 2369 – 2373.

[224] CHEN L, ARAMBEL P O, MEHRA R K. Estimation under unknown correlation: Covariance intersection revisited[J]. IEEE Transactions on Automatic Control, 2002, 47(11): 1879 – 1882.

[225] AJGL J, ŠIMANDL M, REINHARDT M, et al. Covariance intersection in state estimation of dynamical systems[C]//17th International Conference on Information Fusion (FUSION). New York: IEEE, 2014: 1 – 7.

[226] AJGL J, STRAKA O. Fusion of multiple estimates by covariance intersection: Why and howit is suboptimal [J]. International Journal of Applied Mathematics and Computer Science, 2018, 28(3): 521 – 530.

[227] BAILEY T, JULIER S, AGAMENNONI G. On conservative fusion of information with unknown nongaussian dependence[C]//2012 15th International Conference on Information Fusion. New York: IEEE, 2012: 1876 – 1883.

[228] CARLSON N A. Federated filter for fault-tolerant integrated navigation systems[C]//IEEE PLANS'88., Position Location and Navigation Symposium, Record. 'Navigation into the 21st Cen-tury'. New York: IEEE, 1988: 110 – 119.

[229] CARLSON N A. Federated square root filter for decentralized parallel processors[J]. IEEE Transactions on Aerospace and Electronic Systems, 1990, 26(3): 517 – 525.

[230] LI H, NASHASHIBI F, YANG M. Split covariance intersection filter: Theory and its application to vehicle localization[J]. IEEE Transactions on Intelligent TransportationSystems, 2013, 14(4): 1860 – 1871.

[231] 李骏. 在第十届国际智能网联汽车科技年会上的致辞[Z]. 2023.

[232] LI X, ZHOU Y, HUA B. Study of a multi-beam lidar perception assessment model for real-time autonomous driving[J]. IEEE Transactions on Instrumentation and Measurement, 2021, 70: 1 – 15.

[233] KIM S W, QIN B, CHONG Z J, et al. Multivehicle cooperative driving using cooperative perception: Design and experimental validation [J]. IEEE Transactions on Intelligent Transportation Systems, 2015, 16(2): 663 – 680.

[234] COMMITTEE S OR A V S, et al. Taxonomy and definitions for terms related to on-road motor vehicle automated driving systems[J]. SAE Standard J, 2021, 3016: 1.

[235] 李骏. 中国预期功能安全的挑战与解决方案[J]. 智能网联汽车, 2021(5): 12 – 13.

[236] 邵文博, 李骏, 张玉新, 等. 智能汽车预期功能安全保障关键技术[J]. 汽车工程, 2022, 44(9): 1289 – 1304.

[237] HUANG T, LIU J, ZHOU X, et al. V2x cooperative perception for autonomous driving: Recent advances and challenges[Z]. 2023.

[238] FUERSTENBERG K. A new european approach for intersection safety-the ec-project intersafe[C]// Proceedings. 2005 IEEE Intelligent Transportation Systems, New York: IEEE, 2005: 432 – 436.

[239] IGLESIAS I, ISASI L, LARBURU M, et al. I2v communication driving assistance system: on-board traffic light assistant[C]//2008 IEEE 68th Vehicular Technology Conference. New York: IEEE, 2008: 1 – 5.

[240] FUERSTENBERG K C, WEISS T. Feature-level map building and object recognition for intersection safety applications [C]//IEEE Proceedings. Intelligent Vehicles Symposium. New York: IEEE, 2005: 490 – 495.

[241] AHRHOLDT M, GRUBB G, AGARDT E. Intersection safety for heavy goods vehicles[J]. Advanced Microsystems for Automotive Applications 2009: Smart Systems for Safety, Sustainability, and Comfort, 2009: 87 – 96.

[242] SHOOTER C, REEVE J. Intersafe-2 architecture and specification [C]//2009 IEEE 5th International Conference on Intelligent Computer Communication and Processing. New York: IEEE, 2009: 379 – 386.

[243] ROESSLER B. Status of european project intersafe-2 on cooperative intersection safety [C]// Proceedings of the 2010 IEEE 6th International Conference on Intelligent Computer Communication and Processing. New York: IEEE, 2010: 381 – 386.

[244] WESTHOFF D, ROESSLER B. Intersafe-2: Intersection reconstruction for on-board intersection safety systems[C]//Proceedings of the 2010 IEEE 6th International Conference on Intelligent Computer Communication and Processing. New York: IEEE, 2010: 387 – 392.

[245] REDMON J, DIVVALA S, GIRSHICK R, et al. You only look once: Unified, real-time object detection[C]// Proceedings of the IEEE Conference on Computer Vision and Pattern Recognition. New York: IEEE, 2016: 779 – 788.

[246] LIU Z, MAO H, WU CY, et al. A convnet for the 2020s[C]//Proceedings of the IEEE/CVF Conference on Computer Vision and Pattern Recognition. New York: IEEE, 2022: 11976 – 11986.

[247] YAN Y, MAO Y, LI B. Second: Sparsely embedded convolutional detection[J]. Sensors, 2018, 18(10): 3337.

[248] YIN T, ZHOU X, KRAHENBUHL P. Center-based 3d object detection and tracking[C]// Proceedings of the IEEE/CVF Conference on Computer Vision and Pattern Recognition. New York: IEEE, 2021: 11784 – 11793.

[249] CAESAR H, BANKITI V, LANG A H, et al. nuscenes: A multimodal dataset for autonomous driving [C]//Proceedings of the IEEE/CVF Cnference on Computer Vision and Pattern Recognition. New York: IEEE, 2020: 11621 – 11631.

[250] HAN Y, ZHANG H, LI H, et al. Collaborative perception in autonomous driving: Methods, datasets and challenges [J]. IEEE Intelligent Transportation Systems Magazine,, 2023, 15 (6): 131 – 151.

[251] WANG J, ZENG Y, GONG Y. Collaborative 3d object detection for autonomous vehicles via learnable communications [J]. IEEE Transactions on Intelligent Transportation Systems, 2023.

[252] JIA Y, MAO R, SUN Y, et al. Mass: Mobility-aware sensor scheduling of cooperative perception for connected automated driving [J]. IEEE Transactions on Vehicular Technology, 2023.

[253] CHIU H K, SMITH S F. Selective communication for cooperative perception in end-to-end au-tonomous driving[Z]. 2023.

[254] LIU Y, HUANG Q, LI R, et al. Rethinking collaborative perception from the spatial-temporal impor-tance of semantic information[Z]. 2023.

[255] GHNAYA I, MOSBAH M, ANISS H, et al. Multi-agent advantage actor-critic learning for message content selection in cooperative perception networks[C]//NOMS 2023 - 2023 IEEE/IFIP Network Operations and Management Symposium. New York: IEEE, 2023: 1 - 9.

[256] ETSI TS 103 324. Intelligent transport system(its); vehicular communications; basic set of applications; collective perception service [M]. Nice: European Telecommunications Standards Institute(ETSI), 2023.

[257] CUI J, QIU H, CHEN D, et al. Coopernaut: End-to-end driving with cooperative perception for networked vehicles [C]//IEEE/CVF Conference on Computer Vision and Pattern Recognition(CVPR). New York: IEEE, 2022.

[258] LIU S, GAO C, CHEN Y, et al. Towards vehicle-to-everything autonomous driving: A survey on collaborative perception[Z]. 2023.

[259] CHEN Q, TANG S, YANG Q, et al. Cooper: Cooperative perception for connected autonomous vehicles based on 3d point clouds [C]//2019 IEEE 39th International Conference on Distributed Computing Systems(ICDCS). New York: IEEE, 2019: 514 - 524.

[260] ARNOLD E, DIANATI M, DE TEMPLE R, et al. Cooperative perception for 3d object detection in driving scenarios using infrastructure sensors [J]. IEEE Transactions on Intelligent Transportation Systems, 2020, 23(3): 1852 - 1864.

[261] CUI J, QIU H, CHEN D, et al. Coopernaut: End-to-end driving with cooperative perception for networked vehicles[C]//Proceedings of the IEEE/CVF Conference on Computer Vision and Pattern Recognition. New York: IEEE, 2022: 17252 - 17262.

[262] LU Z, LI R, LU K, et al. Semantics-empowered communications: A tutorial-cum-survey[J]. IEEE Communications Surveys & Tutorials, 2024, 26(1): 41 - 79.

[263] HORNIK K. Approximation capabilities of multilayer feedforward networks[J]. Neural networks, 1991, 4(2): 251 - 257.

[264] CHEN Q, MA X, TANG S, et al. F-Cooper: Feature based cooperative perception for autonomous vehicle edge computing system using 3D point clouds[C]//Proceedings of the 4th ACM/IEEE Symposium on Edge Computing(SEC). New York: IEEE, 2019: 88 - 100.

[265] WANG T H, MANIVASAGAM S, LIANG M, et al. V2VNet: Vehicle-to-vehicle communication for joint perception and prediction[C]//European Conference on Computer Vision(ECCV). Berlin: Springer-Verlag, 2020: 605 - 621.

[266] XU R, XIANG H, XIA X, et al. OPV2V: An open benchmark dataset and fusion pipeline for perception with Vehicle-to-Vehicle communication[C]//IEEE International Conference on Robotics and Automation(ICRA). New York: IEEE, 2022.

[267] XU R, XIANG H, TU Z, et al. V2X-ViT: Vehicle-to-everything cooperative perception with vision transformer [C]//Proceedings of the European Conference on Computer Vision (ECCV). New York: IEEE, 2022.

[268] HU Y, FANG S, LEI Z, et al. Where2comm: Communication-efficient collaborative perception via spatial confidence maps [C]//Advances in Neural Information Processing Systems(NIPS). [S. l. : s. n.], 2022.

[269] WANG B, ZHANG L, WANG Z, et al. Core: Cooperative reconstruction for multi-agent perception[C]// Proceedings of the IEEE/CVF International Conference on Computer Vision. New York: IEEE, 2023: 8710 – 8720.

[270] YANG K, YANG D, ZHANG J, et al. Spatio-temporal domain awareness for multi-agent collaborative perception[C]//Proceedings of the IEEE/CVF International Conference on Computer Vision. New York: IEEE, 2023: 23383 – 23392.

[271] HU Y, LU Y, XU R, et al. Collaboration helps camera overtake lidarin 3d detection[C]// Proceedings of the IEEE/CVF Conference on Computer Vision and Pattern Recognition. New York: IEEE, 2023: 9243 – 9252.

[272] XU R, TU Z, XIANG H, et al. Cobevt: Cooperative bird's eye view semantic segmentation with sparse transformers[C]//Conference on Robot Learning. [S. l.]: PMLR, 2023: 989 – 1000.

[273] ZHAO B, ZHANG W, ZOU Z. Bm2cp: Efficient collaborative perception with lidar-camera modalities[C]//Conference on Robot Learning. [S. l.]: PMLR, 2023: 1022 – 1035.

[274] XU F, USZKOREIT H, DU Y, et al. Explainable ai: A brief survey on history, research areas, approaches and challenges [C]//Natural Language Processing and Chinese Computing: 8th CCF International Conference. Berlin: Springer, 2019: 563 – 574.

[275] XU R, LI J, DONG X, et al. Bridging the domain gap for multi-agent perception[C]//2023 IEEE International Conference on Robotics and Automation (ICRA). New York: IEEE, 2023: 6035 – 6042.

[276] XIANG H, XU R, MA J. Hm-vit: Hetero-modal vehicle-to-vehicle cooperative perception with vision transformer[C]//Proceedings of the IEEE/CVF International Conference on Computer Vision. New York: IEEE, 2023: 284 – 295.

[277] LU Y, HU Y, ZHONG Y, et al. An extensible framework for open heterogeneous collaborative perception [C]//The Twelfth International Conference on Learning Representations. [S. l. : s. n.], 2024.

[278] 林晓伯, 郑圣, 邱佳慧, 等. 5G + MEC 承载车联网业务传输性能测试与验证[J]. 现代电子 技术, 2024, 47: 171 – 178.

[279] AEBERHARD M. Object-level fusion for surround environment perception in automated driving applications[D]. Dortmund: Technische universität Dortmund, 2017.

[280] 中汽中心, 同济大学, 百度. 自动驾驶汽车交通安全白皮书[Z]. 2023.

[281] 北京智能车联产业创新中心, 北京车网科技发展有限公司, 中关村智能交通产业联盟. 北京市自动驾驶车辆道路测试报告(2023)[Z]. 2023.

[282] 中关村智能交通产业联盟, 北京智能车联产业创新中心. 北京市自动驾驶车辆道路测试报告(2020)[Z]. 2020.

[283] IoT 物联网技术. 高德地图官方首度揭秘:红绿灯倒计时功能是如何实现的?[Z]. 2024.

[284] 李奕衡, 刘羽飞, 王登, 等. 红绿灯周期时长的挖掘方法, 电子设备及计算机程序产品[Z]. 2022.

[285] 旅游摄. 智慧公交车尾自带“红绿灯”,有爱的黑科技是怎样实现的? [Z]. 2020.

[286] 中国日报网. 车尾“预报”前方路口红绿灯? 真的! 这辆公交车变身“移动交通信号灯”[Z]. 2021.

[287] "上海嘉定" 微信公众号. 上海首批自带"红绿灯"的公交车上路,尾屏与路口交通信号同步[Z]. 2023.

[288] 大皖新闻. 省内首创! 合肥 70 路公交车车尾自带可读秒式"红绿灯"[Z]. 2023.

[289] YU H, LUO Y, SHU M, et al. Dair-v2x: A large-scale dataset for vehicle-infrastructure cooperative 3d object detection [C]//Proceedings of the IEEE/CVF Conference on Computer Vision and Pattern Recognition. New York: IEEE, 2022: 21361 – 21370.

[290] YU H, YANG W, RUAN H, et al. V2x-seq: A large-scale sequential dataset for vehicle-infrastructure cooperative perception and forecasting [C]//Proceedings of the IEEE/CVF Conference on Computer Vision and Pattern Recognition. New York: IEEE, 2023: 5486 – 5495.

[291] CREB C, ZIMMER W, STRAND L, et al. A9-dataset: Multi-sensor infrastructure-based dataset for mobility research [C]//2022 IEEE Intelligent Vehicles Symposium (Ⅳ). New York: IEEE, 2022: 965 – 970.

[292] ZIMMER W, WARDANA G A, SRITHARAN S, et al. Tumtraf v2x cooperative perception dataset[C]// Proceedings of the IEEE/CVF Conference on Computer Vision and Pattern Recognition. New York: IEEE, 2024: 22668 – 22677.

[293] XIANG H, ZHENG Z, XIA X, et al. V2x-real: a largs-scale dataset for vehicle-to-everything cooperative perception[Z]. 2024.

[294] MORADI-PARI E, TIAN D, MAHJOUB H N, et al. The smart intersection: A solution to early-stage vehicle-to-everything deployment [J]. IEEE Intelligent Transportation Systems Magazine, 2021, 14(5): 88 – 102.

[295] LI Y, MA D, AN Z, et al. V2X-Sim: Multi-agent collaborative perception dataset and benchmark for autonomous driving[J]. IEEE Robotics and Automation Letters, 2022, 7(4): 10914 – 10921.

[296] XU R, XIA X, LI J, et al. V2v4real: A real-world large-scale dataset for vehicle-to-vehicle cooperative perception[C]//Proceedings of the IEEE/CVF Conference on Computer Vision and Pattern Recognition. New York: IEEE, 2023: 13712 – 13722.

[297] CHEN Q, MA X, TANG S, et al. F-cooper: Feature based cooperative perception for autonomous vehicle edge computing system using 3dpoint clouds [C]//Proceedings of the 4th ACM/IEEE Symposium on Edge Computing. New York: IEEE, 2019: 88 – 100.

[298] XU R, TU Z, XIANG H, et al. Cobevt: Cooperative bird's eye view semantic segmentation with sparse transformers[Z]. 2022.

[299] LI Y, REN S, WU P, et al. Learning distilled collaboration graph for multi-agent perception [J]. Advances in Neural Information Processing Systems, 2021, 34: 29541 – 29552.

[300] LIU Y C, TIAN J, MA C Y, et al. Who2com: Collaborative perception via learnable handshake communication [C]//2020 IEEE International Conference on Robotics and Automation (ICRA). New York: IEEE, 2020: 6876 – 6883.

[301] LIU Y C, TIAN J, GLASER N, et al. When2com: Multi-agent perception via communication graph grouping [C]//Proceedings of the IEEE/CVF Conference on computer vision and pattern recognition. New York: IEEE, 2020: 4106 – 4115.

[302] XU R, CHEN W, XIANG H, et al. Model-agnostic multi-agent perception framework[C]//2023 IEEE International Conference on Robotics and Automation(ICRA). New York: IEEE, 2023: 1471 – 1478.

[303] PUSZTAI Z, HAJDER L. Accurate calibration of lidar-camera systems using ordinary boxes [C]// Proceedings of the IEEE International Conference on Computer Vision Workshops. New York: IEEE, 2017: 394 – 402.

[304] HEIDE N, EMTER T, PETEREIT J. Calibration of multiple 3d lidar sensors to a common vehicle frame [C]//Isr 2018; 50th International Symposium on Robotics. [S. l.]: VDE, 2018: 1 – 8.

[305] CHEN C, XIONG G, ZHANG Z, et al. 3d lidar-gps/imu calibration based on hand-eye calibration model for unmanned vehicle [C]//2020 3rd International Conference on Unmanned Systems(ICUS). New York: IEEE, 2020: 337 – 341.

[306] TAYLOR Z, NIETO J. Motion-based calibration of multimodal sensor extrinsics and timing offset estimation[J]. IEEE Transactions on Robotics, 2016, 32(5): 1215 – 1229.

[307] YAN G, LUO Z, LIU Z, et al. Sensorx2vehicle: Online sensors-to-vehicle rotation calibration methods in road scenarios[J]. IEEE Robotics and Automation Letters, 2024.

[308] LI Y, MA D, AN Z, et al. V2x-sim: Multi-agent collaborative perception dataset and benchmark for autonomous driving[J]. IEEE Robotics and Automation Letters, 2022, 7(4): 10914 – 10921.

[309] VADIVELU N, REN M, TU J, et al. Learning to communicate and correct pose errors[C]// Conference on Robot Learning(CoRL). [S. l.]: PMLR, 2021: 1195 – 1210.

[310] SHI S, CUI J, JIANG Z, et al. VIPS: real-time perception fusion for infrastructure-assisted autonomous driving [C]//Proceedings of the 28th Annual International Conference on Mobile Computing And Networking(MobiCom). [S. l. : s. n.], 2022: 133 – 146.

[311] SONG Z, XIE T, ZHANG H, et al. A spatial calibration method for robust cooperative perception[J]. IEEE Robotics and Automation Letters, 2024.

[312] GAO P, GUO R, LU H, et al. Regularized graph matching for correspondence identification under uncertainty in collaborative perception[C]//Robotics Science and Systems(RSS). [S. l. : s. n.], 2021.

[313] LI C, XU L, JIN C, et al. Graphps: Graph pair sequences-based noisy-robust multi-hop collaborative perception[J]. IEEE Transactions on Intelligent Vehicles, 2023.

[314] BUNKE H. Graph matching: Theoretical foundations, algorithms, and applications [C]// Proc. Vision Interface: volume 2000. [S. l. : s. n.], 2000: 82 – 88.

[315] 严骏驰. 图匹配问题的研究和算法设计[D]. 上海:上海交通大学, 2017.

[316] POMERLEAU F, COLAS F, SIEGWART R, et al. A review of point cloud registration algorithms for mobile robotics[J]. Foundations and Trends ® in Robotics, 2015, 4(1): 1 – 104.

[317] BESL P, MCKAY N D. A method for registration of 3-D shapes[J]. IEEE Transactions on Pattern Analysis and Machine Intelligence, 1992, 14(2): 239 – 256.

[318] RUSU R B, BLODOW N, BEETZ M. Fast point feature histograms (FPFH) for 3D registration[C]//IEEE International Conference on Robotics and Automation(ICRA). New York: IEEE, 2009: 3212 – 3217.

[319] FANG S, LI H, YANG M. LiDAR SLAM based multivehicle cooperative localization using iterated split CIF[J]. IEEE Transactions on Intelligent Transportation Systems, 2022, 23(11):21137-21147.

[320] KHAMOOSHI M. Cooperative vehicle perception and localization using infrastructure-based sensor nodes[D]. Waterloo:University of Waterloo, 2023.

[321] YANG J, LI H, CAMPBELL D, et al. Go-icp: A globally optimal solution to 3d icp point-set registration [J]. IEEE Transactions on Pattern Analysis and Machine Intelligence, 2015, 38(11):2241-2254.

[322] ZHANG J, YAO Y, DENG B. Fast and robust iterative closest point[J]. IEEE Transactions on Pattern Analysis and Machine Intelligence, 2022, 44(7):3450-3466.

[323] SAE International Information Report. Taxonomy and definitions for terms related to cooperative driving automation for on-road motor vehicles:J3216:2021[S].

[324] HAFNER M R, CUNNINGHAM D, CAMINITI L, et al. Cooperative collision avoidance at intersections: Algorithms and experiments [J]. IEEE Transactions on Intelligent Transportation Systems, 2013, 14(3):1162-1175.

[325] DANG R, DING J, SU B, et al. A lane change warning system based on v2v communication [C]// 17th International IEEE Conference on Intelligent Transportation Systems(ITSC). New York: IEEE, 2014: 1923-1928.

[326] LUO Y, XIANG Y, CAO K, et al. A dynamic automated lane change maneuver based on vehicle-to-vehicle communication [J]. Transportation Research Part C: Emerging Technologies, 2016, 62: 87-102.

[327] WANG H M, MOLNÁR T G, AVEDISOV S S, et al. Conflict analysis for cooperative merging using v2x communication[C]//2020 IEEE Intelligent Vehicles Symposium(Ⅳ). New York: IEEE, 2020: 1538-1543.

[328] ZHANG S, WANG S, YU S, et al. Collision avoidance predictive motion planning based on integrated perception and v2v communication [J]. IEEE Transactions on Intelligent Transportation Systems, 2022, 23(7):9640-9653.

[329] WANG H M, AVEDISOV S S, MOLNÁR T G, et al. Conflict analysis for cooperative maneuvering with status and intent sharing via v2x communication[J]. IEEE Transactions on Intelligent Vehicles, 2022, 8(2):1105-1118.

[330] WANG H M, AVEDISOV S S, ALTINTAS O, et al. Multi-vehicle conflict management with status and intent sharing under time delays[J]. IEEE Transactions on Intelligent Vehicles, 2022, 8(2):1624-1637.

[331] GLASER N M, KIRA Z. Communication-critical planning via multi-agent trajectory exchange[C]//2023 IEEE International Conference on Robotics and Automation(ICRA). New York: IEEE, 2023: 3468-3475.

[332] WANG H M, AVEDISOV S S, ALTINTAS O, et al. Experimental validation of intent sharing in cooperative maneuvering[C]//2023 IEEE Intelligent Vehicles Symposium(Ⅳ). New York: IEEE, 2023: 1-6.

[333] WANG H M, AVEDISOV S S, ALTINTAS O, et al. Evaluating intent sharing communication using real connected vehicles [C]//2023 IEEE Vehicular Networking Conference(VNC). New York: IEEE, 2023: 69 – 72.

[334] WANG H M, AVEDISOV S S, ALTINTAS O, et al. Intent sharing in cooperative maneuvering: Theory and experimental evaluation [J]. IEEE Transactions on Intelligent Transportation Systems, 2024: 1 – 14.

[335] SAWADE O, SCHULZE M, RADUSCH I. Robust communication for cooperative driving maneuvers[J]. IEEE Intelligent Transportation Systems Magazine, 2018, 10(3): 159 – 169.

[336] XU W, WILLECKE A, WEGNER M, et al. Autonomous maneuver coordination via vehicular communication[C]//2019 49th Annual IEEE/IFIP International Conference on Dependable Systems and Networks Workshops(DSN-W). New York: IEEE, 2019: 70 – 77.

[337] HEβ D, LATTARULO R, PÉREZ J, et al. Negotiation of cooperative maneuvers for automated vehicles: Experimental results[C]//2019 IEEE Intelligent Transportation Systems Conference(ITSC). New York IEEE, 2019: 1545 – 1551.

[338] LLATSER I, MICHALKE T, DOLGOV M, et al. Cooperative automated driving use cases for 5g v2x com-munication[C]//2019 IEEE 2nd 5G World Forum(5GWF). New York: IEEE, 2019: 120 – 125.

[339] MAKSIMOVSKI D, FACCHI C, FESTAG A. Priority maneuver(prima) coordination for connected and automated vehicles[C]//2021 IEEE International Intelligent Transportation Systems Conference(ITSC). New York: IEEE, 2021: 1083 – 1089.

[340] MAKSIMOVSKI D, FACCHI C. Negotiation patterns for v2x cooperative driving: How complex maneuver coordination can be? [C]//2023 IEEE 98th Vehicular Technology Conference(VTC2023-Fall). New York: IEEE, 2023: 1 – 7.

[341] MAKSIMOVSKI D, FACCHI C. Decentralized v2x maneuver sharing and coordination message for cooperative driving: Analysis in mixed traffic [C]//2023 IEEE 26th International Conference on Intelligent Transportation Systems(ITSC). New York: IEEE, 2023: 5182 – 5189.

[342] LENZ D, KESSLER T, KNOLL A. Tactical cooperative planning for autonomous highway driving using monte-carlo tree search [C]//2016 IEEE Intelligent Vehicles Symposium (Ⅳ). New York: IEEE, 2016: 447 – 453.

[343] HEβ D, LATTARULO R, PÉREZ J, et al. Fast maneuver planning for cooperative automated vehicles [C]//2018 21st International Conference on Intelligent Transportation Systems (itsc). New York: IEEE, 2018: 1625 – 1632.

[344] EIERMANN L, SAWADE O, BUNK S, et al. Cooperative automated lane merge with role-based negotiation[C]//2020 IEEE Intelligent Vehicles Symposium(Ⅳ). New York: IEEE, 2020: 495 – 501.

[345] MANZINGER S, LEIBOLD M, ALTHOFF M. Driving strategy selection for cooperative vehicles using maneuver templates[C]//2017 IEEE Intelligent Vehicles Symposium(Ⅳ). New York: IEEE, 2017: 647 – 654.

[346] MAO Y, DING Y, JIAO C, et al. Uclf: An uncertainty-aware cooperative lane-changing

framework for connected autonomous vehicles in mixed traffic[C]//2023 IEEE Intelligent Vehicles Symposium(Ⅳ). New York: IEEE, 2023: 1-8.

[347] LI B, ZHANG Y, FENG Y, et al. Balancing computation speed and quality: A decentralized motion planning method for cooperative lane changes of connected and automated vehicles [J]. IEEE Transactions on Intelligent Vehicles, 2018, 3(3): 340-350.

[348] ZHENG Y, RAN B, QU X, et al. Cooperative lane changing strategies to improve traffic operation and safety nearby freeway off-ramps in a connected and automated vehicles environment[J]. IEEE Transactions on Intelligent Transportation Systems, 2019, 21(11): 4605-4614.

[349] CHEN R, CASSANDRAS C G, TAHMASBI-SARVESTANI A, et al. Cooperative time and energy-optimal lane change maneuvers for connected automated vehicles [J]. IEEE Transactions on Intelligent Transportation Systems, 2020, 23(4): 3445-3460.

[350] LI T, WU J, CHAN C Y, et al. A cooperative lane change model for connected and automated vehicles [J]. IEEE Access, 2020, 8: 54940-54951.

[351] SUN K, ZHAO X, WU X. A cooperative lane change model for connected and autonomous vehicles on two lanes highway by considering the traffic efficiency on both lanes[J]. Transportation Research Interdisciplinary Perspectives, 2021, 9: 100310.

[352] LIN P, TSUKADA M. Cooperative path planning using responsibility-sensitive safety(rss)-based po-tential field with sigmoid curve[C]//2022 IEEE 95th Vehicular Technology Conference(VTC2022-Spring). New York: IEEE, 2022: 1-7.

[353] ZHOU W, CHEN D, YAN J, et al. Multi-agent reinforcement learning for cooperative lane changing of connected and autonomous vehicles in mixed traffic[J]. Autonomous Intelligent Systems, 2022, 2(1): 5.

[354] ZHANG J, CHANG C, ZENG X, et al. Multi-agent drl-based lane change with right-of-way collaboration awareness[J]. IEEE Transactions on Intelligent Transportation Systems, 2022, 24(1): 854-869.

[355] CAO W, MUKAI M, KAWABE T, et al. Cooperative vehicle path generation during merging using model predictive control with real-time optimization[J]. Control Engineering Practice, 2015, 34: 98-105.

[356] HIRATA M, TSUKADA M, OKUMURA K, et al. Roadside-assisted cooperative planning using future path sharing for autonomous driving[C]//2021 IEEE 94th Vehicular Technology Conference(VTC2021-Fall). New York: IEEE, 2021: 1-7.

[357] LIU W, HUA M, DENG Z, et al. A systematic survey of control techniques and applications in con-nected and automated vehicles[J]. IEEE Internet of Things Journal, 2023.

[358] RIOS-TORRES J, MALIKOPOULOS A A. Automated and cooperative vehicle merging at highway onramps[J]. IEEE Transactions on Intelligent Transportation Systems, 2016, 18(4): 780-789.

[359] KARIMI M, RONCOLI C, ALECSANDRU C, et al. Cooperative merging control via trajectory optimization in mixed vehicular traffic[J]. Transportation Research Part C: Emerging Technologies, 2020, 116: 102663.

[360] DING J, LI L, PENG H, et al. A rule-based cooperative merging strategy for connected and automated vehicles[J]. IEEE Transactions on Intelligent Transportation Systems, 2019, 21 (8): 3436 – 3446.

[361] JING S, HUI F, ZHAO X, et al. Integrated longitudinal and lateral hierarchical control of cooperative merging of connected and automated vehicles at on-ramps [J]. IEEE Transactions on Intelligent Transportation Systems, 2022, 23(12): 24248 – 24262.

[362] XU H, ZHANG Y, CASSANDRAS C G, et al. Abi-level cooperative driving strategy allowing lane changes [J]. Transportation Research Part C: Emerging Technologies, 2020, 120: 102773.

[363] LIAO X, ZHAO X, WANG Z, et al. Game theory-based ramp merging for mixed traffic with unitysumo co-simulation [J]. IEEE Transactions on Systems, Man, and Cybernetics: Systems, 2021, 52(9): 5746 – 5757.

[364] CHEN N, VAN AREM B, ALKIM T, et al. A hierarchical model-based optimization control approach for cooperative merging by connected automated vehicles[J]. IEEE Transactions on Intelligent Transportation Systems, 2020, 22(12): 7712 – 7725.

[365] YANG L, ZHAN J, SHANG W L, et al. Multi-lane coordinated control strategy of connected and automated vehicles for on-ramp merging area based on cooperative game[J]. IEEE Transactions on Intelligent Transportation Systems, 2023.

[366] HOU K, ZHENG F, LIU X, et al. Cooperative on-ramp merging control model for mixed traffic on multi-lane freeways [J]. IEEE Transactions on Intelligent Transportation Systems, 2023.

[367] SHI J, LI K, CHEN C, et al. Cooperative merging strategy in mixed traffic based on optimal finalstate phase diagram with flexible highway merging points[J]. IEEE Transactions on Intelligent Transportation Systems, 2023.

[368] HANG P, LV C, HUANG C, et al. Cooperative decision making of connected automated vehicles at multi-lane merging zone: A coalitional game approach[J]. IEEE Transactions on Intelligent Transportation Systems, 2021, 23(4): 3829 – 3841.

[369] LI M, LI Z, WANG S, et al. Enhancing cooperation of vehicle merging control in heavy traffic using communication-based soft actor-critic algorithm[J]. IEEE Transactions on Intelligent Transportation Systems, 2022.

[370] ALTAN O D, WU G, BARTH M J, et al. Glidepath: Eco-friendly automated approach and departure at signalized intersections[J]. IEEE Transactions on Intelligent Vehicles, 2017, 2 (4): 266 – 277.

[371] SHEN X, ZHANG X, OUYANG T, et al. Cooperative comfortable-driving at signalized intersections for connected and automated vehicles [J]. IEEE Robotics and Automation Letters, 2020, 5(4): 6247 – 6254.

[372] XU B, BAN X J, BIAN Y, et al. Cooperative method of traffic signal optimization and speed control of connected vehicles at isolated intersections[J]. IEEE Transactions on Intelligent Transportation Systems, 2018, 20(4): 1390 – 1403.

[373] GUO J, CHENG L, WANG S. Cotv: Cooperative control for traffic light signals and

connected autonomous vehicles using deep reinforcement learning[J]. IEEE Transactions on Intelligent Transportation Systems, 2023.

[374] SUN C, GUANETTI J, BORRELLI F, et al. Optimal eco-driving control of connected and autonomous vehicles through signalized intersections[J]. IEEE Internet of Things Journal, 2020, 7(5): 3759 - 3773.

[375] CHEN C, WANG J, XU Q, et al. Mixed platoon control of automated and human-driven vehicles at a signalized intersection: dynamical analysis and optimal control [J]. Transportation Research Part C: Emerging Technologies, 2021, 127: 103138.

[376] JIANG X, ZHANG J, SHI X, et al. Learning the policy for mixed electric platoon control of automated and human-driven vehicles at signalized intersection: A random search approach [J]. IEEE Transactions on Intelligent Transportation Systems, 2023, 24(5): 5131 - 5143.

[377] LI D, ZHU F, WU J, et al. Managing mixed traffic at signalized intersections: An adaptive signal control and cav coordination system based on deep reinforcement learning[J]. Expert Systems with Applications, 2024, 238: 121959.

[378] LIU Q, ZHANG K, LI M, et al. Integrated optimization of traffic signal timings and vehicle trajectories considering mandatory lane-changing at isolated intersections[J]. Transportation Research Part C: Emerging Technologies, 2024, 163: 104614.

[379] WU J, ABBAS-TURKI A, EL MOUDNI A. Cooperative driving: an ant colony system for autonomous intersection management[J]. Applied Intelligence, 2012, 37: 207 - 222.

[380] XU B, LI S E, BIAN Y, et al. Distributed conflict-free cooperation for multiple connected vehicles at unsignalized intersections [J]. Transportation Research Part C: Emerging Technologies, 2018, 93: 322 - 334.

[381] BIAN Y, LI S E, REN W, et al. Cooperation of multiple connected vehicles at unsignalized intersections: Distributed observation, optimization, and control[J]. IEEE Transactions on Industrial Electronics, 2019, 67(12): 10744 - 10754.

[382] LI B, ZHANG Y, ACARMAN T, et al. Lane-free autonomous intersection management: A batch-processing framework integrating reservation-based and planning-based methods[C]// 2021 IEEE International Conference on Robotics and Automation (ICRA). New York: IEEE, 2021: 7915 - 7921.

[383] HUANG Z, SHEN S, MA J. Decentralized ilqr for cooperative trajectory planning of connected autonomous vehicles via dual consensus admm [J]. IEEE Transactions on Intelligent Transportation Systems, 2023, 24(11): 12754 - 12766.

[384] WANG H, MENG Q, CHEN S, et al. Competitive and cooperative behaviour analysis of connected and autonomous vehicles across unsignalised intersections: A game-theoretic approach[J]. Transportation Research Part B: Methodological, 2021, 149: 322 - 346.

[385] ZHANG J, LI S, LI L. Coordinating cav swarms at intersections with a deep learning model [J]. IEEE Transactions on Intelligent Transportation Systems, 2023, 24(6): 6280 - 6291.

[386] ZHOU D, MA Z, ZHAO X, et al. Reasoning graph: A situation-aware framework for cooperating unprotected turns under mixed connected and autonomous traffic environments [J]. Transportation Research Part C: Emerging Technologies, 2022, 143: 103815.

[387] THANDAVARAYAN G, SEPULCRE M, GOZALVEZ J. Generation of cooperative perception messages for connected and automated vehicles [J]. IEEE Transactions on Vehicular Technology, 2020, 69(12): 16336 – 16341.

[388] ZHU Q, BAI F, PANG M, et al. Geometry-based stochastic line-of-sight probability model for a2g channels under urban scenarios [J]. IEEE Transactions on Antennas and Propagation, 2022, 70(7): 5784 – 5794.

[389] PANG M, ZHU Q, WANG C X, et al. Geometry-based stochastic probability models for the los and nlos paths of a2g channels under urban scenarios [J]. IEEE Internet of Things Journal, 2023, 10(3): 2360 – 2372.

[390] DONG K, MIZMIZI M, TAGLIAFERRI D, et al. Vehicular blockage modelling and performance analysis for mmwave v2v communications [C]//ICC 2022-IEEE International Conference on Communications. New York: IEEE, 2022: 3604 – 3609.

[391] TIAN Y, PANG M, DUAN H, et al. Los probability prediction for a2g mmwave communications by using ray-tracer under virtual urban scenarios [Z]. 2023.

[392] WU Y. Machine learning prediction of los probability in urban environments [C]//2023 International Conference on Communications, Computing and Artificial Intelligence (CCCAI). [S. l. : s. n.], 2023: 87 – 91.

[393] GAPEYENKO M, MOLTCHANOV D, ANDREEV S, et al. Line-of-sight probability for mmwave-based uav communications in 3d urban grid deployments [J]. IEEE Transactions on Wireless Communications, 2021, 20(10): 6566 – 6579

[394] SABOOR A, VINOGRADOV E, CUI Z, et al. A geometry-based modelling approach for the line-of-sight probability in uav communications [J]. IEEE Open Journal of the Communications Society, 2024, 5: 364 – 378.

[395] HMAMOUCHE Y, BENJILLALI M, SAOUDI S. Fresnel line-of-sight probability with applications in airborne platform-assisted communications [J]. IEEE Transactions on Vehicular Technology, 2022, 71(5): 5060 – 5072.

[396] ESHTEIWI K, KADDOUM G, SELIM B, et al. Impact of co-channel interference and vehicles as obstacles on full-duplex v2v cooperative wireless network [J]. IEEE Transactions on Vehicular Technology, 2020, 69(7): 7503 – 7517.

[397] ABD EL GHAFOUR M G, ABD EL-MALEK A H, HASSAN O E, et al. Secrecy performance evaluation and enhancement of vehicle-to-vehicle communications in the presence of big vehicles [J]. Vehicular Communications, 2024, 45: 100712.

[398] LIU X, XU J, TANG H. Analysis of frequency-dependent line-of-sight probability in 3-d environment [J]. IEEE Communications Letters, 2018, 22(8): 1732 – 1735.

[399] CUI Z, GUAN K, BRISO-RODRÍGUEZ C, et al. Frequency-dependent line-of-sight probability modeling in built-up environments [J]. IEEE Internet of Things Journal, 2020, 7: 699 – 709.

[400] HE R, SCHNEIDER C, AI B, et al. Propagation channels of 5G millimeter-wave vehicle-to-vehicle communications: Recent advances and future challenges [J]. IEEE Vehicular Technology Magazine, 2020, 15(1): 16 – 26.

[401] HASLRCL TUĞCU Z, KUZULUGIL K, İSMAIL H Ç. Measurement-based v2v propagation modeling in highway, suburban, and urban environments[J]. Vehicular Communications, 2024, 48: 100791.
[402] BOBAN M, GONG X, XU W. Modeling the evolution of line-of-sight blockage for v2v channels [C]//2016 IEEE 84th Vehicular Technology Conference(VTC-Fall). New York: IEEE, 2016: 1 - 7.
[403] WYMEERSCH H, SECO-GRANADOS G, DESTINO G, et al. 5G mmWave positioning for vehicular networks [J]. IEEE Wireless Communications, 2017, 24(6): 80 - 86.
[404] VENUGOPAL K, ALKHATEEB A, PRELCIC N G, et al. Channel estimation for hybrid architecture-based wideband millimeter wave systems[J]. IEEE Journal on Selected Areas in Communications, 2017, 35(9): 1996 - 2009.
[405] NITSCHE T, FLORES A B, KNIGHTLY E W, et al. Steering with eyes closed: mm-wave beam steering without in-band measurement[C]//2015 IEEE Conference on Computer Communications(INFOCOM). New York: IEEE, 2015: 2416 - 2424.
[406] LIM S H, KIM S, SHIM B, et al. Efficient beam training and sparse channel estimation for millimeter wave communications under mobility[J]. IEEE Transactions on Communications, 2020, 68(10): 6583 - 6596.
[407] TONG W, ZHU P. 6G: The next horizon[C]//TITLES. [S. l.: s. n.], 2022: 54.
[408] TAN D K P, HE J, LI Y, et al. Integrated sensing and communication in 6G: Motivations, use cases, requirements, challenges and future directions[C]//2021 1st IEEE International Online Symposium on Joint Communications & Sensing(JC&S). New York: IEEE, 2021: 1 - 6.
[409] LIU X, YU J, QI H, et al. Learning to predict the mobility of users in mobile mmWave networks[J]. IEEE Wireless Communications, 2020, 27(1): 124 - 131.
[410] KADUR T, CHIANG H L, FETTWEIS G. Experimental validation of robust beam tracking in a NLoS indoor environment[C]//2018 25th International Conference on Telecommunications (ICT). New York: IEEE, 2018: 644 - 648.
[411] VA V, VIKALO H, HEATH R W. Beam tracking for mobile millimeter wave communication systems [C]//2016 IEEE Global Conference on Signal and Information Processing(GlobalSIP). New York: IEEE, 2016: 743 - 747.
[412] XIN X, YANG Y. Robust beam tracking with extended kalman filtering for mobile millimeter wave communications[C]//2019 Computing, Communications and IoT Applications (Com-ComAp). New York: IEEE, 2019: 172 - 177.
[413] GE Y, ZENG Z, ZHANG T, et al. Unscented Kalman filter based beam tracking for UAV-enabled millimeter wave massive MIMO systems[C]//2019 16th International Symposium on Wireless Communication Systems(ISWCS). New York: IEEE, 2019: 260 - 264.
[414] LIM J, PARK H M, HONG D. Beam tracking under highly nonlinear mobile millimeter-wave channel [J]. IEEE Communications Letters, 2019, 23(3): 450 - 453.
[415] LIU Y, JIANG Z, ZHANG S, et al. Deep reinforcement learning-based beam tracking for low-latency services in vehicular networks[C]//ICC 2020 - 2020 IEEE International Conference on Communications(ICC). New York: IEEE, 2020: 1 - 7.

[416] GUO Y, WANG Z, LI M, et al. Machine learning based mmWave channel tracking in vehicular scenario[C]//2019 IEEE International Conference on Communications Workshops (ICC Workshops). New York: IEEE, 2019: 1 – 6.

[417] SI P, HAN Y, JIN S. Deep learning based millimeter wave beam tracking at mobile user: Design and experiment[C]//2020 IEEE/CIC International Conference on Communications in China(ICCC). New York: IEEE, 2020: 401 – 406.

[418] DENG R, CHEN S, ZHOU S, et al. Channel fingerprint based beam tracking for millimeter wave communications[J]. IEEE Communications Letters, 2019, 24(3): 639 – 643.

[419] JEONG J, LIM S H, SONG Y, et al. Online learning for joint beam tracking and pattern optimization in massive MIMO systems[C]//IEEE INFOCOM 2020 – IEEE Conference on Computer Communications. New York: IEEE, 2020: 764 – 773.

[420] LIU A, HUANG Z, LI M, et al. A survey on fundamental limits of integrated sensing and communication[J]. IEEE Communications Surveys & Tutorials, 2022, 24(2): 994 – 1034.

[421] AKAN O B, ARIK M. Internet of radars: Sensing versus sending with joint radar-communications[J]. IEEE Communications Magazine, 2020, 58(9): 13 – 19.

[422] LIU X, HUANG T, SHLEZINGER N, et al. Joint transmit beamforming for multiuser MIMO communications and MIMO radar[J]. IEEE Transactions on Signal Processing, 2020, 68: 3929 – 3944.

[423] ROBERTON M, BROWN E. Integrated radar and communications based on chirped spread-spectrum techniques[C]//IEEE MTT-S International Microwave Symposium Digest, 2003: volume 1. New York: IEEE, 2003: 611 – 614.

[424] STURM C, WIESBECK W. Waveform design and signal processing aspects for fusion of wireless communications and radar sensing[J]. Proceedings of the IEEE, 2011, 99(7): 1236 – 1259.

[425] GAUDIO L, KOBAYASHI M, CAIRE G, et al. On the Effectiveness of OTFS for Joint Radar Parameter Estimation and Communication [J]. IEEE Transactions on Wireless Communications, 2020, 19(9): 5951 – 5965.

[426] KUMARI P, CHOI J, GONZÁLEZ-PRELCIC N, et al. IEEE 802.11 ad-based radar: An approach to joint vehicular communication-radar system[J]. IEEE Transactions on Vehicular Technology, 2017, 67(4): 3012 – 3027.

[427] GONZÁLEZ-PRELCIC N, MÉNDEZ-RIAL R, HEATH R W. Radar aided beam alignment in mmWave V2I communications supporting antenna diversity [C]//2016 Information Theory and Applications Workshop(ITA). New York: IEEE, 2016: 1 – 7.

[428] LIU F, YUAN W, MASOUROS C, et al. Radar-assisted predictive beamforming for vehicular links: Communication served by sensing [J]. IEEE Transactions on Wireless Communications, 2020, 19(11): 7704 – 7719.

[429] YUAN W, LIU F, MASOUROS C, et al. Bayesian predictive beamforming for vehicular networks: A low-overhead joint radar-communication approach[J]. IEEE Transactions on Wireless Communications, 2020, 20(3): 1442 – 1456.

[430] YING Z, CUI Y, MU J, et al. Particle filter based predictive beamforming for integrated vehicle sensing and communication[C]//2021 IEEE 94th Vehicular Technology Conference

(VTC2021-Fall). New York: IEEE, 2021: 1 – 5.

[431] LIU C, YUAN W, LI S, et al. Learning-based predictive beamforming for integrated sensing and communication in vehicular networks [J]. IEEE Journal on Selected Areas in Communications, 2022, 40(8): 2317 – 2334.

[432] LIU F, MASOUROS C. A tutorial on joint radar and communication transmission for vehicular networks —Part Ⅲ: Predictive beamforming without state models [J]. IEEE Communications Letters, 2020, 25(2): 332 – 336.

[433] MENG X, LIU F, MASOUROS C, et al. Vehicular connectivity on complex trajectories: Roadway geometry aware ISAC beam-tracking [J]. IEEE Transactions on Wireless Communications, 2023, 22(11): 7408 – 7423.

[434] WYLIE M P, HOLTZMAN J. The non-line of sight problem in mobile location estimation [C]//Proceedings of ICUPC-5th International Conference on Universal Personal Communications: volume 2. New York: IEEE, 1996: 827 – 831.

[435] YU K, GUO Y J. Statistical NLOS identification based on AOA, TOA, and signal strength [J]. IEEE Transactions on Vehicular Technology, 2008, 58(1): 274 – 286.

[436] CHOI J S, LEE W H, LEE J H, et al. Deep learning based NLOS identification with commodity WLAN devices[J]. IEEE Transactions on Vehicular Technology, 2017, 67(4): 3295 – 3303.

[437] WU S, MA Y, ZHANG Q, et al. NLOS error mitigation for UWB ranging in dense multipath environments[C]//2007 IEEE Wireless Communications and Networking Conference. New York: IEEE, 2007: 1565 – 1570.

[438] RICHARDS M A, SCHEER J, HOLM W A, et al. Principles of modern radar [M]. Henderson: SciTech Publishing, 2010.

[439] RICHARDS M A. Fundamentals of radar signal processing: volume 1 [M]. New York: McgRaw-Hill, 2005.

[440] SUN S, RAPPAPORT T S, RANGAN S, et al. Propagation path loss models for 5G urban micro-and macro-cellular scenarios[C]//2016 IEEE 83rd Vehicular Technology Conference (VTC Spring). New York: IEEE, 2016: 1 – 6.

[441] KAY S M. Fundamentals of statistical signal processing [M]. New York: Prentice-Hall, Inc., 1993.

[442] YI W, ZHOU T, AI Y, et al. Suboptimal low complexity joint multi-target detection and localization for non-coherent MIMO radar with widely separated antennas [J]. IEEE Transactions on Signal Processing, 2020, 68: 901 – 916.

[443] RAPPAPORT T S, HEATH JR R W, DANIELS R C, et al. Millimeter wave wireless communications[M]. New York: Pearson Education, 2015.

[444] DEGLI-ESPOSTI V, FUSCHINI F, VITUCCI E M, et al. Measurement and modelling of scattering from buildings [J]. IEEE Transactions on Antennas and Propagation, 2007, 55 (1): 143 – 153.

[445] JÜRVELÜINEN J, HANEDA K. Sixty gigahertz indoor radio wave propagation prediction method based on full scattering model[J]. Radio Science, 2014, 49(4): 293 – 305.

[446] SKOLNIK M I. Introduction to radar systems[Z]. 1980.

[447] JÄRVELÄINEN J, HANEDA K, KYRÖ M, et al. 60 GHz radio wave propagation prediction in a hospital environment using an accurate room structural model[C]//2012 Loughborough Antennas & Propagation Conference(LAPC). New York: IEEE, 2012: 1 – 4.

[448] DJURIC P M, KOTECHA J H, ZHANG J, et al. Particle filtering [J]. IEEE Signal Processing Magazine, 2003, 20(5): 19 – 38.

[449] QI Y, KOBAYASHI H, SUDA H. On time-of-arrival positioning in a multipath environment [J]. IEEE Transactions on Vehicular Technology, 2006, 55(5): 1516 – 1526.

[450] DEY P P, CHANDRA S, GANGOPADHAYA S. Speed distribution curves under mixed traffic conditions[J]. Journal of Transportation Engineering, 2006, 132(6): 475 – 481.

[451] DURGIN G, RAPPAPORT T S, XU H. Measurements and models for radio path loss and penetration loss in and around homes and trees at 5. 85 GHz [J]. IEEE Transactions on Communications, 1998, 46(11): 1484 – 1496.

[452] WEN F, KULMER J, WITRISAL K, et al. 5G positioning and mapping with diffuse multipath[J]. IEEE Transactions on Wireless Communications, 2020, 20(2): 1164 – 1174.

[453] ZHU D, CHOI J, HEATH R W. Auxiliary beam pair enabled AoD and AoA estimation in closed-loop large-scale millimeter-wave MIMO systems[J]. IEEE Transactions on Wireless Communications, 2017, 16(7): 4770 – 4785.